Matières premières en Corse

Ouvrage publié avec le concours
de la Collectivité de Corse
et de l'Université Gustave-Eiffel (Marne-la-Vallée)

Édition scientifique
Michel Casta
Hélène Paolini-Saez

Matières premières en Corse
Techniques et échanges

Actes du Congrès historique de la Corse
Histoire, archéologie, histoire de l'art

Lama, 4-6 juin 2022

ALBIANA

AVANT-PROPOS

Le premier projet du Congrès historique de la Corse, qui s'est tenu à Lama les 4-6 juin 2022, est de donner l'occasion de se rassembler aux différents acteurs de la recherche scientifique et des pratiques culturelles liées aux champs de l'histoire, de l'histoire de l'art et de l'archéologie dans le domaine corse. C'est aussi l'opportunité de faire le point sur les différentes filières et disciplines, pour mettre en relief, à travers les interventions, l'évolution de leurs pratiques. C'est enfin tenter de donner un nouvel élan à la recherche à la faveur de la dynamique de ce rassemblement et d'enrichir les productions scientifiques de chacun par des échanges entre les uns et les autres.

Un nouveau temps de la sociabilité savante ne s'ouvre-t-il pas en effet dans un domaine qui fut longtemps constitué d'autant de chasses gardées que de chercheurs ? Séminaires, colloques, projets communs, partage des découvertes, échanges permanents, le temps est venu des entreprises collectives où ce Congrès prend sa place. Sans renoncer à son travail d'élaboration et d'écriture solitaire, l'historien, l'archéologue, l'historien de l'art, ne peuvent plus avancer sans la collaboration de leurs collègues, enrichie encore par les relations de la Corse avec le monde tyrrhénien – péninsule italienne et Sardaigne.

Ce rassemblement, le temps d'un congrès, s'inscrit également dans un renouveau des pratiques, favorisé par de nouvelles conditions historiques. La construction de la Communauté européenne, les facilités de circulation dans l'espace européen, la création d'une monnaie commune, les échanges universitaires renforcés, et dans le même temps d'extraordinaires progrès technologiques dans les trois disciplines présentes dans ce congrès, donnent en effet à la recherche historique un nouveau souffle. Les possibilités ouvertes par le web, les échanges d'images et d'écrits par la voie du courrier électronique, la facilité des transports aériens ou maritimes ont également apporté leur pierre à l'édifice. Il est vrai qu'au contraire, de lourdes pertes sont à enregistrer sur le front de la connaissance du latin et de la langue italienne, sans parler de la raréfaction des compétences paléographiques, dans un contexte dominé pour la Corse depuis les origines par la rareté et l'éparpillement des sources textuelles.

Dans ce contexte, le Congrès historique de la Corse, qui se tiendra tous les deux ans, s'organise scientifiquement à partir du travail de quatre comités, liés à l'Association pour le Congrès historique de la Corse, une association régie par la loi de 1901 chargée de l'organisation et de la gestion logistique du Congrès. Ces comités préparent son contenu scientifique autour d'une thématique générale, chaque fois renouvelée. Ce fut cette fois le thème exigeant des « Matières premières », choisi en assemblée générale des comités en octobre 2018. Le sous-titre « Techniques et échanges » ouvrait aux intervenants un large champ d'étude où toutes les époques trouvèrent leur place, avec toutefois une prime aux périodes moderne et contemporaine.

L'idée centrale est donc de réunir dans un même temps d'échange les acteurs de toutes les étapes de la recherche : le Comité conservation rassemble les institutions et associations qui conservent les diverses sources utiles à la recherche ; le Comité scientifique, organisé en trois sections, rassemble les historiens, archéologues et historiens de l'art qui utilisent ces sources ; le Comité publication rassemble les éditeurs, les sociétés savantes et leurs revues, qui se chargent de la publication de ces travaux de recherche. Le quatrième comité est chargé du lien avec l'enseignement primaire et secondaire dans les établissements de Corse, spécialement les professeurs d'histoire-géographie et de langue et culture corses. Ainsi, chercheurs, archivistes et conservateurs, responsables de musées ou de bibliothèques, éditeurs ou responsables de sociétés savantes et de revues, ont eu l'occasion de se rencontrer, de présenter l'actualité de leurs travaux et de confronter leurs expériences.

Les *Actes* qui forment ce volume prolongent les trois journées de ce Congrès, en présentent les résultats et leur donnent ainsi une mémoire. Le thème des matières premières renvoie d'abord à une histoire des ressources du sol et du sous-sol et, par conséquent, de leurs utilisations humaines. Les contributions en identifient leur localisation, leur exploitation, leur transformation en produits alimentaires, ou en matériaux artisanaux ou industriels, par des techniques diverses, proprement indigènes ou importées. Les matières premières, enfin, circulent à toutes les échelles, de l'espace insulaire au monde méditerranéen, au sein desquels l'index des lieux en fin de volume permettra au lecteur de se déplacer.

Après une introduction méthodologique qui interroge la naissance des démarches patrimoniale et mémorielle aux côtés des études historiques dans le champ des représentations communes du passé, ces *Actes* s'ouvrent par une réflexion générale sur un inventaire des ressources minières que l'île semblait offrir au voyageur au temps de la modernisation. En suivant le déroulement des grandes périodes, de la Préhistoire à l'Antiquité et jusqu'aux époques moderne et contemporaine, les contributions présentent des études menées sur les minerais et les roches, la terre cuite et la céramique, le stuc, les marbres, la soie, l'or ou l'argent. Elles décrivent aussi les hommes et la société, les techniques et les échanges qui relient la Corse à la Ligurie et à la Toscane, aux caves de Roquefort, ou encore la diffusion des savoirs dans les comices agricoles. L'exemple des usages de la châtaigneraie qui clôt le volume montre comment les mutations des techniques et des échanges participent des transformations des sociétés et modifient les espaces qu'elles produisent, espaces agricoles devenus espaces industriels puis espaces patrimoniaux, culturels ou touristiques.

Les *Actes* présentent aussi les démarches de la recherche, avec sa « matière première », les matériaux des sites archéologiques, des constructions et des objets transformés par le temps, avec les archives également, autre « gisement », et avec les méthodes d'investigation que chaque « matériau » nécessite. Le lecteur trouvera en fin de volume des notices présentant chaque auteur et la multiplicité des démarches disciplinaires que l'on a voulu croiser ici. On n'oubliera pas que les résultats de la recherche se trouvent dans les publications mais aussi dans les lieux de conservation du passé, les musées aussi bien que les églises ou l'espace public. L'abondante iconographie donne à lire et à comprendre les lieux et les objets dont on parle.

Pour finir, si dans la Corse d'aujourd'hui, le soleil, le sable et la mer sont les attraits essentiels d'un tourisme massivement balnéaire, l'offre patrimoniale en termes monumental, musical, historique, artistique ou gastronomique, associée à l'offre environnementale et paysagère, permet de donner du sens à ces plaisirs. Pour de nombreux médias et en conséquence pour une partie de l'opinion publique, la Corse est « un paradis peuplé de diables ». Dans un monde en crise, ce territoire et ses habitants ne peuvent-ils être plutôt une formidable réserve d'espace et de temps ?

Partenaires et comités pour l'organisation du Congrès

Partenaires

L'Association pour le Congrès historique de la Corse (histoire, histoire de l'art, archéologie) a pris l'initiative de l'organisation d'un Congrès historique consacré au domaine corse. Cette initiative a été rendue possible grâce au soutien ou au partenariat de la Direction du Patrimoine de la Collectivité de Corse, de la DRAC de Corse (Ministère de la Culture), de l'Institut national de recherches archéologiques préventives (INRAP), du Rectorat de Corse, du Laboratoire Lieux Identités eSpaces Activités de l'Université de Corse (UMR CNRS 640 LISA), de la Communauté de Communes l'Isula-Balagne et de la municipalité de Lama. Le Laboratoire Analyse comparée des pouvoirs de l'Université Gustave Eiffel-Marne-la-Vallée (EA 3350 ACP) a également apporté son soutien à la publication des Actes.
Elle a également reçu le soutien d'Air Corsica, de CasAstolfi, boulanger-pâtissier à Petralba et des domaines viticoles Fiumicicoli (Sartene), Alzipratu (Zilia) et Clos De Bernardi (Patrimonio). Enfin, le Congrès est heureux de rendre hommage à la société Sonu è Lumi de Calvi et à son responsable, le regretté Antone Sicurani, qui ont assuré la sonorisation et la lumière de la manifestation.

Les comités pour l'organisation du Congrès 2022

Comité scientifique

Antoine Franzini (coord.)

Section archéologie

Daniel Istria et Patrick Ferreira (coord.)
Franca Cibecchini
Antonia Colonna
Pierre Comiti
Gilles Giovannangeli
Vincent Maliet
Hélène Paolini-Saez
Kewin Pêche-Quilichini
Laurent Sévègnes
Émilie Tomas
Pascal Tramoni

Section histoire

Jean-Christophe Liccia (coord.)
Francis Beretti
Jean-André Cancellieri
Michel Casta
Marco Cini
Philippe Colombani
Jean-Yves Coppolani
Olivier Jehasse
Eugène Gherardi
Denis Jouffroy
Vannina Marchi Van Cauwelaert
Jean-Paul Pellegrinetti
Didier Rey
Ange Rovere
Alain Venturini
Michel Vergé-Franceschi

Section histoire de l'art

Pierre-Claude Giansily (coord.)
Céline Calendini
Audrey Giuliani
Michel-Édouard Nigaglioni
Caroline Paoli
Philippe Perfettini
Monique Traeber-Fontan

Comité conservation

Jean-Charles Ciavatti (coord.)
Paul-Antoine Bartoli (Archives diocésaines d'Ajaccio)
Corinne Bildstein (Collectivité de Corse, service conservation restauration)
Christelle Brothier (Musée Fesch)
Ophélie de Peretti (Musée de Mariana)
André Flori (Corsica Genealugia, site Piwigo)
Lucile Gandolfi (association Franciscorsa)
Vaidehi Glibert (Musée de Sartene)
Sylvain Gregori (Musée de Bastia)
Sarah Le Berre Albertini (Collectivité de Corse, Centre de conservation-restauration du patrimoine mobilier, Calvi)
Thibault Noyelle (DRAC, conservation des Monuments historiques)
Jean-Marc Olivesi (Musée national de la Maison Bonaparte)
Linda Piazza (Bibliothèque patrimoniale Tommaso Prelà, Bastia)
Pierre Portet (Archives de Corse)
Julia Tristani (Musée d'Aleria)
Vannina Vichinsky (Bibliothèque patrimoniale Fesch, Ajaccio)

Comité publication

Michel Casta (coord.)
Bernard Biancarelli (éditions Albiana)
Jean-Paul Colombani (Petre Scritte / *A Cronica*)
Jean-Jacques Colonna d'Istria (éditions Colonna)
José Martinetti (ADECEM / *Strade*)
Stéphane Orsini (FAGEC / *Cahiers Corsica*)
Jean-Paul Pellegrinetti (*Cahiers de la Méditerranée*)
Christian Peri (Amis de la Bibliothèque Tommaso Prelà)
Alain Piazzola (éditions Alain Piazzola)
Vannina Profizi (ACSH, *Études corses et méditerranéennes*)
Dominique Sammarcelli (Stamperia Sammarcelli)
Jacques Puccini (Société des Sciences historiques et naturelles de la Corse, *Bulletin de la SSHNC*)

Comité pédagogie-éducation

Philippe Colombani (coord.)
Jean Castela
Marie Flora Sammarcelli

Organisation du Congrès 2022

Florence Baccelli (communication)
François Massiani (trésorier)
Marie Flora Sammarcelli (secrétariat),
ainsi que Christèle Devienne, Flora Hubert-Bartoli, Jean Stéphane Massiani, Philippe Rossi et Marie Thérèse Tomasi

INTRODUCTION

ÉTUDES HISTORIQUES, PATRIMOINE ET DÉMARCHE MÉMORIELLE. LA NÉCESSITÉ D'UN CONGRÈS

Antoine Franzini

Quelle est donc la nécessité d'un Congrès historique de la Corse? Elle s'impose d'abord avec l'évolution dans la société contemporaine occidentale de la place des études historiques, où se rejoignent l'histoire, l'archéologie et l'histoire de l'art. Cette évolution globale nous invite ensuite, dans le cadre de ce Congrès, à réfléchir sur cette transformation dans la société corse.

Chacun connaît la place éminente qu'a tenue le roman national dans la construction de la nation au XIXe siècle. Avec la langue, l'histoire en formait alors le cœur. Une critique de ce roman national est née dans la suite de la Première Guerre mondiale avec le projet d'une histoire totale, qui ne se limite plus aux seuls événements militaires, diplomatiques et politiques. Ce fut à nouveau un temps béni pour les études historiques qui s'enrichirent des apports de la sociologie, de l'économie ou de l'anthropologie, tandis que l'archéologie prenait une place nouvelle. Pour autant, les études historiques, libérées de l'histoire patriotique, ne renonçaient pas à leur fonction sociale et politique.

Où en sommes-nous aujourd'hui? Quelle est la place des études historiques dans la construction du collectif, au temps de la mondialisation et du numérique et au temps des mouvements sociaux et politiques qui leur résistent? On ne peut avancer sur cette question sans observer que deux nouveaux acteurs, le patrimoine et la démarche mémorielle, se sont déployés dans les années 1980 aux côtés de l'histoire dans le champ des représentations communes du passé, de la mémoire collective et *in fine* des usages politiques du passé, qu'ils soient construits par l'État, ou qu'ils se développent sur le terrain de la contestation politique, comme on le constate depuis la vague de déboulonnage des statues.

La démarche mémorielle naît d'une disposition affective soumise à la dialectique du souvenir et de l'oubli, tandis que l'histoire construit une représentation du passé appuyée sur des traces et des raisonnements. La mémoire est immédiate, l'histoire est une discipline chargée de méthodes qui aboutit à des résultats incomplets et partagés. Tout les sépare.

Cette démarche mémorielle, c'est-à-dire les traces laissées dans le présent par des passés successifs, favorise aujourd'hui une obsession du temps présent, un état de la société dans lequel le passé s'incruste dans le présent, notamment sous la forme du devoir de mémoire ou des commémorations de tous types. Certes, comme on le dit justement : « Nous avons tous la même histoire, pas la même mémoire », mais la démarche mémorielle, en se réappropriant une époque révolue, est guidée par les préoccupations de notre propre époque, et l'apparition à partir de 1990 des lois mémorielles a consacré la criminalisation du passé.

Quant au patrimoine, ce ne sont plus seulement aujourd'hui les « monuments historiques », cet ensemble monumental, architectural, rare et précieux, propre à exalter la grandeur de la nation. Ce sont aussi les patrimoines populaire, industriel, rural ou naturel, et également immatériel, nés de la prise de conscience de l'utilité du patrimoine comme outil de réaffirmation d'un passé commun et comme révélateur de notre identité. C'est également dans ce mouvement que naît le concept ambigu de lieux de mémoire. Or, bien qu'il entretienne un lien intime avec le passé, le patrimoine est aussi, comme le mémoriel, une catégorie du présent, déterminé qu'il est par des choix politiques, idéologiques, affectifs ou encore institutionnels, effectués à un moment particulier de l'histoire d'une société.

Face à la présence de ces nouveaux acteurs, un accord se construit entre historiens, archéologues et historiens de l'art pour à la fois assurer le cœur de métier de leurs disciplines et entretenir avec le patrimoine des relations fructueuses. C'est sans doute la façon de faire entendre aujourd'hui une information scientifique dans un espace saturé d'interventions diverses. Si l'imagination doit nourrir notre démarche, l'érudition doit permettre d'assurer le lien que nos disciplines entretiennent avec la vérité historique, avec la mise en source du passé. S'il s'agit aujourd'hui de se rassembler, à l'exemple de ce Congrès, l'historien, l'archéologue, l'historien de l'art n'ont certes pas à se retirer sur l'Aventin, mais doivent au contraire apporter leur savoir et leurs méthodes au pot commun.

Sur cette base commune, que dire de la place des études historiques dans la société corse contemporaine ? Soulignons d'abord que le patrimoine a pris comme ailleurs une place majeure dans la vie culturelle insulaire, alors que, du côté des études historiques, les sociétés savantes sont en butte à une certaine désaffection. Cependant, il est intéressant de remarquer qu'à la différence de ses collègues continentaux qui ne s'adressent souvent qu'à d'autres collègues, de leur domaine ou d'ailleurs, l'historien du domaine corse, sans perdre ce contact nécessaire avec ses collègues, ne cesse de s'adresser à la société insulaire à travers livres, articles et rencontres diverses. C'est une affaire bien singulière, qui donne à notre recherche et à nos travaux une saveur puissante et stimulante.

On doit reconnaître ensuite que la société corse entretient un lien particulier avec l'histoire. La naissance d'une nation politique dans le cours du XVIIIe siècle est en effet un geste historique incontestable qui, quelles que soient les options politiques des uns et des autres, a laissé des traces dans la mémoire collective. La tentation mémorielle est grande et les lieux de mémoire se sont multipliés à l'exemple de Ponte Novu, du drapeau à tête de Maure, du *Dio vi salvi Regina* ou de la fête de la Vierge. On comprend aisément que les études historiques, avec leurs méthodes et leurs procédures, peuvent et doivent apporter un regard critique dans le contexte d'une dynamique mémorielle puissamment soutenue par la société des médias.

Quelques mots enfin du thème de cette première édition du Congrès, un thème choisi en 2018 par l'assemblée des comités qui l'organisent : « Matières premières » ! Étonnante anticipation de l'actualité géopolitique de cette année 2022 ! Cela fait bien longtemps il est vrai, que l'âge du Fer, du Cuivre, du lithium et autre manganèse a succédé à l'âge d'or dans cette île. Mais aujourd'hui, alors que la nature se révolte en tous lieux contre les abus des hommes, le temps est-il revenu de la poésie et de la sobriété heureuse qui ont formé durant des siècles le fond de la société corse ? Les études historiques, avec d'autres acteurs bien sûr, les poètes en premier lieu, peuvent dans ce contexte nous aider à préserver notre conscience de la frénésie du présent. C'est à elles qu'il revient de sauver le passé, et ainsi d'ouvrir à la société la dimension du temps sans laquelle on ne peut penser l'avenir.

UN NOUVEL ELDORADO? LES RESSOURCES DE LA CORSE VUES DE L'EXTÉRIEUR (XVIe - XXIe SIÈCLES)

Philippe Rossi

RÉSUMÉ

Du XVIe au milieu du XVIIIe siècle, l'île est très mal connue sur le plan des ressources minières, ne sont alors attestées que l'exploitation de fer et d'amiante et accessoirement de plomb et de cuivre. Dans la seconde partie du XIXe siècle et jusqu'au début du XXe, la fièvre des révolutions industrielles va amener des investisseurs étrangers à entamer de nombreux travaux miniers. Les grands espoirs placés dans le cuivre seront déçus tandis que l'antimoine aura porté un temps la Corse au premier rang de la production nationale.

❖❖❖

Comment a-t-on été amené, dans le passé, à imaginer que la Corse pouvait être un Eldorado et en particulier, dans le cas qui va nous intéresser, un Eldorado minier ? Les causes en sont diverses et ont varié avec le temps. Du XVIe siècle jusqu'au milieu du XVIIIe ce fut certainement à cause de quelques écrits dithyrambiques relatant des richesses imaginaires. En revanche, à partir de la fin du XVIIIe siècle, les raisons sont devenues plus objectives et ont résulté de la conjonction de plusieurs facteurs, politique, économique et technique. En effet, à cette époque, la Corse vient de se trouver intégrée au sein d'une puissance européenne, la France, qui va y réaliser des travaux d'infrastructure, en premier lieu des voies de communication, et assurer une sécurisation (relative) du pays. Dans le contexte économique européen, le besoin de matières premières est devenu crucial pour alimenter les révolutions industrielles tandis que, dans le même temps, les progrès scientifiques et le perfectionnement des techniques conduisent à découvrir que la nature géologique des formations qui constituent le sous-sol corse était aussi connue dans d'autres régions voisines de Méditerranée occidentale pour renfermer des mines métalliques comme en Sardaigne, en Italie continentale et dans la Péninsule ibérique notamment.

Du XVIe jusqu'au milieu du XVIIIe, les auteurs nous fournissent, souvent perdues au milieu d'autres inventaires, quelques informations sur les ressources minérales[1]. Ainsi Agostino Giustiniani dans le *Dialogo nominato Corsica* (1 531) signale-t-il la présence à Farinole et d'Oletta de minerai de fer de ainsi que de plomb et de cuivre, en moindre quantité, et que *in la sopradetta jurisdizione di Nonza* [...] *vi è una montagna in là quale si cuva la vena del ferro* (dans la juridiction susmentionnée de Nonza [...] il y a une montagne au-delà de laquelle se trouve la veine de fer)[2]. Angelo Francesco Colonna (1 685) fournit une liste de minéraux (dont beaucoup d'artefacts) où l'or et le diamant sont censés abonder dans l'île[3]. On note toutefois que l'auteur cite la présence d'antimoine à « Rogliani di Capocorso di Corsica », d'amiante à « Farinole di Nebbio » et en Alesani ainsi que de cuivre à « Olmeta di Capocorso ».

Dans le courant du XVIIIe siècle, le siècle des Lumières, les chroniqueurs n'oublient pas de citer les gîtes minéraux dans les descriptions qu'ils livrent de l'île. Ainsi, Jean-François Goury de Champgrand (1 749), commissaire de guerre à Ajaccio lors de la première intervention française en Corse (1737-1741), note que « les montagnes de cette isle renferment dans leur sein des mines de fer, de plomb et même d'argent, on en trouve de cette dernière espèce du côté d'Olmeto et de la Rocca, peut-être ne voudroient-elles pas la dépense qu'on feroit pour les fouiller: mais il en est sûr qu'en plusieurs endroits on y en trouveroit de fer, de plomb et de cuivre[4] ». D'autres colporteront des informations non vérifiées et fantaisistes qui seront ensuite recopiées voire amplifiées. Ainsi, Louis Armand Jaussin, apothicaire à l'armée de Corse (1 759), dresse un inventaire qui ne laisse que peu de place aux mines métalliques :

> Je dirai seulement que si les différentes marcassites que l'on trouve dans les montagnes, annonce [*sic*] qu'il y a des mines de plusieurs espèces, celles de Bocognano doivent être riches assurément en or, en argent, en cuivre etc. : car on y trouve partout ces matières métalliques ; il est même aisé de les distinguer pour peu qu'on soit connoisseur[5].

1. *Cf.* ROSSI Philippe, DURAND-DELGA Michel, CONCHON Odette, FERRANDINI Michèle, GAUTHIER Alain et LOŸE-PILOT Marie-Dominique, *L'Aventure de la découverte géologique de la Corse : Des pionniers du XVIIIe siècle à nos jours*, Ajaccio, Albiana, 2022, 601 p.
2. GIUSTINIANI Agostino, *Dialogo nominato Corsica*, [1531] Bastia, impr.-libr. Vve Eugène Ollagnier, 1882, 120 p.
3. COLONNA Angelo Francesco, *Commentario delle glorie et prerogative del regno e popoli di Corsica*, Roma, Angelo Bernabó, 1685, 92 p.
4. GOURY DE CHAMPGRAND Jean-François, *Histoire de l'Isle de Corse*, Nancy, Abel-Denis Cusson impr.-libr, 1749, 296 p.
5. JAUSSIN Louis-Armand, *Mémoires historiques, militaires et politiques, sur les principaux evenemens arrivés dans l'Isle et Royaume de Corse, depuis le commencement de l'année 1738 jusques à la fin de l'année 1741*, Lausanne, Marc Mic. Bousquet et Cie, 1759, t. 2, 604 p.

Il est repris par Strataneo Gresalvi (1 774) qui recopie son paragraphe sur les marcassites de la région de Bocognano : *Quelle de Bocognano devrebbono esser ricchissime di oro, argento, rame ec.* (Celles [les marcassites] de Bocognano doivent être très riches en or, argent, cuivre, etc.)[6]. Enfin, Ferrand Dupuy (1 776) rapporte que « cette isle a aussi des mines de fer, d'or, d'argent très riches, d'une exploitation facile, et qui pourroient conduire à des profits considérables, si sa Majesté en accordoit des concessions, les envoyoit examiner par des gens au fait de la métallurgie, et encourageoit leurs exploitations[7] ».

À la lumière de ces quelques ouvrages, qui font peu de cas de l'observation des faits et de leur description objective, on se rend compte des fantasmes qu'a pu engendrer une île dont l'intérieur est mal connu, voire inconnu, des étrangers, et qui se trouve à proximité de territoires riches en ressources minières : l'île d'Elbe recèle des gisements de fer abondants, l'Espagne a un potentiel minier connu depuis l'Antiquité, la Sardaigne a une histoire minière ancienne et importante.

L'ESTIMATION DES RESSOURCES MINÉRALES EN CORSE

En France, des cartes de ressources commencent à être levées. Le premier inventaire systématique est celui de Jean-Etienne Guettard (1 781)[8] et, sur ce modèle, après la conquête française, la Corse va être cartographiée et inventoriée pour ses richesses naturelles. Cet inventaire ne va pouvoir toutefois être réalisé que si ces dernières peuvent être identifiées et bien localisées, d'où la nécessité de disposer d'une carte fiable et précise, ce sera celle du plan Terrier. Le plan Terrier de la Corse, lancé dans le dernier quart du XVIIIe siècle et établi entre 1770 et 1795, dresse un tableau détaillé de l'île en 17 registres. Une trentaine de géomètres et de dessinateurs y aura travaillé pendant 25 ans. C'est une carte gigantesque qui comprend une centaine de dessins et qui indique la présence de quelques gisements miniers. Sans attendre la publication du plan Terrier, Jean-Marcel Cadet le Jeune publiera (1 789) une carte minéralogique de la Corse (fig. 1), dans un format de 145 x 95 cm, qui « comprend un recensement systématique des ressources connues de la Corse sur le fond du plan Terrier[9] ».

6. GRESALVI Strataneo, *Storia naturale dell'isola di Corsica*, Firenze, Allegrini, Pisoni et Cie, 1774, 84 p.
7. FERRAND-DUPUY, *Essai chronologique, historique et politique sur l'isle de Corse*, Paris, Jean-François Bastien, 1776, in-12°,136 p.
8. GUETTARD Jean-Étienne & MONNET Antoine-Grimoald, *Atlas et description minéralogique de la France*. Paris, Didot l'aîné, 1780.
9. CADET Jean-Marcel (le Jeune), Carte minéralogique de l'Isle de Corse (Échelle approx. 1/175 000), document cartographique manuscrit, Bastia.

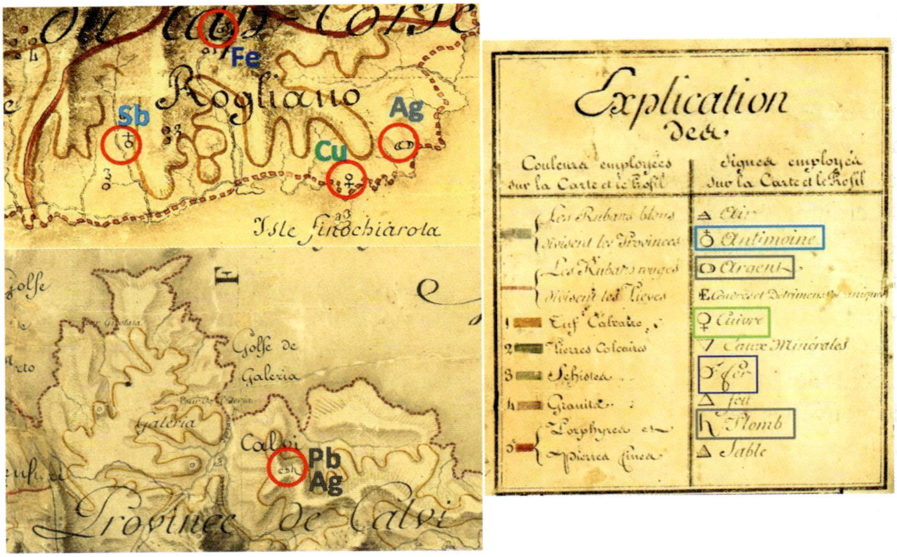

1. Légende (à droite) et figuration (en bas à gauche) du gîte de plomb argentifère de l'Argentella (Pb, Ag) et (en haut à gauche) des gîtes d'antimoine (Sb) et d'indices de fer (Fe) et de cuivre (Cu) du Cap Corse.

En même temps que progressaient la connaissance topographique et l'inventaire des ressources, des chantiers d'infrastructure routière étaient lancés sur l'axe principal Bastia-Corte-Ajaccio. C'est Pierre Barral, ingénieur des Ponts et Chaussées, attaché à l'État-major de la Corse, qui est chargé de ces travaux (1769-1783). Barral n'est pas seulement ingénieur mais il est aussi naturaliste et géologue et met à profit sa présence sur le terrain pour reconnaître la nature des formations rocheuses qu'il rencontre. Il décrit ainsi la nature de la Corse occidentale : « Les montagnes de la grande chaîne […] sont généralement de granits », et celle de la Corse orientale : « Les montagnes […] contiennent les pierres calcaires, les schistes […], les serpentines […] amianthes […][10]. » En 1783, en illustration de sa thèse *Mémoire sur l'histoire naturelle de l'isle de Corse*, il publiera la première carte géologique de l'île, carte qui compte parmi les plus anciennes de France, après celle de Guettard (1 746)[11]. Il observe en outre que nombre de minéralisations se trouvent dans les formations de Corse orientale : « C'est dans ces montagnes que l'on trouve très abondamment de la

10. Barral Pierre, *Mémoire sur l'histoire naturelle de l'isle de Corse avec un catalogue lythologique de cette isle, et des réflexions sommaires sur l'existence physique de notre globe*, Londres, 1783, 126 p.

11. Guettard Jean-Étienne, Mémoire et carte minéralogique sur la nature et la situation des terrains qui traversent la France et l'Angleterre (1746), Histoire de l'Académie royale des Sciences, 1751, [s.l.], [s.n.], p. 363-392.

mine de fer octaèdre, quelques mines de plomb tenant argent, de cuivre, d'antimoine, et des pyrites cuivreuses et martiales [riches en fer]. »

Dès la fin du XVIIIe et au cours du XIXe siècle, l'Europe voit apparaître de nouvelles techniques et se développer de nouvelles méthodes de production de biens matériels au cours des révolutions industrielles et, conséquemment, la demande en métaux – fer, cuivre, plomb et zinc notamment, ne va cesser de croître. Tandis que des mines exploitées dans l'Antiquité vont être approfondies, notamment grâce à la possibilité d'une exhaure efficace par l'emploi de machines à vapeur (à l'exemple des mines de plomb argentifère de Sierra Morena en Espagne), de nouveaux gisements vont être activement recherchés. La Corse ne va pas échapper à ce mouvement : c'est, à cette époque, un espace vierge de mines importantes susceptible d'offrir l'opportunité d'y trouver de nouvelles ressources et d'en tirer profit. La jeune république française va diligenter des ingénieurs des mines qui vont donc être chargés de rapporter sur les ressources minérales et de fournir des avis techniques. La plupart de ces expertises ont été publiées dans le *Journal des Mines*. Ainsi, en 1793, Antoine de Gensanne écrit-il :

> Il résulte de ce que nous venons d'observer dans ce mémoire :
> 1. Que l'on peut hasarder une tentative à la mine de Venzolasca.
> 2. Que les mines de cuivre de Linguizzeta et de Corté ainsi que celle de cuivre à Valdica sont les principales mines à faire exploiter, parmi celles que j'ai vues.
> 3. Qu'il sera à propos de faire des tentatives sur le filon de Vezzani, et de tenter en même temps des recherches suivies dans ce canton.
> 4. Qu'il faut décombrer les anciens ouvrages de la mine de plomb de Valdica, pour pouvoir porter un jugement sur cette mine.
> 5. Qu'il faut renoncer absolument à suivre celle de Lento[12].

D'autres rapports, comme celui d'Alexandre Besson (1 802), formeront un avis d'ensemble sur la région :

> Il n'y a point de pays, proportion gardée, aussi riche et qui renferme une plus grande variété de belles roches ou pierres susceptibles d'être employées dans les arts. Il n'est pas possible qu'il ne s'y trouve des minerais ; mais il faut les y chercher, visiter et fouiller avec soin ce pays inconnu ; la difficulté des communications, le peu de ressources pour la vie, le mauvais air dans tous les terrains bas, la non-fréquentation des étrangers, des gens instruits, enfin le peu de sûreté pour les voyageurs, sont les principales causes qui ont empêché de faire des découvertes utiles et de connaître la Corse[13].

12. GENSANNE fils Antoine (de), « Mémoire sur les mines d'une partie de la Corse », *Journal des Mines*, n° IX, Prairial an 3 [1793], p. 24-44.
13. BESSON Alexandre C., « Observations sur le Mémoire précédent » [*Barral*, 1802], *Journal des Mines*, 11e vol., no LXV, Pluviose An 10 [1802], p. 377-380.

Au cours du temps, des avis plus nuancés vont cependant poindre lorsqu'on va commencer à cerner le contexte géologique de la Corse. Ainsi, l'ingénieur des mines Émile Gueymard, après avoir effectué une longue mission (1820-1821) sur le terrain, conclura-t-il :

> Si le terrain de Corse avait été connu comme aujourd'hui, il est certain qu'on n'aurait jamais conçu de grandes espérances en mines métalliques. Ainsi nous n'avons que cinq mines de fer, quatre dans la commune d'Oletta, et une à Farinole, qui offrent des résultats bien positifs. Les mines de plomb de Prato, de fer de la Venzolasca, de manganèse de Valle, et d'antimoine d'Ersa ont encore besoin de quelques recherches pour fixer une opinion sur leurs gîtes[14].

On a dénombré en Corse plus de 400 indices minéralisés, chacun de ces indices est loin d'avoir donné lieu à la découverte d'un gisement et moins encore à l'ouverture d'une mine (fig. 2). On se souvient que, pour un métal donné, un indice est la présence locale à l'affleurement de quelques traces de minéraux qui peuvent laisser envisager qu'à proximité ce métal se trouve en plus grande quantité au sein d'un gisement qui, lui, est susceptible de renfermer une concentration statistiquement significative des minéraux révélés par l'indice. Jusqu'au début du XXe siècle, les moyens dont disposaient les mineurs pour estimer les réserves en minerai étaient quasi-inexistants et on ne découvrait la réalité de la minéralisation qu'à l'avancement des travaux. La géologie, et plus particulièrement la géologie minière, était encore balbutiante et on ne disposait pas non plus de modèle – ou bien alors de modèles trop frustes – pour expliquer les modalités de genèse de la minéralisation et les raisons de sa présence, notamment parce qu'on était dans l'ignorance de processus géologiques et tectoniques qui ne seront progressivement découverts qu'au cours du XXe siècle.

2. Localisation des principaux gîtes de minéraux métalliques en Corse

14. Gueymard Émile, « Voyage géologique et minéralogique en Corse (1820-1821) », Bonavita J.-M. (ed.), *Bulletin de la société des sciences historiques et naturelles de la Corse (BSSHNC)*, fasc. 31-32, 1883, p. 1-159. Gauthier Alain, « Le voyage géologique et minéralogique d'Émile Gueymard en Corse en 1820. Raisons du voyage, instructions données à Gueymard et jugement de sa mission par le Conseil général des Mines », *BSSHNC*, fasc. 738-739, 2012, p. 7-107.

Les métaux d'utilisation courante aux xviiie et xixe siècle étaient principalement le fer, le plomb (plus ou moins argentifère) et le cuivre. Si la sidérurgie locale a connu une pérennité jusqu'à la fin du xixe siècle, d'abord alimentée par des mines corses puis par le minerai de l'île d'Elbe, les mines de fer de l'île n'ont pas intéressé les investisseurs étrangers ni même entretenu le rêve d'un quelconque Eldorado minier.

En revanche, c'est bien un Eldorado qu'on a cru avoir découvert, au sud de Calvi, lors de la mise en exploitation du gisement de plomb argentifère de l'Argentella, jadis exploité par les Génois. Alain Gauthier (cf. p. 74 et suiv.) détaille l'histoire de l'échec de cette exploitation pour laquelle des millions de francs-or furent dépensés, dans les années 1850, par G. Colas, un investisseur du continent, pour effectuer des travaux pharaoniques (usine de traitement, barrage hydraulique, travaux miniers). Les raisons de cet échec tiennent certes dans l'absence, à cette époque, de moyens techniques permettant de reconnaître la géométrie en grand des filons et d'effectuer une estimation objective des réserves, mais l'importance des bâtiments et des installations de traitement témoignent toutefois d'un excès de confiance mal étayée et d'une certaine inexpérience en matière d'exploitation minière.

Le cuivre et l'antimoine

Entre le milieu du xixe et les premières décennies du xxe siècle, l'histoire de l'exploitation de deux métaux, le cuivre et l'antimoine, offre un bon exemple de ce que fut pour le premier l'espoir déçu d'un Eldorado et pour le second un succès, d'abord géré localement par des Capcorsins avant que les exploitations ne soient rachetées par des sociétés étrangères, anglaises ou italiennes[15].

Les gisements de ces deux métaux se trouvent localisées dans la partie NE de l'île dans la zone dite des « Schistes lustrés » et qui correspond à la chaîne alpine (*s.l*). On sait maintenant, depuis les années 1970 à 1990, que la formation des gisements de cuivre remonte au Jurassique (il y a environ 160 Ma) et qu'ils se sont formés au fond d'un océan aujourd'hui disparu, la Téthys, qui séparait au nord l'Europe (à la marge méridionale de laquelle la proto-Corse était alors rattachée) d'un promontoire de l'Afrique au sud (baptisé Adria). Les minéralisations de cuivre se sont développées au droit de la ride volcanique centrale de cet océan au sein de cheminées hydrothermales dites « fumeurs noirs ». Le mécanisme de la tectonique des plaques nous explique que, sous la poussée de l'Afrique dérivant vers le nord, cet océan s'est ensuite résorbé (par subduction entre la fin du Crétacé [70 Ma] et l'Éocène [35 Ma]) sous la marge continentale d'Adria et qu'une partie des roches qui formaient le fond de l'océan – dont celles comprenant les minéralisations en cuivre – va se trouver transportée, charriée, sur le continent européen en donnant naissance à la chaîne alpine. À l'Oligocène (35-30 Ma),

15. Gauthier Alain, *Mines et mineurs de Corse*, Ajaccio, Albiana, 2011

le sens de la subduction s'est alors localement inversé induisant la résorption de l'océan sous la marge européenne – donnant ainsi naissance à la chaîne des Apennins – et, en induisant l'ouverture du golfe ligure, provoqué la rotation anti-horaire du bloc corso-sarde (Miocène inférieur, 21-15 Ma) puis l'ouverture de la mer tyrrhénienne (voir plus loin fig. 4b). Associé à cette chaîne, un magmatisme s'est développé du Miocène moyen jusqu'à la période actuelle (14-0 Ma) qui a notamment vu la mise en place du granite de l'île d'Elbe, auquel sont liées les célèbres mines de fer, et qui est responsable de la génération des gites d'antimoine et d'arsenic en Corse et en Toscane. Les trois orogènes (création de chaîne de montagnes) hercynien, alpin et apennin ont ainsi chacun donné lieu en Corse à la genèse de minéralisations, chacune de ces périodes étant caractérisée par une association de métaux dominants. Au sein de la zone granitique occidentale, se trouvent les minéralisations hercyniennes à Pb, Ag (comme l'Argentella) avec accessoirement As, Cu, tandis que dans la zone des Schistes lustrés se trouvent les minéralisations alpines à Cu, Pb, Fe et apennines à Sb, As.

Le cuivre est, sans conteste, le métal qui a suscité le plus de recherches ou d'exploitation dans l'île entre le milieu du XIXe et les premières décennies du XXe siècle. Une centaine d'indices, dont la teneur en Cu rend souvent le minerai attractif, sont répartis sur une quarantaine de communes[16]. Sa recherche active et les travaux entrepris sont une bonne illustration du rêve et de l'espoir des prospecteurs et des investisseurs de trouver en Corse un Eldorado minier. À cette époque, on supposait *a priori* que la minéralisation devait s'enrichir en profondeur et on cherchait à trouver une continuité dans des minéralisations ponctuelles ou discontinues (fig. 3). La technique des forages de reconnaissance, inconnue à cette époque, ne se développera que plus tard, dans le courant du XXe siècle.

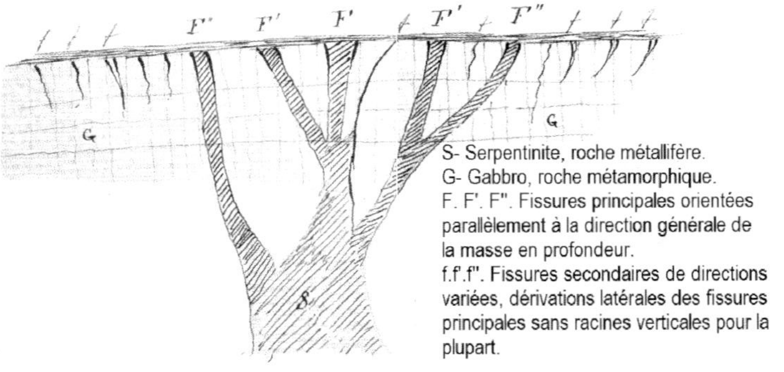

3. Coupe établie par un ingénieur des mines (vers 1889) explicitant le concept d'enrichissement en profondeur de la minéralisation à Ponte Leccia (*in* Gauthier, *Mines et mineurs de Corse*, 2011). On remarquera que les serpentinites sont dessinées comme intrusives dans les gabbros, ces derniers étant considérés comme des roches métamorphiques. NB : La légende, manuscrite sur le document original, a été typographiée.

16. *Ibid.*

Le gisement voisin de Montecatini, en Toscane, exploité à partir de 1837 (jusqu'au début des années 1900), renfermait des amas cuivreux – encaissés au sein de gabbros ophiolitiques – d'un volume et d'une richesse exceptionnels. Ce gisement a alors servi de modèle aux ingénieurs des mines qui ont cherché à retrouver ses caractéristiques dans certains gîtes de cuivre corses. Un caractère des gisements corses qui les rendait comparables à celui du Montecatini était la qualité du minerai et sa forte teneur en Cu ainsi que le gisement au sein de roches ophiolitiques (notamment les gabbros). En postulant un enrichissement en profondeur on a conclu à l'exploitabilité de plusieurs gisements (Linguizetta, Saint-Augustin [Castifao], Ponte Leccia, etc.). Selon Alain Gauthier, sur le plan économique, au plus fort de leur exploitation, les mines de cuivre ont été très généralement des gouffres financiers et, à la charnière des XIXe et XXe siècles, plusieurs millions de francs ont été dépensés pour la recherche du cuivre en Corse. Les sociétés anglaises du troisième quart du XIXe siècle y ont englouti leurs capitaux, en travaux de recherche et dans la construction d'usines de traitement surdimensionnées. Toutefois, la mine de Vezzani, la seule contrôlée par des investisseurs corses, semble avoir été bénéficiaire durant une ou deux années (1904-1906). Mais aucune concession n'a affiché sur la durée un bilan positif.

La découverte des deux processus majeurs intervenant dans la formation des gisements de cuivre permet d'expliquer *a posteriori* les raisons de la relative abondance des indices, le pourquoi de l'absence de concentration économique étant lié, d'une part, aux conditions de formation sous-marine : tous les « fumeurs noirs » ne donnent pas systématiquement naissance à de grandes quantités de minerai, et, d'autre part, aux conditions de mise en place tectonique des formations les renfermant qui, en induisant des fractures et des déplacements, a rendu erratique l'exploitation des corps minéralisés.

Déjà signalées dans les textes anciens (Colonna, 1685), puis dans la carte de Cadet le Jeune (1789) et le plan Terrier (1795), les minéralisations d'antimoine seront visitées par Besson : « Je découvris de la mine d'antimoine près d'Erza, dont je fis tirer plusieurs quintaux, à ce sujet il vint des gens sans aveu qui voulurent m'assassiner ; attendu, disaient-ils, que j'enlevais des trésors à la Corse[17]. » L'exploitation de la stibine (minerai = sulfure d'antimoine) se déroulera entre la seconde moitié du XIXe et le début du XXe siècle et, *in fine*, la production des mines d'antimoine du district du Cap Corse (Ersa, 1860-1918 ; Meria, 1858-1915 ; Luri, 1863-1926) aura fourni 11 000 tonnes d'antimoine métal jusqu'en 1919, ce qui les plaçait alors au premier plan de la production nationale.

La stibine se présente en filons qui recoupent les formations encaissantes, ce qui avait fait conclure à l'ingénieur des mines Pierre Termier en 1885 (cité par Gauthier, 2011) : « Nous serions porté à croire [que la minéralisation] est d'âge tertiaire. » Remarquant la disposition périphérique des gîtes d'antimoine du Cap

17. BESSON Alexandre. C., *op. cit.*

Corse, du gîte d'arsenic de Matra et d'occurrences comparables en Toscane par rapport au granite de l'île d'Elbe (daté autour de 7,3 Ma), G. Aubert, J. Bouladon et G. Marinelli (1973) ont suggéré que toutes ces minéralisations devaient avoir été engendrées par la mise en place de ce granite[18]. Ces auteurs ont en outre souligné que la porphyrite de Sisco (âgée de 14 Ma), proche des gîtes de Meria, Luri et Ersa, dans une position géologique comparable – contenant de l'antimoine en traces (15 ppm) – pouvait aussi être connectée avec les minéralisations de stibine. Depuis l'hypothèse développée par Aubert *et al.* (1974), la mesure des âges du granite de l'île d'Elbe et de la porphyrite de Sisco ont montré que 7 Ma séparent leur mise en place et qu'il est donc peu vraisemblable que les minéralisations du Cap Corse soient en relation avec le granite de l'île d'Elbe. De plus, la datation systématique du magmatisme toscan a révélé[19] (Civetta *et al.*, 1978) que ce dernier a migré dans le temps depuis la Corse (14 Ma) jusqu'en Toscane au Quaternaire (0,4 Ma) (fig. 4a). Les auteurs G. Serri[20] et puis C. Brunet *et al.*[21] ont mis en relation ce magmatisme avec des phénomènes se déroulant dans le manteau terrestre postérieurement à l'édification de l'Apennin (délamination ou *roll-back* de la lithosphère (fig. 4b), responsable, entre autres, de la rotation du bloc corso-sarde). Quoiqu'il en soit, la genèse de l'antimoine du Cap Corse, comme celle de l'arsenic de Matra se trouverait donc bien reliée à la dynamique de la formation de l'Apennin voisin et les minéralisations en Sb seraient plus vraisemblablement à mettre en relation avec l'épisode magmatique dont témoigne la porphyrite de Sisco.

C'est donc surtout dans la deuxième partie du XIXe et à la charnière entre le XIXe et le XXe siècle que la Corse a connu une ruée vers ses ressources minières. Elle a connu des expériences contrastées : des déceptions lors de la fièvre du cuivre au tournant du XIXe au XXe siècle alors qu'au cours de la même période, le district d'antimoine du Cap Corse (Meria, Luri, Ersa) se trouvait en tête de la production nationale. La meilleure connaissance des processus de formation des minéraux métalliques permet aujourd'hui d'expliquer la présence des minéralisations corses mais aussi en partie leur difficulté d'exploitation (faible abondance et/ou discontinuité des ressources). Les critères d'économie

18. AUBERT Georges, BOULADON Jean & MARINELLI Giorgio, « Disposition des gîtes d'antimoine de Corse et de Toscane par rapport aux granites de l'île d'Elbe », *in Les roches plutoniques dans leurs rapports avec les gîtes minéraux*, Colloque en hommage au Prof. E. RAGUIN, Paris, Masson, 1973, p. 225-227.

19. CIVETTA L., ORSI G., SCANDONE P. & PECE R., « Eastwards migration of the Tuscan anatectic magmatism due to anticlockwise rotation of the Apennines », *Nature*, n° 5688, 1978, p. 604-606.

20. SERRI G., « Neogene-Quaternary magmatic activity and its geodynamic implications in the Central Mediterranean region », *Annali di Geofisica*, 1997, V. XL, n° 3, p. 681-703.

21. BRUNET Christophe, MONIÉ Patrick, JOLIVET Laurent & CADET Jean-Paul, « Migration of compression and extension in the Tyrrhenian Sea, insights from $^{40}Ar/^{39}Ar$ ages on micas along a transect from Corsica to Tuscany », *Tectonophysics*, n° 321, 2000, p. 127-155.

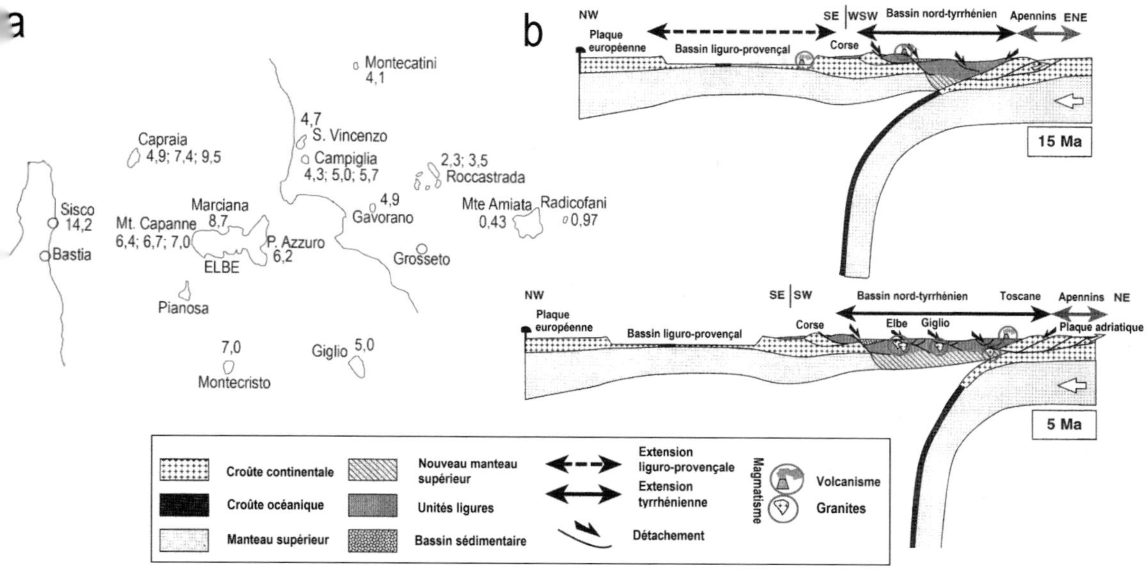

4. L'environnement géologique et géodynamique des gîtes d'antimoine du Cap Corse

a : Âges et migration vers l'Est du magmatisme toscan (d'après Civetta *et al.*, 1978). Les nombres indiquent les âges en millions d'années (Ma).

b : Coupes transverses depuis la marge européenne jusqu'à la marge adriatique (africaine) à 15 Ma (Miocène moyen) et 5 Ma (Pliocène inf.) montrant le retrait de la subduction apennine vers l'Est et la délamination de la lithosphère induisant un magmatisme sus-jacent (d'après Brunet *et al.*, 2000).

des matières premières évoluent en fonction de la situation mondiale globalisée (offre-demande, accessibilité des gisements, etc.). La configuration des ressources minières en Corse ne présage pas de l'éventualité d'une reprise d'activité compte tenu des critères : réserves, difficultés et coût exploitation *vs.* prise en compte de l'environnement. En outre, le sous-sol corse ne renferme pas de métaux spéciaux stratégiques comme le lithium, le tantale, le niobium ou les Terres Rares, en teneurs économiques qui pourraient éventuellement conduire à de nouveaux travaux d'exploration.

En revanche les nouveaux gisements d'énergie comme le solaire ou l'éolien, l'exploitation raisonnée des ressources en eau potable, des forêts etc., en quelque sorte tout ce dont il n'a pas été question ici, constituent un patrimoine unique qui, sans être un Eldorado, constituent un atout de premier plan pour contribuer à assurer un cadre de vie harmonieux dans notre île.

Si loin si proche…
EXEMPLES DE MATIÈRES PREMIÈRES EMPLOYÉES DU VIe AU Ier MILLÉNAIRE EN CORSE :
quelles problématiques pour quelles ×nalités ?

Hélène Paolini-Saez (1), Nadia Ameziane-Federzoni (1), Céline Bressy-Leandri (1), Antonia Colonna (2), Bernard Gratuze (3), François-Xavier Le Bourdonnec (4), Arthur Leck (4), Laura Manca (5), Marie Madeleine Ottaviani-Spella (6), Elisabeth Pereira (6)[1]

RÉSUMÉ

Dès la Préhistoire, les matières premières sont indispensables aux besoins utilitaires, fonctionnels, esthétiques, voire ostentatoires des groupes humains. Leur utilisation témoigne d'inventivités technologiques, d'adaptabilités et de connaissances de la propriété technique de chaque matériau. À la Pré- et Protohistoire, trois circuits d'acquisition ont été mis en évidence (local, régional et méditerranéen) grâce aux analyses archéométriques qui ne cessent de s'affiner.

S'intéresser aux matières premières à la Pré- et Protohistoire renvoie au quotidien des communautés, la gestion de leur milieu, leur relation à l'autre, aux échanges. C'est un champ d'étude complexe et très vaste puisque l'homme a su exploiter ces matériaux très rapidement. Il les a adaptés à ses besoins en les transformant par manipulations directes ou indirectes pour construire son habitation, se vêtir, se nourrir, se déplacer, se défendre, etc. Toutes ces actions requièrent une voire plusieurs matières premières et des savoir-faire adaptés.

Depuis les années 2000, plusieurs chercheurs s'intéressent à ces sujets pour la Corse. Des doctorats se sont succédé, et complété, conduisant à une première synthèse collective présentée en 2017[2]. Plusieurs universités (Corse,

---

1. 1 : UMR CNRS 5608 TRACES ; 2 : UMR CNRS 6240 LISA ; 3 : UMR CNRS 7065 IRAMAT ; 4 : UMR CNRS 6034 Archéosciences ; 5 : UMR CNRS 7269 LAMPEA ; 6 : UMR CNRS 6134 SPE
2. Bressy-Leandri Céline, Ameziane-Federzoni Nadia, Le Bourdonnec François-Xavier, Colonna Antonia, Paolini-Saez Hélène, Bellot-Gurlet Ludovic, Convertini Fabien, Dubar Michel, Errera Michel, Fernandes Paul, Marza Gabrielle, Leck Arthur, Luglié

Aix-Marseille, Orléans, Bordeaux) sont concernées, associant différentes démarches méthodologiques. Les observations macroscopiques, indispensables pour un premier diagnostic, ne permettent pas toujours d'apporter des éléments fiables ; l'archéométrie va plus loin en appliquant des méthodes analytiques telles que les analyses microscopiques (pétrographie en lames minces), minéralogiques (DRX sur poudres) et/ou chimiques (LA-ICP-MS, MEB-EDS, PIXE, XRF, etc.). Les résultats apportent une forte contribution à la compréhension des modes de vie, aux interactions avec d'autres communautés, la définition des territoires, la perception des espaces parcourus, voire l'identification des modes de transport. Ainsi, l'analyse des matières premières participe à la compréhension de la place de la Corse dans la Méditerranée et la mobilité des groupes humains.

Certaines de ces matières se trouvent dans l'environnement immédiat du site de découverte, ce sont les matières locales. Leur approvisionnement dépend d'un circuit court. D'autres sont plus éloignées, ce sont les matières recherchées au niveau régional (circuit intermédiaire). Les autres proviennent de régions ou pays plus éloignés à l'échelle méditerranéenne, c'est le circuit long. Ce sont ces trois approches que nous allons présenter à travers la restitution des résultats obtenus par plusieurs chercheurs qui travaillent sur des matières variées : la terre crue, les matières lithiques (silex, obsidienne, rhyolite, roches tenaces), les matières dures animales et le verre.

MATIÈRE LOCALE ET CIRCUIT COURT

LES MATÉRIAUX

Plusieurs matières premières ont été exploitées dans l'environnement proche des habitats pré- et protohistoriques. En contextes archéologiques, elles se matérialisent par la conservation de différents vestiges généralement fragmentés. Parmi ces matériaux, les matières argileuses résultent de l'altération des minéraux contenus dans les roches et se retrouvent sur l'ensemble de l'île. Une fois récoltées, elles sont triées, décantées avant d'être mises en forme puis cuites. Elles se conservent très bien et font partie des matériaux trouvés systématiquement à partir du Néolithique sur les sites archéologiques sous la forme de récipients et/ou de terre à bâtir projetée sur l'armature des habitations.

Carlo, Melosu Barbara, Orange Marie, Ottaviani-Spella Marie Madeleine, Quilichini Yann, Tramoni Pascal, « Territoires et échanges préhistoriques en Corse : l'apport des recherches sur les matières premières minérales », *in* Céline et Franck Leandri (dir.), *Archéologie en Corse : Vingt années de recherches*, Arles, Éditions Errance, 2022, p. 55-71.

Lorsque la nature des sols le permet, la conservation des matières dures animales permet de renseigner les produits du travail de l'os, du bois de cerf, de la dentine et des coquillages[3].

Les autres matériaux récurrents sont les matières lithiques. Outre les pierres de constructions (murs d'enceinte, calages de poteaux, aménagements variés), certaines roches ont été exploitées pour l'outillage d'usage quotidien. C'est le cas des rhyolites qui sont des roches volcaniques mises en place en Corse au cours du Permien et du Trias (280-230 millions d'années). C'est dans la partie nord-ouest de l'île, dans la caldeira du Cintu que la concentration de rhyolite est la plus importante. Sur le reste du territoire hercynien, les rhyolites se trouvent sous forme de filons. Dans la Corse alpine, les rhyolites se trouvent en position secondaire, sous formes de galets ou blocs dans des brèches.

Les matières de ces objets/outils sont qualifiées de locales lorsqu'elles offrent une composition en adéquation avec les contextes géologiques proches. On considère alors qu'elles proviennent de l'environnement immédiat de l'habitat (< 10 km). Aucun intermédiaire n'est nécessaire à l'approvisionnement, la gestion se fait à l'intérieur de la communauté et il n'y a pas de valeur marchande spécifique.

MATIÈRES ARGILEUSES

La composition des matières argileuses est renseignée par des études pétrographique et chimique (DRX). La pétrographie consiste à réduire l'échantillon de céramique en une lame mince d'une épaisseur de 30 microns. L'identification des minéraux et fragments de roche contenus dans la matière argileuse se fait à l'aide d'un microscope polarisant à transmission. Elle permet de comparer la composition des « argiles » à celle des roches environnantes et en déduire si les composants sont d'origine(s) locale ou extérieure. Un référentiel élaboré depuis 2002[4] sur les sites d'A Petra (L'Île-Rousse), Strette (Saint-Florent), Curachjaghju (Levie), Araguina-Sennola (Bonifacio), Basi (Serra di Ferro), Monte Revincu (Santo Pietro di Tenda), I Casteddi (Tavera), E Cammeriche (Bustanico) (fig. 1) permet de comprendre la gestion des ressources argileuses. Pour tous ces sites, les matériaux locaux ont été privilégiés ; ceci semble compréhensible si on considère la fréquence d'utilisation, le poids et

3. Manca Laura, *Fonctionnement des sociétés de la fin du Néolithique au début de l'âge du Cuivre en Sardaigne. Une approche inédite à partir de l'étude des productions en matières dures animales*, thèse de doctorat, sous la dir. de A. Averbouh, Université de Provence, 2013.

4. Paolini-Saez Hélène, « Les céramiques des VIe et V^{e} millénaires avant notre ère dans l'aire tyrrhénienne : de l'approvisionnement aux vases finis », Tribune des chercheurs, Actes du colloque de Bastia, 24 juin 2010, *Corse d'hier et de demain*, nouvelle série n° 3, Société des sciences historiques et naturelles de la Corse, 2012, p. 47-70 ; Paolini-Saez Hélène et Pereira Élisabeth, *I Casteddi, commune de Tavera*, Rapport de travaux et analyses, Ajaccio, Ministère de la Culture (SRA Corse), 2020.

l'encombrement de l'argile. Sous cet aspect très uniforme se cachent pourtant des particularités. Nous avons mis en évidence non pas une matière argileuse locale mais plusieurs. On peut l'expliquer par des cycles d'approvisionnement selon les déplacements ou les carences de certains gisements, voire en fonction des générations qui se sont succédé sur un habitat.

Au Monte Revincu, au Néolithique moyen (Ve millénaire), des variations de matières argileuses sont à signaler selon leur lieu de découverte. Dans le monument funéraire de Casa di l'Urcu, la matière argileuse des vases est d'origine métamorphique, tandis que dans les structures d'habitats de Cima di Suarella les matières sont d'origine granitoïdique. Par ailleurs, les autres monuments funéraires (coffre D et dolmen sommital) ont également fait l'objet d'un dépôt de vases correspondant à une production métamorphique différente de la Casa di l'Orcu[5]. Nous avons ici un choix d'utilisation délibérément différent en fonction de la finalité d'utilisation : usage domestique ou funéraire.

Pour aller dans le même sens, une chaîne opératoire spécifique a été identifiée à Strette durant le Néolithique ancien (VIe millénaire) où trois jarres de stockage ont été exclusivement réalisées avec un matériau métamorphique. Ses composants, de la même famille que l'amiante (serpentine, mica blanc, micaschiste), sont reconnus pour leurs propriétés résistantes aux chocs mécaniques et une porosité amoindrie.

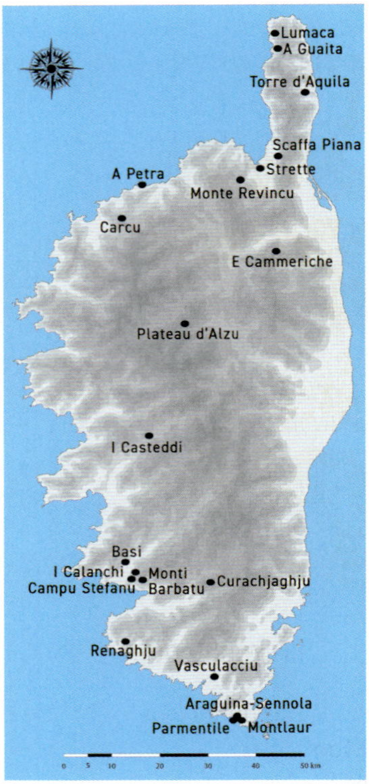

1. Carte de localisation des sites archéologiques cités dans le texte © Hélène Paolini-Saez

Aux matières argileuses locales, nous avons remarqué l'ajout de microscopiques fragments de vases cassés (fig. 2). Ces fragments, appelés « chamottes », se rattachent soit à un marqueur culturel d'identification, soit à un critère technique utilitaire. On les retrouve au Néolithique ancien à Strette et Araguina-Sennola, au Néolithique moyen au Monte Revincu et à l'âge du Bronze et du Fer à I Casteddi et E Cammeriche[6].

5. LEANDRI Franck, GILABERT Christophe, JORDA Christophe, DEMOUCHE Frédéric, *Monte Revincu (Santo-Pietro-di-Tenda, Haute-Corse), Aux origines du mégalithisme en Méditerranée*, Arles, Éditions Errances, 2012.

6. JAMAI-CHIPON, *Rapport de sondage archéologique. Opération programmée 2020, E Cammeriche, Bustanico, Haute-Corse*, Ajaccio, Ministère de la Culture (SRA Corse), 2020.

Concernant la terre à bâtir, seule la collection d'I Casteddi a été étudiée pour le moment. La lecture des lames minces montre des matériaux locaux. À l'âge du Bronze les hommes ont utilisé la même préparation que celle des vases (texture fine avec rajout de chamotte), tandis qu'à l'âge du Fer la préparation est grossière et la matrice argileuse peu visible. Ceci reflète deux habitudes et deux gestions différentes des matériaux destinés à la construction selon les périodes (fig. 2).

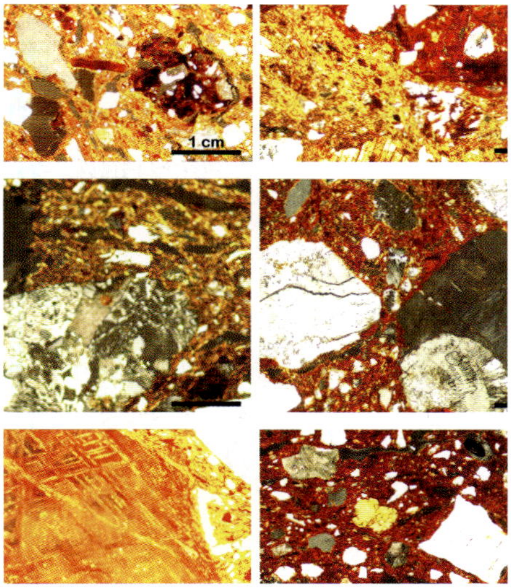

2. Lames minces de céramiques et torchis d'I Casteddi (Tavera, Corse-du-Sud). Photos de quelques minéraux pris au microscope optique polarisant en LPA (Lumière Polarisée Analysée) à l'aide de la caméra intégrée à un microscope Leica.

De haut en bas et de gauche à droite : lame 305.2, grains de chamotte sur fond de pâte (obj. 4) ; lame 349.5, détail de chamotte (composée de fragments de minéraux) sur fond de pâte alignée (obj. 10) ; lame 349.2.3, détail myrmékite (obj. 10) ; lame 5018 T1, myrmékite dans torchis (obj. 10) ; lame 303.5, détail d'amphibole (obj. 10) ; lame 349.4, macro et microcristaux sur fond de pâte serrée et brun rouge (obj. 4). Echelle 1 cm : obj. 4 = 150 µm ; obj. 10 = 300 µm. © Elisabeth Pereira

MATIÈRES DURES ANIMALES

Les données actuellement disponibles sur les sites d'I Calanchi[7] (Sollacaro), Montlaur[8] (Bonifacio) et Parmentile[9] (Bonifacio) pour les productions en os et bois de cervidés se situent au Néolithique récent et final (entre le premier quart du IVe millénaire et la fin du IIIe millénaire). Au cours de cette période, nous savons que les objets sont produits à partir de l'exploitation d'animaux sauvages et domestiques. L'équipement est composé principalement d'objets pointus et d'objets biseautés qui sont utilisés au cours de la transformation des produits d'origine animale (tannage des peaux, couture, vannerie). Les espèces et les parties anatomiques sélectionnées sont les ovicaprinés, qui restent les plus

7. Cesari Joseph, Tanda Giuseppa, *Sollacaro, I Calanchi Sapar'Alta [Note of archaeological project]*, *ADLFI, Archéologie de la France, Informations* [Online], Corsica, Online since 26 April 2017 (URL : http://journals.openedition.org/adlfi/18860).

8. Ranché Chistophe, Rigeade Catherine, Ferreira Patrick, Barbey Stéphane, Écard Philippe, Gilette Philippe, Grizeaud Jean-Jacques, Marsac Romain, Pêche-Quilichini Kewin, Pliskine Patrice, Tramoni Pascal, Terracol Thomas, *Bonifacio, Caserne Montlaur [Note of archaeological project]*, *ADLFI, Archéologie de la France, Informations* [Online], Corsica, Online since 01 September 2019, (URL : http://journals.openedition.org/adlfi/22438).

9. Pêche-Quilichini Kewin, *Parmentile*, Rapport de fouille, Inrap, en cours.

exploités pour l'industrie, et les métapodes qui sont les blocs préférentiellement choisis avec les tibias. La présence des sangliers et des canidés reste marginale mais bien ciblée pour la production d'objets particuliers comme les racloirs sur canines de sanglier ou les dents de canidés perforées. Les premiers résultats sur les remontages montrent l'application préférentielle du schéma de transformation par bipartition, suivi par la méthode de débitage par fracturation et par tronçonnage. Les types de supports produits présentent généralement une forme éloignée de la forme d'origine du bloc de la matière première ; la technique majoritairement appliquée au cours du façonnage est l'abrasion.

Pour les coquillages, les données proviennent essentiellement de l'étude de la série de Montlaur. Sur ce site, les gastéropodes (*Columbella rustica* et *Patella sp.*) sont majoritairement sélectionnés, suivis par les bivalves (*Cerastoderma sp.* essentiellement) et par les scaphopodes *(Dentalium sp.*). Ces coquilles sont exploitées principalement pour la production d'objets de parure. L'analyse microscopique a permis de déterminer l'utilisation comme couteaux pour dépecer/écailler de la viande fraîche (poissons ?) de deux individus de *patella*.

Les espaces potentiels d'approvisionnement des matières dures animales suggèrent l'exploitation des ressources disponibles dans l'environnement intra-site ou local (élevage) ou extra-site ou micro-régional (chasse, collecte) des groupes qui les exploitent.

RHYOLITE

L'étude typo-technologique des collections archéologiques en rhyolite permet de définir sous quelles formes les rhyolites ont été introduites sur les sites de « consommation » : forme brute (nucléus) et/ou semi-finie (supports, éclats ou lames) et/ou finie (outils). Parallèlement, un certain nombre de critères de caractérisation est défini par la pétrographie (type, proportion, dimension des minéraux et couleur de la mésostase). Par ce biais, quatre grandes catégories ont été identifiées : les rhyolites noires (catégorie A), grises (catégorie B), brunes (catégorie C) et vertes (catégorie D). Plusieurs sources potentielles ont été localisées pour les catégories A, B et D dans la haute-vallée d'Ascu (plateau de Stagnu) et la vallée de la Melaja[10].

Le plateau d'Alzu se situe dans le nord de la Corse, au sud-ouest de Corte, à une altitude de 1588 m. Il constitue une zone à pente modérée sur la crête qui sépare les vallées de la Restonica et du Tavignanu. Les traces d'exploitation préhistoriques (pointe de flèche et céramique), visibles sur une surface d'environ 46 hectares, témoignent d'activités d'extraction et de transformation

10. Ameziane-Federzoni Nadia, *Approvisionnement et diffusion de la rhyolite dans le Nord de la Corse au Néolithique ancien et moyen*, thèse de doctorat, Université de Corse, Corte, inédit, 2011 ; Ameziane-Federzoni Nadia, *Rapport de prospection thématique sur la haute-vallée d'Ascu*, Service régional de l'archéologie de Corse, 2018.

de la rhyolite au Terrinien (IIIe millénaire). L'intérêt scientifique du site d'Alzu est d'offrir des informations inédites sur ce qui peut être nommé un « complexe minier »[11] qui se compose d'une zone d'atelier (ZEX), d'un habitat avec activités de débitage important (abri Alzu) et d'habitats à activités de débitage réduites (Punta Rusinca). Sur les activités autres que l'exploitation de la rhyolite, la découverte de nouvelles armatures de flèches dans l'abri 1 d'Alzu, présentant une fracture apicale, a confirmé l'utilisation de ce type d'outil sur le plateau d'Alzu. Par ailleurs, la découverte inédite de deux éclats à pédoncule pourrait correspondre à une des premières étapes de la confection des pointes de flèches par des apprentis, ce qui nous interroge sur l'existence d'un atelier d'apprentissage à proximité de la carrière, dans le secteur de l'abri 1 d'Alzu.

En Corse-du-Sud, au Monti Barbatu (Olmeto), du Néolithique récent jusqu'au Bronze moyen, les populations ont utilisé majoritairement des gisements de rhyolite locale avec une prédilection pour la fabrication d'outils pondéreux à la Protohistoire. Sur d'autres sites, comme Renaghju (Sartène) et Basi[12], l'utilisation de plusieurs matières locales est confirmée, complétée faiblement par des rhyolites du Nord (fig. 3).

3. Exemple d'artefacts en rhyolite mis au jour sur le site de Basi (Serra di Ferro, Corse-du-Sud) ©Arthur Leck

11. LABRIFFE DE Pierre-Arnaud et THÉBAULT Dominique, Mines de silex et grands travaux, l'autoroute A5 et les sites d'extraction du Pays d'Othe, *in* PÉLEGRIN Jacques et RICHARD Annick (dir.), *Les mines de silex au néolithique en Europe : avancées récentes*, Actes de la table ronde internationale de Vesoul (18-19 oct. 1991), Paris, Documents préhistoriques, 1995, p. 47-66.

12. PERRIN Thomas, *Basi 2020. Premier rapport intermédiaire de fouille programmée triennale 2020-2022*, Service régional d'archéologie de Corse, 2020.

ÉCHANGE RÉGIONAL ET CIRCUIT INTERMÉDIAIRE

LES MATÉRIAUX

Certaines matières premières ont fait l'objet de circulation au sein de la Corse d'une microrégion à une autre. Ce sont les observations macroscopiques et les analyses microscopiques ou chimiques qui permettent de comprendre d'une part certaines variations observables à l'œil nu et d'autre part de déterminer précisément la provenance de certaines matières. Parmi ces matériaux, il faut citer des matières argileuses extérieures à leur environnement géologique de découverte. Les matériaux lithiques connaissent aussi un transport sur de longues distances comme certaines rhyolites qui sont diffusées sur plusieurs dizaines de kilomètres ainsi que des roches tenaces d'origine métamorphique utilisées pour la réalisation de haches utilitaires (outil agricole, travaux de boucherie, arme de guerre[13]) ou d'apparat (contextes funéraires).

Les matières de ces objets/outils proviennent d'un environnement éloigné de l'habitat (> 10 km). Au moins un intermédiaire est nécessaire à leur acheminement jusqu'à la zone de découverte (habitat, sépulture). La gestion de cette matière nécessite un lien avec une autre communauté. La valeur marchande est possible par le biais d'échanges.

MATIÈRES ARGILEUSES

Les observations macroscopiques et les analyses pétrographiques ont mis en exergue des matières argileuses exogènes à leur environnement. Il s'agit de sites archéologiques situés en contexte granitoïdique dont certains récipients sont fabriqués avec de la matière argileuse métamorphique (serpentinite, serpentine, mica blanc, micaschiste). Sont concernés pour le Néolithique ancien, les habitats d'A Petra, Torre d'Aquila (Pietracorbara) et Araguina-Sennola et, pour les âges des métaux, I Casteddi. Les formations se situent à une distance allant de 13 à 35 km pour A Petra, 70 à 120 km pour Araguina-Sennola, environ 15 km pour Torre d'Aquila et 35 à 80 km pour I Casteddi[14].

À l'heure actuelle, compte tenu des investigations en cours, on ne peut clarifier ce qui a voyagé : les matériaux argileux bruts ? les récipients finis ? des dégraissants « exotiques » ? Néanmoins, au-delà de leur fonction domestique (cuisine, stockage), si on considère que les contenants se prêtent parfaitement au transport, tel un sac plastique ou une cagette aujourd'hui, il est envisageable de proposer le déplacement d'un vase soit pour sa valeur intrinsèque, soit pour la valeur transportée (denrées alimentaires ou fonctionnelles). Si nous

13. BEINEIX Alain, « Aux origines de la guerre : actes de violence et massacres dans le néolithique européen », *Revue des études anciennes*, t. 103, n° 3-4, 2001, p. 329-342.
14. PAOLINI-SAEZ Hélène, 2012, *art. cit.*

ne pouvons trancher entre ces deux possibilités, il convient de souligner la véracité des échanges sur plusieurs dizaines de kilomètres et cela dès le VIe millénaire au Néolithique ancien.

RHYOLITE

Les travaux menés depuis plusieurs années montrent une importante diffusion de la rhyolite à partir de gisements sources du Nord de la Corse (cf. *supra*) vers plusieurs microrégions du Nord et du Sud de la Corse[15]. En revanche, les gisements de Corse-du-Sud n'ont pas fait l'objet de transport vers le Nord de l'île.

Dans le Nord, les rhyolites provenant de la caldeira du Cintu sont très souvent largement majoritaires. Pour le Néolithique ancien, la part de rhyolite varie de 7 à 68 % dans l'industrie lithique. Les rhyolites des catégories A, C et B ont été diffusées depuis le complexe du Cintu vers les trois microrégions étudiées : Balagne, Nebbiu et Cap Corse, ce qui n'a pas été le cas des rhyolites de la catégorie D, qui ne semblent pas avoir été utilisées dans le Cap Corse. L'utilisation préférentielle des rhyolites de la catégorie A sur l'ensemble des sites laisse envisager l'existence d'un réseau de diffusion bien établie. La distance entre sources et sites semble avoir exercé une influence sur les proportions et les formes de diffusion. La quantité de rhyolite trouvée à Strette est dix fois plus importante que celle trouvée dans le Cap Corse à Torre d'Aquila et A Guaita (Morsiglia). Les catégories A et D sont arrivées sous forme brute à A Petra et Strette alors qu'à Torre d'Aquila et A Guaita, c'est sous forme de supports et d'outils.

Au Néolithique moyen, la part de la rhyolite varie de 3 à 87 % dans l'industrie lithique. Dans le Nord de la Corse, les quantités diffusées (rhyolites A, C et D) depuis le complexe du Cintu vers les sites localisés plus à l'est (Strette, Scaffa Piana – Poggio d'Oletta – et Torre d'Aquila), ont diminué par rapport au Néolithique ancien. La part des rhyolites noires (catégorie A) a augmenté au cours de cette période sur les sites de Strette et Torre d'Aquila ; sur ce dernier, il s'agit de la seule catégorie présente. Sur le plan typo-technologique, comme au cours du Néolithique ancien, la présence de nucléus (catégories A, B et D) est attestée à Strette, Scaffa Piana et Monte Revincu, mais pas dans le Cap Corse à Torre d'Aquila.

Pour le Néolithique récent, nos observations n'ont concerné que la collection de Carcu (Cateri) en Balagne. La proportion de rhyolite au cours de cette période est moins importante qu'au Néolithique ancien sur le site d'A Petra. En revanche, les variétés de rhyolite utilisées diffèrent peu pour cette microrégion entre ces deux périodes. Concernant le mode d'introduction du matériau, la forme brute est visiblement privilégiée, comme antérieurement.

15. AMEZIANE-FEDERZONI Nadia, 2011, *art. cit.*

Pour les sites de la Corse-du-Sud, l'approvisionnement marginal en rhyolite noire du Cintu (de 5 à 10 %), à près de 75 km au nord, suggère un réseau de diffusion côtier qui reste encore à bien identifier.

ROCHE TENACE

Un ensemble de haches polies découvert dans des contextes archéologiques issus du Nord de la Corse, dont l'environnement géologique peut être métamorphique (Balagne, Cap Corse et Nebbiu), a été analysé par diffractométrie[16].

Au Néolithique ancien, à A Petra, si l'étude typologique offre des caractéristiques morphologiques homogènes, l'analyse pétrographique différencie ces éléments puisqu'on identifie de la jadéitite et de la glaucophanite. À A Guaita, on retrouve des haches rectangulaires en jadéitite et une ovalaire en éclogite. Ces trois types de roches, de nature métamorphique, sont de forte densité, formées dans des conditions de haute pression (subduction) et ont des caractères de ténacité très prononcés[17]. Les éclogites alpines regroupées dans l'unité de Mortedda-Farinole sont identifiées dans un rayon de 25 kilomètres[18].

Au Néolithique moyen, au Monte Revincu, 14 éléments polis ont été découverts en contexte d'habitats et de sépultures. Huit ont été analysés par spectroradiométrie : une hache triangulaire en jadéitite provient de Casa di l'Urcu et une hache du dolmen de Celluccia est en omphacitite altérée. Les six autres haches polies, déterminées comme étant des roches locales (roches de densité assez faible de l'ordre de 2,7)[19], sont en réalité des roches à densité importante (de l'ordre de 3,3). Ces haches seraient vraisemblablement en jadéitite et en

16. Colonna Antonia, Dubar Michel, Monge G., « Étude des haches polies corses : premiers résultats des analyses non destructives de dix haches par diffractométrie X en faisceaux parallèles », *in* Isabelle Sénépart, Franck Leandri, Jessie Cauliez, Thomas Perrin, Éric Thirault (dir.), *Chronologie de la Préhistoire récente dans le sud de la France. Actualité de la recherche*, Actes des 10e Rencontres méridionales de Préhistoire récente (Porticcio, 18-20 octobre 2012), Toulouse, Archives d'écologie préhistorique, 2014, p. 423-430.

17. Ricq-de Bouard Monique, *Pétrographie et sociétés néolithiques en France méditerranéenne. L'outillage en pierre polie*, Monographie du CRA, 16, Paris, CNRS, 1996.

18. Lahondère Jean-Claude et Guerrot Catherine, « Datation Sm-Nd du métamorphisme éclogitique en Corse alpine : un argument pour l'existence au Crétacé supérieur d'une zone de subduction active localisée sous le bloc corso-sarde, *Bulletin de la Société géologique de France*, n° 3, 1997, p. 3-11.

19. Bressy-Leandri Céline, Leandri Franck, Bellot-Gurlet Ludovic, Demouche Frédéric, Errera Michel, Federzoni Nadia, Gilabert Christophe, Le Bourdonnec François-Xavier, Lugliè Carlo, Poupeau Gérard, « Le Monte Revincu (Santo-Pietro-di-Tenda, Haute Corse) : une communauté villageoise de la fin du Ve millénaire av. J.-C. au cœur des échanges lithiques en Méditerranée Occidentale », *in La Corse et le Monde méditerranéen des origines au Moyen Âge : échanges et circuits commerciaux*, actes du Colloques de Bastia, *Bulletin de la Société des sciences historiques et naturelles de la Corse*, n° 746-747, 2014, p. 21- 40.

éclogite. L'étude programmée par diffractométrie X permettra de préciser la nature exacte de ces roches.

Ce type d'éléments se retrouve au Néolithique récent : à Lumaca (Centuri), un fragment d'herminette est en prasinite à épidote, roche métamorphique de basse pression de provenance locale. À Carcu (Cateri), deux fragments de hache sont en jadéitite, roche de provenance extérieure confirmant les échanges à une échelle régionale.

Ainsi, les résultats indiquent une préférence pour certaines roches métamorphiques telles que l'éclogite et la jadéitite dont la zone de prélèvement a été identifiée pour certaines d'entre elles. Les provenances sont d'origine locale et régionale, voire extérieure à l'île, induisant plusieurs circuits d'approvisionnements au Néolithique.

ÉCHANGES MÉDITERRANÉENS ET CIRCUIT LONG

MATÉRIAUX

À l'exception de quelques rares occurrences peu aptes à la taille, les silex sont absents de l'environnement géologique de Corse. Les sources les plus proches de l'île sont localisées en Sardaigne et en Italie continentale, notamment en Toscane. Pour la Toscane, on se référera par exemple aux travaux menés par l'équipe de F. Martini (université de Florence), qui mentionnent « la présence de silex au sein de différentes formations, crétacées à miocènes ». Pour d'autres secteurs d'Italie, nous travaillons en lien avec la lithothèque du CEPAM, UMR 7264 (Nice). En Sardaigne, à la suite d'échantillonnages réalisés de manière ponctuelle par différents intervenants (travaux de F. Martini, A. d'Anna, C. Bressy-Leandri, F. Soula et J.-L. Guendon), une prospection thématique financée par le ministère de la Culture a été développée de 2015 à 2019. Elle a permis d'élaborer une carte des ressources potentielles de Sardaigne et s'est focalisée sur le bassin miocène de Perfugas (Anglona) particulièrement riche en ressources siliceuses. La lithothèque élaborée dans ce cadre et déposée au Service régional de l'archéologie d'Ajaccio comporte à ce jour 450 échantillons issus de différents affleurements de Sardaigne. La classification des faciès du bassin de Perfugas est en cours.

À l'instar du silex, l'obsidienne est absente des formations géologiques corses. Pourtant, sa présence dans les collections archéologiques à partir du Néolithique ancien en Corse a entrainé de multiples travaux depuis plusieurs dizaines d'années. Quatre îles-sources possèdent cette matière lithique : Lipari (archipel éolien), Palmarola (archipel des Pontines), Pantelleria (entre Sicile et Tunisie) et Sardaigne dont quatre types identifiés au Monte Arci SA, SB1, SB2 et SC. Il s'agit d'une roche volcanique acide vitreuse riche en silice qui peut prendre différents coloris. Dans les collections archéologiques corses, elle est de couleur noire, veinée ou non, opaque ou translucide.

Une troisième matière exogène à la Corse intègre ce dernier volet des circuits longs. Il s'agit du verre. Les lingots de verres bruts ne sont pas à proprement parler une matière première, mais constituent plutôt un produit semi-fini très élaboré à destination d'ateliers secondaires où ils seront transformés en éléments de parure et vaisselles sur noyau. Pour les objets de parure protohistoriques retrouvés en Europe occidentale et dans le Bassin méditerranéen, les verres peuvent être répartis en trois grandes familles chimiques, selon le type de fondant qui a été utilisé (fondants issus de dépôts minéraux ou de cendres de plantes). Nous distinguons :

– Les verres calco-sodiques à cendres végétales dont la production massive débute vraisemblablement en Mésopotamie et en Égypte vers le milieu du deuxième millénaire av. notre ère, c'est-à-dire pendant l'âge du Bronze moyen européen. Ce type de verre caractérise la verroterie égyptienne et mycénienne. Sa production semble connaître un déclin, qui s'amorce à partir du xe siècle av. notre ère, pour presque disparaître vers le VIIIe siècle av. notre ère. En Europe, cette composition caractérise les perles en verre du Bronze moyen et final ;

– Les verres sodo-potassiques qui, d'après les données dont on dispose actuellement, sont apparus en Italie du Nord (Frattesina) vers le XIe siècle av. notre ère. Leur production s'arrête vers le VIIIe siècle av. notre ère. Cette composition est caractéristique de la majeure partie des objets de parure en verre du Bronze final que l'on rencontre en Europe occidentale ;

– Les verres calco-sodiques à soude minérale (tel le natron des dépôts égyptiens), dont les premiers exemplaires apparaissent entre le Xe et le VIIIe siècle av. notre ère au Proche Orient. Cette composition caractérise alors les verres produits en Syro-Palestine et en Égypte. En Europe occidentale, elle est typique des verres retrouvés à partir du début de l'âge du Fer.

L'ensemble de ces matières premières provient d'un environnement extérieur à la Corse. Leur acquisition nécessite vraisemblablement plusieurs intermédiaires et des circuits en réseau. La valeur marchande est forte, compte tenu de la distance parcourue pour l'acquisition.

LE SILEX

Les études se rapportant au silex ont été principalement menées sur des sites du Néolithique ancien et moyen étant donné que cette matière première se raréfie quantitativement au cours des périodes postérieures.

Au Néolithique ancien, la proportion du silex dans les séries lithiques est variable. Elle représente de 2 à 46 % de l'industrie en fonction des sites, soit moins d'une vingtaine de pièces à Strette et Campu Stefanu (Sollacaro), à près de 2 000 pièces à Renaghju. Les provenances mises en évidence se rapportent à la Sardaigne. Les faciès du bassin de Perfugas sont prépondérants avec deux types privilégiés : lités (Sa Pria) et évaporitiques (Pantalinu, fig. 4-1). L'origine de quelques faciès demeure indéterminée. Les études typo-technologiques les plus développées sur le silex ont porté sur le site de Renaghju (travaux de D. Pelletier puis B. Melosu). Elles ont permis de montrer que la matière première était introduite sur le site, pour les deux types principaux, sous la forme de nucléus épannelés à éclats et de plaquettes brutes à partir desquelles sont réalisés des produits lamino-lamellaires. Une sélection du module des plaquettes (entre 3 et 5 cm d'épaisseur) a également pu être mise en évidence et on relève un déficit en nucleus. Globalement, les productions sont faiblement normalisées, ce qui peut s'expliquer par la variabilité morphologique des matériaux bruts exploités.

La place du silex s'effondre au Néolithique moyen. Il représente moins d'1 à 11 % des industries lithiques étudiées, soit de 2 à 240 pièces. Ce changement est beaucoup plus significatif pour les séries du Sud de la Corse, où les importations pouvaient être massives (plusieurs milliers de pièces) au Néolithique ancien. L'évolution par rapport à la période antérieure est nette également du point de vue des faciès puisque les types « calcédonieux » deviennent prépondérants (gris, blancs translucides, fig. 4-2). Leur provenance est toujours rapportée à la Sardaigne, mais on retrouve ces faciès à la fois dans le Nord de l'île (Perfugas) et dans le Sud (massif du Montiferru). L'hypothèse privilégiée est celle d'une importation du massif de Montiferru, avec une introduction qui suivrait les réseaux de diffusion de l'obsidienne. Des caractérisations plus poussées sont en cours

4-1 : Échantillon de silicite évaporitique prélevée sur le gîte de Pantalinu (bassin de Perfugas, Sardaigne). © Céline Leandri

4-2 : Silex de Vasculacciu aux faciès calcédonieux. (Figari, Corse-du-Sud) © Céline Leandri

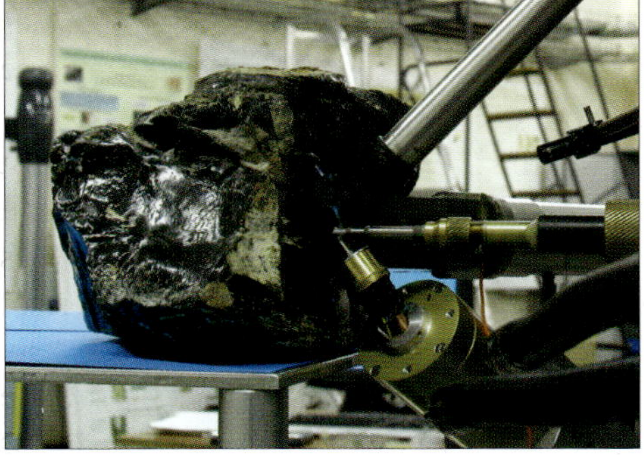

4-3 : Bloc d'obsidienne du site de Teghja di Donna (Sotta, Corse-du-Sud) analysé par PIXE avec l'Accélérateur Grand Louvre d'Analyses Élémentaires (AGLAÉ) © Ludovic Bellot-Gurlet/ François-Xavier Le Bourdonnec

pour étayer cette hypothèse. Du point de vue typo-technologique, à la différence du Néolithique ancien, le silex est importé sous la forme de supports, comme à Vasculacciu[20] (Figari) dans le Sud de la Corse, qui correspondent principalement à des éclats. Dans le Nord de la Corse, le site du Monte Revincu[21] illustre une introduction sous forme d'outils exclusivement (armature et grande lame).

Au Néolithique récent, les vestiges en silex sont rares et essentiellement représentés dans le Sud de la Corse (Bonifacio, Basi). Les faciès identifiés sont différents de ceux exploités aux périodes antérieures mais renvoient tous au bassin de Perfugas.

L'OBSIDIENNE

Grâce à l'analyse des artéfacts en obsidienne, les échanges et les mobilités en Méditerranée occidentale des populations pré- et protohistoriques de Corse sont documentés depuis de nombreuses années. Les stratégies analytiques déployées[22] ont permis la caractérisation de plusieurs milliers de pièces (fig. 4-3). L'obsidienne sarde, omniprésente dans les assemblages dès le Néolithique ancien, met en évidence une connexion très étroite entre le Monte Arci et les groupes humains. À partir du Néolithique récent, les types SA et SC sont largement majoritaires. Des ateliers dans la zone d'acquisition directe, à proximité de la source, ont certainement joué un rôle clef dans la redistribution de la matière première. Les échanges diminuent clairement au Néolithique final. La matière première est réemployée. Le type SC, lié aux ateliers toujours actifs à l'est du Monte Arci, est encore fréquent. Enfin, quelques pièces de Lipari et de Palmarola ont été mises au jour et caractérisées[23]. Ces épiphénomènes sont toujours discutés.

20. Travaux Pascal TRAMONI.

21. Bressy *et al.*, 2014, art. cit.

22. ORANGE Marie, LE BOURDONNEC François-Xavier, BELLOT-GURLET Ludovic, LUGLIÈ Carlo, DUBERNET Stéphan, BRESSY-LEANDRI Céline, SCHEFFERS Anja, JOANNES-BOYAU Renaud, « On sourcing obsidian assemblages from the Mediterranean area: analytical strategies for their exhaustive geochemical characterization », *Journal of Archaeological Science: Reports*, 2017, 12, p. 834-844.

23. LE BOURDONNEC François-Xavier, BONTEMPI Jean-Michel, MARINI Nathalie, MAZET Sylvain, NEUVILLE Pierre-François, « Western Mediterranean obsidians characterization by SEM-EDS and the Neolithic site of A Fuata (Corsica) », *Journal of Archaeological Science*, Elsevier, 2010, 37 (1), p. 92-106 ; LE BOURDONNEC François-Xavier, POUPEAU Gérard, Lorenzi Françoise, MACHUT Pierre, SICURANI Jean, « Typologie et provenance de l'obsidienne du site néolithique de A Guaita (NW Cap Corse, Corse, France) », *Comptes Rendus Palevol*, Elsevier, 2014, 13 (4), p. 317-331 ; LE BOURDONNEC François-Xavier, D'ANNA André, POUPEAU Gérard, LUGLIÈ Carlo, BELLOT-GURLET Ludovic, TRAMONI Pascal, Marchesi Henri, « Obsidians artefacts from Renaghju (Corsica Island) and the Early Neolithic circulation of obsidian in the Western Mediterranean », *Archaeological and Anthropological Sciences*, Springer, 2015, 7 (4), p. 441-462 ; Le BOURDONNEC François-Xavier, POUPEAU Gérard, LUGLIÈ Carlo, D'ANNA André, BELLOT-GURLET Ludovic, BRESSY-LEANDRI Céline S., PASQUET Alain, TRAMONI Pascal, « New data and provenance of obsidian blocks from Middle Neolithic contexts on Corsica (western Mediterranean) », *Comptes Rendus Palevol*, 2011, 10 (4), p. 259-269.

LE VERRE

Dans le contexte de l'exploitation et de la diffusion des matières premières employées du VIe au Ier millénaire en Corse, le verre, en tant que matériau, constitue un cas particulier. Si l'invention du verre semble s'être produite vers le milieu du IIIe millénaire av. notre ère, sa production à grande échelle et sa diffusion dans l'ensemble du Bassin méditerranéen n'est vraiment attestée qu'à partir du milieu du second millénaire av. notre ère[24]. À ce titre, la cargaison de lingots de verre brut et de perles en verre de l'épave d'Uluburun, retrouvée au large de la Turquie et daté du XIVe siècle av. notre ère, pourrait être considérée comme le *terminus post quem* de la diffusion de ce matériau à travers l'ensemble de la Méditerranée. Parmi la cargaison de ce navire marchand[25] se trouvaient en effet près de 200 lingots de verre, représentant un peu moins de 500 kg de verre brut et environ 10 000 perles en verre. C'est à cette même période, le Bronze moyen, qu'apparaissent sur les îles de Méditerranée occidentale (Corse, Sardaigne) et sur le continent européen les premières perles en verre[26].

Si l'on met de côté les ateliers de production de verre et de perles proto-villanoviens de la région de Fratta Polesine (Italie, Vénétie), entre le milieu du IIe millénaire av. notre ère et le début du second âge du Fer, les ateliers secondaires semblent être essentiellement localisés en Méditerranée orientale. On suppose que pour cette période, seuls des produits finis (éléments de parure ou vaisselles) étaient importés des ateliers secondaires de Méditerranée orientale vers les sites de consommation de Méditerranée occidentale et du continent européen. Ce modèle d'exportation semble aussi s'appliquer aux productions, datées du Bronze final, des ateliers de la région de Fratta Polesine.

Ce modèle va évoluer au cours du second âge du Fer. C'est en effet de la fin du IIIe siècle et du début du IIe siècle av. notre ère que datent les premières épaves renfermant des blocs de verre brut découvertes en Méditerranée occidentale (épaves de Su Pallosu à Oristano-Sardaigne, des Sanguinaires A au large d'Ajaccio-Corse-du-Sud et de Lequin 2 près de Porquerolles-Var). C'est aussi à partir de la Tène C1 que la fabrication de parures en verre (bracelets et perles) à partir de verre importé d'Égypte et du Levant est emblématique des productions artisanales du monde celtique.

24. HENDERSON Julian, *Ancient glass, An Interdisciplinary Exploration*, New York, Cambridge University Press, 2013.

25. PULAK Cemal, « The Uluburun shipwreck and Late Bronze Age trade) », *in* ARUZ Joan, BENZEL Kim, EVANS Joan (eds.), *Beyond Babylon. Art, Trade and Diplomacy in the Second Millennium B.C.*, The Metropolitan Museum of Art, New York, and Yale University Press, New Haven and London, 2008, p. 289-385.

26. PÊCHE-QUILICHINI Kewin, CESARI Joseph, LEANDRI Franck, BELLOT-GURLET Ludovic, CANOBBIO Eleonora, GRATUZE Bernard, LEANDRI Céline, PARIS Céline, « Étude de provenance et implications économico-culturelles des parures vitreuses et résineuses du Bronze moyen de l'abri 1 de Campu Stefanu (Sollacaro, Corse-du-Sud) », *ArchéoSciences/Journal of Archaeometry*, 40 (1), 2016, p. 65-81.

L'étude du verre va donc essentiellement nous permettre:

– De replacer la Corse et les îles tyrrhéniennes au sein des réseaux commerciaux de produits finis, issus des ateliers de productions de Méditerranée orientale, entre la seconde moitié du IIe millénaire av. notre ère et la Tène C1 ;

– D'observer les exportations d'éléments de parure des ateliers de verriers protovillanoviens de la région de Fratta Polesine vers le monde tyrrhénien au cours du Bronze final;

– D'étudier le rôle des îles tyrrhéniennes à partir de la Tène C1 dans le commerce méditerranéen de verre brut oriental (Égypte et Levant) vers l'occident, ainsi que le développement d'un artisanat verrier avec la présence éventuelle d'ateliers secondaires au sein de cette région.

Pour cette dernière période, les résultats obtenus sur les perles annulaires en verre bleu, retrouvées sur le site d'I Casteddi, ont permis d'établir un lien entre une partie de ces dernières et un groupe de verres bleus de composition particulière retrouvé au sein de l'épave de la Pointe de Lequin 2 datée du IIe siècle av. notre ère.

CONCLUSION

Cette large retranscription de l'utilisation de quelques matières premières employées à la Pré- et Protohistoire, rythmée par ces trois niveaux d'approvisionnement allant du plus proche au plus éloigné, reflète la complexité de la mobilité des populations et de la gestion des ressources. Pour les archéologues, ces travaux ont pour finalité la constitution de lithothèques, matériauthèques et référentiels puis de cartographier, classifier les données et croiser les résultats. Selon les problématiques abordées, chaque matériau permet de répondre à des interrogations et participer à la compréhension des modes de vie passés. Ainsi, de l'opportunisme d'acquisition à la structuration des échanges, chaque matière répond à une attente, à un besoin que nous pouvons sérier en quatre valeurs.

La valeur utilitaire renvoie au quotidien. Il s'agit de la gestion directe des ressources de l'environnement dans le sens défini par Olivier Buschenschutz: « L'environnement c'est, au sens propre, ce qui entoure un établissement humain ». L'homme s'implante au sein d'un paysage qui a la capacité de lui fournir les matières courantes: matières argileuses, ressource lithique et bien sûr de l'eau, du bois et des espaces pour le pâturage et l'agriculture. En cela, la communauté va constituer son territoire anthropique.

La valeur économique renvoie à l'acquisition via des réseaux de circulation externes et l'interaction avec d'autres communautés. Que ce soit au niveau régional ou méditerranéen, les communautés corses sont aptes à rentrer en contact avec des marchands afin de répondre à leur besoin.

La valeur symbolique renvoie au pouvoir. Posséder certains objets/outils affichent un rang social et une distinction. La communauté se démarque ou s'aligne avec les autres groupes humains. Elle attire la convoitise ou le ralliement à ces élites qui ont la capacité, l'aptitude et la maîtrise d'acquisition.

La valeur culturelle renvoie à l'appartenance d'une communauté à un groupe plus large, proche ou lointain. La matière puis l'objet identifient les populations, au-delà de l'utilisation propre de l'objet.

Toutes ces acquisitions font écho aux travaux de Marcel Mauss qui publie en 1923 : « Le donneur a une forme de prestige ou d'honneur dans le fait de savoir-donner, quant au receveur il doit d'abord savoir-recevoir et doit ensuite savoir-rendre à d'autres un équivalent de ce qu'il a reçu[27] », et plus récemment à Jacques Godbout : « Donner, ce n'est pas d'abord donner quelque chose, c'est se donner dans ce que l'on donne »[28].

27. Mauss Marcel , *Essai sur le don. Forme et raison de l'échange dans les sociétés archaïques*, PUF, « Quadrige Grands textes », 2007.
28. Godbout Jacques , *Le don, la dette et l'identité. Homo donator homo vs conomicus*, La Découverte/MAUSS, 2000.

« Tu as mis devant mon messager
des lingots qui n'étaient pas bons. »

L'ARTISANAT DES MÉTAUX EN CORSE DU NÉOLITHIQUE FINAL AU BRONZE MOYEN (3500-1700 AVANT J.-C.) : NOUVELLES DONNÉES, NOUVELLES PROBLÉMATIQUES

Pascal Tramoni, Sarah Bounoua

RÉSUMÉ

En Corse, des preuves d'une activité métallurgique du cuivre locale dès la seconde moitié du IVe millénaire avant J.-C. sont historiquement attestées sur la plaine orientale, à Terrina (Aleria) et dans le Sud-Ouest de l'île, à I Calanchi (Sollacaro). Jusqu'au premier tiers du IIe millénaire, la pratique de la métallurgie fait la part belle aux alliages cuivreux et les modèles de production semblent rester stables dans le temps. On propose ici un bilan circonstancié des connaissances et quelques pistes de réflexion qui amènent à s'interroger sur la signification sociale et économique du phénomène sur le temps long.

❖❖❖

Si des réalités anciennes du travail des métaux sont effectivement attestées au Proche-Orient à des dates reculées, elles concernent essentiellement des minerais natifs martelés (or, argent, cuivre). La transformation de minerais en métal et la production d'objet par fusion ne sont pas documentées pour ces contextes. De récents travaux de recherche ont démontré que les premières expériences de métallurgie productives en Europe apparaissent sur les rives de la mer Noire, dès la fin du VIe millénaire[1]. Dans la continuité, un pôle métallurgique majeur se met en place dans les Balkans, au cours de la première moitié du Ve millénaire, associé à l'aire géographique de la culture de Vinča[2].

1. Radivojevic Miljana, Rehren Thilo, Pernicka Ernst, Šlivar Dušan, Brauns Michael, Boric Dusan, « On the origins of extractive mettalurgy : new evidence from Europe », *Journal of Archaelogical Science*, n° 37, 2010, p. 2775-2787.
2. Radivojevic Miljana, Rehren Thilo, « Paint It Black : the rise of metallurgy in the Balkans », *Journal of Archeological Mehtod and Theory*, n° 23, 2016, p. 200-237.

Depuis ce pôle, le travail des métaux aurait diffusé de façon progressive ou séquentielle, la question reste ouverte, suivant deux voies : un courant continental carpatique d'une part et un courant transméditerranéen d'autre part[3]. À l'extrême fin du IVe millénaire, l'Ouest de la façade méditerranéenne française est touché par ce courant avec la mise en place d'un centre productif en Languedoc occidental autour du district minier de Cabrières à Péret[4] et toutes les étapes relatives à la transformation du minerai en métal sont attestées sur l'établissement de la Capitelle du Broum en contexte Fontbouisse[5].

En Corse, la transformation de métal cuivreux en objets a été identifiée de longue date sur la côte tyrrhénienne de l'île, à partir de la petite fouille de Terrina à Aleria. Sa chronologie reste débattue. D'abord située au milieu du IVe millénaire, voire légèrement antérieure[6], le consensus se fait aujourd'hui en faveur d'un rajeunissement pour considérer que cette métallurgie se développe dans le dernier quart du IVe millénaire[7]. Néanmoins le delta chronologique entre ces deux propositions, compris entre deux et trois siècles, n'est pas sans conséquence compte tenu des données récentes situées sur la rive nord-tyrrhénienne de l'Italie péninsulaire. On pense en particulier aux activités extractives de Libiola[8] et de

3. STRAHM Christian, « L'introduction de la métallurgie en Europe », *in* Jean GUILAINE (dir.), *Le Chacolithique et la construction des inégalités : séminaire du collège de France*, vol. 2 : *Proche et Moyen–Orient, Amérique et Afrique*, Paris, Errance, 2007, p. 47-71.

4. AMBERT Paul, BOUQUET Laurence, GUENDON Jean-Louis, MISCHKA Doris, « La Capitelle du Broum (district minier de Cabrières-Peret, Hérault) : établissement industriel de l'aurore de la métallurgie française (3100-2400 BC) », *in* Paul AMBERT et Jean VAQUER (dir.), *Colloque international, Carcassonne, 28-30 septembre 2002*, Paris, Mémoire XXXVII de la Société préhistorique française, 2005, p. 83-96.

5. BOUQUET Laurence, GUENDON Jean-Louis, AMBERT Paul, LAROCHE Marie, HAMON Caroline, HAPP Jacques et FRÈRE-SAUTOT Marie-Chantal, « La Capitelle du Broum (Péret, Hérault) : un atelier de métallurgie chalcolithique languedocien : description des appareils et du mobilier de la chaîne opératoire de production du cuivre », *in* Olivier LEMERCIER, Robin FURESTIER, Émilie BLAISE (dir.), *4e millénaire. La transition du Néolithique moyen au Néolithique final dans le Sud-Est de la France et les régions voisines*, actes de la table ronde du 11 et 12 mars 2005, Aix-en-Provence, Monographies d'archéologie méditerranéenne, 27, Lattes, 2010, p. 165- 179.

6. CAMPS Gabriel, *Terrina et le Terrinien. Recherches sur le Chalcolithique de la Corse*, Rome, École française de Rome, 1988.

7. PIERCE Mark, « The absolute chronology of site IV at Terrina (Aleria, Haute-Corse) and early metallurgy on Corsica and Sardinia », *Accordia Resarch Papers*, 2009-12, 2013, p. 41-55. CESARI Joseph, LABAUNE Matthieu, PÊCHE-QUILICHINI Kewin, REMICOURT Maxime, TANDA Giuseppa, TRAMONI Pascal, « La première métallurgie : bilan et perspective de la recherche en Corse », *in* Franck LEANDRI et Céline LEANDRI (dir.), *Archéologie en Corse, 20 années de recherches*, éditions Errance, Paris, 2022, p. 72-82.

8. MAGGI Roberto, PEARCE Mark, « Fouilles dans les mines de cuivre (IVe millénaire Cal. BC) de Monte Loreto (Ligurie, Nord-Ouest de l'Italie) », *in* Paul AMBERT et Jean VAQUER (dir.), *La première métallurgie en France et dans les pays limitrophe*s, actes du Colloque international de Carcassonne, 28-30 septembre 2002, Paris, Mémoire XXXVII de la Société préhistorique française, 2005, p. 281-286.

Monte Loreto en Ligurie[9] ainsi que le site de San Carlo Cava Solvay associé aux vastes districts miniers des collines métallifères du Nord de la Toscane[10]. La production de métal et/ou d'objets dès avant le milieu du IVe millénaire en contexte Rinaldone pose avec une acuité renouvelée la problématique de l'ancienneté de la métallurgie en Corse, à Terrina en particulier, le site étant intégré à l'aire maritime du bassin nord-tyrrhénien.

Les activités de production et de transformation des métaux connaissent un essor soutenu dès la phase ancienne du groupe de Terrina probablement ancrée dans la fin de la première moitié du IVe millénaire[11-12] et il est probable que des objets en cuivre circulent dès avant 3600 avant notre ère à l'instar de ce qui est constaté en Sardaigne[13]. La métallurgie est généralisée à toute l'île dès la fin du IVe millénaire. L'utilisation de l'alliage cuivre-étain ne semble pas s'être diffusée avant le début du Bronze moyen[14]. À l'inverse, le travail du cuivre et des alliages cuivreux (hors étain) est attesté par différents témoins jusqu'au premier quart du IIe millénaire av. notre ère. À partir de 1800-1750 av. notre ère, l'apparition des premiers alliages de cuivre et d'étain en Corse est concomitante avec la fin du Bronze ancien et la révolution des modes de production artisanaux. La connaissance des processus, qui en Corse conduisent du plein Néolithique aux Âges des métaux, a fait des progrès significatifs au cours de la dernière décennie, principalement grâce à l'apport de l'archéologie préventive (fig. 1). On se propose de discuter de la nature et du statut de ces pratiques métallurgiques en Corse entre la fin du Néolithique et le Bronze ancien.

9. MAGGI Roberto, PEARCE Mark, « Cronologia mineraria in Liguria », *in* Daniella COCCHI GENICK (dir.) *Cronologia assoluta e relativa dell'Età del Rame in Italia*, atti dell'Incontro di Studi, Università di Verona, 25 guigno 2013, Verona, QuiEdit, 2014, p. 5-15.

10. FEDELI Fabio, GALIBERTI Attilio, *Metalli e metallurghi della preistoria : l'insediamento eneolitico di San Carlo – Cava Saclay*, Pontedera, Tagete edizioni, 2016.

11. CAMPS Gabriel, *op. cit.*

12. TRAMONI Pascal, « Les productions céramiques terriniennes, nouvelle approche de la fin du Néolithique en Corse », *in* André D'ANNA et Didier BINDER (dir.) *Production et identité culturelle, actualité de la recherche,* Rencontres méridionales de Préhistoire récente, actes de la deuxième session, 8 et 9 novembre 1996, Arles, 1998, p. 163-186.

13. MELIS Maria-Grazia, « Problemi di cronologia insulare. La Sardegna tra il IV e il III millenio BC », *in* Daniella COCCHI GENICK (dir.) *Cronologia assoluta e relativa dell'Età del Rame in Italia*, atti dell'Incontro di Studi, Università di Verona, 25 guigno 2013, Verona, QuiEdit, 2014, p. 197-211.

14. SALVA Bartomeu, PÊCHE-QUILICHINI Kewin, PERELLO Laura, LLULL Bartomeu, CESARI Joseph, « Considérations préliminaires sur la composition chimique des bronzes de l'âge du Bronze ancien et moyen des Baléares et de Corse », *in* Thibault LACHENAL et Claude MORDANT (dir.) *Le Bronze moyen et l'origine du Bronze final en Europe occidentale, de la Méditerranée au pays nordiques (XVIIe-XIIIe siècles avant notre ère)*, actes du colloque APRAB « Bronze 2014 » ; Strasbourg, juin 2014, Strasbourg, Association pour la valorisation de l'archéologie du Grand-Est, « Mémoire d'archéologie du Grand-Est », 1, 2017, p. 893-902.

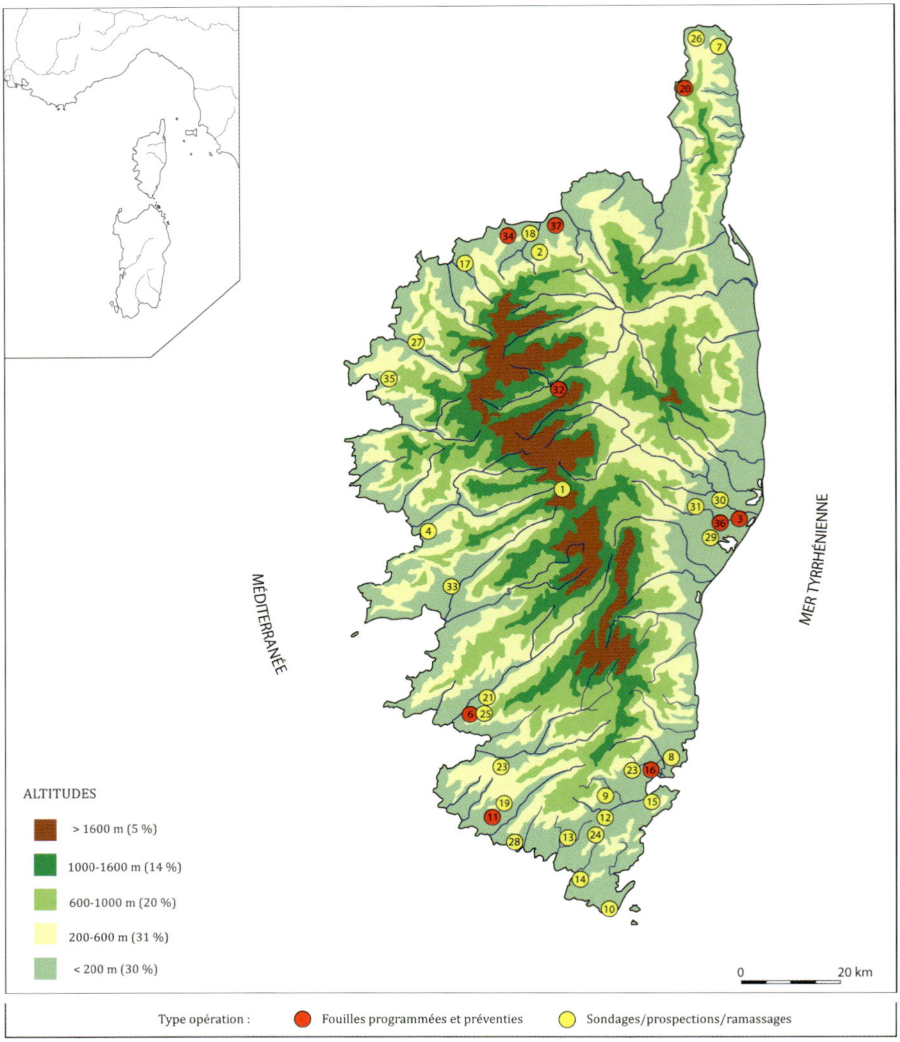

1 : Silogna (Vivario) ; 2 : A Mutola (Belgodère) ; 3 : Terrina (Aleria) ; 4 : Monte Lazzu (Casaglione) ; 5 : Sancucciu (Petreto) ; 6 : I Calanchi (Sollacaro) ; 7 : I Stanti (Rogliano) ; 8 : Tozze Bianche (Zonza); 9 : Nulachju (Porto-Vecchio) ; 10 : Araguina-Sennola (Bonifacio) ; 11 : Cauria/U Grecu (Sartène) ; 12 : Punta Campana (Sotta) ; 13 : Bufua (Figari) ; 14 : Stagnolu (Bonifacio) ; 15 : Musuleu (Porto-Vecchio) ; 16 : Stagnolu (Porto-Vecchio) ; 17 : Monte Ortu (Lumio) ; 18 : Monte Ortu (Occhiatana) ; 19 : Punta Cardiccia (Sartène) ; 20 : Lumaca (Centuri) ; 21 : Filitosa-Turrichju (Serra di Ferro) ; 22 : Truvonu (Sartène) ; 23 : Panecali (Porto-Vecchio) ; 24 : Ucconu (Figari); 25 : Saparedda (Sollacaro) ; 26 : Castellucciu supranu (Ersa) ; 27 : Pinarolu (Galeria) ; 28 : I Furnedda (Pianottoli) ; 29 : Vadina (Ghisonaccia) ; 30 : Canavesi (Aghione) ; 31 : Caneracci (Linguizzeta) ; 32 : Sarravalle (Calacuccia) ; 33 : Pratu Tondu (Sarrola-carcopino) ; 34 : Listrella e Stabielle (Monticello) ; 35 : Teghja di Linu (Calenzana) ; 36 : Lindinacciu (Aleria) ; 37 : Erbaghjolu (Belgodere).

1. Cartographie des sites du groupe de Terrina - © Pascal Tramoni

LES POSTULATS

Quelles sont les traces et les vestiges qui permettent l'identification d'une métallurgie du cuivre et des alliages cuivreux ? Les indices qui peuvent renseigner sur la présence d'activités artisanales des métaux peuvent être de deux natures : directs ou indirects. Les indices directs sont les objets en métal eux-mêmes c'est à dire les minerais, les lingots, les déchets de fonte et scories. D'autres objets peuvent nous renseigner sur une activité du métal sans être eux-mêmes fait de métal, ce sont les indices indirects. Ils peuvent être des creusets, des moules, de l'outillage comportant des traces de manipulation du métal, des structures foyères, des sols rubéfiés, voire des bâtiments.

En complément de ces indices, l'iconographie peut nous fournir des informations sur les objets que l'on ne retrouve pas. Par exemple, les stèles anthropomorphes et statues-menhirs armées nous renseignent sur le port d'objets en métal, sans que cette typologie précise d'objets ait pu être retrouvée parmi les artefacts issus des fouilles. De fait, il s'agit d'une documentation privilégiée, témoin indirect d'objets aujourd'hui disparus. Cependant, ces supports iconographiques n'indiquent pas nécessairement le travail des métaux. Ces derniers peuvent être représentés sans avoir été fabriqués localement, ni même avoir été possédés ; les objets peuvent être connus typologiquement sans qu'il y ait eu nécessité de les faire fabriquer ou de les importer. À ce titre, il est important de souligner que les objets finis peuvent circuler sans avoir été fabriqués sur place. Seuls, ils ne sont pas indicateurs d'une pratique locale des artisanats des métaux. À ce stade, ils nécessitent une approche comparative de leur typologie pour éventuellement mettre en évidence des styles connus, appréciés et répartis sur des aires géographiques définies. Pour aller plus loin dans la compréhension des techniques qui ont permis la mise en forme de ces objets, il est indispensable de faire appel aux sciences des matériaux.

Les artefacts et structures associées à la métallurgie peuvent faire l'objet de multiples analyses pour en extraire toutes les informations qu'ils contiennent. En voici une liste exhaustive associée à des problématiques auxquels elles peuvent apporter des éléments de réponses :

a/ Les analyses sur les témoins indirects des activités de production et/ou de transformation des métaux :

- Analyses de provenance : d'où vient le minerai ? Quel est son origine géographique ? A-t-il fait l'objet d'échanges ?
- Méthodes de datation (C14, thermoluminescence) : de quand date l'utilisation des foyers, des fours, des installations foyères ou de combustion ?
- Analyse thermique des foyers de réduction ou de production : à quelle température ces fours ont-ils fonctionné ?

– Analyses de tracéologie sur les outils (souvent en matériaux lithiques) : comment les outils ont-ils servi dans la mise en forme des objets ? Quels sont les gestes et les techniques de l'artisan ?

b/ les analyses effectuées directement sur les objets finis en métal non-ferreux pour comprendre leur fabrication et leur imbrication dans les savoir-faire des sociétés anciennes sans écriture :

– Analyse typo-chronologique : dans quel contexte culturel (de temps et d'espace) un objet se place-t-il ? Peut-on lui donner une datation ?
– Analyse stylistique et iconographique : l'objet est-il décoré ? Quelles représentations peut-on observer sur l'objet ? Que veulent-elles dire sur les sociétés qui les ont produites ? Qu'indiquent-elles sur la fonction de l'objet ?
– Analyse à l'œil nu et à la loupe binoculaire : comment l'objet a-t-il été fabriqué ? Quelles sont les techniques de mise en forme que l'on peut observer sur sa surface ? À quoi a-t-il servi ? Quels traces nous donneraient des indices sur son utilisation ? Sur sa fonction ?
– Acquisition 3D (photogrammétrie, scan 3D) : à quoi ressemble l'objet lorsqu'il est reconstitué dans sa forme originelle ?
– Analyse de surface (RTI, imagerie hyperspectrale) : peut-on voir des traces sur la surface, invisibles à l'œil nu ?
– Radiographie (imagerie RX) : à quoi ressemble l'intérieur de l'objet ? Quels éléments peut-on lire sur sa mise en forme en observant sa structure ?
– Analyse de composition (analyse chimique, accélérateur à particule) : de quoi se compose le métal ? S'agit-il d'un alliage ? Si oui, que veux-t-il dire sur les techniques appliquées par l'artisan ? Mais aussi, que peut-on dire sur les fonctions de cet objet ?
– Microscopie optique ou numérique (MEB, MET) : quelles sont les éléments de la microstructure de l'objet qui peuvent nous renseigner sur sa mise en forme ? Quelles sont les actions thermodynamiques que l'on peut reconstituer à partir de ces images ? Quels sont les gestes de l'artisan ?

Ces méthodologies permettent de reconstituer les chaînes opératoires des métallurgies depuis l'extraction minière jusqu'à l'abandon des objets finis. L'application des sciences des matériaux aux objets archéologiques est un moyen d'obtenir des informations plus précises sur la nature des artefacts étudiés. Le métal garde dans sa mémoire les actions thermodynamiques qu'il a subi et donne une vision de la mise en forme de l'objet (les gestes de l'artisan).

LE CADRE CHRONO-CULTUREL

Nos derniers travaux permettant de placer le Néolithique final de la Corse entre 3700 et 2100 av. notre ère. Dorénavant, nous pouvons considérer que la période comporte quatre stades de durée inégale (fig. 2).

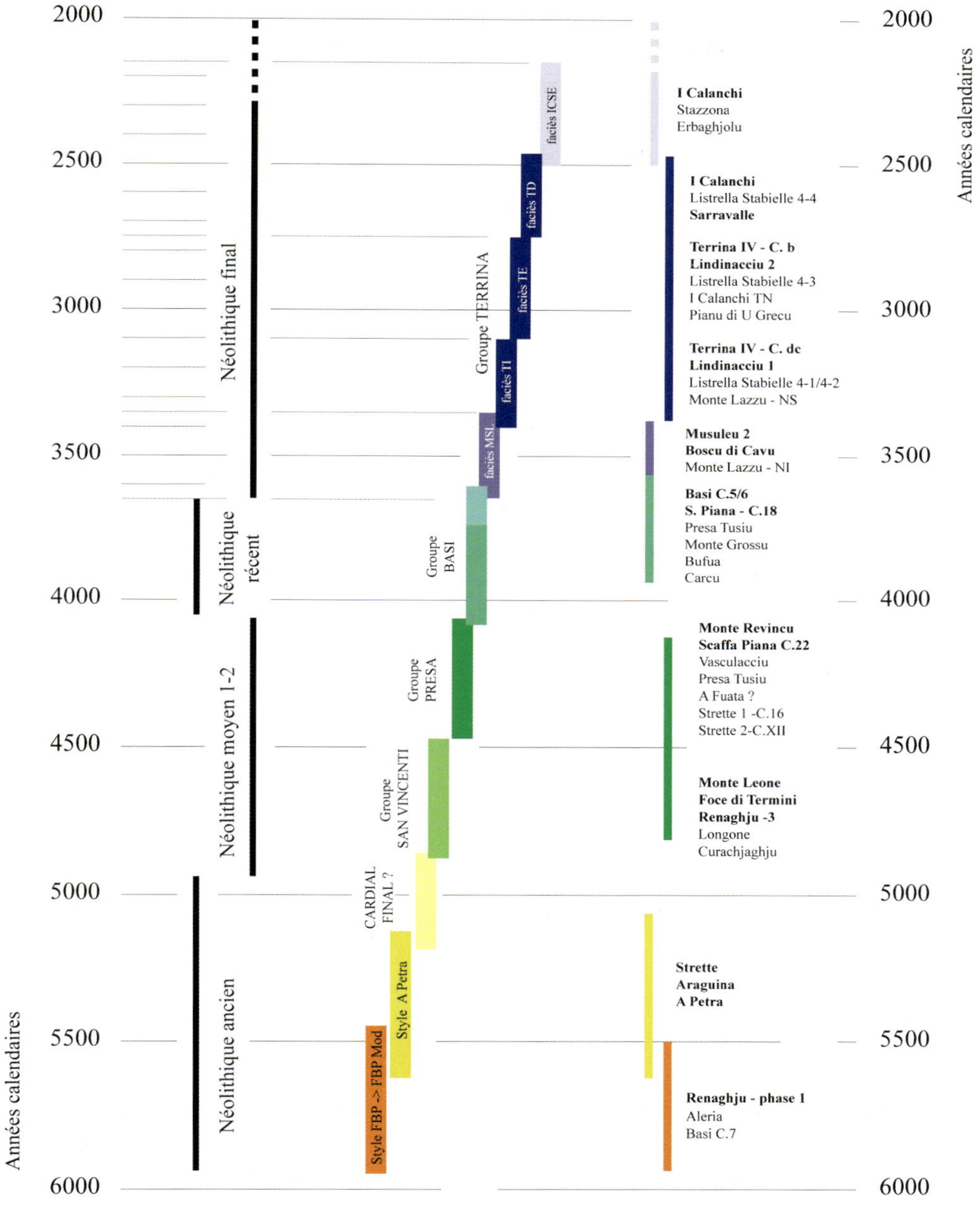

2. Périodisation chronoculturelle du Néolithique de la Corse
© Pascal Tramoni

Cette opération doit permettre d'aboutir à une meilleure compréhension des processus qui mènent du plein Néolithique à l'âge du Bronze. On ne peut donc faire l'économie d'une présentation du cadre chrono-culturel de la période, en particulier pour ce qui relève de la place et du rôle du Terrinien ou du groupe de Terrina dans cette évolution. L'un des objectifs du projet étant aussi de produire une chronique fiable sur la période, on préférera ici parler en siècle ou en année calendaire par tranche de cinquante ans. L'intervalle compris entre le XXXVIIe siècle et le XXXVe siècle intègre différents faciès céramiques, influencés à divers degrés par des influx sud-nord venant de Sardaigne qui transforme le phylum culturel issu du Néolithique moyen[15].

Le groupe de Terrina, identifié par Gabriel Camps à la fin des années 1970[16], se développe sur ce substrat entre le XXXIVe siècle et le XXVIe siècle av. notre ère (fig. 3). Bien évidemment, les productions ne demeurent pas homogènes, ni dans le temps, ni dans l'espace et des processus de régionalisation apparaissent dès le XXXe siècle[17].

Ce processus est perceptible particulièrement dans le Nord de l'île où se trouve l'essentiel des sites fouillés. À partir du XXVIe siècle et jusqu'au milieu du XXIIe siècle, les productions céramiques s'individualisent toujours plus, en intégrant des éléments de tradition campaniforme.

Sur l'arc temporel retenu, entre 3650 et 2150, on dispose de près de 80 datations radiométriques réalisées sur différents matériaux (charbon, reste anthropologique, faune, coquille marine), soit par méthode classique, soit par AMS. Pour intégrer les données chronologiques et culturelles, il est nécessaire de fixer le panorama des connaissances dans un cadre géographique élargi.

Entre 3650 et 3350 av. notre ère, au plus tard, le premier stade du Néolithique final est marqué, dans le Sud de la Corse uniquement, par des segments de productions céramiques superposables à celles de l'Ozieri 2[18]. On considère aujourd'hui

15. TRAMONI Pascal, D'ANNA André, « Le Néolithique moyen de la Corse revisité : nouvelles données, nouvelles perceptions », *in* Philippe CHAMBON, Fransisco GIBAJA BAO JUAN, Gwenaëlle GOUDE, Thomas PERRIN (dir.) *Le Chasséen, des Chasséens, retour sur une culture nationale et ses parallèles, Sepulcros de fossa, Cortaillod, Lagozza*, Paris, 18-20 novembre 2014, Toulouse, Archives d'écologie préhistorique, 2016, p. 59-72.

16. CAMPS Gabriel, « La Préhistoire dans la région d'Aleria : le Terrinien, faciès ancien du Chalcolithique de Corse », *21e congrès préhistorique de France, Montauban-Cahors 1979*, Paris, Société préhistorique de française, 1982, p. 28-41.

17. TRAMONI Pascal, Le Terrinien, « Néolithique final ou Chalcolithique? Matériaux pour une réflexion sur l'évolution chronologique et culturelle de la fin du Néolithique en Corse », *Culture et/ou civilisation : de l'héritage antique à la réalité vivante*, actes des IXe Rencontres culturelles interdisciplinaires de l'Alta-Rocca, Levie, 2000, p. 5-24.

18. TRAMONI Pascal, « Les productions céramiques terriniennes, nouvelle approche de la fin du Néolithique en Corse », *in* André D'ANNA et Didier BINDER (dir.) *Production et identité culturelle, actualité de la recherche,* Rencontres méridionales de Préhistoire récente, actes de la deuxième session, 8 et 9 novembre 1996, Arles, 1998, p. 163-186.

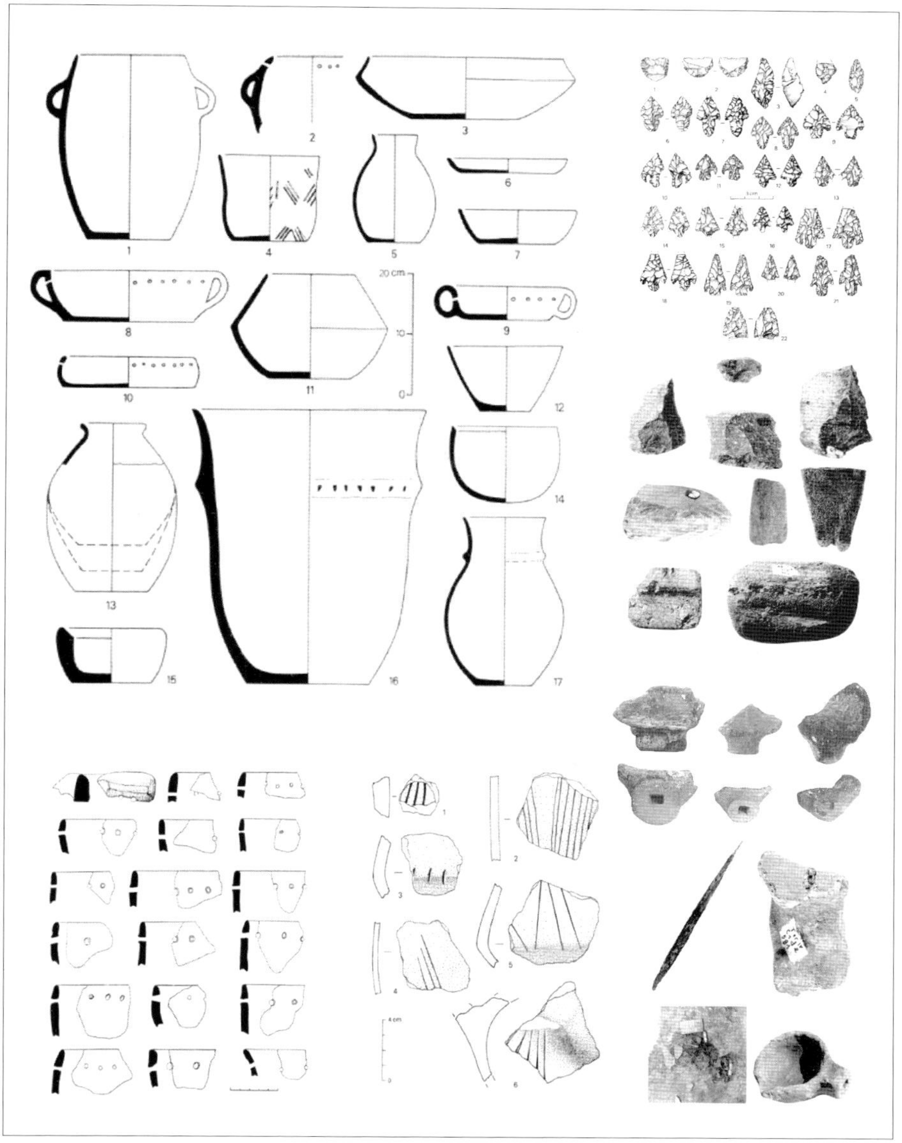

3. Productions matérielles du groupe de Terrina, d'après Camps, 1988 ©Pascal Tramoni

qu'il ne s'agit pas d'une phase finale du Basien. La situation demeure plus floue dans le Nord de l'île mais semble suivre une même trajectoire, bien que plus atténuée. Pour l'industrie lithique, les poignards et les pointes de javeline, obtenus sur plaquette ou sur grandes lames débitées à la pression au levier attestent de productions spécialisées. Le site de Musuleu 2 (MSL), au sud-est de la Corse, a livré un assemblage cohérent qui, associé à d'autres séries, permet de reconnaitre le faciès MSL. En Sardaigne, des objets en cuivre et en argent sont rapportés à cette chronologie dans des contextes mal assurés[19].

La perception de l'évolution du groupe de Terrina s'est progressivement complexifiée, parallèlement à l'augmentation de la documentation disponible. D'une partition binaire fondée sur un petit nombre de descripteurs céramiques[20], à un système à trois phases fondé sur l'évolution typotechnologique de l'industrie lithique[21], le groupe de Terrina, pris comme une expression matérielle polythétique, doit, à notre sens, être périodisé en quatre étapes qui reprennent et affinent les bornes chronologiques du découpage en trois phases déjà proposées : phase ancienne, 3350-2900 av. notre ère, phase moyenne, 2900-2600 av. notre ère et phase finale, 2600-2200 av. notre ère. On propose donc le système suivant à l'aide d'une terminologie provisoire :

– Une première phase dite Terrina initial ou faciès TI, entre 3350 et 3100 av. notre ère (Néolithique final 2) ;
– Une seconde phase dite Terrina étendu ou faciès TE, entre 3100 et 2850 av. notre ère (Néolithique final 2) ;
– Une troisième phase dite Terrina dérivé ou faciès TD, entre 2850 et 2500 av. notre ère (Néolithique final 3) ;
– Une dernière phase, plus difficile à reconnaitre, s'achèverait vers 2 150 av. notre ère, identifiée sur la base des séries de I Calanchi, Stazzona et Erbaghjolu (ICSE) qui constituent le faciès ICSE (Néolithique final 4).

Ce système en quatre phase est celui-là même qui est proposée dans une publication récente mais qui conserve une terminologie en phase ancienne, moyenne, final et final-Bronze ancien[22]. Pour notre part, le faciès TI désigne la phase ancienne du groupe de Terrina. Il pourrait débuter un siècle plus tôt mais les lacunes de la documentation actuelle ne permettent pas d'en discuter. Cette phase concerne principalement la façade orientale et le Nord-Ouest de la Corse. Ces deux régions sont connectées par le bassin du Golu. Ils forment une aire géographique continue qui se superpose à la distribution des principaux

19. Melis Maria-Grazia, « L'Eneolitico antico, medio ed evoluto in Sardegna : dalla fine dell'Ozieri all'Albealzu », *in La preistoria e la protostoria della Sardegna*, atti della XLIV Riunione scientifica in Sardegna (Cagliari, Barumini, Sassari 23-28 novembre 2009), Firenze, 2012, p. 81-109.

20. Tramoni Pascal, *Les vases terriniens du gisement d'I Calanchi et comparaison avec les autres sites de Corse*, mémoire de maitrise de l'université d'Aix-en-Provence, sous la direction de R. Chenorkian, LAPMO, 2 vol. dactylographiés, Aix-en-Provence, 1994.

21. Remicourt Maxime, Cesari Joseph, Tramoni Pascal, « L'industrie lithique taillée de la couche b du gisement d'I Calanchi à Sollacaro (Corse-du-Sud) : un reflet des traditions et des mutations du Terrinien dans le sud de la Corse », *in* Jessie Cauliez, Ingrid Senepart, Luc Jallot, Pierre Arnaud De Labriffe, Christophe Gilabert et Xavier Gutherz (dir.), *De la tombe au territoire*, actes des 11e rencontres méridionales de Préhistoire récente, Montpellier, 25-27 septembre 2014, Toulouse, AEP éditions. 2016, p. 329-344.

22. Cesari Joseph *et al.*, art. cit.

gisements de cuivre (Linguizetta, Ponte a'a Leccia, Ascu, Losari). Les descripteurs indiquent une forte intégration des productions céramiques.

Le faciès TE comporte de nouveaux caractères dans les productions céramiques mais surtout intègre la majorité des sites considérés avec certitude comme relevant du groupe de Terrina, soit trente-sept établissements répartis sur toute la Corse. Cette situation illustre une extension rapide du groupe de Terrina à tous les territoires insulaires.

Le faciès TD voit la constitution d'ensembles géoculturels différenciés au sein du groupe de Terrina. Les descripteurs céramiques montrent qu'il s'agit de productions dérivées du faciès TE, avec une nette tendance à l'autonomisation des styles.

Le faciès ICSE s'écarte nettement des productions du faciès TE, au point de discuter du morcellement du groupe de Terrina en plusieurs entités stylistiques autonomes. Après 2350, les données font défaut, sans que l'on puisse observer le rôle joué par le Campaniforme récent et ses faciès régionalisés.

LE CUIVRE INSULAIRE EN QUESTION

La Corse s'inscrit entre deux pôles métallifères majeurs : celui de Pisa-Grosseto en Toscane centrale[23] d'une part et celui du Sùlcis, au sud-ouest de la Sardaigne[24-25] d'autre part. On rappellera également la situation des districts miniers de Libiola et Monte Loreto au sud de la Ligurie dont l'exploitation semble attestée à partir de 3 700 av. notre ère. Au sud du bassin tyrrhénien, la présence d'objets en cuivre en Calabre, sur le site de Cosenza, vers 3 500 av. notre ère, mérite d'être soulignée. Pour compléter ce panorama, on mentionnera sur le versant sud du Tyrol, dans les Alpes orientales, la hache en cuivre découverte à quelques mètres du corps de l'individu « Ötzi » et datée à 4 460±40 BP (Gif A 93 043-93 044-94 370)[26], soit les intervalles 3340-3020 puis 2990-2920 cal BC à 2σ. Hache dont le cuivre proviendrait justement des monts métallifères toscans[27] dans une chronologie tout à fait comparable à la métallurgie productive

23. Dolfini Andrea, Angelini Ivana, Artioli Gilberto, « Copper to Tuscany – Coals to Newcastle? The dynamics of metalwork exchange in early Italy », *PLoS ONE*, 15(1), 2020 : journal. pone.0227259.

24. Melis, 2014, *art. cit.*

25. Pierce Mark, « Le origini e a diffusione della metallurgia nel Mediterraneo occidentale, le premie esperienze della metallurgia in Sardegna », *in* Tatiana Cossu e Carlo Luglie (dir.), *La Preistoria in Sardegna, il tempo delle comunità umane dal x al ii millennio A.C.*, Nuoro, Collana Cultura, Storia e Archeologia della Sardegna, 2020, p. 194-202.

26. Kutschera Walter, Gosler Robin, Priller Alfred, Rom Werner, Streier Peter, Wild Eva Maria, Arnold Maurice, Tisnerat-Laborde Nadine, Possnert Goran, Bortenschlager Sigmar et Oeggl Klaus Dieter, « Radiocarbon dating of equipment from the Iceman », *in* Sigmar Bortenschlager, Dieter Oeggl Klaus (dir.), *The Man in the Ice*, vol. IV, *The Iceman and his Natural Environnement*, Vienna-New York, Springler, 2000, p. 1-9.

27. Artioli Gilberto, Angelini Ivana, Kaufmann Gunther, Canovaro Catarina, Dal Sasso Gregorio, Maria Villa Igor, « Long-distance connections in the Copper Age : new evidence

associée à la phase initiale du groupe de Terrina faciès TI, soit dès le début du Néolithique final 2.

L'artisanat du cuivre implique la maîtrise de techniques aussi variées que spécifiques, depuis la reconnaissance de ressources minérales en passant par leur extraction jusqu'à la production de métal. Cette métallurgie productive se distingue à la fois de la métallurgie transformative et de la possession d'objets métalliques. Ce présupposé à trois niveaux fonde notre approche.

Une métallurgie transformative se développe pendant la seconde moitié du IVe millénaire sur le site de Terrina. G. Camps indiquait qu'elle pourrait même débuter dès 3 600 av. notre ère. Cette chronologie est discutée[28]. Dans ce contexte, la circulation de métal au cours de la première moitié du IVe millénaire, voire dès la fin du Ve millénaire ne serait pas surprenante, ce que suggèrent par ailleurs les données sardes.

La Corse pourrait s'inscrire dans une progression de l'est vers l'ouest du transfert des techniques et des savoir-faire dans la partie nord du bassin tyrrhénien (fig. 4). Les données récentes attestent d'une activité de transformation des métaux et peut-être productive dès 3 350 av. notre ère. La nature des technologies en jeu est centrale dans le raisonnement et une plus grande précocité n'est pas à exclure. L'hypothèse d'une métallurgie antérieure au milieu du XXXIVe siècle nécessiterait alors de réviser le scénario global.

Dans le secteur de Terrina, la fouille de Lindinacciu a permis d'établir l'existence d'une métallurgie productive précoce, calée entre 3300 et 2900 av. notre ère (à cheval sur les faciès TI et TE). Au nord-ouest de la Corse, l'établissement de Listrella e Stabielle a également livré des structures artisanales de production du métal et des objets finis, dans une chronologie sensiblement identique (fig. 5). Le site d'I Calanchi a livré des indices d'une pratique artisanale transformative et de rares objets en cuivre rapportés à la première moitié du IIIe millénaire. Si les deux premiers sites sont proches de minerais cuprifères, Linguizetta pour Terrina et Lindinacciu et Losari pour Listrella e Stabielle, le site d'I Calanchi, au contraire, est éloigné des principaux gisements de cuivre.

Au nord-ouest de l'île, l'établissement de Listrella e Stabielle a fait l'objet de deux fouilles préventives successives, en 2012 puis en 2015[29]. La première opération qui correspond au locus de Listrella, a livré les plans de douze bâtiments appartenant à quatre phases d'occupation, calée entre 2900 et 2500 av. notre ère. Une grande fosse singulière a livré un petit lingot de cuivre et un maillet à cupule sur aplite. Elle n'a pas été datée directement mais est attribuée à

from the Alpinen Iceman's copper axe », *PLoS ONE*, 12 (7), 2017, journal.pone.0179263.

28. Pierce Mark, *art. cit.*

29. Tramoni Pascal, Ferraz Ana, Gaillard Cyril, Negroni Sabine, « L'établissement métallurgique Néolithique final de Listrella e Stabielle (Monticello Haute-Corse) », *in* Jean Sicurani (dir.), *L'habitat pré et protohistorique*, actes du premier colloque de l'ARPPC, Calvi, 2019, p. 105-122.

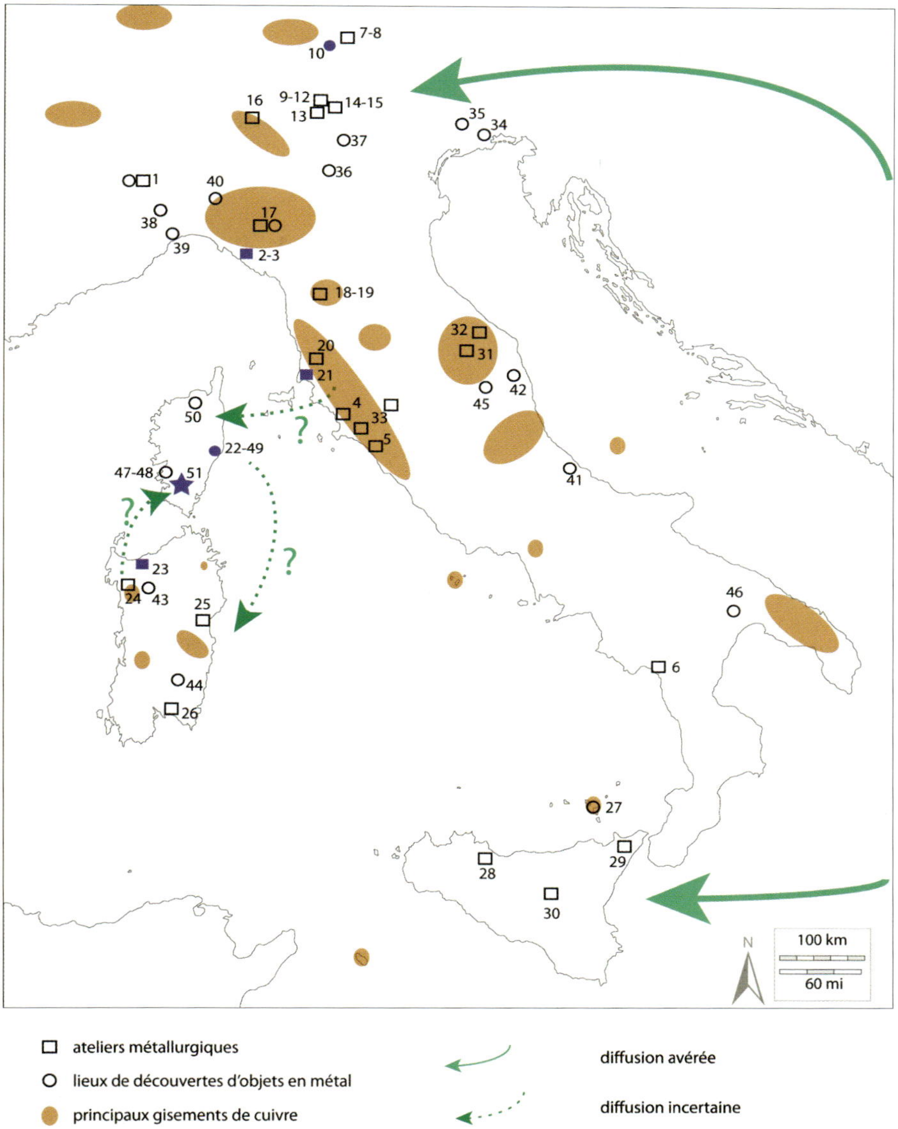

1. Saint-Veran; 2. Libiola; 3. Monte Loreto; 4. Buca di Spaccasasso; 5. Poggio Malinverno; 6. Grotta della Monaca; 7. Millan; 8. Gudon; 9. Romagnano; 10. Bolzano; 11. Riparo Gaban; 12. Riparo Marchi; 13. Acquaviva di Besnello; 14. Montesei di Serso; 15. Croz del Cius; 16. Lovere; 17. Botteghino; 18. Neto-Via Verga; 19. Podere Pietrino; 20. San Carlo; 21. Orti Bottagone; 22. Terrina IV; 23. Monte d'Accodi; 24. Anghelu Ruju; 25. Birai; 26. Su Coddu; 27. Lipari acropolis; 28. Villafrati; 29. Pianura Chiusa; 30. Case Bastione; 31. Santa Maria; 32. Fontenoce di Recanati; 33. Ponte San Pietro; 34. Bannia; 35. Palù di Livenza; 36. Rocca di Rivoli; 37. Isera; 38. Alba; 39. Arene Candide; 40. Sant'Andrea di Travo; 41. Fossacesia; 42. Santa Maria in Selva; 43. Grotta Sa Korona; 44. Pranu Mutteddu; 45. Attiggio-Cava Giacometti; 46. Contrada Martinelle; 47. Basi; 48. I Calanchi; 49. Listrella e Stabielle; 50. Monticello; 51. U Grecu

4. Diffusion de la métallurgie dans le bassin tyrrhénien
© Sarah Bounoua

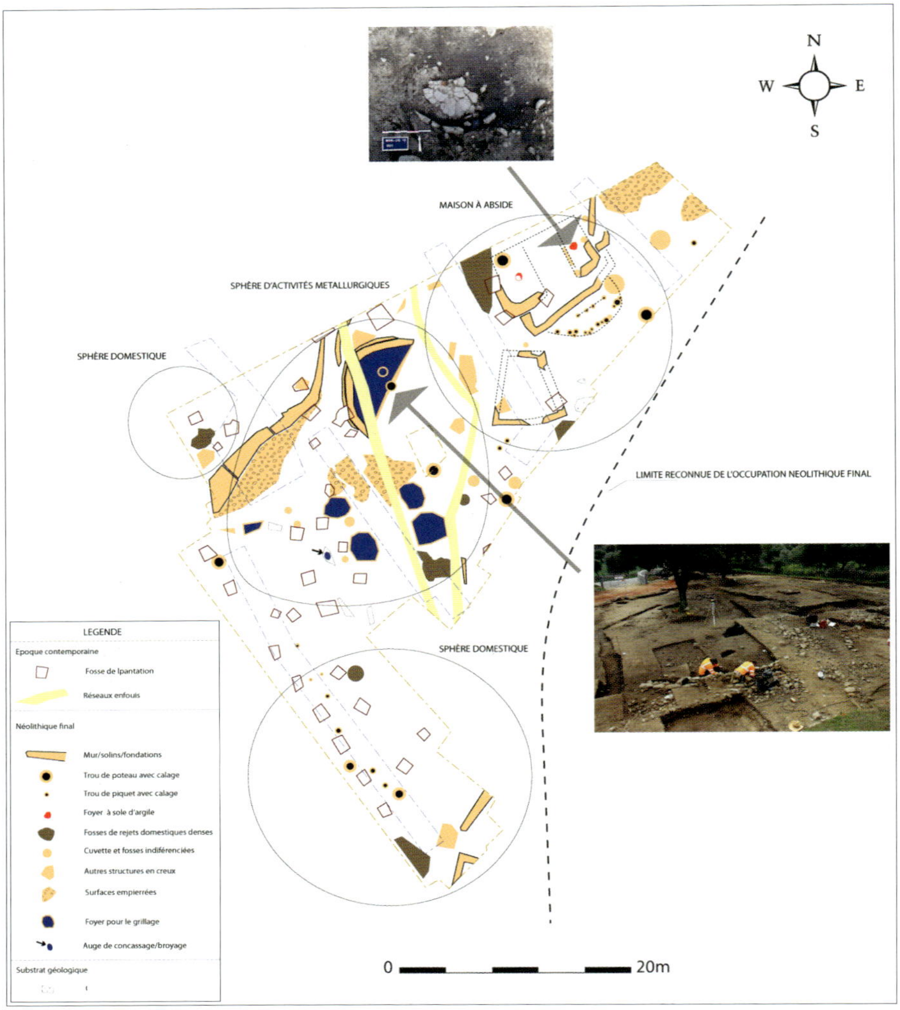

5. Exemple d'établissement du groupe de Terrina, site de Listrella e Stabielle.
Plan-masse provisoire non phasé des principales structures archéologiques © M. Seguin, P. Tramoni

l'état 4 de l'occupation du Néolithique final. Des scories cuivreuses proviennent également d'un sol de l'état 4 situé à proximité mais à l'extérieur du bâtiment auquel cette structure est associée. Dans ce cas, il pourrait s'agir d'une vidange de four. Le locus de Stabielle, fouillé sur une emprise sensiblement plus importante (1 300 m^2 contre 1 000 m^2), a livré des indices similaires, calé entre 3300 et 2700 av. notre ère : des habitations associées avec des installations métallurgiques. En effet, un espace est dédié uniquement à la transformation des minerais en métal et à la production d'objets. Les quatre foyers sont construits en pierre et sont associés à une aire de concassage du minerai. Ces éléments sont associés à l'étape de réduction des minerais de cuivre. Des scories et des gouttes de cuivre, ainsi que des outils associés à l'artisanat des métaux (comme des creusets) sont autant d'indices d'une activité métallurgique.

Au centre de l'île, Sarravalle est un site situé près de Calacuccia. Il a été fouillé entre 2011 et 2018. Deux bâtiments successifs, datés entre 3000 et 2700 av. notre ère, ont livré des indices du travail du cuivre : deux creusets et un lingot ont été identifiés.

Ces quatre sites démontrent une pratique de production du cuivre en Corse entre 3400 et 3100 av. notre ère. À ce jour, il n'est pas possible d'assurer une exploitation des mines de cuivre en Corse dès les premières phases des pratiques attestées du travail des métaux. Des analyses métallographiques pourraient éventuellement nous fournir des informations complémentaires sur l'origine de ces minerais.

TRAVAILLER LES MÉTAUX AU DÉBUT DE L'ÂGE DU BRONZE

L'âge du Bronze ancien en Corse se perçoit comme une période de transition entre réalités économiques directement héritées du Néolithique et mutation progressive des sociétés, au sein desquelles les pratiques artisanales se transforment profondément.

Cependant, on observe au début du Bronze ancien en Corse (BA1 : 2 200/2 000 – 1 850 av. notre ère) une forme de continuité des traditions artisanales métalliques du Terrinien principalement orientées autour du travail du cuivre. Les objets finis sont peu nombreux tandis que les structures et outils associés à leur fabrication sont à ce jour inconnus. Ce paradigme, en comparaison avec le Néolithique final qui comporte désormais une donnée abondante, relève de deux facteurs : une investigation insuffisante sur le terrain des sites du Bronze ancien et donc un manque de données certain concernant l'occupation du territoire au cours de cette période. En parallèle, le Bronze moyen (BM1 : 1650-1350 av. notre ère) est beaucoup mieux appréhendé et de fait les activités artisanales, dont celles des métaux, ont pu faire l'objet d'études plus approfondies.

Le Bronze ancien se distingue de la période qui le précède par l'apport exogène de répertoires matériels, notamment depuis la Sardaigne et le Nord de l'Italie[30]. Ces connexions culturelles renouvellent profondément les sphères artisanales et notamment celle du travail des métaux. Un second élément bouleverse leur fabrication : le début d'une pratique des alliages, en particulier celle des cuivres arséniés[31].

30. Pêche-Quilichini Kewin, « What we did to father. Impact et degré d'assimilation des répertoires stylistiques italiques et sardes au sein des productions matérielles corses de l'Âge du Bronze », *Rivista di scienze preistoriche,* LXX S1, « Italia tra Mediterraneo ed Europa : mobilità, interazioni e scambi », 2020, p. 547-552.

31. Hansen Svend, « Arsenic Bronze – An archaeological introduction into a key innovation », *Eurasia Antiqua*, 23 – 2017, 2021, p. 139-162.

Dans la première partie du Bronze ancien, nous dénombrons trois sites qui ont livré du mobilier métallique :

– Le coffre funéraire du site de Paddaghju à Sartène : un anneau en or, un anneau en argent et un poignard riveté en cuivre arsénié[32] conservés au Musée d'archéologie de la Corse à Sartène ;
– La grotte sépulcrale de la carrière de San Michele à Sisco : un anneau en cuivre[33] ;
– Le site de Gorgone di Maghja à Olmi-Cappella : une hache plate en cuivre[34].

La fin du Bronze ancien (BA2 : 1850-1650 av. notre ère) est mieux perçue. Grâce à l'étude systémique des sites d'habitat et aux déterminations chrono-culturelles par les études céramologiques, il a été possible d'affiner nos connaissances sur cette période. Ainsi, il a été identifié une culture présente sur l'ensemble de l'île baptisée « faciès Tappa-Tiresa-Mugliunaccia »[35] qui démontre des apports stylistiques sardes et toscans. Ces contacts privilégiés se perçoivent dans l'aspect stylistique des productions métalliques qui présente des faciès communs avec ceux de l'espace nord-italique. Des lames de métal, regroupées sous le terme de « haches », voient une multiplication de leur typologie et de leur stylisation ainsi qu'une généralisation de leur diffusion sur toute l'île[36].

La hache de Cucuruzzu à Levie (Musée de l'Alta Rocca) fait partie de la typologie des haches plates en alliage cuivreux. Mise au jour lors des fouilles de François de Lanfranchi, elle est attribuée au BA2[37]. Elle appartient au groupe à section transversale rectangulaire (ou sub-rectangulaire) à formes trapézoïdales. Le sommet est aminci et le tranchant évasé confinant l'objet à une forme triangulaire. De taille moyenne, elle mesure environ 8 cm de long pour 4 cm de large et 1 cm d'épaisseur. Ce type de hache se retrouve fréquemment dans le monde méditerranéen de l'âge du Bronze ancien.

Cette forme de hache est récurrente pour la période en Corse puisqu'on la retrouve sur le site de Paddaghjola à Levie. Cette dernière a été découverte hors

32. Peretti Georges, « Une sépulture campaniforme en rapport avec l'alignement de Palaggiu », *actes du Congrès préhistorique de France*, Ajaccio, Société préhistorique française, Paris, 1966, p. 230-242.

33. David Hélène, « La grotte de San Michele (Sisco, Haute-Corse), une sépulture originale de l'âge du Bronze corse », *in* Mireille Leduc et Nicolas Valdeyron (dir.) *Sociétés et espaces,* Rencontres méridionales de Préhistoire récente, IIIe session, Toulouse, 6-7 novembre 1998, Archives d'écologie préhistorique, Toulouse, 2000, p. 253-256.

34. Caziot Eugène, « Découvertes préhistoriques et protohistoriques faites dans l'île de Corse », *Bulletins de la Société d'anthropologie de Paris*, IV, 8, Paris, 1897, p. 469-476.

35. Pêche-Quilichini Kewin, « Chronologie, productions matérielles et dynamiques socio-culturelles : le point sur le séquençage de l'âge du Bronze de la Corse », *Quoi de neuf en archéologie ?,* actes des XIIe Rencontres culturelles du Musée de l'Alta Rocca, Levie, 2013, p. 33-77.

36. Pêche-Quilichini Kewin, *art. cit.*

37. De Lanfranchi François et Weiss Michel-Claude, *L'Aventure humaine préhistorique en Corse*, Ajaccio, Albiana, 1997.

contexte à la fin des années 1960 par le propriétaire du terrain. Hache en alliage cuivreux, elle comporte des mesures approximativement semblables à la hache de Cuccuruzzu : 8 cm de long pour 4,2 cm de large et 1,1 cm d'épaisseur[38].

C'est à l'aube de la transition vers le Bronze moyen, aux alentours de 1 650 av. notre ère, que des objets fabriqués à partir d'alliages de cuivre à l'étain sont retrouvés sur l'île. Naît le bronze qui connaîtra par la suite une utilisation privilégiée, voire quasi-exclusive, au sein des pratiques artisanales des métaux pendant plusieurs siècles.

La donnée concernant les prémices de l'âge du Bronze est à ce jour peu abondante. Les sites sont encore peu investis par les activités archéologiques et les objets finis qui nous sont parvenus sont pour la plupart privés de contexte, ayant régulièrement été déterrés lors d'activités clandestines.

À ce titre, nous pouvons citer le dépôt des haches de Mignataghja à Ghisonaccia. Elles auraient été retrouvées hors contexte au cours des années 1950 dans un vase en céramique déposé dans une fosse. Conservée au musée d'Aleria, une seule pièce nous est parvenue, les deux autres sembleraient avoir « mystérieusement disparues ». De fait, seule la pièce actuellement conservée peut faire l'objet d'une description. Il s'agit d'une hache à rebords que l'on peut attribuer au Bronze ancien 2. Apparentées aux haches dites « poladiennes »[39], la hache de Mignataghja est un type de hache plate de 22 cm de long aux rebords probablement moulés dont la hauteur est de l'ordre d'environ 2 mm[40]. Le sommet est étroit (environ 2,5 cm de large) et arrondi. Il présente une encoche d'emmanchement. Les bords latéraux présentent un amincissement de la forme générale alors que le tranchant s'élargit pour donner une forme fortement convexe et asymétrique. Ce type de hache est fréquemment retrouvées à la fin du Bronze ancien en Italie centrale et septentrionale[41].

Il est à noter l'existence de deux autres haches dont les contextes de découverte sont inconnus et qui sont détenues dans des « collections privées » : une hache plate à spatule retrouvée sur le site de Capu Braccaghju à Lumio ; une hache plate découverte sur le site de Tartagine à Mausoleo/Olmi-Cappella/Vallica.

38. De Lanfranchi François, « L'Abri de Pallaghiola (Gualdariccio, Levie – Corse) », *Bulletin de la Société préhistorique française*, comptes rendus des séances mensuelles, 66, 9, 1969, p. 270.

39. Pêche-Quilichini Kewin et Mary Jean-Baptiste, « La Corse aurait-elle échappé au phénomène des dépôts d'objets métalliques durant l'âge du Bronze ? », *in* Pablo Marticorena, Vincent Ard, Anne Hasler, Jessie Cauliez, Christophe Gilabert et Ingrid Sénépart (dir.), *« Entre deux mers » & actualité de la recherche*, actes des 12e Rencontres méridionales de Préhistoire récente, Bayonne (Pyrénées-Atlantiques), 27 septembre - 1er octobre 2016, Archives d'écologie préhistorique, Toulouse, 2018, p. 325-331.

40. Camps Gabriel, *Préhistoire d'une île. Les origines de la Corse*, Errance, Collection des Hespérides, Paris, 1988.

41. De Marinis Raffaele Carlo, « Il ripostiglio dell'antica età del Bronzo da Torbole (Brescia) », *Rivista di scienze preistoriche*, LXII, 2012, p. 195-229.

CONCLUSION

La documentation issue de ces sites nous donne une vision de la quasi-totalité de la chaîne opératoire du travail du cuivre. À l'exception de l'extraction minière, la chaîne opératoire de la transformation du minerai en métal et du métal en objet est partiellement reconnue dans ses phases les plus anciennes. La première étape de cette chaîne opératoire correspond à l'exploitation du dépôt minier. Celui-ci fait encore défaut à notre connaissance. À ce jour, aucun dépôt local n'a pu être mis en évidence. Cependant, il semble être la théorie la plus plausible au regard des comparaisons avec d'autres régions voisines qui exploitent le cuivre à la même période. Toutefois, la possibilité de la présence d'importation de minerais ou de lingots ne peut pas être exclue. Une fois les travaux de mine réalisés, les produits qui en sont issus nécessitent d'être transportés vers une aire de traitement des minerais. Lavage, grillage et concassage sont autant d'étapes nécessaire pour transformer le minerai en métal en retirant ses impuretés et en extrayant le cuivre. Diverses activités pyrotechniques ont pu être mises au jour sur les sites néolithiques étudiés ; notamment ont pu être identifiées des activités de réduction dans des fours en partie enterrés. De ces activités, sont issus les lingots de cuivre. À leur tour, ces produits transformés nécessitent d'être transportés vers l'atelier qui donnera forme au métal. Là, l'artisan pense et conçoit des objets. S'il répond à une commande, c'est à lui d'imaginer le produit idéal qui répondra aux besoins de son commanditaire. La ductilité du cuivre permet de le travailler à froid par martelage. Des recuits sont nécessaires pour éviter que l'objet ne casse pendant sa mise en forme. Une fois l'objet finalisé, il peut faire l'objet d'échange, d'abandon ou de recyclage.

La chronologie des débuts de la métallurgie reste incertaine. En Sardaigne, quelques objets en cuivre ou en argent sont attestés en contexte Ozieri II, entre 3700 et 3300 av. notre ère. À l'inverse, les preuves d'une métallurgie restent rares entre 3300 et 2900 av. notre ère, entre la fin de l'Ozieri et le développement des groupes de Filigosa et de Monte Claro. La situation est tout autre en Corse où la métallurgie apparait bien installée dès le début du groupe de Terrina, entre 3400 et 3300 av. notre ère, en l'état actuel des données. Des indices concordants suggèrent d'ailleurs une exploitation des minerais insulaires, même si les preuves directes font toujours défaut. Peut-être sont-elles en grande partie détruites par les exploitations historiques successives et il faudra chercher autrement que sur les gisements de cuivre des attestations de l'exploitation des ressources corses.

Le développement de la métallurgie ne semble pas progressif car toutes les étapes de la chaîne opératoire sont connues dès la phase ancienne. L'état actuel des connaissances suggèrent que les étapes de l'acquisition technologique se déroulent au cours de la période précédente, entre 3900 et 3400 av. notre ère. Cette proposition serait en accord tant avec le schéma général de diffusion qu'avec les données ligures et, dans une moindre mesure, toscanes qui suggèrent une phase d'acquisition entre 3800 et 3600 av. notre ère. Il ne serait donc pas surprenant de découvrir des indices de métallurgie, voire des segments de chaîne opératoire dans la première moitié du IVe millénaire. Dans cette hypothèse, des objets métalliques ont pu circuler antérieurement, dès la fin du Ve millénaire, y compris jusqu'en Sardaigne.

De nombreux établissements majeurs, répartis sur toute l'île, livrent des preuves directes d'une pratique métallurgique complète et élaborée. Cette récurrence s'oppose aux modèles du pôle principal métallurgique, tels ceux observés dans les Balkans ou en Languedoc. En Corse, les ressources en minerais sont géographiquement très dispersées. Les communautés ne sont pas stratégiquement implantées à proximité ou sur ces ressources, mais sont naturellement et de manière évidente associées à celles-ci. Ce modèle reste à étayer ; néanmoins, cette organisation semble d'ores et déjà apparaître comme une forme originale en cela qu'aucune communauté n'aurait acquis le rôle majeur d'intermédiaire indispensable pour procurer les objets métalliques, pesants, sonores et colorés. La forte identité culturelle du groupe de Terrina trouve peut-être là un de ses ressorts principaux (faciès TI et TE). Il convient de réfléchir en termes de réseaux et de fonctionnement multipolaire, et non de centre et de périphérie. La mise en place de connexions à plus grandes distances jouerait également un rôle fédérateur. Pour des raisons qui nous échappent, une concurrence accrue entre communautés aurait provoqué un morcellement du réseau primaire qui se traduirait alors par l'émergence d'ensembles géoculturels différenciés (faciès TD). Le Campaniforme s'inscrit dans ce mouvement, bien que le phénomène soit caractérisé par une diffusion de faible intensité qui reste à expliquer. La situation qui prévaut dans la seconde partie du IIIe millénaire influe grandement sur la constitution des groupes culturels du début du Bronze ancien, qui intègrent à leur tour des influx externes, Sardaigne au sud et Italie péninsulaire au nord-est.

La fin du Néolithique et le début de l'âge du Bronze, comme toute période de transition, est un moment de bouleversement social qui a des répercussions sur l'économie et donc sur les artisanats. L'émergence de nouvelles élites s'accompagne d'un besoin de représentation renouvelé. Cette forme de valorisation sociale génère à leur tour le développement de nouveaux artisanats, au premier rang le travail du cuivre, de l'or et de l'argent. De nouvelles réalités économiques se mettent en place parallèlement au développement de réseaux d'échanges à moyenne et longue distance. Prémices d'un phénomène qui trouve sa confirmation à partir du Bronze moyen avec la généralisation des objets en alliages cuivreux.

LA PRODUCTION DE FER SELON LES MÉTHODES CORSE ET CATALANE AU XVIIIe SIÈCLE : ARCHAÏSME OU RÉALISME ?

Pierre Comiti

RÉSUMÉ

Dans le dernier quart du XVIIIe siècle, en France, une grande part de la production du fer (et de l'acier) provient des hauts fourneaux, une méthode performante et relativement récente, dite indirecte, qui se développe depuis le XVe siècle. Cependant, la production des régions de Corse et des Pyrénées est issue d'une ancienne méthode dite directe, basée sur l'utilisation du bas foyer, ou bas fourneau. Ces particularités régionales ne sont pas fondées sur des archaïsmes mais sur l'influence des réalités locales (géographie, minéralogie, couvert végétal, hydrologie, climat, contextes socio-économiques...) dans la pratique et l'évolution des techniques de production.

Dans cet article, je communiquerai quelques éléments sommaires sur l'évolution de la métallurgie du fer en soulignant la distinction, la rupture, entre la métallurgie directe par bas foyer et la métallurgie indirecte par haut fourneau. Nous nous intéresserons par la suite à la méthode directe de réduction, aux différences entre le procédé corse et catalan, ainsi qu'aux causes de leur permanence, jusqu'à la fin du XIXe siècle, qui caractérisent l'île et le Sud-Ouest de la France. Notre propos se basera essentiellement sur deux ouvrages de la fin du XVIIIe siècle : celui de Tronson du Coudray[1] et celui de Picot de Lapeyrousse[2], deux ouvrages de référence en la matière.

1. TRONSON DU COUDRAY Philippe-Charles-Jean-Baptiste, *Mémoire sur les forges catalanes comparées avec les forges à hauts fourneaux,* Paris, Ruault, 1775. Philippe-Charles-Jean-Baptiste TRONSON DU COUDRAY (1738-1777) est membre de l'Académie royale des Sciences. Chef de brigade d'artillerie, il était apprécié pour ses connaissances en chimie. Présent lors de la campagne de Corse en 1769, il y découvre les forges à bas foyer de l'île qu'il décrit dans son ouvrage. Il s'engage dans les opérations de la guerre de l'indépendance américaine, où il meurt accidentellement noyé, à Philadelphie.
2. PICOT DE LAPEYROUSE Philippe-Isidore, *Traité sur les mines de fer et les forges du Comté de Foix,* Toulouse, Impr. D. Desclassan, 1786. Philippe-Isidore PICOT DE LAPEYROUSE (1744-1818) est un naturaliste français. Membre des Académies des sciences de Stockholm et de Toulouse, inspecteur des mines, puis professeur d'histoire naturelle à l'école centrale de Toulouse, à

L'ÉVOLUTION DES TECHNIQUES DE RÉDUCTION DES ORIGINES À NOS JOURS : LES GRANDES LIGNES

Le fer n'existe pas à l'état natif à la surface de la terre. Il est associé le plus souvent à des oxydes, constituant le minerai, mélangé à d'autres matériaux non ferreux. La transformation du minerai en métal est réalisée par la réduction, opération technique associant la combustion du charbon de bois et l'oxygène insufflé par la soufflerie produisant de la sorte l'élément métallique ainsi dissocié des autres composants.

La première méthode de production du fer apparue dans l'histoire de l'humanité est dite directe. C'est celle que l'on utilise toujours en Corse et dans les Pyrénées au XVIIIe siècle. À l'aide de bas foyers, ou bas fourneaux, elle permet la transformation du minerai en métal en une seule opération. À partir de la fin du XIIIe siècle, la ventilation est produite par la force motrice de l'eau, en remplacement de la force manuelle, pour actionner des soufflets, ce qui permet d'accroître la température, d'augmenter la diffusion du carbone provenant du charbon et de produire de la fonte. Cet alliage, produit dans des hauts fourneaux le plus souvent et contenant plus de 2 % de carbone, n'a pas les mêmes propriétés que le fer (il est cassant mais peut être moulé). Il est donc nécessaire de le décarburer, par affinage, pour le transformer en fer ou en acier (ce qui implique une hausse de la consommation de charbon). C'est le procédé indirect, qui se repend et s'impose en Europe à la fin du Moyen Âge. En fonctionnant d'une manière continue avec des grandes quantités de charbon et de minerai, il permet d'accroître considérablement la production et apparaît souvent, aux yeux des contemporains, comme une innovation technique majeure.

LES BAS FOYERS CATALAN ET CORSE : ÉTUDE COMPARATIVE

Ces établissements utilisent la force motrice de l'eau pour actionner les soufflets produisant de l'air dans le foyer (qui seront remplacés par la trompe hydraulique à partir du XVIIe siècle) et les marteaux (actionnés par une roue verticale et un arbre à cames). La « forge » est installée à un endroit stratégique, sur un cours d'eau qui présente un débit et une hauteur de chute suffisants, avec des commodités d'accès car il faut acheminer le minerai et le charbon, en général à dos de mulet. En Corse, elles sont situées pour la plupart en Castagniccia, où l'on retrouve dix-huit établissements à proximité de l'île d'Elbe et de son minerai.

L'eau était détournée par un barrage vers un canal d'amenée. Ce bief d'amont, de longueur variable, débouchait sur un bassin de retenue. L'eau était ensuite évacuée vers la rivière par un canal de fuite.

---

l'école des mines de Paris et à la faculté des sciences de Toulouse. Originaire du pays toulousain, il s'intéresse particulièrement à sa région, à la minéralogie, ainsi qu'à l'activité minière et métallurgique.

Les établissements de Corse se distinguent des forges à la catalane du Sud-Ouest de la France, au XVIIIe siècle, par la trompe et le foyer.

La trompe équipant les forges à la catalane est dotée d'un bassin de pression à partir duquel deux colonnes creuses, hautes de 6 m, dirigent la chute d'eau sur deux tablettes surélevées, situées dans la « caisse à vent » (tambour). En Corse, la trompe ne comporte pas de bassin de pression et possède une seule colonne creuse, haute de plus de 8 m débouchant dans la caisse à vent. L'eau s'y brise sur une seule tablette en pierre dure (fig. 1).

1. La trompe hydraulique. D'après Della Fratta et M.-A. Montalbiano, *Pratica minerale*, Florence, All'Insegna del Giglio, réimpr. de l'éd. de Bologne, S.n., 1678.

Le foyer: les forges à la catalane comportent un fourneau construit, aux quatre parois bien individualisées. Les forges corses n'ont pas de fourneau permanent (il est constitué par le minerai et le charbon). On observe seulement sous la tuyère une légère dépression qui constitue une sorte de bassin-creuset (fig. 2).

Nous remarquons de plus l'absence de four de grillage dans la méthode corse, celui-ci étant effectué sur l'aire de réduction durant la phase de cuisson. Picot de Lapeyrousse note, dans des établissements de la vallée de Vicdessos (Ariège), la présence de plusieurs fours de grillages de forme carrée, dans des proportions et des dimensions différentes.

Enfin, une différence fondamentale apparaît avec les procédés de réduction mis en œuvre. Aux quatre étapes de la chaîne de production, le grillage, le bocardage, la réduction et le martelage-affinage, se rajoute en Corse une étape supplémentaire située entre le bocardage et la réduction : la cuite (ou deuxième grillage). La méthode corse est réputée être plus grande consommatrice de charbon que la méthode catalane[3].

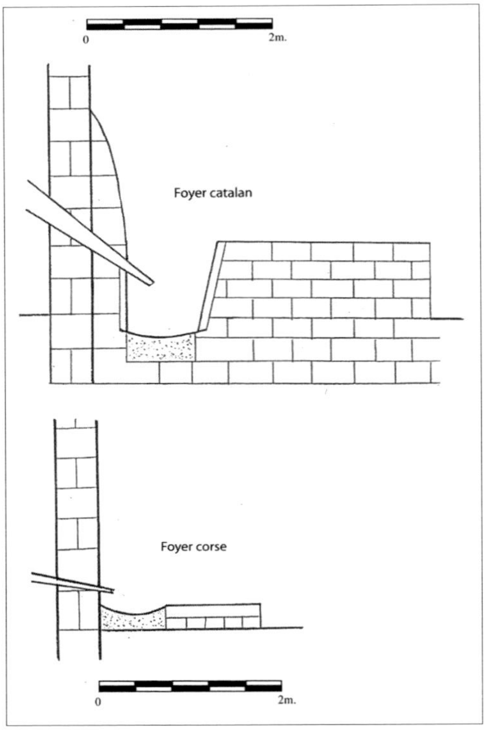

2. Comparaison entre le foyer corse et le foyer catalan. D'après Picot de Lapeyrouse, 1786 et Tronson du Coudray, 1775.

LES INTÉRÊTS D'UNE PRODUCTION DIRECTE

Tronson du Coudray et De Lapeyrousse, souvent opposés dans leurs propos, s'accordent sur les avantages et l'intérêt des bas foyers et bas fourneaux de Corse et du comté de Foix en plusieurs points.

D'abord par les frais de construction et d'entretien des structures: le haut fourneau est certes très productif mais il est très dispendieux, contrairement aux méthodes catalanes et corses. Ensuite par la simplicité et la promptitude des procédés : on peut en effet combiner sur le même feu, en six heures, plusieurs

3. Tous ces éléments de comparaison sont tirés de l'ouvrage suivant : Collectivité de Corse, *La Métallurgie du fer en Corse des bas foyers aux hauts fourneaux*, Ajaccio, Collectivité de Corse éd. Alain Piazzola, 2020.

opérations nécessaires dans le haut fourneau (fusion et affinage notamment). Un autre avantage réside dans les quantités d'acier produit et surtout la qualité des fers que l'on ne retrouve pas dans celui produit dans les affineries. Nous constatons également la plus grande fréquence des accidents et des dommages dans les hauts fourneaux, qui peuvent causer de grandes dépenses et accroissent les coûts. La dernière raison est d'ordre économique, liée à la forte consommation de charbon des hauts fourneaux, estimée au double des bas fourneaux, et aux difficultés à trouver suffisamment de ressources à proximité.

Au regard de ces éléments, le procédé direct n'est pas une technique archaïque qui ne ferait que survivre. Il répond d'abord à des considérations techniques évoquées par les auteurs de la fin du XVIIIe siècle. D'autres éléments sont à prendre en considération dans le même domaine. Parmi ceux-ci se trouvent la nature et la qualité des minerais. Qu'il s'agisse des hématites du Sud-Ouest, et notamment de la principale mine du comté de Foix, Rancié, ou des hématites de l'île d'Elbe, le constat est le même. Ces minerais sont très faciles à travailler au bas-foyer, mais plus difficiles au haut fourneau, ce qui explique aussi la permanence de la production directe dans ces régions. Elle apparaît également comme une réponse moderne à des besoins de certains types de métaux, comme des fers de grande qualité et d'acier dit « naturels » qui ne peuvent être produits par le procédé indirect et les hauts fourneaux. La qualité du fer de Corse, comme celui issu de la méthode catalane, est reconnu par tous les auteurs. Tronson de Coudray explique qu'il est d'excellente qualité, qu'il se coupe à chaud et à froid, mieux que les fers de France, et qu'il s'étire avec la plus grande facilité. Il résiste à la rupture, il peut disputer ses qualités au fer suédois et se montrer supérieur au fer d'Espagne dont on fait pourtant les meilleurs canons de fusils. L'auteur termine sur ce sujet en expliquant qu'utilisé pour le ferrage des chevaux, il dure deux fois plus que le fer provenant du dehors de l'île.

À ces considérations techniques, s'ajoutent encore des éléments économiques. L'accessibilité aux ressources minières et en bois charbonnable, particulièrement difficile pour la Corse, avec ses difficultés de communication maritime et terrestre, réduit les possibilités d'acheminement des matières premières et oriente les techniciens vers des systèmes de production à faible consommation. Il ne s'agit donc pas de conservatisme ou d'une volonté de freiner la modernisation. Ce ne sont pas « la paresse et l'indifférence extrême des Habitants de cette île, pour toute espèce d'Art ; indifférence qui, au moins, à cet égard, les met au niveau des Peuples les plus barbares », comme l'écrit Tronson du Coudray à propos des Corses, qui est à l'origine de ce parti pris de production, mais bien des considérations techniques, économiques et environnementales. Le choix de cette filière technique repose sur une recherche d'efficacité et de qualité basées sur une réalité géographique avec la prise en compte des conditions naturelles. Le critère social est aussi important, prenant en compte la culture sidérurgique existante et la demande du marché. Ainsi, les qualités du fer produite en Corse répondent aux besoins des populations locales, axés sur les activités agricoles et pastorales.

Les nouvelles techniques d'affinage de la fonte, comme les procédés Bessemer et Martin, qui produisent des fers et des aciers de qualité à moindre coûts, amorcent la chute de la métallurgie directe. Avec l'utilisation du coke et le développement de la machine à vapeur, puis du procédé Thomas qui permet d'utiliser la « minette lorraine » par déphosphoration, les centres de production s'éloignent des ressources forestières et hydrauliques et se rapprochent des minerais et des charbons de terre du Nord-Est de la France. Les méthodes catalanes et corses disparaissent définitivement, à la fin du XIXe siècle en Corse, et au début du XXe siècle dans le Sud-Ouest de la France.

CONCESSION MINIÈRE DE L'ARGENTELLA : UN PAYSAGE ET UN PATRIMOINE

Alain Gauthier

RÉSUMÉ

La découverte, lors des recherches du XIXe siècle, de travaux anciens creusés au feu confirme ce que suggère un texte du XVIe siècle: des travaux ont bien été réalisés à l'époque génoise ou antérieurement.
Un gisement disputé au XIXe siècle : Plusieurs demandes de concessions concurrentes sont déposées au milieu du XIXe siècle. Un investisseur continental C. Colas, qui a fait fortune dans l'empire ottoman, dépense plusieurs millions de francs or pour construire une usine de traitement gigantesque, un barrage hydraulique et réaliser de très importants travaux sur le gisement. Entre la fin du XIXe et le premier quart du XXe siècle s'échelonnent plusieurs autres tentatives de courtes durées. La concession est renoncée en 1964 et une société s'intéresse un temps à la mise en valeur touristique d'une partie du site. A la même époque la volonté d'utiliser le site pour des essais nucléaires provoque une vague de protestation de la société corse qui entraine l'abandon rapide du projet. De nouvelles investigations géologiques, réalisées par le BRGM, ont eu lieu sans succès; des projets de mise en valeur touristique sont à nouveau évoqués.

❖❖❖

LES ORIGINES[1]...

Dans les plus anciennes cartes de la Corse, on trouve désignée sous le nom de Capo all'Argentello, une cime élevée du cirque des montagnes qui couvrent les vallées tributaires du golfe de Crovani. Cette désignation, d'accord avec les traditions accréditées parmi les bergers qui fréquentent seuls les hauteurs, a signalé de tout temps l'existence d'une ancienne mine

1. Cf. GAUTHIER Alain, *Mines et Mineurs de Corse*, Ajaccio, éditions Albiana, 2011. Le texte ci-dessus est un extrait modifié et enrichi de l'ouvrage.

> d'argent, en un point bien connu dit Capo all'Argentello ; une grotte souvent visitée par les pâtres, les vestiges d'un puits dans lequel en passant on faisait rouler quelques blocs de roches marquaient seuls, il y a 6 ou 7 ans, l'emplacement de l'ancienne exploitation. (Rapport de l'ingénieur des Mines Meissonnier, août 1 852)

Il sera fait référence, dans maints rapports, à la « grotte des anciens », certains auteurs n'hésitant pas à parler de travaux effectués par les Romains. De fait, des recherches récentes – carottage dans l'étang de Crovani[2] – ont mis en évidence une anomalie dans certains rapports isotopiques du plomb. Cette augmentation passagère de la teneur en plomb correspondrait à l'époque romaine, ce qui combiné à la découverte d'artefacts romains (*tegulae* en particulier) par la société Arkemine[3] pourrait confirmer une exploitation du site à l'époque romaine.

Santelli signale en 1864 : « Les fouilles de l'Argentella ont été faites par la compagnie de Saint Georges et sous la direction de Balthasar Adorno en 1 525…[4] » Quoiqu'il en soit, le gisement est « redécouvert » au milieu du XIXe siècle et il va être l'objet d'âpres disputes afin d'en obtenir la concession.

HISTORIQUE DES TRAVAUX « MODERNES » D'EXPLOITATION

DES PREMIERS TRAVAUX À L'OBTENTION DE LA CONCESSION

Épisode 1 : 1846-1849 (Pieraggi-Palazzi). Les premiers travaux « modernes » sont réalisés en avril 1 846. Ils consistent au déblaiement d'un puits et d'une excavation « creusés depuis un temps immémorial au sein de la masse métallifère ».

Épisode 2 : 1849-1850 (Pieraggi-De Kervéguen). Le même Pieraggi s'associe, en mai 1849, avec le comte Aimé Le Coat de Kerveguen qui fournit 2 500 francs pour effectuer des travaux.

Épisode 3 : 1850-1851 (Pieraggi-De Kervéguen-Moullet). Les frères Moullet s'associent au même Pieraggi.

Épisode 4 : 1851-1852. Trois arrêtés préfectoraux portent le premier sur la demande en concession de M. De Kervéguen (19 septembre 1851), le second sur un avis d'enquête publique (13 février 1852) concernant la demande en concession des frères Moullet et Cie. Enfin, le 10 mars 1852, le troisième arrêté préfectoral porte sur la demande de Pieraggi.

---

2. Ghilardi Mathieu, *Lagunes et marais littoraux de Corse, de la Préhistoire à nos jours*, éditions Arac, coll. « Orma. La Corse archéologique », n° 5, 2020.
3. Arkemine, rapport inédit.
4. Santelli D.F., *Mémoire sur les mines de Corse*, Bastia, Fabiani, 1864.

Épisode 5: 1852-1856. Dès 1853, et bien que la concession n'ait pas encore été obtenue, on voit intervenir Collas, futur propriétaire de la concession, qui sert d'intermédiaire entre les différents demandeurs et le docteur Pascal Achille Agostini.

DE L'OBTENTION DE LA CONCESSION AUX PREMIERS « VRAIS » TRAVAUX D'EXPLOITATION

Le 9 janvier 1856, « il est fait concession aux Sieurs Moullet (C.F.), Moullet (T.G.), Moullet (F. T), Pons (A), Bechet (J.), Gros (F.), Lebrun de Henriquez (J.) et Domenjon (J.), des mines de plomb argentifère et autres minerais associés au plomb argentifère dans les mêmes gîtes, comprises dans les limites ci-après définies, commune de Calenzana et Moncale, les dites limites renfermant une étendue superficielle de 1 091 hectares… ». La même année, le sieur Agostini, médecin, apparait comme le seul concessionnaire.

De 1857 à 1865, la concession est inactive faute de capitaux. De petits travaux ont lieu entre 1 865 et 1 869.

L'« ÂGE D'OR » DE LA CONCESSION: LA PÉRIODE COLLAS[5] (1869-1886)

Camile Bernard Collas achète la concession au docteur Agostini en 1 869. Le gisement se trouve à plus de 500 mètres d'altitude dans une région alors désertique et insalubre. Le concessionnaire va y réaliser, entre 1 869 et 1874, des travaux quasi « pharaoniques », et très onéreux :

– Au niveau du gisement lui-même (creusements de la Grande Tranchée et du Grand Couloir, fonçage de puits, creusement de plusieurs galeries) ;

5. Bernard Camille Collas (1819-1898) débute sa vie professionnelle comme capitaine au long cours. Député de la Gironde de 1849 à 1851. Associé de Marius Michel dit Michel « Pacha », qu'il rencontre probablement chez Ferdinand de Lesseps, pour la construction et l'entretien des phares de l'Empire ottoman (*cf.* Thobie Jacques, *L'Administration générale des phares de l'Empire ottoman et la Société Collas et Michel*, L'Harmattan, 2004). Il va à cette occasion faire fortune. On peut donc penser que c'est une partie de celle-ci qui sera utilisée pour construire puis faire fonctionner l'usine, de 1869 (achat de la concession) jusqu'en 1886 (vente de celle-ci). Nous avons cru longtemps que les sommes englouties pour l'achat de la concession, la construction de l'usine et son fonctionnement (17 ans) avaient mis à mal la fortune de Collas et obligé ce dernier à vendre concession et usine. Compte tenu des bénéfices procurés par la société fondée avec Michel « Pacha » (11 millions de francs par exemple entre 1862 et 1873), il semble que l'abandon de l'exploitation de l'Argentella par Collas soit dû à la pauvreté et à la non-rentabilité du gisement. Preuve indirecte en est fournie par l'achat du château de Morsang-sur-Orge (payé 350 000 francs entre 1866 et 1869), soit juste avant l'achat de la concession de l'Argentella, alors que la société Collas – Michel fournit à Collas 1 835 000 francs de revenus et le rachat de la concession du chemin de fer Jaffa-Jérusalem fin 1889 (soit trois ans après la vente de la concession) pour la somme d'un million de francs, puis la construction du dit chemin de fer dont il fut le premier président. Certaines de ces informations proviennent des archives départementales de la Gironde. Nous remercions sa directrice Agnès Vatican.

– Entre le gisement et l'usine (mise en œuvre de plusieurs plans inclinés, de câbles aériens, etc.) ;

– Au niveau de l'usine de « préparation mécanique » qu'il fait construire : le gigantisme de cette usine impressionne les ingénieurs des Mines ; sa construction et son équipement s'étalent sur trois ans environ, de 1869 à 1872. Les ingénieurs Huet et Geyler[6] considérés comme les meilleurs spécialistes de l'époque y réalisent une usine modèle ;

– Au niveau du ruisseau de Petrico où il réalise un barrage imposant nécessaire pour fournir en eau les machines à vapeur de l'usine et les systèmes de lavage au cours de la préparation du minerai ;

– Au niveau du rivage de Crovani où il construit un quai (le port Julia) pour recevoir les machines, le charbon et embarquer le minerai ;

De 1868 à 1872, Collas a dépensé 2 042 808 francs, sans aucune vente de minerai en cinq ans. Il s'agit d'un record absolu pour une concession en Corse. Il demande, dès septembre 1869, soit l'année de l'achat de la concession, et obtient en 1 874 une extension de la concession. Toutefois, dès 1873, il apparaît que la production de minerai ne répond pas aux espérances et que l'usine est largement surdimensionnée. Les travaux sont toutefois poursuivis avec vigueur, car on espère que la minéralisation s'enrichira en profondeur et on cherche en d'autres points de la concession de nouveaux gisements (Farragiole [Ferraghiola], Bocca Bassa, Ciutone [Ciuttone], Ogliastrone).

En 1875, l'usine fonctionne pour la première et la dernière fois à plein rendement (90 à 100 tonnes de minerai traitées par jour). Sept galeries sont en cours de creusement. Une descenderie est creusée à Valle Calda. Cependant, les espoirs seront systématiquement déçus.

Dès 1876, l'usine ne fonctionne plus quotidiennement. En 1878, il a été produit seulement 30 tonnes de minerai à 72,5 %.

En 1879, l'ingénieur des Mines écrit : « Exploitée avec des dépenses énormes et depuis 12 ans environ avec un véritable acharnement par un concessionnaire opulent qui ne veut pas s'avouer vaincu, le travail s'y ralentit depuis quelques années et selon toutes les probabilités, on finira par l'abandonner

6. Alfred Huet (1822-1887). Capitaine au long cours dans la marine marchande, il décide à 23 ans de devenir ingénieur. Il est diplômé de l'École centrale en 1848. Alfred-Édouard Geyler (1827-1878) est quant à lui diplômé de la même école en 1847. Ces deux ingénieurs s'associent pour créer en 1849 l'agence Huet et Geyler et se spécialisent dans la construction d'installations destinées à la préparation mécanique des minerais. Ils perfectionnent divers dispositifs de traitement des minerais tant au niveau du concassage que des trommels et des cribles et sont alors mondialement reconnus pour leur expertise. C'est donc à ce titre qu'ils vont diriger la construction et l'équipement de l'usine de l'Argentella. Cf. Mamaloukaki Christina, « Alfred Huet et Alfred Édouard Geyler », *Centraliens*, 2014, p. 60-62 ; Mamaloukaki Christina, « Les installations de Huet et Geyler pour la préparation mécanique des minerais de l'Argentella et du Laurion au xixe siècle », *Études corses*, n° 83, 2019, p. 171-182.

complètement. » Collas va s'acharner dans une exploitation qui ne couvrira jamais, et de loin, les frais d'abattage, de transport et de traitement de la roche minéralisée (cf. ci-après). Dès le début des années 1880, les travaux ralentissent, se dispersent et finalement Collas se débarrasse de la concession en 1886, soit dix-sept ans après l'avoir acquise et après y avoir englouti plusieurs millions de francs de l'époque.

QUELQUES PRÉCISIONS SUR L'EXTENSION DE LA CONCESSION

> En remontant le ravin de Petrico jusqu'à 500 m en amont du barrage [...] on rencontre au milieu des schistes [...] un épais filon de quartz contenant de la pyrite cuivreuse [...].
>
> C'est en ouvrant pour la construction du barrage une carrière de pierre en amont de ces ouvrages, qu'on a mis au jour de nombreux blocs de pyrite cuivreuse. On mit dans la maçonnerie des quantités considérables de ces blocs et ce n'est pas un petit étonnement pour le visiteur, de voir maintenant la face aval du barrage nuancée de toute la longueur, de dépôts verts abondants, verticaux et parallèles de sels de cuivre, provenant des suintements des maçonneries avant leur complète dessiccation. (Extraits du rapport de l'ingénieur des Mines Villot, 8 juin 1871).

Ces indices, ainsi que plusieurs autres répartis autour de la concession initiale, justifient la demande d'extension de la concession. Bernard Camille Collas obtient très rapidement l'extension souhaitée pour des mines de même nature et cela pour une superficie de 14 km^2, 29 ha. Cette extension est réunie à la concession d'Argentella initiale pour ne former avec elle qu'une seule, d'une superficie de 25,2 km^2. Retenons au passage que Collas doit régler annuellement 25 centimes de droit par hectare ce qui est faible ramené à l'hectare, mais non négligeable compte tenu de la superficie globale (plus de 2 500 hectares soit 625 francs par an) auquel il faut ajouter les redevances fixes et proportionnelles établies par le code minier (loi du 21 avril 1810), ainsi que les éventuelles indemnités à payer à raison des recherches ou travaux antérieurs.

UNE SUCCESSION DE SOCIÉTÉS (1886-1947)

L'ARGENTELLA MINING LIMITED (1886-1893)

Au cours de l'année 1886, Bernard Camille Collas se décide à vendre sa concession (ou bien y est contraint). Il s'associe d'abord avec des industriels continentaux, puis la mine est vendue à la fin de l'année. C'est une compagnie anglaise, dont le siège social est à Londres « The Argentella Mining Limited » qui acquiert, fin 1886, l'usine et la concession. Nous ignorons la valeur de la transaction, mais il y a déjà un certain temps, au moment de la vente, que les travaux sont très réduits sur les sites d'extraction et l'usine chôme la majeure partie de l'année. Les travaux de Valle Calda, depuis longtemps abandonnés, sont repris. Fin 1886, les travaux sont très actifs et emploient près de 250 ouvriers dont 80 mineurs à l'Argentella et Valle Calda. Pendant la même période, des grattages divers ont lieu dans les environs, sans résultat significatif à Bocca Bassa, Sylviani, Poggiolone, etc. L'exploitation est abandonnée pour la deuxième fois de 1888 à 1891. Les travaux redémarrent le 27 janvier 1891 avec la même compagnie. Ils portent surtout sur Ogliastrone et Bocca Bassa.

Courant 1893, un ouvrier « continental » (*sic*) assassine le directeur anglais Broad Roberts. Tout le personnel anglais s'enfuit de la mine qui est à nouveau abandonnée.

LA PÉRIODE ARTHUR SOUTHWELL (1893-1904, OU 1906 ?)

Fin 1893, Arthur C. Southwell, vice-consul d'Angleterre à Bastia, achète la mine. Après quelques travaux de peu d'ampleur, les activités qui n'ont jamais véritablement repris cessent en 1896. En 1898, Southwell vend l'important matériel de l'usine à Marseille.

En 1902, la charpente du bâtiment, vide de machines, est détruite par un incendie de maquis. La concession est totalement inactive depuis 1900. En 1906, elle est vendue par Southwell pour 17 000 francs à un industriel qui s'intéresse au potentiel minier de l'île : Santarelli. Ce dernier en fait l'apport à la Société de Francardo dont il est l'un des principaux actionnaires.

LES SOCIÉTÉS DE FRANCARDO, PUIS DE PRUNELLI, PUIS DES MINES DE L'ARGENTELLA ET SYNDICAT FRANCO-HOVA RÉUNIS (1906-1928)

Achetée 17 000 francs, en 1906, la concession de l'Argentella est revendue le même mois 140 000 francs à la Société du Prunelli. Cette société acquiert en 1906 ou 1907 les deux concessions de l'Argentella et de Prunelli (Marignana). Le bénéfice réalisé lors de la vente permettra de verser une année des dividendes à la Société de Francardo, alors que les activités minières et métallurgiques de cette société ont toujours été déficitaires. Il sera ensuite englouti dans la faillite de l'usine de Francardo.

Quant à la Société du Prunelli qui disposait, en 1907, d'un important capital grâce à l'émission d'actions, elle n'a effectué que des travaux extrêmement réduits sur la concession de l'Argentella. Dès 1908 les travaux sont à nouveau arrêtés. En 1911, elle a changé de dénomination pour prendre celui de Société des Mines d'Argentella et réduit son capital à 300 000 francs. Elle continue à n'effectuer aucun travail sur sa concession ! Par délibération de l'Assemblée générale du 22 novembre 1911, la Société absorbe le Syndicat Franco-Hova d'exploration et porte son capital à 540 000 francs.

LA SOCIÉTÉ D'EXPLOITATIONS MINIÈRES DE LA CORSE ET LA COMPAGNIE INDUSTRIELLE ET MINIÈRE DE LA CORSE (1928-1947)

La Société des mines de l'Argentella donne en location pour une durée de 18 ans, à compter du 1er avril, la concession de L'Argentella à la Société d'exploitations minières de la Corse, société anonyme au capital de 1 500 000 francs. L'amodiation sera entérinée le 18 janvier 1930. Le loyer annuel est fixé à 12 000 francs. Quelques travaux de peu d'importance seront réalisés avant la fin 1930. Il n'y aura plus après cette date de travaux sur la concession.

En 1933, la Société d'exploitations minières de la Corse annonce son intention de se dissoudre.

Quant à la Société des mines d'Argentella, propriétaire de la concession, le service des Mines n'en a plus aucune nouvelle jusqu'à ce que, en 1947, la Société indique en la personne de M. F. Lefèvre, son nouveau P.-D.G., qu'elle s'intitulera désormais Compagnie industrielle et minière de la Corse.

En 1958, une lettre informe le percepteur de Calvi que le Président-Directeur général de la Compagnie industrielle et minière de la Corse est décédé en 1952 ainsi que tous les autres administrateurs. Il est donc à considérer que cette Compagnie a cessé d'exister.

DES PROJETS D'ESSAIS NUCLÉAIRES EN CORSE (1960)

Le 20 avril 1960, dans le plus grand secret, un avion dépose à Ajaccio une petite équipe du CEA, comprenant notamment des personnalités de la direction des applications militaires. Le sous-préfet et l'armée les escortent. Tout a été organisé, raconte l'un des membres de la mission pour tirer une bombe (« de faible puissance ») dans la mine de l'Argentella. Elle doit débarquer par l'aéroport de Bastia.

Arrivés sur le site, tout se passe bien le premier jour. Mais le second, la mèche est éventée avant que l'équipe ait pu réceptionner le moindre matériel. L'hôtelier demande à ses pensionnaires indésirables de déguerpir. Les instances politiques corses et la population se mobilisent contre le projet. Le responsable local des Renseignements généraux informe l'équipe que sa sécurité est menacée. S'en suivront, jusqu'à mi-mai, des échanges téléphoniques fébriles entre la gendarmerie, qui sert de cabine de taxiphone au chef de mission (ce qui a laissé croire à certains qu'il y était séquestré), et Paris. Finalement, l'ordre vient de faire repli, en faisant bonne figure ! Quatre mois de mobilisation ont suffi à faire abandonner le projet.

DE LA DÉCHÉANCE DE LA CONCESSION EN 1961 À SON ANNULATION EN 1964

Les concessionnaires des Mines d'Argentella et de Prunelli sont déchus de leurs droits par arrêté du 1er juillet 1961.

> En effet la redevance fixe des mines, rétablie à partir de 1957, n'ayant pas été acquittée en 1957, ni en 1958, ni en 1959, la Société des Mines d'Argentella a été déchue de ses droits sur la concession par un arrêté du ministre de L'Industrie en date du 1er juillet 1961 pris en application de l'article 47 du code minier.

La concession d'Argentella a été mise en adjudication une première fois et adjugée le 30 juin 1962 et celle de Prunelli à la Société La Petite Faye. Toutefois, l'autorisation de mutation de propriété a été refusée par décret du 20 août 1963, le pétitionnaire n'a pas été capable de fournir des renseignements fiables sur ses capacités techniques et financières. On procède donc à une nouvelle adjudication le 24 janvier 1964. Celle-ci est déclarée infructueuse. En conséquence, un arrêté du 22 juin 1964 annule la concession et place les mines de plomb argentifère et minerais associés d'Argentella dans la situation de gisement ouvert aux recherches.

GISEMENTS, MINÉRALISATION, TRANSPORT ET PRÉPARATION DU MINERAI

LE GISEMENT PRINCIPAL ET SA MINÉRALISATION (FIG. 1)

> Dans le minerai extrait des derniers travaux nous avons trouvé, outre la galène, la pyrite et le cuivre pyrite, [...] la blende [...].
>
> On a affaire à une roche qui contient du feldspath avec peu de quartz et très peu de mica ; fréquemment elle se fond dans une masse compacte grenue feldspathique à cassure esquilleuse. C'est une leptynite passant à l'eurite ou au pétrosilex ; elle contient le minerai à l'état de mouches de nids ou de fentes de faible épaisseur. (Meissonnier, 1 856)

Le gisement se classe dans les minéralisations de type amas ou stockwerks (filonnets enchevêtrés) de haute ou moyenne température liée aux parties hautes de batholite granitique[7]. À l'Argentella, on a affaire à un batholite monté dans la croûte au cours de la grande période métallogénique de la fin du Carbonifère et du Permien (l'épisode dit « de moins 300 Ma ») qui voit sur le continent la mise en place de nombreux gisements économiques d'or, d'uranium, d'antimoine et de tungstène. La roche plutonique est un leucogranite caractérisé par une fissuration particulièrement intense de l'ensemble du massif. Le complexe est également traversé par des passages plus ou moins importants de granite

7. Les deux paragraphes suivants doivent beaucoup à Jean Féraud que nous remercions vivement.

écrasé (mylonites) et silicifié, montrant un aspect beaucoup plus bréchique que l'encaissant. On constate, dans ces passes, un faible développement de mica blanc (séricite) et également de chlorite le long des fractures. Ce sont ces passes bréchiques qui localisent la minéralisation métallique du gisement principal. Leur broyage a été tellement fin et si curieusement associé à une effluve thermique que certains géologues ont pensé se trouver là dans la racine de ce que les spécialistes appellent les brèches hydrothermales.

1. État actuel du gisement de l'Argentella (vue aérienne)

La minéralisation se localise (soit par remplissage, soit par remplacement) dans les diaclases, les joints et les microfissures du granite écrasé, dans tout le volume d'une bande de granite de direction N 70°E, de 7 m de largeur, subverticale, suivie sur 200 m de long et 100 m de dénivelé. Elle comprend principalement de la galène, avec un peu de sulfures de cuivre, zinc, fer et arsenic (chalcopyrite, blende, pyrite, arsénopyrite), dans une gangue de chlorite et quartz, et avec les produits d'oxydation connexes. L'argent s'exprime notamment dans la zone de cémentation sous forme de sulfure d'argent Ag_2S (acanthite), par précipitation de l'argent mobilisé lors de l'oxydation de la galène. Les oxydes de fer (hématite et oligiste) sont très abondants dans toute la masse du granite minéralisé en galène. Cette ferrification intense, associée à la silicification du granite, semble étroitement liée à la minéralisation plombeuse et lui servir de guide.

Les études et les prospections géochimiques et géophysiques de 1977-1979 ont permis de conclure que le gisement de l'Argentella ne présente aucune importance économique à l'heure actuelle. La minéralisation est beaucoup trop disséminée dans la masse du granite, de trop faible teneur et de trop faible tonnage pour être valorisable. On se demande même si elle a un enracinement notable. C'étaient bien là, déjà, les problèmes au XIXe siècle, quand les concessionnaires ont tenté, en vain, d'exploiter cette minéralisation microfissurale par scheidage (enrichissement à la main) puis broyage et concentration gravimétrique.

On mesure l'utopie de la tentative quand on regarde de loin le paysage de la mine et les gigantesques excavations du Grand Couloir et de la Grande Tranchée, qui ont généré sur les pentes d'imposants manteaux de déblais stériles. De tout ce volume remué, on n'a sorti jamais (en métal) qu'environ 1 000 t de plomb et 5 tonnes et demie d'argent (et 900 tonnes de cuivre des petits gisements annexes).

LA LIAISON GISEMENT-USINE

Le minerai une fois abattu doit être descendu à l'usine de préparation mécanique. « De la mine, on franchit des pentes extrêmement escarpées au moyen de 4 fils aériens de 600 m de longueur sur lesquels circuleront les wagons pleins ou vides [...]; de la plateforme d'arrivée, part un plan incliné dit n° 1 qui [...] amènera le minerai sur une seconde plateforme; un plan incliné n° 2, suivi d'une troisième plateforme, rachète une nouvelle différence de niveau; de cette troisième plateforme située à 35 m environ au-dessus du niveau des concasseurs de l'usine [...] », partent des plans inclinés (qui) amènent les wagonnets aux concasseurs ou à un entrepôt de minerai de 3 000 m^3.

En 1872, la liaison gisement-usine est terminée et fonctionnelle. Un triage très grossier a lieu au chantier. Quatre câbles aériens d'une longueur utile de 625 mètres permettent de descendre le minerai sur une centaine de mètres de dénivelé sur la première plateforme. On utilise ensuite des plans inclinés automoteurs pour conduire le minerai jusqu'à l'usine.

L'USINE (FIG. 2 ET 3)

En 1871, Villot écrit: « On se propose de traiter par 24 heures à Argentella 100 tonnes de minerai brut [...]. La force motrice se compose de 3 machines à vapeur d'une puissance totale de 100 chevaux, alimentées par 5 chaudières cylindriques de 40 m de surface de chauffe chacune. » En 1872, l'usine fonctionne à raison d'une vingtaine de tonnes par jour. Il faut traiter un minerai finement disséminé dans une roche dure, ce qui nécessite de traiter des grandes quantités

2. L'usine, au centre de la photo, la cheminée destinée à évacuer les fumées des trois machines à vapeur et divers bâtiments annexes.

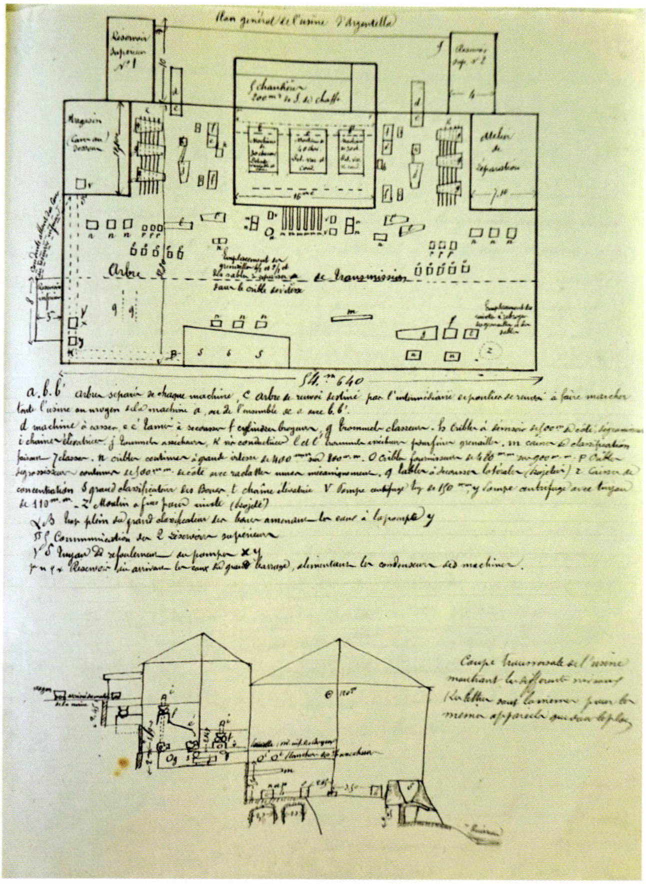

3 . Plan de l'usine et coupe

a b et b': arbres séparés de chaque machine

c: arbre de renvoi destiné par l'intermédiaire de poulies de renvoi de faire marcher toute l'usine au moyen de la machine a, ou de l'ensemble de a avec b et b'

d: machine à casser

e et e': tamis à secousses

f: cylindre broyeur

g: trommel classeur

h: cribles à déversoir de 500 mm de coté

i: chaine élévatrice

j: tamis assécheurs

l et l': trommels assécheurs pour faire grenailles

m: caisses de classification faisant 7 classes

n: cribles continus à grande vitesse de 400 mm sur 800 mm

o: cribles fournisseurs de 480 mm sur 900 mm

p: cribles dégrossisseurs continus de 500 mm

q: tables à secousses latérales

r: caisses de concentration

s: grand classificateur des boues

t: chaine élévatrice

v: pompe centrifuge tuyau de 150 mm

x: pompe centrifuge avec tuyau de 110 mm

z: moulins à fins

α et β: trop plein du grand classificateur

π: communication des 2 réservoirs supérieurs

γ et δ: tuyaux de refoulement des pompes centrifuges x et y

ρzqx: réservoir où arrivent les eaux du grand barrage alimentant les condenseurs des machines de roche avec le moins de main d'œuvre possible. Pour ce faire on pratique de la façon suivante :

– Broyage de tout ;
– Classement de grosseur très soigné ;
– Lavage de toutes les classes granulométriques avec une seule catégorie d'appareils, les cribles.

Le broyage est réalisé par une puissante machine américaine qui peut traiter 50 tonnes en 12 heures (il y en a deux). Le matériel broyé tombe sur un tamis à secousse qui sépare trois catégories de matériaux. Ces matériaux passent dans un cylindre broyeur, puis dans des trommels classeurs qui réalisent quatre classes de taille. Il existe également des trommels assécheurs qui peuvent enlever l'excédent d'eau présent.

Au niveau du lavage, l'usine dispose de quatre types de cribles :
– Des cribles dégrossisseurs (2 catégories) ;
– Des cribles finisseurs à main ;
– Des cribles continus à grande vitesse et criblant sur lit.

Enfin le classement se fait grâce à des caisses de classification en sept classes.

Comme on peut le constater avec les ingénieurs, l'usine de l'Argentella est, pour son époque, très sophistiquée et les installations sont largement automatisées. Pour économiser les 3 000 m^3 journaliers d'eau nécessaires à l'usine, on a mis en place un système ingénieux de condensation qui permet de réutiliser l'eau 5 fois et de ne consommer que 600 m^3/jour.

On a du mal à imaginer, lorsqu'on se trouve au sein des ruines, que l'usine est alors à la pointe des techniques qui se pratiquent en Europe. L'observation du plan dressé par Villot permet de mieux se représenter ce qui a été réalisé en un temps record dans une région déserte et impaludée à la fin du XIXe siècle (fig. 3).

En 1873, on lave 30 tonnes de minerai par jour en produisant 200 kg de schlich[8] de première qualité et 200 kg de seconde qualité (mélange de pyrite et de galène). Il est suggéré quelques petites modifications tout en reconnaissant que l'usine est bien conçue… et que le succès de l'entreprise d'Argentella ne dépend que de la mine elle-même.

L'ingénieur des Mines Villot conclut son rapport du 20 décembre 1873 en précisant que le service médical fonctionne pour les ouvriers de manière parfaite et qu'il est mis à la disposition de leurs familles et de tous les gens du pays de la manière la plus complète. En 1875, l'ingénieur réitère sa remarque « les conditions de salubrité de la localité se sont d'ailleurs singulièrement améliorées par la mise en culture et l'introduction […] d'habitudes d'hygiène et d'un confort relatif, entièrement inconnus autrefois à ces populations couchant à la belle étoile dans le classique pelone, au milieu des makis… ».

8. Minerai concassé, lavé et préparé.

Nous apprenons en 1 875 que l'usine est approvisionnée en charbon par bateau. Un naufrage a entraîné un arrêt d'approvisionnement de trois mois. Le stockage du minerai qui en a résulté permet à l'usine de travailler à plein rendement (90 à 100 tonnes par jour). Elle emploie 22 ouvriers auxquels il convient d'ajouter 8 hommes à l'atelier de réparation.

En 1876, on est revenu au cassage et au triage à la main sur le gîte. On a réalisé également quelques modifications mineures à l'usine :

– revêtement en acier des concasseurs et des broyeurs ;
– transformations de certains cribles.

> L'usine ne fonctionne plus quotidiennement. On cherche à la faire produire à peu près à son maximum quand on a assez de minerai pour marcher à plein pendant quelques jours [...]. On est obligé de congédier les ouvriers [...], on les fait revenir en les prévenant quelques jours à l'avance quand on a besoin d'eux.

4. La baie de Crovani, l'usine et le barrage. Le filon blanc en premier plan est le filon de quartz dans les parages duquel se trouve l'exploitation de chalcopyrite de Valle Calda.

En 1878, l'usine n'a fonctionné qu'une partie des mois de janvier et de février. Elle a produit 30 tonnes de minerai. Il en est de même en 1 879 (fonctionnement du 15 avril au 15 mai). Le minerai est transporté à Calvi par charrette (7,50 francs/tonne) et le fret de Calvi à Marseille revient à 12,50 francs/tonne. Les mineurs et casseurs reçoivent 2,5 à 3 francs/jour ; les trieurs 2 francs ainsi que les manœuvres ; les « gamins » (de quel âge ?) 1,50 francs/jour.

LE BARRAGE (FIG. 4)

« Pour se procurer la quantité d'eau nécessaire à une usine aussi considérable, sur le ruisseau de Petrico, un barrage de 3,2 m d'épaisseur au couronnement, de 100 m de longueur, élevé de 13,8 m au-dessus du point le plus bas du thalweg, a été édifié pour recueillir toutes les eaux pluviales. » Le barrage peut alimenter l'usine pendant 6 mois. Cependant, en cas de pénurie d'eau, trois puissantes pompes centrifuges hélicoïdales peuvent remonter l'eau ayant déjà servi.

LA PRODUCTION ET LA RENTABILITÉ

En 1874, l'usine a traité 7 162 tonnes de roche provenant de 23 381 tonnes abattues. On a lavé en moyenne 25 tonnes par jour pendant 280 jours. Le rendement en minerai de première qualité a été de 1,14 %. Pour les quatre premiers mois de 1875, on a abattu 4 157 tonnes de minerai et on a lavé 1 943 tonnes. Sur les 1 943 tonnes de minerai, on a obtenu 14,6 tonnes de première qualité et 9,2 tonnes de seconde qualité. Depuis 1873, l'argent varie de 66 à 372 grammes aux 100 kg de plomb.

Le rapport de 1 876 contient quelques réflexions sur la rentabilité de la production. Il justifie d'abord l'intérêt du triage avant concassage. Il prend pour données de départ que la galène vaut entre 750 et 1 100 francs la tonne, soit environ 1 franc le kilogramme, et, d'autre part, qu'on a produit, en 1874 et 1875, 184 tonnes de schlich pour un prix de revient de 71 367 francs soit 390 francs la tonne (ce qui, compte tenu de la teneur en plomb du schlich, correspond à un prix de revient de 0,75 franc par kilo). « Il suit de là, que si un enfant, qu'on paie de 0,75 à 1 franc par jour recueille à la main un kilogramme de galène massive dans sa journée, l'opération est à peu près équivalente au lavage. [...] on voit par-là combien il est important de ne pas descendre de galène cubique facilement séparable. »

L'auteur du rapport calcule ensuite le prix de revient de l'abattage et du lavage, et le met en corrélation avec le prix de vente, toujours pour les années 1874 et 1875 :

Année	Matériau lavé (tonnes)	Produits (tonnes)	Prix de l'abattage (francs)	Prix de vente (francs)	Déficit général (francs)
1874	7 162	340	116 000	76 000	137 000
1875	1 943	23	51 000	34 000	100 000
1874-1875			167 000	110 000	237 000

Il ressort de ces chiffres que :

1° même s'il n'y avait aucun frais de lavage, aucun entretien de l'usine, aucun frais généraux, la mine serait non rentable ;

2° même si le minerai n'avait rien couté du tout à abattre, l'affaire aurait quand même été en déficit de 49 000 francs en 1 875 et 21 000 francs en 1 874.

En 1885, on a extrait 80 tonnes de minerai et 15 tonnes en 1 886. Début 1886, Collas semble s'être associé avec plusieurs capitalistes, ce qui inspire quelques espoirs, en vain : ce qui coula dès le début la mine de l'Argentella, ce ne fut une affaire ni de capitaux insuffisants ni de compétences, mais une affaire de « géologie défavorable ».

DES DERNIÈRES RECHERCHES À L'ÉTAT ACTUEL : UN PATRIMOINE À SAUVER ET À VALORISER

Il y a maintenant plus d'un siècle et demi que l'exploitation s'est arrêtée, si l'on excepte quelques reprises modestes, et pourtant les vestiges en sont toujours bien visibles.

Incongrue, jaillissant au milieu du maquis, entre la baie de Galeria et celle de Calvi, une cheminée de briques rouges pointe encore le site minier et l'usine de l'Argentella au cœur de la baie de Crovani. Levant les yeux, on aperçoit l'importante balafre qui marque à jamais le flanc ouest du Capu di l'Argentella à près de 500 mètres d'altitude. De loin en loin, les imposantes piles en pierre de taille font imaginer les câbles qui permettaient de descendre le minerai de la mine à l'usine.

La retenue d'eau dans laquelle se mirent l'exploitation minière et les bâtiments en ruines de la maison du directeur recueille toujours les eaux du ruisseau de Petrico et de ses affluents. Sur les pierres du parement aval du barrage, orné du nom de son constructeur, on remarque toujours les dépôts colorés de sels de cuivre qui avaient permis la découverte du gisement secondaire de Valle Calda. À l'extrémité amont de la retenue, des haldes[9] permettent de remonter aux anciennes galeries d'exploitation.

La façade de l'ancien bâtiment de la direction reste imposante, mais aurait bien besoin d'une restauration. L'usine d'enrichissement porte les traces de l'incendie qui détruisit sa toiture il y a plus d'un siècle, mais les emplacements des concasseurs, les socles des machines à vapeur, etc. permettent de reconstituer la chaine de traitement du minerai et donnent de l'ensemble de cette aventure industrielle une vision impressionnante.

Au total, la friche industrielle de l'Argentella est, avec celle de Canari, un témoignage imposant d'une activité révolue. Alors qu'à Canari, les graves séquelles environnementales de l'exploitation semblent rédhibitoires pour une éventuelle valorisation touristique du site pourtant grandiose, tout reste encore possible à l'Argentella. Les atouts ne manquent pas.

La réintégration du complexe mine-usine dans le paysage a été parfaite, favorisée par la poussée du maquis. Ce qui, sous d'autres climats, serait une friche industrielle d'aspect désolant et une verrue environnementale, inspire ici au touriste respect et stupéfaction. Peut-être parce qu'il ne subsiste de l'activité industrielle aucune ferraille, aucun dépotoir (comme hélas trop souvent) mais seulement de belles et imposantes constructions en pierre de taille (de remar-

9. Amoncellements de déchets et de stériles

quable facture du reste), tout paraît « propre » et non pollué. On se croirait dans un musée à ciel ouvert, les bâtiments ont des airs de monuments historiques (ils mériteraient d'ailleurs d'être classés ou au moins inscrits au patrimoine avant qu'ils ne servent de carrière publique).

Malgré le maquis épineux, les pentes d'éboulis qui montent vers les cimes du Capu sont une invite tentante à la randonnée. Si un jour les pouvoirs publics décident de sécuriser le site pour prévenir tout accident, il est à espérer que le caractère austère des parois coupées au couteau de la Grande Tranchée sera conservé en l'état (des grilles pouvant facilement en barrer l'accès). En effet, cette véritable « faille géologique argentifère » participe pour l'essentiel au patrimoine touristique du lieu.

La majestueuse baie de Crovani étale sa plage de superbes petits galets multicolores devant nous, comme une promesse de récompense offerte au randonneur pour la fin de la journée.

CONCLUSIONS

L'histoire du gisement de plomb argentifère de l'Argentella permet de retrouver des constantes de la découverte et l'exploitation des concessions minières insulaires, mais aussi des particularités remarquables. Parmi les constantes, citons :

– L'évocation d'une connaissance très ancienne du gisement ; s'il est probable que le gîte de l'Argentella est connu depuis les Génois, il reste à confirmer une exploitation antérieure.

– Plusieurs demandes concurrentes à la même période, ici le milieu du XIXe siècle, avec parfois une compétition féroce entre les demandeurs.

– La faiblesse des travaux initiaux de recherches qui retardent souvent l'octroi de la concession ; les ingénieurs des Mines en charge du dossier constatant que ces travaux ne sont pas suffisants pour conclure à l'exploitabilité du gisement.

– L'absence de fonds propres par les premiers demandeurs de la concession, qui entraîne soit l'arrêt très rapide des premiers travaux, soit la recherche d'investisseurs continentaux.

– La succession de plusieurs sociétés, dont certaines ne semblent avoir comme raison d'être qu'une activité spéculative.

– L'intervention de personnages que l'on retrouve à la même époque ou successivement dans plusieurs projets d'exploitation minière.

Parmi les particularités du gisement de l'Argentella, remarquons :

– L'exceptionnel acharnement d'un des concessionnaires : Bernard Collas. Ce dernier dépensera de très importantes sommes d'argent dans l'exploitation du gîte, dans la construction de l'usine de traitement et du barrage. Il s'agit d'un exemple quasiment unique en Corse, où un seul individu modifiera de façon encore visible le paysage d'une région par ailleurs très sauvage.

– Les projets, dans les années 1960, d'utilisation du site pour la réalisation d'essais nucléaires souterrains.

– Sur le plan du patrimoine géologique, l'appartenance de la minéralisation à un type gîtologique assez répandu en Corse (avec celle de Prunelli-Marignana et celle, assez apparentée finalement, de La Finosa près de Ghisoni) mais peu usité sur le Continent ou en Sardaigne. On en mesure que mieux l'intérêt d'une vulgarisation de ce patrimoine, dans le contexte déjà extrêmement favorable des paysages inondés de lumière des granites et volcans d'âge permien de la Corse.

L'EXPLOITATION DE LA MINE D'AMIANTE DE CANARI

Aspects positifs et négatifs, conséquences humaines et environnementales

Guy Meria

RÉSUMÉ

L'exploitation du site d'amiante de Canari a cessé en 1965; elle n'a duré que 25 ans. Les premiers contrats de concession de terrains à la société Eternit ont été établis en 1929 puis étendus en 1937 et 1938. La production de la première usine est 500 tonnes/an de 1941 à 1945; elle atteint 28 000 t en 1961, soit 25 % des besoins industriels français. En moyenne, 300 ouvriers travaillent alors sur le site et au total 1 500 à 1 800 employés y ont exercé, y compris des prisonniers allemands. Les luttes sociales pour acquérir un statut et améliorer les conditions de travail ont accompagné la transformation de la région (équipements, habitat) et l'animation des villages. Deux points négatifs sont particulièrement étudiés ici: l'empoussièrement et ses terribles conséquences sanitaires et humaines; le rejet des matériaux stériles à la mer, ruinant à jamais les marines d'Albo et de Nonza. Ce fut le premier combat écologiste de Corse.

L'exploitation de la mine de Canari a cessé en 1965, bien avant que la production mondiale d'amiante n'ait atteint son sommet en 1975 avec 15 millions de tonnes et que les entreprises productrices se soient retirées d'Europe, à la suite de l'interdiction de son utilisation depuis 2005, se repliant sur d'autres régions productrices (principalement la Chine, la Russie et le Kazakhstan, soit 90 % du total mondial de 1,1 Mt) ou fortement consommatrices (Inde). La société Eternit qui a exploité le site de Canari reste actuellement très présente sur le marché de l'amiante en diversifiant ses activités: « Il arrive souvent qu'un même groupe industriel, comme le groupe Eternit, diversifie sa production et se range sous la bannière du lobby pro-amiante au Brésil tout en développant des alternatives moins dangereuses en Europe[1]. » Selon l'Organisation internationale du travail, 100 000 personnes dans le monde décèdent chaque année de pathologies liées à l'amiante. En France, on a relevé 35 000 décès entre 1965 et 1995, on prévoit entre 50 000 et 100 000 décès d'ici 2050.

Des diverses catégories d'amiante correspondant à différentes espèces minérales, deux d'entre elles sont exploitées : pour 90 % il s'agit de l'amiante blanc ou chrysotile (groupe des serpentines) utilisé dans la construction (murs, sols, plafonds, toitures, tuiles...) ; l'amiante bleu ou crocidolite (groupe des amphiboles) est utilisé pour les moteurs à vapeur, les tuyaux d'isolation, le placoplâtre. Aujourd'hui comme hier, c'est surtout le chrysotile qui intéresse les industriels ; c'était le cas en 1950 à Canari tout comme à Negro, sur la commune d'Olmeta du Cap, où la société Pont-à-Mousson envisageait d'ouvrir un site d'exploitation.

Enfant à l'époque de l'exploitation de l'usine de Canari (j'avais 10 ans en 1954, 20 en 1964), j'ai été le témoin des déclarations des membres du Comité de défense des intérêts du canton de Nonza[2], créé en 1954, et des revendications des ouvriers, à l'usine, à la mairie, sur la place du village, ou encore dans notre maison familiale. Mon père était, depuis 1934, militant politique et syndicaliste, candidat aux élections cantonales. Sa fréquentation des sanatoriums continentaux, à cause d'une tuberculose, lui fit découvrir la dangerosité de l'amiante. Très attaché à son village, il l'a défendu avec passion. J'entendais alors parler de la nécessité de lutter contre les poussières d'amiante qui envahissaient le site industriel et les villages environnants ; j'entendais parler aussi du rejet des stériles à la mer ruinant progressivement notre côte, surtout les marines d'Albo et de Nonza.

En tant que professeur d'histoire et géographie, j'ai recueilli de nombreux documents concernant l'exploitation de la mine en vue d'écrire un jour son histoire[3]. Puis, étant passé par l'École nationale de la santé publique, j'ai exercé dans diverses administrations et dans des hôpitaux dont le Centre hospitalier et universitaire de Nîmes. Affecté à la DDASS de la Haute-Corse en 1976 et m'occupant des hôpitaux, j'ai pu interroger à plusieurs reprises la direction du Centre hospitalier intercommunal de Corte-Tattone (ancien sanatorium), accéder à des données me permettant d'éclairer la situation sanitaire des ouvriers, et instruire la réparation qui leur était due au titre des maladies professionnelles[4]. J'ai donc pu consulter, avec l'aide de médecins, des dossiers médicaux.

1. VOGEL Laurent, « Géopolitique de l'amiante », *Politique*, mis en ligne 2 février 2010, https://www.revuepolitique.be/geopolitique-de-l-amiante/ . En France, le lobby de l'amiante est représenté par le Comité permanent amiante, créé en 1982.
2. Sauf précision, nous désignerons désormais le Comité de défense des intérêts du canton de Nonza sous le seul nom de Comité.
3. *Cf.* MERIA Guy, *L'Aventure industrielle de l'amiante en Corse*, Ajaccio, éd. Alain Piazzola, 2003.
4. Jusqu'en 2000, il y avait un délai des deux ans pour déclarer cette maladie bien qu'elle apparaisse au-delà de ce délai. Les art. 40 de la loi n° 98-1194 du 23 décembre 1998 et 35 de la loi n° 99-1140 du 29 décembre 1999 mentionnent des dispositions pour les victimes de l'amiante.

Par ailleurs, la municipalité de Canari a reçu un « cadeau empoisonné » en 1974, à savoir l'usine où une unité de sapeurs forestiers a alors été installée. Les premières mesures métrologiques concernant l'amiante environnemental ont alors été collectées. Enfin j'ai recueilli tous les documents du Comité de défense des intérêts du canton de Nonza (152 au total) relatifs à la lutte contre l'empoussièrement et, surtout, le rejet des stériles à la mer.

Faute d'avoir pu obtenir un système efficace de protection contre les poussières pendant l'exploitation beaucoup d'ouvriers en sont morts. Dédommager les ouvriers de l'usine, les transporteurs, les dockers, etc., quand ils sont encore vivants mais malades, ou leurs familles quand ils sont décédés, a été le combat de l'ANDEVA[5], des avocats, de moi-même quand j'ai été auditionné dans le cadre d'une mission sénatoriale[6]. Entre 12 et 15 M€ ont été versés par les organismes de sécurité sociale. S'est-on ensuite retourné contre l'employeur? C'est un autre débat.

Mon second objectif a été de réunir tous les documents montrant les responsabilités de la Société minière de l'amiante (SMA) et de l'État concernant le rejet des stériles à la mer. Ce fut le premier combat écologique de Corse. Nous aborderons ces deux points dans la deuxième partie de cette contribution sous le titre des « aspects négatifs » vus sous l'angle des conséquences humaines et environnementales. Rappelons d'abord quelques données relatives à l'exploitation de la mine de Canari.

L'EXPLOITATION DE L'AMIANTE À CANARI

Utilisé dans tous les secteurs industriels, l'amiante est, à partir de 1830, recherché partout, en Corse en particulier: San Pedrone, Rutali, Nonza, Olmeta du Cap-Corse (1926-1927), Canari (1926, 1928, 1 929). La société Eternit fait alors appel à deux ingénieurs géologues, Henri Eggenberger puis Perrin. En 1928, la première usine qui n'est qu'expérimentale produit 400 à 500 kg de fibres par jour. Les premiers contrats de concession des terrains cédés par la mairie de Canari sont signés en 1929, et étendus en 1937-1938.

Pour l'ensemble des maladies professionnelles du régime général, il existe une règle : la déclaration doit être faite dans un délai maximum de deux ans après la date de constatation médicale de l'affection. Au-delà de ce délai le dossier est prescrit et la victime perd ses droits. Pour les victimes de l'amiante, une exception à cette règle a été obtenue : la loi de financement de la sécurité sociale pour 2000 (art. 40, § II) lève ce délai de prescription : les droits sont rouverts pour toutes les victimes de l'amiante et leurs ayants droit, si la première constatation médicale a été faite entre le 1er janvier 1947 et le 28 décembre 1998. On peut ainsi engager une démarche de reconnaissance très longtemps après la première constatation médicale de la maladie.

5. Association nationale de défense des victimes de l'amiante, fondée en 1996.

6. Rapport d'information du Sénat n° 37 (2005-2006) par Gérard DÉRIOT et Jean-Pierre GODEFROY, fait au nom de la « mission commune d'information consacrée au drame sanitaire de la contamination par l'amiante et à ses répercussions sur le plan humain, social et financier », déposé le 26 octobre 2005, https://www.senat.fr/rap/r05-037-1/r05-037-1120.html#toc821.

En 1941, la première usine produit 500 t/an, mais, selon les responsables, il faudrait une unité de production d'au moins 6 000 t pour en assurer la rentabilité et, pour cela, investir 300 MF. Selon Eggenberger, pour produire 2 000 t de fibres il faut extraire 66 00 t de minerai. La SMA, filiale d'Eternit, est créée en 1941. On demande l'ouverture d'une ligne EDF, on envisage d'utiliser le port de Saint Florent, on évoque une exploitation en entonnoir avec galerie de roulage.

De 1942 à 1945, la production de la carrière, exploitée par François Sanna, passe de 20 à 50-60 t de fibres par mois. En 1946, l'usine en construction, alors prévue pour 2 000 t mais non achevée, en produit 600. L'usine dite A de 6 000 t, mise en service grâce à la ligne EDF ouverte en même temps, ne sera réellement opérationnelle qu'en 1948-1949. La deuxième usine dite B sera réalisée en 1953.

On estime à cette date le gisement d'amiante à 460 800 t mais il faut pour cela extraire 23 Mt de minerai, selon les études de Perrin, de Coster et d'Eggenberger. Pour l'exploitation de la carrière en *glory hole* (puits en gradins), selon l'idée d'Eggenberger, on fait appel à Capparucci, Marchioli, Cataldo, Bertozzi ; pour l'usine, à un entrepreneur de Turin, Bellezza ; pour les galeries, à La Souterraine de Marseille ; pour le montage des machines à Gremigni et Carmignani de Balangero (Piémont). Pour un résultat de 6000 t, il faut extraire 200 000 t de minerai à 3 % d'amiante. La production de Canari passe de 400 t en 1945 à 28 000 t en 1961. Elle représente à cette date 25 % des besoins industriels français.

LES ASPECTS POSITIFS

La Corse des années 1943-1960 connaît une situation de non-développement. Au lendemain de sa libération, l'île est dans un état catastrophique à la suite des destructions causées par la guerre. Et l'effondrement démographique de l'île se poursuit : 176 000 habitants en 1962 contre 212 000 en 1942. Le plan de mise en valeur de l'île de 1949 ne dépasse pas l'inventaire des ressources. Un projet plus ambitieux est adopté en 1957, avec le plan d'action régionale mettant en place de deux sociétés d'économie mixte : la SOMIVAC et la SETCO. Cependant, dans « l'île délaissée », s'organise le mouvement revendicatif du 29 novembre 1959 suivi, en 1964, par le Comité d'études et de défense des intérêts de la Corse.

Dans ce contexte, l'activité industrielle de Canari génère une incontestable prospérité. L'usine est une merveille de technologie[7]. L'investissement pour la première usine est de 800 MF et l'effectif passe de 50 à 170 ouvriers. Pour la deuxième usine, l'investissement est de 300 MF avec un effectif de 300 ouvriers. Entre 1941 et 1965, entre 1 500 à 1 800 ouvriers ont travaillé sur le site, dont les 270 ouvriers italiens qui ont construit les deux usines. C'est l'entreprise industrielle la plus florissante de Corse. Elle représente 35 % de l'activité du

7. Cf. Meria Guy, *L'Aventure industrielle…*, *op. cit.*, p. 79-81 (croquis et dessins de l'exploitation de la carrière), p. 117-119 (l'usine et les techniques de séparation minerai/amiante).

port de Bastia. En 1960, les salaires versés s'élèvent à 2,60 MF. La SMA offre 550 000 heures de travail mensuellement.

À la suite d'une grève en 1952, la convention collective est améliorée. La plupart des ouvriers, anciens salariés agricoles payé à la journée, deviennent salariés payés tous les mois et reçoivent des primes (50 % du salaire de base). Auparavant, une grève de 48 heures en 1949 avait débouché sur une augmentation des salaires de 15 %. En 1955, les ouvriers obtiennent la classification des salaires, la prime dite des poussières, l'échelle mobile avec le minimum vital de 23 500 francs, la création de douches, les masques, l'arrosage des stériles.

On notera aussi, venant de l'extérieur, l'arrivée des cadres, d'ingénieurs, de techniciens, d'ouvriers spécialisés dont certains feront souche en Corse (plombiers, électriciens, spécialistes des moteurs en tout genre, compressoristes, plongeurs, etc.). Pour loger ces personnels, on restaure les maisons des villages alentour, on construit une cité HLM à Canari (25 logements). D'autres métiers profitent de la présence de l'usine : administratifs, cafetiers, restaurateurs, transporteurs, agents du port de Bastia, etc.

En 1953, la COSMA, Coopérative ouvrière de la SMA propose de tout et à bon prix. Les villages s'animent à nouveau : bals à Albo et à Canari, cinéma, équipements scolaires, particulièrement le groupe scolaire de Canari ; et les équipements sont considérablement améliorés : adductions d'eau, routes, cale de halage de Scala, etc.

LES ASPECTS NÉGATIFS

LE ROYAUME DU BLANC, L'ENFER BLANC

L'empoussièrement a de lourdes conséquences sur la santé des ouvriers. L'ingénieur Pierre Bès déclarait que, « au Canada, on entrait en costume noir et on en sortait en costume noir donc sans poussière, contrairement à nous. » De 1951 à 1964 on demanda donc avec insistance la mise en place d'un système d'absorption des poussières. Tous les cadres, ingénieurs ont maudit cette poussière mais se sont tus par crainte de perdre leur emploi. Seuls les syndicats et les mécontents de Nonza se sont réellement élevés contre cette nuisance en demandant au service départemental de Santé de se rendre sur place. D'où les premières radios du camion radiologique qui seront exploitées plus tard par le professeur Boutin et ses élèves.

En remontant dans le temps, on note que le danger de l'amiante est pointé en Angleterre dès 1898, en France en 1906. À Canari, les ouvriers commencent à s'inquiéter, et on ne saurait leur donner tort. Le 13 septembre 1956, le directeur général de la Santé publique en France est directement saisi mais renvoie le problème à l'Inspection des établissements classés relevant du secrétariat d'État à l'Industrie et au Commerce. Deux ans plus tard, le 10 juillet 1958, le président du Comité de défense de Nonza saisit le ministre de la Santé sur le problème des poussières. Le 20 juillet, le préfet répond au président « qu'il a demandé à la direction de l'usine de prendre des mesures pour remédier aux multiples inconvénients signalés ». Le 26 juillet, le ministre de la Santé rappelle à nouveau que l'usine de Canari relève de la compétence du ministre de l'Industrie et du Commerce (service des établissements classés) qu'il va informer. En 1960 enfin, la direction de l'usine signale que, à la suite de la visite de l'inspection du travail, elle a investi 100 millions de francs pour l'achat du matériel et des installations nécessaires à l'absorption des poussières. L'arrêté du préfet Bernard Vaugon (1960) dans son article 4, précise que « l'atelier sera maintenu en état constant de propreté et débarrassé fréquemment des folles poussières ». Mais cela ne suffira pas, le système d'absorption et l'arrosage des stériles n'éviteront pas les nuages de poussières.

En 1963, le centre anti-tuberculeux de Bastia qui a examiné les radios du camion radiologique commence à reconnaître des cas d'asbestose. En 1964, le Comité d'hygiène et de sécurité constate encore qu'il y a trop de poussières et qu'elles sont même en augmentation.

La mesure des terribles conséquences sanitaires commence avec des enquêtes sérieuses menées à partir des dossiers du sanatorium de Tattone ouvert en 1963 et devenu depuis centre hospitalier spécialisé en pneumo-phtisiologie, puis avec celles menées au dispensaire de Bastia[8]. En 1976, le docteur Pietri examine 129 dossiers. Il pointe à cette date 26 personnes décédées du cancer et 20 personnes remplissaient les critères légaux de maladie professionnelle. Chaque année deux nouveaux cas sont dépistés au niveau du dispensaire de Bastia. En 1983, le docteur Istria étudie 872 dossiers mais seuls 287 dossiers sont complets. Il enregistre 37 décès imputables à l'amiante. En 1984, 19 ans après la fermeture de la mine, sur 160 décès (toutes causes confondues) constatés par le professeur Boutin, 38 le sont à la suite d'un mésothéliome, 22 de cancers bronchiques. En 2001, sur 771 dossiers (sur une liste de la Sécurité sociale) que j'ai examinés, j'ai constaté 10 décès à la suite d'accidents, 178 perdus de vue, sur les 583 restants, 73 décès liés à l'amiante.

LE REJET DES STÉRILES À LA MER

Sur la base des documents du Comité de défense et d'intérêts du canton de Nonza, 152 au total, j'ai pu étudier les conséquences environnementales de l'exploitation de la mine.

En dehors des installations de l'ancien site, usine et bâtiments annexes, carrière avec ses gradins et les deux puits, la conséquence la plus visible de l'exploitation de la mine de Canari, c'est la formation d'une plage de galets,

8. Voir les enquêtes successives de médecins, en 1976 dont celles de Boutin et Pietri. Cf. Meria Guy, *L'Aventure industrielle...*, *op. cit.*, p. 261-273.

depuis la baie d'Albo jusqu'à la falaise de Nonza. Cette plage a commencé à se former sous l'usine elle-même près des cônes de déjection du stérile, visibles sur une photographie d'époque, puis a dépassé la Pointe blanche pour combler la baie d'Albo et s'arrêter en bout de course au pied de la falaise de Nonza. Sans la fin de l'exploitation de la mine, cette falaise aurait été entourée d'un ruban noirâtre.

En effet, faute de pouvoir ou vouloir transporter ailleurs les rebuts de l'exploitation, plus de 3 500 t/jour, la SMA Canari les a tout simplement rejeté à la mer, comme le montrent toutes les photographies des années 1950-1960, véritables documents d'archives, que nous avons rassemblés et qui se passent de tout commentaire. En 1961, pour une production de 27 893 t d'amiante, l'usine a broyé 1 194 940 t de roches pour l'essentiel rejetés à la mer.

Précisons aussi que tous les documents que nous avons consultés au cours de notre étude sur l'exploitation de la mine d'amiante mentionnent le rejet des stériles à la mer dès le début de l'exploitation, sans que les pouvoirs publics, pourtant saisis, ne s'en soient vraiment préoccupés, sauf dans les cinq ans qui ont précédé la fermeture de l'usine, sous la pression du Comité de défense de Nonza, comme on le verra plus loin.

Dans son rapport, en date de 1941, concernant le projet de Canari 1, l'ingénieur Eggenberger, au service de la société Eternit depuis 1926, prévoit l'évacuation à la mer des stériles de fabrication. Dans la note du 13 mai 1942, portant sur les essais d'écoulement des stériles, il est question de réaliser un caniveau d'écoulement, en perçant une galerie sous la route n° 198 :

> Nous conseillons une inclinaison moyenne de 30 degrés pour le caniveau d'écoulement des stériles. Ce caniveau pourra être percé en galerie sous la route nationale n° 198 de façon à ne pas toucher au revêtement de cette route. La section de ce caniveau pourrait être celle de votre avant-projet, section qui permet le passage d'un homme pour réparation ou dégorgement éventuels. Nous serions désireux de procéder au plus tôt à l'établissement de ce caniveau, car nous ne voudrions pas être obligés, quand le remblai du terre-plein qui va être constitué en dessous de la route nationale, sera exécuté.

Les rapports de M. Caron, en 1946, de MM Capparucci et Marchioli, *consulenti industriali minerari*, et de divers responsables de l'exploitation de Canari, de juillet et août 1947, signalent que « la proximité de la mer facilitant l'évacuation des stériles, constitue un avantage, car pour les autres mines d'amiante [dont celle de Balengero en Italie qui fut le modèle retenu] cette opération est, en général, très coûteuse ». « Les déchets du travail seront jetés à la mer, comme vous l'avez si opportunément indiqué, et le transport sera exécuté avec l'eau de mer », précisent les deux ingénieurs italiens. Ce n'est que plus d'une décennie plus tard que, sous la pression du Comité de défense de Nonza et d'élus locaux, le préfet Bernard Vaugon adresse, le 24 octobre 1960, au directeur de la SMA Canari un additif aux prescriptions à respecter.

COMMENT EN EST-ON ARRIVÉ À LA PUBLICATION DE L'ARRÊTÉ DU PRÉFET VAUGON ?

Retraçons ici le difficile combat du Comité de défense de Nonza et des élus pour que cessent le rejet en mer... et les tergiversations de la direction de l'usine et des pouvoirs publics. La première démarche contre le rejet des stériles date du 23 septembre 1955 dans une motion adressée au préfet par le Comité de défense des intérêts du canton de Nonza et entraîne aussitôt la critique du directeur de l'usine, M. Cuvelier, qui met en avant les conséquences graves sur l'activité industrielle. L'ingénieur des Ponts et Chaussées également saisi évoque les risques pour l'industrie et les personnels (lettre du 6 septembre 1956).

En 1957, le ministère des Affaires sociales (sous-direction de l'Hygiène publique) est saisi à son tour, d'autant plus que l'on s'inquiète de l'ouverture envisagée et de l'exploitation d'un autre site amiantifère à la marine de Negro (Olmeta du Cap-Corse) par la société Pont-à-Mousson. Les revendications du Comité sont relayées Paul Cermolacce, député des Bouches-du-Rhône, et par la section de Marseille de la CGT des marins pêcheurs de Marseille. Les réponses consistent essentiellement dans l'annonce d'études (« sur le refoulement des déchets vers des dépressions sous-marines ») et d'enquêtes (« pour préciser l'étendue exacte des dommages causés aux fonds marins »). En 1958, le préfet demande une nouvelle enquête du ministre de la Santé publique qui renvoie sur le ministère de l'Industrie et du Commerce (services des établissements classés). Lorsque le conseil municipal de Nonza demande aux autorités administratives de prendre des mesures pour remédier aux inconvénients de l'exploitation de l'usine de Canari (déchets rejetés à la mer, poussières qui nuisent à la santé) (délibération du 17 août 1958), le ministre de l'Industrie et du Commerce (service des établissements classés) répond qu'il attend « les études techniques faites par la direction de la SMA Canari ».

Constatant qu'aucune amélioration n'a été apportée à l'exploitation de Canari, le président du Comité s'en remet au président de la République (6 septembre 1959). G. Weinmann, ingénieur expert près du Comité consultatif des établissements classés, rencontre alors des membres du comité et la direction de l'usine. Ses conclusions notent que « le rejet des stériles à la mer constitue une violation très nette de la loi » mais elles relèvent un dilemme : soit une mesure draconienne et la fermeture inéluctable, soit un accord à l'amiable. On évoque alors la construction d'un épi un peu au sud d'Albo que l'on allongerait au fur et à mesure de l'avancement du stérile. Mais, la réticence du directeur de l'usine reste entière, considérant que l'usine n'aurait distribué aucun bénéfice depuis sa création et que, le filon s'épuisant, la durée d'exploitation sera tout au plus de 8 ans maximum ; Eternit aurait également d'autres projets, en Grèce notamment, et reprendrait peut-être celui de Pont-à-Mousson à Negro où le filon est plus riche. Il signale aussi que, à la suite de la visite de l'inspection du travail, 100 MF ont été investis pour l'achat du matériel et des installations nécessaires à l'absorption des poussières.

La mission de G. Weinmann constate finalement que, depuis 1955, les multiples courriers transmis de bureaux en bureaux sont généralement restés lettres mortes. Plus grave encore, il souligne que l'usine n'est même pas classée, permettant ainsi qu'elle évite tout contrôle, ce qui ne manque pas d'inquiéter la population à propos du projet de Negro. Dans le même temps, des actions de sensibilisation se poursuivent à la Radio diffusion française, notamment par la voix de Robert Franceschi qui évoque, outre le désastre environnemental de Canari, le projet d'essais et de stockage atomiques de l'Argentella, et les menaces de suppression pesant sur les chemins de fer de la Corse.

Le 1er juillet 1960, le conseiller technique du président de la République, Olivier Guichard, communique officiellement le rapport de Jean-Marcel Jeanneney, ministre de l'Industrie, notifiant notamment que « l'évacuation des stériles à la mer (loi du 19 décembre 1917) devra être effectuée de manière à ne pas gêner le voisinage ». Localement tout le monde s'en félicite. Le préfet prendra d'ailleurs un arrêté dans ce sens non sans avoir précisé dans sa lettre du 3 septembre 1960 « que la solution de l'endiguement est à l'étude, que pendant cette période l'usine suspendra ses rejets à la mer, que les stériles seront stockés sur un terrain à remblayer au nord de l'usine et arrosés ». Il note par ailleurs que la SMA a procédé à des installations de dépoussiérage.

Le 28 juillet 1960, M. Cuvelier, directeur de la SMA, dépose enfin la déclaration relative à l'installation, à Canari, d'une industrie d'extraction et de traitement de serpentines amiantifères, exploitée depuis 1939. L'arrêté préfectoral de déclaration d'ouverture d'un établissement de 3e classe est signé le 13 septembre 1960 sous le n° 654[9]. Parallèlement, après avoir consulté pour avis le Comité départemental d'hygiène, le préfet Bernard Vaugon adresse, le 24 octobre 1960, au directeur de la SMA, un additif aux prescriptions générales à respecter : « [...] 10. L'évacuation des stériles devra être réalisée dans des conditions telles qu'il n'en résulte aucune gêne pour le voisinage. 11. Un arrêté complémentaire sera pris ultérieurement, concernant le rejet des stériles. » L'action des protestataires a commencé à produire des effets bien que les mesures de contrôle aient été trop tardives pour réduire l'impact environnemental.

9. Cf. MERIA Guy, *L'Aventure industrielle...*, *op. cit.*, p. 231-232.

L'ÉVOLUTION DU LITTORAL

Une série de documents photographiques montre clairement l'évolution du littoral depuis l'usine jusqu'à Nonza[10]. Les matériaux, constituant les rejets, repris par la mer seront progressivement transportés vers le Sud, « où ils ont transformé en un désert de cailloux grisâtres du plus déplorable effet la baie d'Albo, son petit port et même celui que la Société avait fait construire, en dédommagement, au pied de la vieille tour génoise[11] ». Les photos de la baie d'Albo montrent bien l'invasion des stériles. L'abri naturel au pied de la Tour del Greco, a été comblé à son tour[12]. Progressivement, c'est l'ensemble de la côte jusqu'à Nonza, qui va recevoir ces stériles, comblant les petites criques et surtout la marine à Nonza et ses vieux *magazini* (fig. 1). Ainsi, en quelques décennies, les stériles ont créé une longue plage de colmatage qui, en 1962, avait une longueur totale de près de 5 km, y compris sous la Punta Bianca, aujourd'hui, battue à nouveau par la mer. Combien de personnes se souviennent encore aujourd'hui d'avoir longé cette plage à pied ou en voiture depuis Albo jusqu'au pied de la falaise de Nonza !

Quand on examine le trait de côte de 1948, on peut constater, dans la mesure où le stérile est alors rejeté en amont de l'usine, que les falaises tombent à pic sur la mer et qu'il n'y a pas de plages naturelles, sauf à Albo et Negro. En 1958, les rejets de la mine forment une masse importante tombant dans la mer. La baie d'Albo est comblée, le stérile dépasse la Tour del Greco (fig. 2). Entre 1960 et 1973, la plage s'étire sur près de 5 km, jusqu'à Nonza et sa superficie passe de 28 ha à 40,5 ha (fig. 3). De 1975 à 1983, les plages ont été érodées et les matériaux ont migré pour engraisser les plages plus au sud, entre Nonza et Negro[13] (fig. 4).

10. *Cf.* également Meria Guy, *Nonza, Cap Corse : une marine oubliée*, Bastia, Impr. Bastiaise, 2022.

11. Simi Pierre, « La mine d'amiante de Canari et ses incidences géographiques », *Bulletin de la société des sciences historiques et naturelles de la Corse*, n° 564, 1962, p. 71.

12. La baie d'Albo avait fait l'objet d'un relevé et d'un plan le 22 août 1908, en vue de la construction d'un port abri mais le projet initié par un comité de marins et d'armateurs constitué à Marseille n'a pas abouti. Le plan dressé à l'époque donne une idée de la configuration de la côte et de la profondeur de la baie.

13. Dans une étude de mars 1997, sur le rejet des stériles en mer et l'évolution du trait de côte, le BRGM (ministère de l'Industrie, de la Poste et des Télécommunications) estime à 11,25 Mt ou 4,5 Mm^3, les stériles rejetés en mer par la SMA, entre 1950 et 1965. Deux ans avant, le rapport de l'INERIS (Institut national de l'environnement industriel et des risques) précisait que les « rebuts de traitement de l'usine moderne (de 1941 à 1965) étaient pour l'essentiel rejetés en mer, face à l'usine de traitement grâce à un convoyeur à bande passant sous la chaussée et à un remblayeur jeteur : 97%, des 12 Mt de minerais arrachés à la montagne».

1. Nonza, la marine et le village, vers 1950. Carte postale.

2. La baie d'Albo et la rive au sud envahies par les stériles, vers 1960. Carte postale.

3. D'Abro, commune de Canari, au nord (haut) à Bocca Negra au sud (bas), vers 1965. Entre les deux, le long de la côte, la mine d'amiante et la plage continue entre Punta Bianca et la baie d'Albo au nord, et la falaise de Nonza au sud. Photographie aérienne commandée par M. Lecoq, membre du comité de défense des intérêts du canton de Nonza.

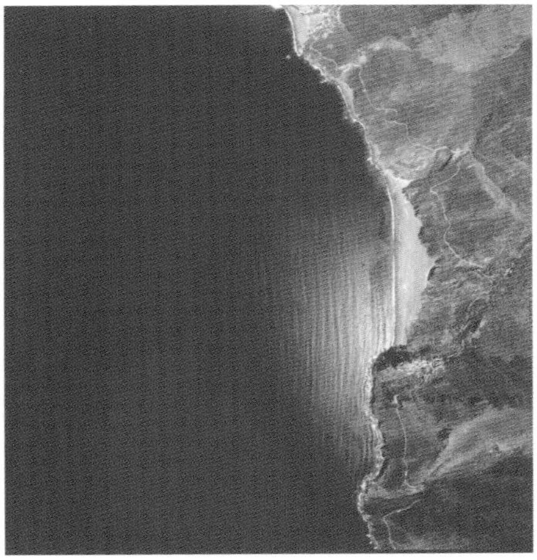

4. De la baie d'Albo au nord (haut) à Bocca Negra, vers 1975. Photographie aérienne commandée par M. Lecoq, membre du comité de défense des intérêts du canton de Nonza.

La SMA a toujours cherché à atténuer l'impact environnemental du rejet en mer, s'appuyant sur des études réalisées en 1957 par la SOGRÉAH (Société grenobloise d'études et d'applications hydrauliques) et par la Société d'études et d'équipements d'entreprise, se basant sur l'étude sous-marine de M. Molinier. Ces études minimisent l'atteinte aux herbiers de posidonies et atténuent les conséquences qui en découlent pour la pêche : certes, le milieu marin a changé aux abords et au sud de l'usine, mais poissons et plantes s'y sont adaptés. Selon les dirigeants de la SMA, le rapport de G. Weinmann (1960) n'aurait retenu que le dommage esthétique résultant du charriage côtier des stériles entraînant une modification du profil et de la nature de la côte, ce qui laisserait penser « qu'en fait le rejet des stériles transforme une côte rocheuse et inaccessible en une plage continue de gravillons fins beaucoup moins dangereuse et que cette transformation ne va affecter que quelques kilomètres sur le très important développement des côtes de la Corse ».

Dans un article rédigé dans *Le Provençal* en 1961, mon père Antoine Jean Meria comme d'autres, ces premiers écologistes, soulignaient une fois de plus ce danger :

> Des dizaines de milliers de tonnes de stériles continuent de s'accumuler sur la plage artificielle qui s'étale en contrebas de l'usine. Les tempêtes prochaines viendront inexorablement arracher le tout et le rocher de Nonza sera à son tour encerclé par ce laid ruban de terre noirâtre qui lui ôtera sa remarquable beauté. Certes nous connaissons les arguments que les dirigeants de la SMA avancent lorsqu'on soulève devant eux ce problème : « Vous comprenez tout autre procédé que le rejet à la mer serait trop onéreux pour notre société ». L'année dernière, je me souviens qu'on avait dressé les ouvriers contre notre comité de défense, lequel exigeait que l'usine respecte nos rivages et notre atmosphère, en avançant que si l'exploitation cessait, la faute en incomberait aux « rouspéteurs » de Nonza. Je sais que les ouvriers ont réfléchi et qu'ils prennent cette menace pour ce qu'elle est en réalité : un véritable chantage.

Le rouspéteur n'était en fait, comme tant d'autres du Comité, qu'un amoureux, passionné de sa terre qu'il défendait avec ses modestes moyens et dans des conditions difficiles, vu le contexte de l'époque. Quant au projet de construction d'une digue ou d'un épi pour endiguer le stérile, personne n'y a cru vraiment. Je cite, une nouvelle fois, mon père :

> En terminant je dirai un mot sur le projet de construction d'une digue en amont de Nonza, pour arrêter l'avance du stérile. Sans être technicien, je crois que c'est là un projet qui coûterait des centaines de millions sans donner aucun résultat pratique. Il suffit de voir jusqu'où s'étend la surface du stérile en suspension dans la mer, les jours de grosse tempête. Seriez-vous assez généreux, messieurs de la mine pour jeter ainsi des millions à la mer – c'est le cas de le dire – alors qu'un tapis roulant ramenant le stérile dans les hautes vallées coûterait moins cher ? Il vous serait plus facile ainsi de faire supporter éventuellement les frais aux services des Ponts et Chaussées, c'est-à-dire plus exactement aux contribuables français. [...] Pour que les actionnaires belges ne soient pas réduits à la misère. Il y a aussi une astuce dans ce projet ; vous gagnez du temps et vous endormez les « pouvoirs ». Mais les astuces sont quelquefois éphémères et le nombre croissant des « grognards » – pour utiliser un mot redevenu à la mode – pourrait bien vous imposer un jour, le respect des lois qui en principe doivent être faites pour tous.

LE NON-RESPECT PAR LA SMA DES PRESCRIPTIONS PRÉFECTORALES[14]

Les prescriptions ne seront, que peu ou pas du tout, respectées par la SMA, ce qui suscite de nouvelles réclamations de la part des élus locaux et de ceux qui intervenaient pour sensibiliser l'État au plus haut niveau, notamment le Comité de défense des intérêts du canton de Nonza. L'avancée des stériles, menaçant la falaise de Nonza et, au-delà, le golfe de Saint Florent, fait naître des projets grandioses comme la réalisation d'épis censés stopper leur progression vers le sud.

Le 7 octobre 1960, le conseil d'administration d'Eternit annonce que le rejet des stériles se fera par tapis roulant sur les parcelles de M. Sanna. Mais dans leurs courriers des 17 et 29 décembre 1960, le président du Comité et l'expert Weinmann constatent que le rejet à la mer se poursuit. Au début de l'année 1961, M. Lecoq signale que l'usine a procédé à une étude des fonds marins et réalisé un épi de 15 m de long et 12 m de profondeur entre Albo et Nonza, à titre expérimental. Cependant si la SMA rejette un peu de stériles sur terre, l'usine ne respecte pas les conclusions de l'ingénieur expert et l'essentiel va encore à la mer. Le préfet semble admettre ces arguments mais évoque le maintien de l'activité de l'usine (12 juin 1961), ce qui devient le principal argument récurrent.

Alors que le stérile est sur le point d'envahir la marine de Nonza, un courrier de la présidence de la République (11 juillet 1961) indique clairement – aveu tardif ! – « que le projet initial prévoyait bien un rejet des stériles à la mer et que ce mode d'évacuation a été accepté par le ministère de l'Économie nationale et l'administration des Ponts et Chaussées[15] ». L'évolution du littoral s'aggrave.

Les interventions du président et de membres du Comité (Lecocq), des députés Cermolacce, des maires de Canari et de Nonza... suscitent des échanges de correspondance et sont l'occasion d'annoncer divers projets : réalisation de trois épis en mer au sud d'Albo, entre Albo et Nonza, et rocher de Nonza, prévue selon le ministre des Travaux publics (8 novembre 1961) ; choix d'une vallée désertique pour le rejet des déchets signalé par le préfet (15 août 1961) ; discussions sur des solutions diverses (emploi de péniches, réemploi des stériles pour les chaussées, épis, dépoussiérage...) avec l'ingénieur des Mines Vailloud, délégué de la présidence de la République (1er février 1962)...

---

14. De nombreux documents (extraits de correspondance et de presse) relatifs à la période 1960-1965 dans MERIA Guy, *op. cit.*, p. 231-241.
15. Devant les attaques dont ils font l'objet depuis quelques années, les dirigeants de la SMA réunissent leurs arguments économiques et administratifs pour justifier le rejet des stériles à la mer. En 1947, la possibilité de rejet des stériles à la mer a été un élément déterminant dans la décision d'exploiter le gisement de Canari. Lors de l'octroi d'un prêt en 1948, le Ministère de l'Économie nationale et le Crédit national avaient eu connaissance du projet technique qui prévoyait le rejet des stériles à la mer. Enfin, un arrêté du 25 décembre 1948, puis un autre de janvier 1952 auraient accordé l'autorisation de construire, en travers de la route nationale, des galeries destinées au passage de transporteurs pour l'évacuation à la mer du minerai après traitement. Nous n'avons pas eu accès à ces documents, mais il est à noter que l'ingénieur Rossard, dans sa lettre du 31 août 1962, dira exactement le contraire.

Mais, tout reste comme suspendu face à la menace permanente de la fermeture de l'usine et donc de la suppression des emplois. Lorsqu'en 1962, M. Atlani, président du Comité, écrit à nouveau au président de la République pour lui faire part de son inquiétude concernant la pollution engendrée par l'exploitation de la mine de Canari, Raymond Barre, alors directeur de cabinet du ministre de l'Industrie, lui répond en ces termes : « Ces problèmes sont bien connus de mes services. Il s'agit là d'une question difficile, car on mettrait en cause l'équilibre économique de l'exploitation. »

Le 22 février 1963, le président du Comité s'adressant une fois encore au ministre de l'Industrie signale qu'aucune mesure n'est prise par la SMA malgré les promesses et les études : « à ce jour la marine de Nonza est envahie ». On annonce alors la visite du préfet Marcel Turon qui « viendra constater l'ensablement des rivages et recueillir les doléances des populations ». Dans le courant de l'année 1964 les articles de presse fustigent encore le rejet des stériles (par ex., « Les pêcheurs de Saint-Florent rentrent bredouille », *Le Provençal*, 3 janvier 1964) et signalent que le Conseil général a envoyé sur place des radiologues pour examiner les ouvriers atteints de silicose « car les ouvriers sont préoccupés face à la maladie professionnelle ». Un dernier combat se déroule lors des élections cantonales des 8 et 15 mars 1964 où l'exploitation de la mine est au centre des débats, sur le plan santé, écologique, touristique, économique. Mais c'est déjà beaucoup trop tard, le mal est fait et les conséquences à venir sont très préoccupantes.

La SMA ne respectera aucunement les prescriptions préfectorales ; la production va cependant progresser jusqu'à la fermeture de l'usine en juin 1965. Le rejet des stériles à la mer s'est poursuivi avec la complicité ou avec l'accord tacite des autorités administratives de l'État, malgré le combat d'une poignée de « rouspéteurs » comme on les appelait alors. Le premier combat écologique de la Corse a été hélas perdu.

En Corse, l'amiante appartient maintenant au passé sauf quand il est question de chantiers, récemment les deux immeubles dans la vallée du Fango ou, il y a quelque temps, le parking de la gare de Bastia, ou encore le site de Canari lui-même sur lequel se déroulent des travaux de sécurisation. C'est cependant sans commune mesure avec les lieux où sont exploités des sites amiantifères dans d'autres régions du monde.

LA CONSERVATION DES VAISSELLES CÉRAMIQUES AMIANTÉES DANS LES MUSÉES DE CORSE

Vaidehi Glibert

RÉSUMÉ

La céramique amiantée est une production caractéristique de Corse. Présente dès le Néolithique de manière ponctuelle, elle est communément attestée de la fin du Moyen Âge jusqu'au début du xxe siècle. Nous nous attacherons à un rappel des premières enquêtes ethnologiques (missions des Arts et Traditions populaires au milieu du xxe siècle) et des recherches archéologiques du début du xxie siècle, qui ont mis en lumière les périodes et durées d'exploitation des lieux d'extraction de l'amiante, les formes et l'échelle des productions de la céramique amiantée, les circuits de distribution, la composition des pâtes. L'accent sera ensuite mis sur les objets en amiante conservés dans les musées et Centres de conservation et d'étude de Corse, avec une attention particulière portée sur la pérennité des formes, en appui des données archéologiques. La conclusion abordera les conditions de manipulation et de conservation particulières des objets constitués d'amiante.

❖❖❖

QU'EST-CE QUE LA CÉRAMIQUE AMIANTÉE ?

Très présente à la fin du xixe siècle en Corse dans les cercles familiaux pour un usage à la fois culinaire et domestique, la céramique amiantée est une production spécifique à la Corse, inconnue ailleurs, sauf en Finlande où une production est documentée ponctuellement[1]. Elle associe des fibres d'amiante à

1. Hulthén Birgitta, « On ceramic ware in northern Scandinavia during the neolithic, bronze and early iron age: A ceramic-ecological study », *Archaeology and Environment Series,* University of Umea, 1991; Nordqvist Kerkko, « Periodisation of the Neolithic and radiocarbon chronology of the Early Neolithic and the beginning of the Middle Neolithic in Finland », *Documenta Praehistorica*, xliv, 2017, p. 78-86.

l'argile afin d'assurer, grâce aux propriétés de l'amiante, une bonne résistance thermique et mécanique aux productions. Les recherches archéologiques ont révélé son utilisation dès le Néolithique et durant le second âge du Fer, avec un développement au second Moyen Âge. Ce recours à l'amiante dans des productions à l'échelle familiale s'explique par la facilité de sa collecte dans les filons qui affleurent à la surface du sol. Une cinquantaine de gisements exploitables sont connus dans l'île. En effet les fibres d'amiante entrent dans la composition de la serpentinite, qui couvre une importante surface de toute la part nord-est de la Corse.

La céramique amiantée possède des caractéristiques inchangées au fil du temps. Elle est modelée, aucun vernis ou engobe ne la recouvre. Pour l'âge du Fer uniquement, la surface des objets a fait l'objet d'un peignage. La couleur de la pâte n'est jamais unie, elle varie du brun clair au noir, ou de l'ocre au rouge. Cette coloration hétérogène s'explique par une cuisson mal contrôlée, certainement dans un four rudimentaire ou même dans une simple fosse creusée dans le sol[2].

Des particules brillantes visibles à l'œil nu dans la pâte, se rapportent aux grains de schiste ou micaschiste, de serpentine, de quartz ou encore de feldspaths, de façon variable selon l'argile employée. Le pourcentage d'amiante incluse dans l'argile représente 10 à 20 % de la composition totale pour le second âge du Fer (site d'*I Palazzi*), et environ 30 % pour le second Moyen Âge et l'époque moderne[3]. Les fibres atteignent parfois des proportions significatives, jusqu'à 5 cm de long.

LES RECHERCHES ETHNOLOGIQUES ET ARCHÉOLOGIQUES SUR LA CÉRAMIQUE AMIANTÉE CORSE

La production potière corse présente une particularité notable par rapport à ses voisines méditerranéennes : le recours au tour de potier ne prend vraiment lieu qu'au XXe siècle. Pendant huit millénaires, les récipients céramiques corses sont modelés et fabriqués le plus souvent dans un cadre familial.

Quelques témoignages d'un intérêt pour la céramique amiantée corse sont connus pour le XIXe siècle, dont le rapport de M. Brongniart, membre de l'Institut et directeur de la Manufacture royale de Sèvres[4]. En 1958 et 1959 une véritable étude est conduite par une mission des Arts et Traditions populaires, composée d'Isac Chiva et de David Ojalvo[5]. Dans ses lettres à Chiva[6], Ojalvo fait référence à des études antérieures : le *Bulletin de la SSHN de la Corse* de 1883 publie,

2. Istria Daniel, « L'utilisation de l'amiante en Corse du XIVe au XIXe siècle », *Médiévales*, n°53, 2007, p. 39-50, et Pêche-Quilichini Kewin, Chapon Philippe, « La céramique non tournée de la fin du deuxième âge du Fer d'I Palazzi (Venzolasca, Haute-Corse) », *Documents d'Archéologie Méridionale*, tome 35, 2012, p. 285-300.
3. Istria Daniel, *art. cit.* et Pêche-Quilichini Kewin, *art.cit.*
4. Istria Daniel, *art. cit.*
5. Chiva I., Ojalvo D, « La poterie corse à l'amiante », *Revue d'arts et traditions populaires*, n° 3-4, 1959, p. 203-227.
6. Lettres MEC 258 et MEC 58/169.

en pages 134 et 135, l'article de l'ingénieur des Mines Émile Geymard s'intitulant « Voyage géologique et minéralogique en Corse, 1820-1821 » ; il signale l'existence d'un « Rapport sur la situation de Corse » rédigé par un certain G. Clémenceau et publié dans le *Journal officiel* du 26 septembre 1908 ; Ojalvo mentionne également une « enquête » de 1908 : serait-elle liée au rapport précité ? Dans le numéro 9 datant de mai-juin 1921 de la *Revue de la Corse historique, littéraire et bibliographique*, un article est titré « Le catachite, une pierre corse » (p. 76) ; enfin, l'*Atlante* de Bottiglioni fait plusieurs références à des ustensiles de cuisine en céramique amiantée recensés en Corse.

Dans le cadre de leur mission, Chiva et Ojalvo se sont intéressés aux méthodes et aux lieux d'acquisition de l'amiante, aux lieux et aux techniques de fabrication, aux routes commerciales, en interrogeant la population et en réalisant des analyses d'échantillons.

Leur enquête conclut à l'existence de formes très variées qui attestent d'une utilisation dans tous les domaines domestiques : les ustensiles destinées à la cuisson des aliments (marmite, poêle, grilloir à châtaignes, plaque à gâteaux...) et à la table (cruche) ; les récipients destinés à la conservation (jarres à huile) ; les objets domestiques (réchaud à braise, bassinoire, cuve à lessive, pot de chambre) ; enfin les outils utilisés par les apiculteurs (fumoirs). Les trois derniers centres de productions du XIXe et début du XXe siècle sont localisés à Canaja (commune de Campile), à Galgo (commune de Monaccia d'Orezza) et à Farinole. Les vases sont échangés contre des aliments (céréales, haricots, fromage) voire vendus, jusqu'en Balagne et dans le sud de la Corse.

Un demi-siècle plus tard, les fouilles menées par Gilles Giovannangeli dès les années 1990 et jusqu'au début des années 2000 dans le village médiéval de Saint-Jean de l'Ortolo (Sartène) ont mis au jour une proportion non négligeable de céramiques amiantées[7]. Leur étude par Daniel Istria[8] a apporté les premières indications sur le mobilier amianté de la fin du Moyen Âge. Premièrement, leur fabrication se multiplie. L'analyse des formes révèle clairement un usage culinaire, du fait de la résistance de l'amiante à la chaleur du feu.

Les pâtes sont fines (3 mm environ), et donc les vases sont légers, ce qui facilite leur transport. Un vaste réseau d'échanges et de ventes est identifié sur l'ensemble de la Corse, conséquence d'une production systématique depuis les centres de productions proches des filons d'amiante du nord-est de la Corse.

Les céramiques amiantées se retrouvent ainsi dans le village de Saint-Jean de l'Ortolo (Sartène, Corse-du-Sud), à I Montichji (Alata, Corse-du-Sud), au castellu de Cotone (Bastia, Haute-Corse), dans l'habitat groupé de Cariolu

7. GIOVANNANGELI Gilles, « Le village de l'Ortolo : archéologie et histoire d'un village déserté », *Patrimoine d'une île*, n° 1, 1995, p. 23-28.
8. ISTRIA Daniel, « Les céramiques modelées produites en Corse entre le XIVe et le XVIe siècle », *Patrimoine d'une île*, n°1, 1995, p. 79-89.

(Castello di Rostino, Haute-Corse) et dans le bastion Saint-Georges à Algajola (Balagne, Haute-Corse).

La forme la plus répandue est la marmite à anse de panier. Les bords sont d'abord déversés puis disparaissent au fil du temps. La forme des panses devient globulaire avec des diamètres allant jusqu'à 40 cm pour une hauteur de 19 cm.

Dans les années 2000, Hélène Paolini-Saez se penche sur la composition de l'argile des céramiques amiantées du Néolithique et de l'âge du Fer[9]. Ses recherches croisant les données pétrographiques, morphologiques et métriques mettent en avant, pour le VIe millénaire, l'emploi d'une terre métamorphique contenant de l'amiante, cette dernière n'étant donc pas ajoutée à l'argile. Les objets concernés sont des jarres destinées à la conservation de liquides. Les fabricants de ces récipients ont donc su tirer profit des propriétés d'étanchéité de cette argile amiantée.

A l'âge du Fer, les céramiques amiantées sont réalisées à partir d'ajout de fibres dans de l'argile. Les fibres se présentent sous la forme soit de gros filaments, soit de fragments très fins. Les parois de ces productions sont toutes peignées. Pour cette période, le peu d'indications sur les formes originelles ne permet pas d'identifier leur fonction (stockage, cuisson ?).

Enfin, une fouille récente réalisée en 2015 par l'Inrap sous la direction de Laurent Vidal, avec la collaboration de Patrick Ferreira, apporte un éclairage sur le début de l'époque moderne (fin XVIe siècle – première moitié du XVIIe siècle). L'opération qui concernait la tour littorale de L'Osari (ou Lozari), à Belgodère, en Balagne, permet de documenter la vie quotidienne des gardiens (*torregiani*) occupant la tour. L'étude encore inédite[10] des milliers de tessons retrouvés indique la présence d'une production à pâte amiantée, à côté des importations.

VARIÉTÉ DES PÂTES, FORMES, FONCTIONS DES CÉRAMIQUES AMIANTÉES CONSERVÉES DANS LES MUSÉES ET CCE DE CORSE

AU CENTRE DE CONSERVATION ET D'ÉTUDE (CCE) DE SARTÈNE / MUSÉE DE SARTÈNE

Des jarres de stockage provenant du site de Strette (commune de Barbaggio) ont été fabriquées au Néolithique ancien à partir d'une pâte métamorphique contenant des fibres d'amiante, procurant une propriété d'étanchéité adaptée à la conservation de liquides[11]. La pâte est de couleur brun à orangé.

9. Paolini-Saez Hélène, « Les productions à pâtes amiantées à l'âge du Fer : origines et évolution », dans Pêche-Quilichini Kewin (dir.), *L'âge du Fer en Corse. Acquis et perspectives*, actes de la table ronde de Serra di Scopamena (7 août 2009), Serra-di-Scopamena, Associu CUCIURPULA, 2012, p. 76-86.

10. Pêche-Quilichini Kewin, « Les vaisselles produites dans le nord de la Corse vers 1600 apr. J.-C. : l'exemple de la tour littorale de L'Osari (Belgodère, Haute-Corse) », *Starinar*, à paraître.

11. Paolini-Saez Hélène, *art. cit.*

Pour la fin de l'âge du Fer (vers le IIIe siècle ou le début du IIe siècle), deux sites sont concernés par l'utilisation de pâte amiantée : Teppa di Lucciana (commune de Vallecalle)[12] et Campo Stefano (commune de Sollacaro). La faible présence de formes entières ne permet pas d'identifier la fonction des vases (stockage, cuisson).

1. Fragment restauré de grande jarre, avec des trous de réparation, décoré au cardium, Strette, Barbaggio, fouilles J. Magdeleine 1982 © Musée d'Archéologie de la Corse / Arkemine.

Un site datant de l'occupation romaine figure dans le parcours permanent du Musée d'Archéologie de la Corse. Les recherches de Paul Nebbia et Jean-Claude Ottaviani sur le site de Castellu (Luri) en 1974 ont mis au jour un certain nombre de tessons de céramique peignée. La pâte de couleur ocre contient des fibres d'amiante. La céramique était associée à des blocs et des fibres d'amiante extraits à proximité[13].

2. Marmite à anse de panier, Saint-Jean-de-l'Ortolo, Sartène, fouilles G. Giovannangeli 1990-1995 ©Musée d'Archéologie de la Corse / Arkemine.

Pour le Moyen Âge, les fouilles menées par Gilles Giovannangeli dans le village de Saint-Jean de l'Ortolo (Sartène) ont mis en évidence une proportion de 40 % des productions locales pour le XIVe siècle et le début du XVIe siècle (soit quinze marmites à anse de panier)[14], à une période concernée par une importation élevée de poteries toscanes et ligures. La forme la plus répandue est la marmite à anse de panier. Confectionnée à partir d'une plaque d'argile surmontée de colombins, elle est de forme cylindrique à bord haut et déversé. Son anse unique haute et verticale, formée à partir d'un boudin d'argile, est collée à l'intérieur de la lèvre. Cette forme complètement nouvelle était posée sur le feu, pour la cuisson des aliments, ainsi que le montrent les traces de suie sur le fond.

12. Magdeleine Jacques, Milleliri Alex, Ottaviani Jean-Claude, « La « Teppa di Lucciana », nécropole protohistorique. Commune de Vallecalle (Haute-Corse) », *Bulletin de la Société des Sciences Historiques et Naturelles de la Corse*, n° 702-703, p. 7-80.

13. Acquaviva Lucien et Cesari Jean-Dominique, *Lumières de granite. La Corse à l'aube de son histoire*, Édicorse, Ajaccio, 2010.

14. Istria Daniel, *art. cit.*

Pour la même période, Castello di Rostino (Rostino), fouillé entre 1999 et 2007 par Daniel Istria, révèle également le recours à des fibres d'amiante incluses dans l'argile locale. Les vitrines du musée de Sartène exposent plusieurs fusaïoles sphériques datant du second Moyen Âge, issues de céramiques en réemploi.

CENTRE DE CONSERVATION ET D'ÉTUDE D'ALERIA / MUSÉE D'ALERIA

Les tombes étrusques de la nécropole de Casabianda (âge du Fer) comportaient de la céramique amiantée peignée, associée à des objets d'importation (céramique attique, bijoux en or, perles en pâte de verre, alabastres, pendentifs). Un recensement exhaustif mériterait d'être réalisé, dans un premier temps, sur la base de l'inventaire informatisé du musée, et dans la mesure du possible sur l'intégralité du mobilier issu de la nécropole.

MUSÉE ARCHÉOLOGIQUE DE MARIANA – PRINCE RAINIER III DE MONACO

Le musée de Mariana possède dans ses collections de la céramique amiantée de l'âge du Fer. Un gobelet complet (2 013.2.120) a été trouvé lors des fouilles de sauvetage réalisées par Geneviève Moracchini-Mazel entre 1959 et 1964, dans la tombe XII à bâtière de la nécropole de Palazzetto-Murotondo (commune de Lucciana, Ier siècle av. J.-C. - Ier siècle apr. J.-C.)[15]. Sa surface porte des traces de peigne horizontales et verticales, sa pâte est rouge. Sa forme cylindrique à panse renflée, avec la lèvre évasée et un fond plat, dérive de la céramique indigène découverte dans la nécropole de Casabianda[16]. On note la présence d'un graffito tracé après cuisson sur la paroi externe. L'anse est manquante.

Un ensemble plus important de poterie amiantée provient du site d'I Palazzi (Venzolasca). Cet habitat indigène est occupé entre le milieu du IIe siècle et la seconde moitié du Ier siècle av. J.-C., à proximité de la colonie de Mariana, fondée vers 100 av. J.-C. Le site a été fouillé à plusieurs reprises, par Philippe Pergola en 2006[17], et par l'Inrap en 2001, 2010 et 2014-2015 (responsable Philippe Chapon).

Les récipients destinés à la préparation des mets sont composés pour un tiers[18] de céramique modelée indigène. On note la présence de vaisselle d'importation, provenant de la péninsule italique, représentant une part importante du mobilier céramique, s'élevant jusqu'à 38 %. Le reste est composé d'amphores.

15. Dossier d'œuvre MAR112955 du Musée de Mariana.
16. Jehasse Laurence, « La céramique modelée d'Aléria préromaine », Études Corses, n° 4, 1975, p. 143-163.
17. Dossier d'œuvre MAR101439 du Musée de Mariana.
18. Kewin Pêche-Quilichini et Philippe Chapon attirent notre attention sur une majoration à apporter de 10 à 20% en tenant compte de la fragilité de ce mobilier qui entraîne des difficultés de prélèvement et de conservation.

L'ensemble de ces vestiges témoigne de l'ouverture sur le monde méditerranéen de ce site indigène.

Concernant la céramique indigène, l'étude des formes met en évidence un usage culinaire : gobelet, couvercle/assiette, jarre, vase, pichet… L'ensemble est réalisé dans une pâte gris-noir, quelques individus sont néanmoins de couleur ocre à rouge. Ces récipients sont modelés par des colombins superposés et aplatis, tandis que le fond est confectionné à partir d'une boule de pâte aplatie.

Le peignage est présent sur l'ensemble du matériel mais il n'est pas homogène. Il peut être absent sur un côté de la paroi. Sa direction peut varier sur un même vase.

Quatre groupes de forme sont distingués : les pots, les jattes (vases ouverts), les vases de grand diamètre, les couvercles.

Les pots ou gobelets ont une forme cylindrique (2011.1.773, fouille 2006 Ph. Pergola) ou avec un profil en S (2018.3.27, fouille 2014-2015). Ils sont dotés d'une seule anse, souvent manquante lors des fouilles, puisque les éléments ajoutés (anses, tétons, languettes) ont été simplement collés sur la paroi. L'usage de ces récipients est relié à la cuisson, la verse de produits semi-liquides, ou le petit stockage. Ces formes dérivent de la céramique indigène présente dans la nécropole de Casabianda au IVe siècle[19]. Le décor peigné est présent aussi bien sur la paroi interne qu'externe.

Parmi les couvercles, l'individu 2018.0.14 (fouille 2003) était muni d'une anse de préhension (arrachée) et d'un trou d'évent central. Les rayons obliques sur la face externe ont été réalisés au brunissoir sur la pâte fraîche.

Les vases ouverts apparentés à des jattes sont destinés à la cuisson. De profils variés, ils ont été élaborés avec ou sans anse. Le numéro 2018.3.25 (fouille 2014-2015) est tronconique, sans anse. Deux fragments de bord appartenant au même individu (2018.3.35, fouille 2014-2015) sont dotés d'une languette en croissant. Enfin, le numéro 2018.3.36 1 (fouille 2014-2015) possédait des anses verticales. Ces différents dispositifs de préhension étaient collés près de l'ouverture.

3. Gobelet, *I Palazzi*, fouilles Ph. Pergola 2006 MAR101439/2011.1.773 © Musée archéologique de Mariana – Prince Rainier III de Monaco / Lionel Roux CCJ/ LA3M

Les vases de grand diamètre sont destinés à la cuisine ou au stockage. Un bord et un fond se rapportant au même objet ont permis de retrouver la forme du numéro 2018.3.24 (fouille

19. JEHASSE Laurence, *art. cit.*

2014-2015). Il s'agit d'une jarre de forme ouverte à paroi épaisse comprenant deux languettes en croissant pour la préhension.

Parmi les usages qui échappent à la sphère de la cuisine à proprement parler, la fabrication domestique du sel, pourrait être attestée par un tesson peigné provenant de la campagne 2014-2015 (2018.3.38) qui serait un support de vase à saumure[20].

L'opération de 2014-2015 a également mis au jour un lot de tessons décorés. Un motif de cannelures recouvre les anses rubanées tandis que sur la partie supérieure des récipients petits et moyens, on trouve : tridents, triangles emboités, zigzags, traits verticaux courts et parallèles, motifs en arête de poisson.

La production de céramique amiantée de la fin de l'âge du Fer a été diffusée jusqu'à l'actuelle Toscane, à Populonia (Piombino) et Pise[21].

MUSÉE DE BASTIA

Les objets amiantés conservés par le musée de Bastia sont datés du XIXe au début du XXe siècle. Ils regroupent en majorité des ustensiles de cuisine.

Le groupe le plus important est composé de marmites : trois marmites à anse de panier (*a pignatta*) (MEC.59.6.2, MEC.66.16.1, MECD.49.6.1), trois marmites à deux anses situées sur une même face (MEC.56.4.3 et MEC.56.4.4 MEC.66.17.9), et deux marmites à deux anses opposées (*a marmita*) (MEC.56.13.43 et MEC.59.5.1).

Une *zucca* (mesure) possède une anse qui est décorée au pouce, le reste de la surface est incisé (MEC.57.2.1). Les grilloirs à châtaignes (*u testu*) sont dotés soit d'une anse verticale de panier (MEC.58.39.1, MEC.59.2.3) soit de deux poignées (MEC.59.3.2).

Parmi les objets à destination domestique figurent cinq réchauds (*u fumellu*) (MEC.58.23.6, MEC.59.3.1, MEC.59.6.1, MEC.59.8.1 et MEC.66.17.8).

Les formes des marmites sont très proches de celles des XVe et XVIe siècles retrouvées à Saint-Jean de l'Ortolo. Les variations minimes se retrouvent dans la hauteur, l'épaisseur des parois, et la forme des bords, plus ou moins déversés.

Aucun décor n'a été appliqué sur ces objets, à l'exception de la *zucca* mentionnée plus haut.

Ces objets ont été découverts en Haute-Corse sur les communes de Sisco, Giocatojo, Monaccia d'Orezza, Monte, Asco, Sermano, Farinole. Les données

20. CHAPON Philippe, *Une vision renouvelée du site d'I Palazzi, parcelles A2026 et A2027*, rapport de fouille, Inrap, 2016, p. 183, fig. 216 n°7.

21. ARCELIN Patrice, CHAPON Philippe, « Un habitat de la fin du IIe siècle av. J.-C. sur le site des Palazzi à Venzolasca (Haute-Corse) », dans PERGOLA Philippe (ed.), *Actualité de la recherche,* actes du premier colloque international *Mariana et la basse vallée du Golo* (Mariana, septembre 2004), Patrimoine d'une île, 2, 2014, p. 187-221 ; PALLECCHI Pasquino, « Indagini mineralogico-petrografiche sui boccali di tipologia corsa », dans *Le rotte nel Mar Tirreno. Populonia e l'emporio di Aleria in Corsica,* Catalogue d'exposition, INTERREG II, Livorno 2001, p. 22-23.

sur les dates de leur collecte, la nature et les acteurs des collectes, ne sont pas connues. Plusieurs échantillons ont toutefois été prélevés par D. Ojalvo et envoyés à M. Chiva pour analyse à Paris[22].

MUSÉE DE LA CORSE

Les ustensiles de cuisine conservés au Musée de la Corse proviennent en majorité des collectes du père Louis Doazan entre 1951 et 1978, auprès des agriculteurs, artisans, bergers de plusieurs territoires de Corse.

4. Enfumoir, 1991.1.30 - © Musée de la Corse

Parmi les collections Doazan, un groupe d'objets provient de Canaghja : un grilloir à café ou *a tistella* (1972.147.10), une marmite (1972.147.1) et un plat à ragoût (1974.60.17). Un poêlon ou *u tillanu* (1979.79.73) provient quant à lui de Pastureccia.

Une acquisition du début des années 1990 (Cristiani) regroupe un enfumoir (1991.1.30), un grilloir à châtaignes (1991.1.23), un réchaud à braises (1991.1.27).

Aucun décor n'a été appliqué sur les objets mentionnés.

DES CÉRAMIQUES AMIANTÉES CORSES PRÉSENTES À L'EXTÉRIEUR DE L'ÎLE ?

La mention par le directeur de la Manufacture de Sèvres de l'existence de la céramique amiantée dans son rapport du milieu du XIXe siècle soulève la question de la présence d'un tel mobilier archéologique dans les réserves du musée de la Manufacture de Sèvres.

Les institutions de France qui auraient pu mener des missions en Corse et collecter ce type de céramique ont été interrogées mais sans résultat. Le Muséum national d'histoire naturelle à Paris et les autres Muséums du territoire (Grenoble, Toulouse, Bordeaux) qui sont connus pour conserver des collections issues de Corse, possèdent du mobilier amianté sans doute collecté lors de missions scientifiques.

Héritier du Musée des Arts et Traditions populaires, le Mucem à Marseille possède de tels objets, parmi eux un grilloir à café (1963.156.1) collecté à Campile, daté entre 1900 et 1920.

22. Lettre MEC 258 du 12 novembre 1957.

L'AMIANTE, UN MATÉRIAU NATUREL DOTÉ DE PROPRIÉTÉS AVANTAGEUSES MAIS NOCIF

L'amiante est une fibre minérale présente à l'état naturel dans certaines roches métamorphiques. Elle se divise en deux groupes : l'amiante amphibole et l'amiante chrysolite. Elle est utilisée depuis l'Antiquité pour ses propriétés physico-chimiques exceptionnelles : résistance au feu, à l'usure, flexibilité, élasticité. Elle constitue donc un excellent isolant thermique, électrique et acoustique.

Son exploitation se développe dans l'industrie de la construction vers 1860. La toxicité de ce matériau est mise en évidence dans les années 1980, chez les personnes exposées à l'amiante dans le cadre de leur travail. Les fibres d'amiante, décomposées en particules microscopiques, se fixent dans les poumons lorsqu'elles sont inhalées, conduisant ainsi à des maladies pulmonaires ou des voies digestives, parmi lesquelles l'asbestose (fibrose pulmonaire). En France, l'exploitation, la transformation et l'utilisation de l'amiante sont interdites depuis 1997. L'Union européenne lui a emboîté le pas en 2005. L'amiante est cependant encore exploitée ailleurs dans le monde, en Russie et en Chine notamment. Un débat a cours actuellement sur la toxicité de l'amiante chrysolite. Certains, notamment au Canada, voudraient que ce type d'amiante soit sans conséquence néfaste sur la santé. Si l'exploitation et le commerce de l'amiante sont interdits au Canada depuis 2018, ils ont toujours cours en Russie à cause du caractère soi-disant non toxique de l'amiante chrysolite.

Les éléments de construction amiantée issus des pays où l'amiante est interdite se retrouvent dans les parties du monde où l'interdiction n'a pas cours. À titre d'illustration, des navires cargos sont envoyés au Bangladesh où des hommes les dépècent et finissent par être atteints des maladies pulmonaires liées au travail de l'amiante.

L'impact des fibres d'amiante dans le corps évoluant très lentement, les maladies apparaissent plusieurs années voire décennies après l'exposition aux fibres. Il n'est donc pas possible de lier le décès d'un patient à sa maladie. On ne peut pas prouver que l'inhalation cause la mort. L'inhalation des fibres dans le cadre de leur exploitation, leur manipulation, ou lors du démantèlement de constructions amiantées, n'est pas la seule origine des maladies pulmonaires. Une contamination « naturelle » existe également, qui concerne les populations qui habitent sur les sols contenant de l'amiante.

POUR UN PROTOCOLE DE MANIPULATION ET DE CONSERVATION

En vertu du débat sur les risques liés à la manipulation de l'amiante ou à l'inhalation des fibres même de façon exceptionnelle, le plus sage serait, pour le mobilier amianté archéologique, que la manipulation se fasse les mains dans des gants et le nez et la bouche protégés par un masque. Pour la conservation de cette céramique dans les réserves, l'insérer dans un sachet « Mini-grip » ne présente pas de contrainte particulière. La question se pose davantage pour le mobilier conservé en vitrine, au sein du musée. Privilégier une vitrine hermétique ?

Aucun protocole sur ces questions n'a réellement été établi, ni pour l'archéologie, ni pour les musées. Une attention a néanmoins été portée par l'Inrap, qui conseille aux fouilleurs et gestionnaires de collections les protections et précautions mentionnées plus haut.

CONCLUSION

La confection et l'utilisation de céramique amiantée, production typiquement corse, remonte au VIe millénaire et a perduré jusqu'à la première moitié du XXe siècle. Utilisés pour le stockage de denrées liquides au Néolithique, les récipients servent également pour la cuisson dès le milieu du IIe siècle avant J.-C., alors qu'une importation de vaisselle de table, de service et de cuisson est attestée dans les habitats indigènes, notamment I Palazzi. À cette époque, les surfaces font l'objet d'un peignage. Ce traitement disparaît à partir du Moyen Âge. Participait-il de la solidité, de l'étanchéité ou des propriétés ignifuges des vases ou s'agissait-il d'un simple décor devenu démodé ?

Un recensement plus exhaustif mériterait d'être mené dans les musées d'archéologie et les Centres de conservation et d'étude de Corse afin de documenter l'intégralité des formes conservées[23]. D'autre part, il est très probable que la céramique amiantée que nous publions ici, conservée au Mucem, ne soit pas un *unicum*. Un inventaire des céramiques amiantées conservées hors de l'île mériterait donc d'être mené.

23. Je remercie ici les directeurs de musées, responsables des collections, régisseurs, pour m'avoir fourni les dossiers d'œuvres et la documentation liés aux céramiques amiantées conservés dans les collections publiques : pour le Musée de Mariana : Ophélie DE PERETTI, directrice, et Jeanne BELGODÈRE, régisseuse des collections ; pour le Musée de Bastia : Sylvain GREGORI, directeur, et Ariane JURQUET, responsable de la conservation et de la documentation ; pour le Musée de la Corse : Marie-Eugénie POLI-MORDICONI, responsable des collections. Je remercie aussi Kewin PÊCHE-QUILICHINI et Hélène PAOLINI-SAEZ pour leurs précieux renseignements.

LA TERRE CUITE ARCHITECTURALE (TCA) DANS L'ANTIQUITÉ EN CORSE.
De nouvelles pistes de recherche archéologique sur des matériaux à considérer : étude préliminaire en Haute-Corse

Jean-Jacques Grizeaud

RÉSUMÉ

Les terres cuites architecturales (TCA) rassemblent principalement des tuiles romaines, *tegulae* et *imbrices*, des matériaux rencontrés fréquemment sur les sites antiques. D'autres éléments peuvent figurer également en contexte d'habitat et/ou funéraire comme certains modèles de briques cuites. Leur emploi apparait sous le règne d'Auguste et se généralise durant le Ier siècle de notre ère dans le monde romain. La présence des TCA est dans un premier temps le fruit d'un débarquement de matériaux destiné à lester les cales des navires marchands. Recherchées d'abord pour leur poids, elles répondent ensuite à une demande croissante dans le domaine de la construction et leur valeur commerciale se développe par la suite, à partir d'un commerce secondaire et opportuniste. En Corse, il semble que les TCA soient importées quasi exclusivement d'Italie durant la période républicaine. Leur production sur l'île est cependant récemment documentée pour la même période sur les sites d'Aléria et de Mariana au Ier siècle et plus tardivement dans le Sud de l'île. Un protocole spécifique pour l'étude des TCA a été mis en place par l'auteur en 2020. L'objectif de ce travail est de dresser un inventaire en favorisant des études sur site et d'enrichir un référentiel à l'échelle de la Haute-Corse pour développer des analyses ciblées (origine des productions, ateliers, chronologie, transport, commerce, évolution et intégration des TCA dans l'architecture civile ou funéraires).

❖❖❖

L'étude des terres cuites architecturales (TCA) n'est pas nouvelle dans le domaine de la recherche archéologique, mais l'intégration de ces matériaux comme vestiges archéologiques, dès la fouille ou dans les rapports administratifs et scientifiques, reste encore aujourd'hui ponctuel et n'est pas systématique chez tous les archéologues.

Dans la plupart des cas, ces éléments sont rarement ramassés lors d'une intervention archéologique. La grande fragmentation des TCA, remobilisées bien souvent dans des remblais ou des recharges de sols, leur dispersion sur un site, n'apportant pas, *a priori*, hormis une identification, de renseignements fiables (origine, datation, contexte) pour un complément d'étude d'un site. Le manque d'intérêt pour cette classe de matériel qualifié de peu attrayant[1], dans le meilleur des cas, fera l'objet d'un échantillonnage qui sera associé au mobilier céramique.

De plus, sa prise en charge comme matériaux d'étude nécessite une logistique particulièrement contraignante. La manipulation des matériaux, son transport et son stockage lourd et volumineux, depuis la phase du terrain jusqu'à son conditionnement définitif, relève souvent du défi, comme sa conservation, si celui-ci est versé dans un inventaire. L'intégration des TCA doit donc être largement anticipé par les chercheurs, qu'il s'agisse d'une prospection au sol ou d'une fouille sur un site ou un territoire défini.

Il semble utile de préciser que le terme de TCA regroupe aujourd'hui l'ensemble des éléments qui sont associés dans les constructions, qu'il s'agisse de matériaux simplement fonctionnels comme les briques, les tuiles ou les éléments de décors, comme par exemple les antéfixes, plus rarement référencés dans notre environnement insulaire, qui représentent une catégorie de TCA à valeur artistique. La distinction entre ces deux catégories, fonctionnelle et/ou artistique, est importante notamment en Italie, où le terme de TCA se réfère exclusivement aux décors architecturaux, en particulier dans le domaine de l'archéologie de la Grande Grèce, excluant les briques *laterizi* ou les tuiles *tegulae* et *imbrices*, désignées sous le terme de *laterizi/prodotti laterizi*, qualifiés de grossiers et identiques, ils ne seront pas toujours retenues dans le cadre d'une étude[2].

Les exemples témoignant de la présence des TCA qui sont évoqués dans cet article rassemblent principalement des tuiles romaines, qui sont les matériaux que nous rencontrons fréquemment sur les sites antiques (fig.1).

L'aire géographique retenue se limite à la Haute-Corse, au stade « naissant » de l'étude concrètement engagée en 2018, et concerne un échantillonnage de sites découverts et/ou fouillés ces dernières années. La proximité géographique de l'auteur, tant professionnel que résidentiel, facilite un accès aux « gisements »

1. Le Ny Françoise, *Les fours de tuilliers gallo-romains. Méthodologie, étude technologique, typologique et statistique, chronologie*, Paris, Édition de la Maison des sciences de l'Homme, « Documents d'archéologie française », n° 12, 1988 ; Pergola Philippe et Vismara Cinzia, *Un établissement rural de l'Antiquité tardive, fouilles récentes (1981-1985)*, Paris, Édition de la Maison de l'Homme, « Documents d'archéologie française », n° *18,* 1989 ; Rico Christian, « Production et diffusion des matériaux de construction en terre cuite dans le monde romain : l'exemple de la Tarraconaise d'après l'épigraphie », *Mélanges de la Casa de Velasquez (MCV)*, xxix (1), 1993, p. 51-86.

2. Capozzoli Vincenzo, « Les TCA des Pouilles et de Basilicate (Italie) entre le vi^e^ et le ive siècle av. J.-C. : archéologie des toits en Grande Grèce », résumé de communication de la Journée d'Actualité du réseau TCA, Paris, 2015, reseautca.hypotheses.org/résumes-des-journees-detude.

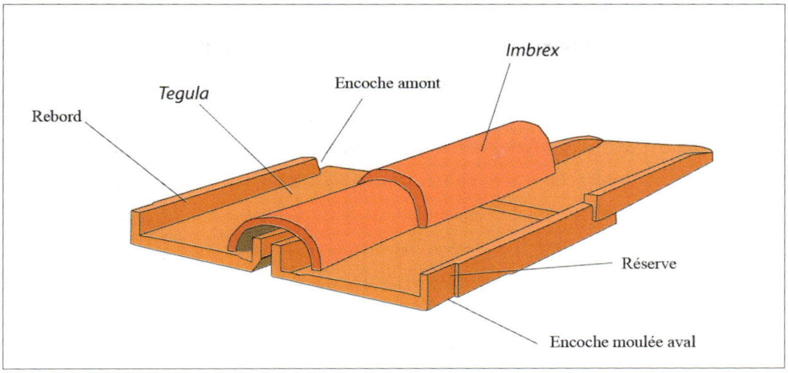

1. Exemple de couverture en terre cuite romaine (*tegulae* et *imbrices*).
Tuile à rebord avec encoches (amont et aval). DAO J.-J. Grizeaud.

dont il est question, complété par des collaborations avec les chercheurs travaillant sur les sites antiques emblématiques d'Aleria et de Mariana qui font l'objet régulièrement d'opérations archéologiques préventives ou programmées. Les premières analyses s'appuient concrètement sur des matériaux collectés sur les sites de Vescovato (A casella), Bastia (Labretto) et Lucciana (Procojo)[3]. L'opportunité d'avoir pu diriger des diagnostics archéologiques ou des fouilles en Balagne (Belgodère-Erbaghjolu et L'Ile Rousse-Villa Zanardi) résulte de ce choix comme point de départ.

LES TUILES, *TEGULAE*, IMBRICES

Les TCA sont présentes aussi bien dans l'habitat (bâtiments publics ou privés) que sur l'aménagement des tombes en milieu funéraire. Ces deux contextes, entre la vie et la mort, sont complémentaires pour une bonne analyse de l'utilisation de ces matériaux, de leur origine et de leur circulation dans un temps qui peut s'étaler sur plusieurs siècles.

L'avantage de travailler sur des toitures effondrées réside dans l'homogénéité du lot des *tegulae* qui peut permettre de remonter jusqu'à la source d'un lieu de production, avec les critères techniques et/ou typologiques fiables et datables, quand cela est possible. L'inconvénient est la difficulté d'étudier des éléments très fragmentés et rarement complets, même archéologiquement. Au contraire, les tuiles utilisées en réemploi dans l'architecture funéraire (en coffre ou en bâtière) sont souvent complètes, issues d'un ramassage opportuniste sur plusieurs lots dispersés et laissés à l'abandon. On évoquera le démontage de toitures sur des bâtiments ruinés situés dans l'environnement immédiat, permettant ainsi un

3. Grizeaud Jean-Jacques, « Les terres cuites architecturales du site de Procojo à Lucciana, fouille 2020 », *in* Samuel Longepierre (dir.), *Procojo*, Rapport de fouille Inrap Midi-Méditerranée, en cours.

recyclage avec des matériaux en bon état qui sont recherchés, ou des morceaux qui sont utilisés comme raccords. Il sera alors toutefois plus hasardeux d'identifier les tuiles provenant de lieux dispersés et de les rattacher à une utilisation première.

Trois sites présentent la particularité de révéler ces deux contextes au sein d'un même site (construction privé et funéraire). Ainsi, l'aménagement des tombes circonscrites dans une zone funéraire localisée en périphérie de l'habitat, va bénéficier des lots de tuiles présentes sur des constructions laissées à l'abandon. C'est le cas sur le site d'A Casella à Vescovato, Labretto à Bastia et Pruniccia Mariana à Lucciana où une ultime utilisation des TCA dans l'architecture funéraire est documentée (fig. 7, n° 1 et 2). Ajoutons qu'il n'est pas exclu que des tuiles pouvaient également être monnayées sur un chantier ou un dépôt et livrées sur commande. Mentionnons également l'emploi de *tegulae* comportant des découpes « unilatérales » à « tenon et mortaise » ou des décorations avant cuisson[4], dont la destination funéraire ne peut pas être remise en question[5]. Cette pratique de découpe unilatérale réalisée post-cuisson est attestée en Corse sur la nécropole de Lamajone à Aleria.

L'utilisation des tuiles pour l'aménagement des tombes en coffre est attestée dans le monde Grec au VIe siècle av. notre ère[6]. Les aménagements en bâtière quant à eux sont relevés en Grande Grèce comme dans la colonie de Mylai (Sicile) et dans les zones d'influence des comptoirs grecs comme dans la cité phocéenne de Massalia au Ve siècle av. notre ère.

Ce mode d'architecture sous *tegulae* semble apparaître en Corse entre le Ier et le IIe siècle mais la pratique se généralise et devient courante au Bas-Empire. Nous citerons à titre d'exemple pour la Corse-du-Sud, les tombes en bâtière du site de Quattrina à Propriano[7] où les sépultures documentées sont datées entre le IIIe et le Ve siècle

L'emploi de la TCA pour l'aménagement des tombes persiste même jusqu'au haut Moyen Âge dans les cimetières associés à l'ancienne cathédrale

4. L'encochage des *tegulae* avant cuisson, facilitant l'emboitement des tuiles à l'exemple des aménagements en bâtière, traduit une demande spécifique pour cet usage. Cet encochage réalisé sur un angle de la tuile à rebord, pouvant également être réalisé post-cuisson au ciseau sur des éléments récupérés, comme c'est le cas sur une tombe en bâtière sur le site de Lamajone Aleria, fouillée en 2018 sous la direction de Laurent Vidal.

5. Manniez Yves, « Les tuiles et autres terres cuites architecturales dans les sépultures de l'Antiquité et du haut Moyen Âge du sud-est de la Gaule et de Corse », *in* Claire Leger et Stéphanie Raux (dir.), *Des objets et des hommes. Études offertes à Michel Feugère,* Dremil-Lafage, éd. Mergoil, « Monographies Instrumentum », 71, 2021, p. 627-642.

6. Andreiménou Anghéliki K., « La nécropole d'Akraiphia », *in* Juliette de La Genière (dir.), *Nécropoles et sociétés antiques (Grèce, Italie, Languedoc)*, actes du colloque international du Centre de recherches archéologiques de l'université de Lille III, Lille, 2-3 décembre 1991, Naples, Publications du Centre Jean Bérard, 1994, p. 99-126.

7. Fouille archéologique réalisée sous la direction de Pascal Tramoni et Patrick Ferreira, Inrap, 2008.

de Sant'Appianu de Sagone à Vico ou à Lucciana sur le site de la Canonica à Mariana. Quoiqu'il en soit, il n'est pas rare de trouver un ou plusieurs éléments de TCA antiques dans un contexte funéraire tardif. Le cas concret a été documenté tout récemment sur la nécropole de La Villa Zanardi à L'Île Rousse où les tuiles sont présentes dans les sépultures dont la chronologie s'échelonne du IIIe-IVe siècle au VIIe-VIIIe siècle de notre ère[8]. Il semble que l'emploi de *tegulae*, dont la fabrication avec des aménagements spécifiques pour un emploi à destination d'un contexte funéraire, est une pratique qui se développe à la période du Bas-Empire romain, du moins pour des élites sociales ou religieuses.

Les tuiles sont parfois intégrées à l'aménagement des inhumations en amphores, dite à *enchytrismos*, à l'exemple de la nécropole du même site de la Villa Zanardi. La tuile servira parfois à caler les éléments d'amphores dans la fosse ou, plus symboliquement, servira de couverture au sommet de la tombe. Cet exemple qui associe la TCA à la sépulture en amphore, est souvent relevée sur l'île (fig. 7, nos 4, 5 et 6), du nord au sud pour ces mêmes périodes tardives[9].

Dans les contextes d'habitats ruraux et privés qui ont été fouillées ces cinq dernières années en Haute-Corse, et dans un horizon chronologique allant du Ier siècle av. notre ère au IVe siècle de notre ère, des caractéristiques techniques ont été relevées sur plusieurs lots de *tegulae*. Cet échantillonnage nous permet aujourd'hui d'apprécier des critères relatifs à la forme des tuiles, leur gabarit, leur poids et leur aménagement (encochage) qui sont liés à la pose sur toiture. Nous remarquons ainsi que la forme prédominante est trapézoïdale et qu'elles sont plutôt qualifiées de grande taille (fig. 2), d'une longueur/largeur variant d'un écart de 9 à 10 cm, fournissant ainsi des modèles d'une longueur de 54 à 64,5 cm. Les largeurs varient quant à elles de 33 à 38 cm pour les parties inférieures (aval), à des mesures comprises entre 42 et 51 cm pour les parties supérieures (amont).

Les rebords présentent majoritairement des profils carrés plus ou moins réguliers, relativement épais. Quelques extrémités présentent un profil arrondi ou incliné et aplati, qui peut s'expliquer par une déformation causée avant cuisson au séchage. La hauteur des bords varie de 5,5 à 9,5 cm sur le site de Labretto. L'épaisseur moyenne de la tuile sur le plat est de 2,5 cm, mais des

8. Fouille archéologique réalisée au printemps 2021 sous la direction de l'auteur, étude en cours. https://www.inrap.fr/la-decouverte-d-une-necropole-du-bas-empire-renouvelle-l-histoire-de-l-ile-15581?fbclid=IwAR2T70pfEv_GBpwaUKsCUfh2EizNnlZt77X2k_dJouy387qIR-nuR7eKYVXQ

9. Corbara Anne-Gaëlle, *Sépultures et pratiques funéraires en Corse au Moyen âge (Ve-XVe siècle) : première approche archéo-anthropologique à partir des fouilles récentes des sites d'Ajaccio, Mariana et Sagone*, mémoire de thèse, Université Aix-Marseille, 2016.

valeurs plus faibles (1,4 cm minimum relevé) ou plus fortes (3,5 à 3,8 cm maximum) sont également à signaler.

La plupart des *tegulae* présente une gorge interne, à la jonction entre le rebord interne et la face supérieure. Cette « gouttière » est tracée au doigt ou à l'aide d'un bâtonnet avant cuisson, des deux côtés, et sur toute la longueur de la tuile. Ce dispositif qui n'est pas systématique permet un meilleur écoulement de l'eau sur la toiture.

Les *tegulae* présentent toutes des encoches, à de rares exceptions près. Nous distinguerons les encoches basses, situées en partie aval de la tuile, des encoches situées à l'extrémité haute, en partie amont. Les encoches d'emboîtement basses, présentes des deux côtés de la tuile (droite et gauche) sont moulées avant cuisson et présente une bonne régularité, voire une standardisation dans leur réalisation (fig. 3).

2. La *tegula*. 1 : Erbaghjolu à Belgodère, bâtiment 1 ; 2 : Labretto à Bastia, sépulture 1098 ; 3 : Pruniccia à Mariana Lucciana, sépulture 10037 ; 4 : A Casella à Vescovato, séchoir 1150. Photographies et DAO J.-J. Grizeaud.

Le profil est généralement anguleux et droit mais certains exemplaires présentent des profils obliques dans sa partie inférieure. Le retrait de l'encoche basse, appelée aussi « réserve latérale », est en moyenne de 7 cm, mais des valeurs plus importantes ont été relevées sur certaines tuiles, atteignant 10 cm. Les encoches hautes, situées sur la plus grande largeur de la tuile (amont) sont réalisées le plus souvent avant cuisson avec un amincissement de la pâte. Ce façonnage permet ainsi un emboîtement facilité avec la partie basse (aval) de la tuile suivante. L'emboîtement sur mesure est souvent finalisé au moment de la pose des tuiles sur toiture par découpe, ou par rabotage effectué à l'aide d'un outil tranchant. Ce découpage post-cuisson ne concerne que les parties hautes des *tegulae*, sur un seul côté, gauche ou droit, ou bien les deux. Plus rarement, cet enlèvement peut être réalisé sur encoche basse, comme c'est le cas sur le site de A Casella, Procojo et Labretto[10]. Ces enlèvements de matière sont réalisés sur la toiture au moment de la pose (fig. 3, n°s 6, 7, 11). La nécessité de retailler une tuile pour une réfection de toiture peut s'imposer dans le cas où les lots de *tegulae,* issues

10. Grizeaud Jean-Jacques, « Les terres cuites architecturales du site de A Casella Vescovato, fouille 2019 », *in* Samuel Longepierre (dir.), Rapport de fouille Inrap Méditerranée, 2021.

3. Les encoches sur *tegulae*.
1 à 4 : exemples d'encoches sur *tegulae*,
bâtiment 1, Erbaghjolu à Belgodère ; 5 à 9 : encoches hautes et basses, Procojo à Lucciana;
10 : encoche haute retaillée, Labretto à Bastia;
11 : encoche basse retaillée, A Casella à Vescovato.
Photographies et DAO J.-J. Grizeaud

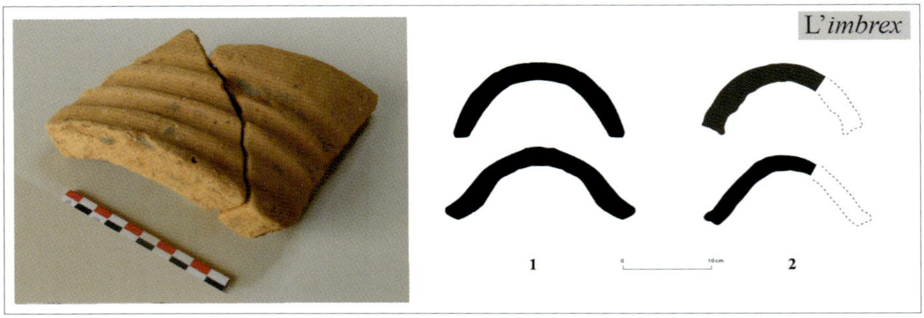

4. L'*imbrex* : à gauche : extrémité aval d'*imbrex* décoré, Labretto à Bastia ; à droite : exemple de profils d'*imbrices* : 1. Procojo à Lucciana ; 2 : Erbaghjolu à Belgodère, bâtiment 1. Photographie et DAO J.-J. Grizeaud

d'ateliers ou d'origines diverses, présentent des formes ou des gabarits variables qui, sans cette adaptation, rend incompatible l'emboitement d'une tuile à l'autre.

L'*imbrex* préfigure la tuile canal, dite « provençale », que nous connaissons aujourd'hui. Utilisée comme couvre joint dans l'Antiquité, leur représentation sur les sites archéologiques en contexte d'habitats ruraux ou funéraires avec l'aménagement des tombes en coffres ou en bâtière, reste toujours moins conséquente comparé aux tuiles à rebords. Cette faible représentation relative des *imbrices* tient principalement de la forme même de la tuile dont le profil demi-sphérique n'offre pas une très grande résistance dans le temps, à l'inverse de la tuile plate beaucoup moins fragile de par sa forme et l'épaisseur de pâte. La grande fragmentation de l'*imbrex* ne permet pas toujours de restituer des profils ou des mesures (longueur/largeur) complètes (fig. 4).

Outre l'aspect morphologique et technique, on peut évoquer les décors plastiques qui sont observés parfois sur l'*imbrex*. On notera les décors « cannelés » remarquables présents sur un lot de tuiles, toutes issues d'un niveau de destruction du bâtiment 2 du site de Labretto. Il s'agit de cannelures tracées à l'aide d'un bâtonnet ou d'un peigne en bois avant cuisson, sur l'extrémité aval de la tuile. Certaines tuiles disposent ainsi de deux, trois, voire quatre rangs de cannelures (fig. 4, n° 1). Ces tuiles devaient être placées en bord de gouttière, « bien en vue », et sur toute la longueur de la toiture. Ce sont, à notre connaissance, les seuls exemplaires connus en Corse. Les *imbrices* du site de Labretto paraissent être les plus remarquables, si l'on considère les valeurs esthétiques et ostentatoires apportées pour un bâtiment privé pour la période du Bas-Empire.

On pourra mentionner au passage l'existence de décors plus répandus d'empreintes linéaires ou ondées pratiquées cette fois-ci sur la longueur de la tuile, comme sur le site de Mariana[11]. Le site de San Pancraziu à Furiani, qui a fait l'objet d'un diagnostic archéologique en 2021[12], révèle des empreintes peu profondes réalisées au bâtonnet (ou digitées ?) sur cette même extrémité avale de la tuile. D'autres exemplaires ont également été observés sur des tombes liées à l'ancienne cathédrale de Sant'Appianu à Sagone[13] et sont documentés aussi dans le sud de la Gaule[14].

LA TUILE : DES CRITÈRES CHRONOLOGIQUES ?

Faute d'exemples et d'avancées scientifiques dans ce domaine d'étude des TCA, et en particulier les tuiles à rebords, il semble encore hasardeux de pouvoir définir avec assurance des critères permettant de proposer une chronologie en s'appuyant uniquement sur la forme et les caractères techniques sur ces matériaux. Les TCA, relevées dans un contexte d'occupation associée à d'autres mobiliers archéologiques bien calés chronologiquement, peuvent nous aider dans cette recherche de datation. Il faudra cependant tenir compte des écarts chronologiques qui peuvent exister entre la TCA, d'une durée de vie plus longue, et des mobiliers plus fragiles et de consommation courante comme la céramique ou le verre. C'est le cas par exemple dans l'environnement de deux grands bâtiments sur le site d'Erbaghjolu[15] où ce mobilier complémentaire est daté entre le milieu du Iᵉʳ siècle av. notre ère et le courant de Iᵉʳ siècle de notre ère. L'édification des bâtiments 1 et 2, et donc la pose de la toiture qui leur est associée, paraît vraisemblablement intervenir entre le milieu et la fin du Iᵉʳ siècle av. notre ère. Nous ne devons pas exclure les réparations ou réfections qui ont dû avoir lieu sur le site durant toute la durée d'occupation des constructions qui est estimée à au moins un siècle.

Il semble que le gabarit des *tegulae* produites à la période républicaine romaine jusqu'au début de notre ère diminue dans leurs proportions (longueur/largeur). De même, on note une évolution de la morphologie de la *tegula*, passant de la forme classique rectangulaire à la forme trapézoïdale qui pourrait devenir dominante jusqu'à la fin du Bas-Empire[16].

Un critère chronologique complémentaire pourrait également être retenu en se basant sur le profil des rebords des *tegulae*. En effet, une évolution

11. GRIMALDI Enrico, « Tegole con bolli laterizi rinvenute nel sito di Mariana », *in* Philippe PERGOLA (dir.), *Patrimoine d'une île, patrimoniu isulanu, Mariana et la vallée du Golo, actes du colloque international de Bastia-Lucciana*, 10-16 septembre 2004, vol. 1, 2013, p. 159-162.
12. Diagnostic archéologique réalisé sous la direction de Kewin PÊCHE-QUILICHINI, Inrap, 2021.
13. Fouille archéologique réalisée sous la direction de Philippe ÉCARD, Inrap 2020.
14. MANNIEZ Yves 2021, *op. cit.*, p. 636.
15. Rapport de fouille Inrap Midi-Méditerranée, sous la direction de Jean-Jacques GRIZEAUD avec la collaboration de Florian SOULA et *al.*, en cours. *Les occupations préhistoriques et un habitat antique sur le site d'Erbaghjolu à Belgodère (Haute-Corse).*
16. FEUGÈRE Michel, « La longueur des *tegulae* : un indice chronologique ? », *Instrumentum, Bulletin du groupe de travail européen sur l'artisanat et les productions manufacturées dans l'Antiquité*, 2000, p. 24-25.

morphologique passant du profil arrondi en quart de rond, souvent relevé en Gaule à la charnière entre le IIe et le Ier siècle av. notre ère (120-90), vers un profil carré, est observé au changement d'ère[17]. Ainsi, le profil externe rectangulaire du rebord qui peut présenter une gorge ou gouttière dans l'angle interne déjà évoqué, et réalisé sur la pâte encore fraîche, semble se généraliser à partir du Ier siècle de notre ère. La hauteur du rebord reste aussi un critère à ne pas sous-estimer, évoluant ainsi de 55 à 65 mm jusqu'au Ier siècle av. notre ère à 75 mm de moyenne au changement d'ère.

La grande variabilité typologique de ces matériaux de couverture, dont la diffusion peut se restreindre à un espace géographique limité bien souvent à l'échelle locale, ne peut véritablement constituer un élément datant[18]. Le modèle d'évolution du gabarit ou de la forme des tuiles évoluant dans le temps (réduction par exemple de la taille à partir de la fin de la période républicaine) qui semble se dessiner notamment dans le Sud de la Gaule, ne semble pas fonctionner pour l'heure à l'échelle de la Corse. En effet, les tuiles fréquemment retrouvées sur les sites fouillés conservent un gabarit longueur/largeur jusqu'au Bas-Empire, équivalent au standard des grandes *tegulae* circulant jusqu'au début du Haut-Empire en Gaule du Sud.

Pour la Corse, il semble que les TCA soient à la fois importées d'Italie et produites localement durant la période républicaine. Il nous reste à identifier ces productions sur l'île, même si des ateliers étudiés par Freddy Thuillier sont récemment documentés pour la période du Ier siècle sur les sites d'Aleria[19] et de Mariana[20]. La présence d'un four destiné à produire des tuiles sur le site d'I Palazzi à Venzolasca, entre le IIe et le Ier siècle av. notre ère, n'est pas à exclure[21] comme l'indique de nombreux ratés de cuisson de *tegulae* présents dans l'environnement de cette structure de chauffe sur un quartier de l'oppidum fouillé entre 2010 et 2016[22]. Des fragments de *tegulae* surcuites, recueillies lors d'une expertise archéologique en 2016 sur le site de San Pancraziu à Furiani, révèle également la production locale de TCA entre le Ier et le IIe siècle[23].

Rappelons que l'arrivée des TCA italiques sur l'île, comme dans toute l'aire méditerranéenne contrôlée par Rome, est dans un premier temps le

17. CLÉMENT Benjamin, « La typologie des tuiles de terre cuite au deuxième âge du Fer en Gaule méridionale : nouvelles données », *in* Lucien RIVET (dir.), *SFECAG, Actes du colloque d'Arles,* 05-07 mai 2011, p. 597-606.
18. NAULEAU Jean-François, « Les matériaux de construction en terre cuite d'époque romaine dans l'Ouest des pays de la Loire, premier bilan », *Revue archéologique de l'Ouest, 30,* 2015.
19. Diagnostic archéologique réalisé sous la direction de Philippe ÉCARD, Onrap 2020.
20. LANOË Emmanuel et THUILLIER Freddy, *Pruniccia, Un éclairage inédit sur l'espace périurbain septentrional de Mariana, Corse, Haute-Corse, Lucciana,* Rapport final d'opération de fouille archéologique, 2 vol., Inrap Midi-Méditerranée, 2021.
21. CHAPON Philippe, *Une vision renouvelée du site d'I Palazzi, parcelles A 2026 et A 2027,* Rapport de fouille Inrap Méditerranée, 2016.
22. Fouille Philippe CHAPON, Inrap.
23. Fouille Philippe CHAPON, diagnostic archéologique Inrap Midi-Méditerranée, 2016.

fruit d'un débarquement de matériaux destinés à lester les cales des navires marchands. Avant tout recherchées pour leurs poids, les TCA, représentant une faible valeur marchande, répondront à une demande croissante dans le domaine de la construction[24]. La valeur commerciale de ces terres cuites se développera par la suite à partir d'un commerce secondaire et opportuniste par voie maritime.

Des perforations pratiquées post-cuisson révèlent la fixation à l'aide de gros clous en fer ou en bronze sur la charpente de certaines tuiles localisées en bord d'égout afin de retenir une rangée de tuiles lors, par exemple, d'une réfection de la couverture d'un bâtiment. L'exemple d'une *tegula* en réemploi dans une structure bâtie interprétée comme séchoir sur le site de A Casella à Vescovato illustre ces fixations lors de la pose ou d'une réparation (fig. 2, n° 4).

De grands clous ou fiches en fer ou en bronze sont fréquemment trouvés, parfois en grand nombre, dans les niveaux de destructions post-incendie, comme c'est le cas dans le grand bâtiment 1 d'Erbaghjolu[25]. Précisons qu'un assemblage de tuiles (*tegulae* et *imbrices*) sur toiture, dont la pente n'excède pas 25 %, représente un poids pouvant atteindre entre 80 et 100 kg au m^2, sans prendre en compte le mortier ponctuellement associé à la pose de la couverture. Ce poids au m^2 est par comparaison de 60 kg au m^2 pour la tuile romane traditionnelle et de moins de 40 kg au m^2 pour la tuile mécanique à emboîtement, emblème de la révolution industrielle du milieu du XIXe siècle qui sera produite à Marseille, connu sous le nom de « tuile Martin ». Les matériaux complémentaires (quincaillerie métallique, mortier), avec les restes de bois calcinés témoignant d'un incendie sur les lieux, apportent des renseignements précieux sur l'élévation de la charpente et, de manière plus générale, sur l'architecture de la construction.

Des prélèvements de matériaux en terre cuite ayant résisté à la destruction d'une construction sont effectués après l'abandon d'un lieu. Le terme de « toiture triée » semble approprié pour désigner ces remblais incluant ces matériaux en terre cuite[26]. Ce contexte de bâtiment ruiné, pouvant servir de site de prélèvement de matériaux comme la pierre ou les *tegulae*, a concrètement été remarqué sur le grand bâtiment 2 du site de Labretto à Bastia, daté du IIIe siècle de notre ère, et le grand bâtiment 1 du site d'Erbaghjolu.

24. RICO Christian, « La diffusion par mer des matériaux de construction en terre cuite : un aspect mal connu du commerce antique en Méditerranée occidentale », *Mélanges de l'École française de Rome, Antiquité*, t. 107, n° 2, 1995, p.767-800.

25. Étude du petit mobilier métallique du site d'*Erbaghjolu* à Belgodère effectuée par Yves MANNIEZ, Inrap, rapport en cours.

26. Réseau TCA, *Protocole de prélèvement des terres cuites architecturales (TCA) du réseau TCA*, Groupe Méthodologie, version 1, 2015.

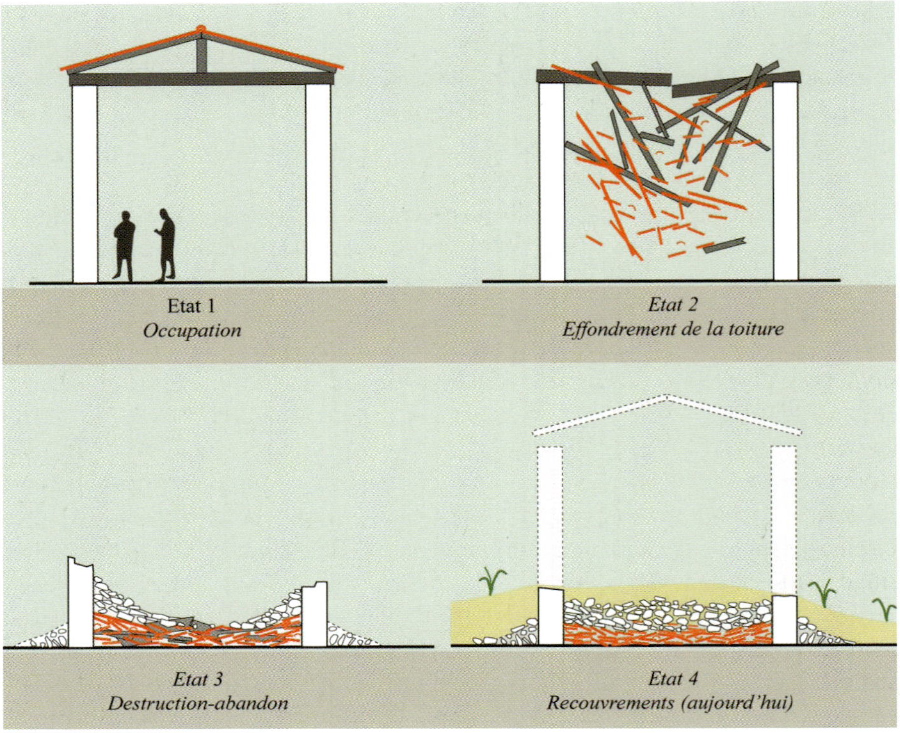

5. Dessin représentant en quatre états un bâtiment en élévation depuis son occupation jusqu'à son abandon. DAO J.-J. Grizeaud.

Des empreintes « digitées » en arc de cercle sont très fréquentes. Elles sont situées en partie aval de la tuile, et en bordure de celle-ci. On relève parfois ces mêmes motifs sur l'extrémité de la tuile amont comme sur le site d'Erbaghjolu[27].

Le répertoire prépondérant reprend des motifs en arc de cercle ou en demi-cercle qui sont déjà bien connus de manière générale sur les *tegulae* pour l'époque romaine. Ces empreintes sont, dans la majorité, composées de deux à trois arcs parallèles (fig. 2, n° 2). Certaines semblent correspondre à des tracés digités tandis que d'autres, à l'aspect plus régulier, paraissent être réalisées à l'aide d'un bâtonnet en bois. Des empreintes de doigt (pouce ?) indiquent peut-être une réalisation des arcs à la main, servant ainsi d'appui en guise de compas.

Ces marques réalisées avant cuisson, empruntant un répertoire (motifs en arc de cercle, disposition sur la tuile) qui semble standardisé sur ces productions tuilières dans une aire géographique relativement vaste (bassin méditerranéen mais également l'ensemble de la Gaule), ont toutes été relevées sur *tegula*. Leur

27. Fouille Jean-Jacques Grizeaud, Inrap rapport en cours.

fonction n'est pas clairement établie si l'on se réfère aux différentes publications sur le sujet. Néanmoins, il semble admis que ces marques peuvent être considérées comme des indications liées à la chaîne opératoire interne à un atelier de production de TCA[28].

Quelques exemplaires de timbres ont été relevés sur des tuiles. Le site de Labretto nous livre quatre estampilles, une en contexte funéraire sur *tegula* dans une tombe à bâtière et trois autres sur *imbrices* dans les niveaux de destructions du bâtiment 2[29]. Les *imbrices* de facture remarquable semblent avoir comme origine un même lieu de production ou appartenir du moins à un même propriétaire ! La question étant de savoir distinguer le propriétaire du producteur ou de l'*officinator* qui peut être l'entrepreneur ou un esclave qui a la responsabilité de la production. À ce stade de notre étude, il serait risqué de se lancer dans de veines interprétations, mais la question se pose ! Signalons l'existence d'un « double » cartouche sur *tegula* présent sur le site de Mariana et provenant d'une collection ancienne de même facture que ceux observés sur le site de Labretto[30]. Une estampille a également été relevée sur *tegula* provenant d'une tombe sur le site de Pruniccia fouillée en 2018[31].

Le marquage des matériaux de construction en terre cuite n'est pas systématique d'un atelier ou d'une production à une autre ; néanmoins, l'estampillage semble connu et suivi dans son évolution depuis l'époque républicaine jusqu'au IVe siècle.[32]. Signalons pour exemple la présence d'une estampille de forme semi-circulaire sur un morceau de brique provenant de Bonifacio et dont l'origine centro-italique est bien attestée[33].

QUELQUES ÉLÉMENTS EN BRIQUE

Parmi les TCA qui ont été relevées sur les sites étudiés, figurent des éléments de briques, le plus souvent fragmentées. Le modèle le plus fréquent que nous rencontrons est le carreau ou bessalis, adoptant la forme d'un pavé de brique (fig. 6). Dans l'ensemble, la variété des gabarits de ces TCA est souvent relevée sur un

---

28. Bontrond Régis, « Étude typo-chronologique des terres cuites architecturales antiques de Châteaubleau (Seine-et-Marne) et ses environs », *Revue archéologique du Centre de la France*, 2013, t. 52, p. 263-331.
29. Grizeaud Jean-Jacques, Les terres cuites architecturales du site de *Labretto* à Bastia, fouille 2019, *in* Samuel Longepierre (dir.), *Labretto, deux maisons de l'Antiquité tardive*, Rapport de fouille Inrap Midi-Méditerranée, 2022, p. 209-237. Il s'agit de la sépulture 1098 et du niveau de destruction du bâtiment 2.
30. Grimaldi Enrico, *op. cit.* ; Manniez Yves, *op. cit.*
31. Il s'agit de la sépulture SP 10037, fouille Emmanuel Lanoë, Inrap 2018, étude effectuée par l'auteur.
32. Rico Christian, 1993, *op. cit.*
33. Ploux Victor, réseau TCA, *La diffusion des TCA centro-italiques à travers l'Empire romain : constat et hypothèses*, 2022 (voir fig. 4).

même lot et la forme exactement carrée est rare comme cela a été observé sur d'autres sites. Ces briques adoptent, plus particulièrement, des mesures standardisées connues dans le monde romain (fig. 6, n° 3). Le gabarit de 20 x 20 cm correspond au 2/3 du pied romain qui est préconisé par l'architecte Vitruve au Ier siècle[34].

6. Pavés briques *bessales*

1 : Procojo à Lucciana, bâtiment 1 ; 2 : A Casella à Vescovato, séchoir ; 3 : les briques carrées chez Vitrivus* ; 4 : A Casella à Vescovato, séchoir, pile en *bessalis*. Photographie et DAO J.-J. Grizeaud.

34. Bouet Alain, *Les matériaux de construction en terre cuite dans les thermes de Gaule narbonnaise*, Ausonius-Publications, coll. « Scripta Antiqua », 1, Bordeaux, 1999. 10.4000/books.ausonius.9525_; Goulpeau Louis, « Introduction à une étude métrologique des tuiles et des briques gallo-romaines », *Revue archéologique de l'Ouest*, 5, 1988, p. 97-107.

On retrouve ces éléments dans l'architecture funéraire, notamment dans l'aménagement des tombes en coffre comme sur la nécropole de Pruniccia sur le site de Mariana[35] (fig. 7, n° 3). Les aménagements funéraires en coffre de briques avec couverture de tuiles sont en effet relativement fréquents dans l'environnement de la colonie romaine de Mariana. Les mesures relevées sur ces pilettes sont à rapprocher de celles existantes en Gaule Narbonnaise (de 17 à 25 cm)[36]. La variabilité de ce type de TCA, dont l'usage et la fonction ne sont pas uniques et qui est facilement recyclable, atteste d'un réemploi opportuniste en contexte funéraire.

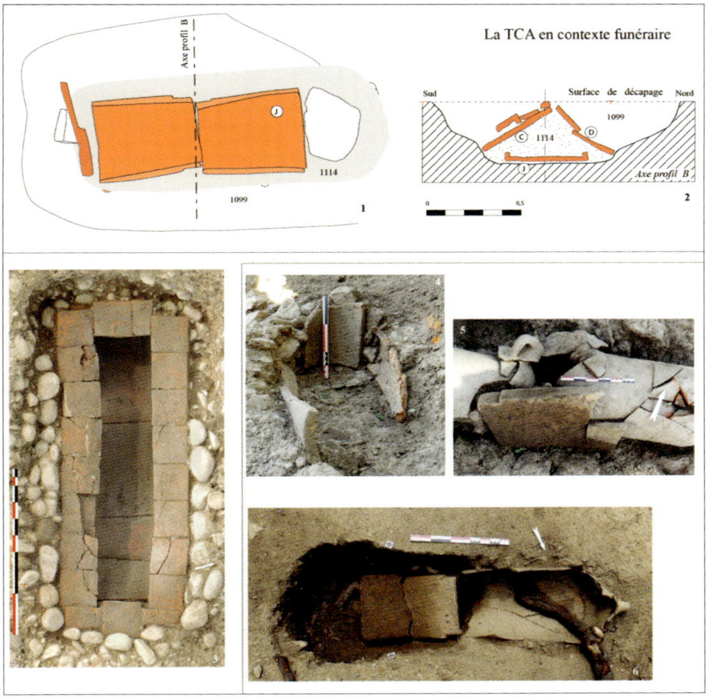

7. Exemples d'aménagements de tombes utilisant des TCA

1 et 2 : plan (fond de la tombe) et profil de sépulture constituée de *tegulae*, Labretto à Bastia; 3 : tombe en coffre constituée de *bessales* et *bipedales* datée du Haut-Empire, Pruniccia Mariana à Lucciana (Photographie R. Hourillon) ; 4 à 6 : exemples d'utilisation de *tegulae* pour l'aménagement de tombes en amphore, datées de la fin du Bas-Empire, nécropole de la villa Zenardi à L'Île-Rousse ; 4 : coffrage en *imbrices* d'une tombe d'enfant ; 5 et 6 : dépôt de *tegulae* d'une tombe d'adulte. Photographies et DAO J.-J. Grizeaud (sauf mention spéciale).

35. La tombe en coffre SP 10009 du site de Pruniccia Mariana fouillée en 2018, datée de manière imprécise au moins du Ier siècle de notre ère, illustre parfaitement l'utilisation dans son architecture des briques *bessalis* et *bipedalis* (Lanoë Emmanuel et Thuillier Freddy, *op. cit.*).

36. Bouet Alain, *Les matériaux de construction en terre cuite dans les thermes de Gaule Narbonnaise*, Ausonius-Publications, collection Scripta Antiqua, 1, Bordeaux, 1999. 10.4000/books.ausonius.9525 ; Goulpeau Louis, « Introduction à une étude métrologique des tuiles et des briques gallo-romaines », *Revue archéologique de l'Ouest*, 5, 1988, p. 97-107.

Des observations plus complètes ont été réalisées sur un lot de briques carrées sur le site d'A Casella à Vescovato associé à un « séchoir » daté du IIe siècle[37]. Les dimensions avec des côtés, variant de 21 à 23 cm maximal et de 19,5 à 21 cm, sont très proches du modèle recueilli sur une sépulture datée du IIIe siècle du site de Pruniccia. L'épaisseur est également similaire même si certains modèles de briques atteignent 52 mm. Le poids moyen d'un carreau complet sur le site d'A Casella est de 2,90 kg. La pâte est relativement poreuse, argilo-sableuse, tendre à dégraissant fin, qui révèle une cuisson plus ou moins bien maitrisée. La couleur est majoritairement orangée avec des nuances de beige.

Ce modèle de « pilette », ou *bessalis*, est plus fréquemment rencontrée dans les hypocaustes pour le chauffage des pièces d'une *villa* par exemple. Le sol de l'habitat, étant suspendu (*suspensura*), est supporté par des séries de piles (*pilae*) utilisant des *bessales* et pouvant varier de 40 à 90 cm de hauteur. Certaines *bessales* sont retaillées comme cela a été relevé sur le site de Pruniccia sur une sépulture datée du milieu du Ier siècle de notre ère[38]. Ces découpent correspondent bien aux modèles connus qui sont divisés en quartier afin de réaliser par assemblage des colonnes recouvertes ensuite d'un enduit pour les besoins des constructions. La présence des *bessales* est également à mentionner sur le site de Campiani à Lucciana, datée de la fin du IIe siècle et le début du IIIe siècle[39], sur les nécropoles de Mezzana à Lucciana[40] et Lamajone à Aleria[41].

L'emploi des briques cuites qui apparaît sous le règne d'Auguste deviendra systématique pour se généraliser durant le Ier siècle de notre ère dans le monde romain. S'inspirant des techniques de traditions hellénistiques déjà existantes, Vitruve, ingénieur militaire au service de César, préconisant l'utilisation de la brique, va s'employer à mettre en application une standardisation de modèles de briques qui vont être utilisées à Rome et sa région, et connaître une expansion d'emploi durant le Ier siècle de notre ère ; Rome représentant un « univers monumental de briques » qui perdurera durant quatre siècles[42]. Les trois qualités essentielles à tout bâtiment sont pour Vitruve la durabilité (*firmitas*), l'utilité (*utilitas*) et la beauté (*venustas*). L'emploi des TCA devient systématique à l'époque des Flaviens. « De Architectura », publié en 10 volumes, est le seul traité d'architecture à avoir survécu à l'Antiquité.

37. Étude des TCA réalisée par l'auteur, sous la direction de Samuel LONGEPIERRE, fouille 2019.
38. La tombe en cercueil SP 10077, comporte des morceaux de TCA, dont un élément de *bessales* : GRIZEAUD Jean-Jacques, « Les terres cuites architecturales du site de Pruniccia Mariana à Lucciana, fouille 2018 », *in* Emmanuel LANOË (dir.), *Pruniccia, Un éclairage inédit sur l'espace périurbain septentrional de Mariana, Corse, Haute-Corse, Lucciana,* Rapport Final d'Opération de fouille archéologique, vol. 2, Inrap Midi-Méditerranée, 2021, p. 164-181.
39. Fouille archéologique sous la direction de Philippe CHAPON et Laurent BEN-CHABA, Inrap, 2008.
40. Fouille sous la direction de Philippe CHAPON, Inrap, 2009.
41. Fouille archéologique sous la direction de Laurent VIDAL, Inrap, 2018.
42. ADAM Jean-Pierre, *La Construction romaine. Matériaux et techniques*, Paris, A. et J. PICARD, « Grands Manuels Picard », 1984.

EN GUISE DE CONCLUSION

À travers ces premiers travaux réalisés sous la forme d'une enquête/inventaire sur des sites antiques ciblés de Haute-Corse, un paysage architectural de terre cuite apparaît, révélant des modèles variés de TCA présents sur l'île. Avec l'étude des toitures antiques en terre cuite intégrant des matériaux résistant au temps, s'ouvre de nouvelles pistes de recherche pour l'architecture, en particulier des bâtiments, depuis la République jusqu'au Bas-Empire romain.

Les restes de la toiture, avec le plan révélé par les arases de murs et les sols qui peuvent être associés à la construction, permettent d'échafauder des hypothèses de restitution d'un ensemble bâti. L'incendie, qui représente un évènement brutal marquant la fin de toutes activités d'un lieu bâti et occupé, peut représenter pour l'archéologue une mine d'informations précieuses qui renseignera peut-être des activités passées du lieu exploré. Les restes de charpentes calcinées, la quincaillerie en métal (agrafes, clous...) et les enduits en terre crue rubéfiés sont les vestiges associés à l'effondrement et à la toiture qui permettront de tenter des essais de restitution de l'élévation du bâti. Pour l'heure, les éléments de TCA les mieux documentés sont les *tegulae* et les *imbrices* se rapportant à la couverture. Parmi les éléments en briques, la *bessalis* est le modèle le plus fréquent.

L'analyse des pâtes, les modes de cuissons, la localisation des gisements de la matière première (l'argile) sont des travaux qui restent à réaliser dans les prochaines années. Les lieux d'origine des productions avec les ateliers, le transport maritime des TCA, leur commercialisation, leur évolution et leur intégration dans l'architecture civile, militaire ou funéraire, sont autant de pistes de recherches qu'il nous reste à explorer.

Les occupations antérieures à l'occupation romaine, qui livrent des matériaux en moins grand nombre pour la période du ve au iie siècle av. notre ère, restent à documenter et sont pour l'heure rares ou peu accessibles. La perduration de l'emploi des toitures « hybrides » romaines, le plus souvent réservées aux édifices religieux en Corse et présentes encore parfois aujourd'hui dans l'usage privé (comme on peut l'observer en Balagne), est également une question intéressante à ne pas écarter. À ce titre, un recensement des toitures « romaines » en terre cuite, conservées aujourd'hui et bien documentées comme celles du village de Pigna, est envisagé. Les fours destinés à produire des *tegulae* ou des briques à l'époque moderne, présents en région balanine, méritent également que l'on s'y intéresse.

À l'échelle artisanale et/ou familiale, le site d'Erbaghjolu à Belgodère révèle un petit four « à banquettes » daté entre le xviiie et le milieu du xixe siècle documenté archéologiquement[43]. À l'échelle industrielle, les vestiges d'une fabrique ayant produit des briques, et peut-être des *tegulae* dans le courant du

43. Vidal Laurent, *Erbajolo parcelle 1168, (Haute-Corse) Belgodère,* Rapport final d'opération de diagnostic archéologique, Inrap, 2016.

XIXe siècle sur la commune de Corbara, fait l'objet d'une enquête sur le terrain et en archives[44].

L'objectif de ce travail sur les tuiles (*tegulae* et *imbrices*), comme pour d'autres éléments de TCA (briques), est de dresser un inventaire (catalogue) et d'enrichir un référentiel à l'échelle de la Haute-Corse[45]. Il sera complété par celui d'Yves Manniez qui a recensé les particularités des tuiles des ensembles funéraires de la fin de l'Antiquité et du haut Moyen Âge sur la Corse. Dans un premier temps, un protocole initié en 2018, et publié par l'auteur en janvier 2021 sur le réseau TCA[46] s'inspirant des travaux précédemment mis en place, prévoit un ramassage des éléments de formes (bords, encoches) permettant d'individualiser un nombre d'individus pour les *tegulae* et, quand cela est possible, de restituer des formes complètes fournissant ainsi des gabarits (dimensions long./larg./épaisseur, types d'encoches) et une méthode de travail. Outre l'aspect scientifique et l'apport que peut présenter les TCA dans la connaissance d'un site archéologique, se pose en effet la question de la collecte : quoi retenir? L'enquête se poursuit donc, avec de nouvelles découvertes à venir qui pourraient apporter des réponses à certaines de nos questions évoquées, n'en doutons pas.

44. Prospection et recherches en cours par l'auteur au moment où l'article est rédigé.
45. Ce travail est complété par celui d'Yves MANNIEZ, qui recense les particularités des tuiles des ensembles funéraires de la fin de l'Antiquité et du Haut Moyen Âge sur l'ensemble de la Corse.
46. GRIZEAUD Jean-Jacques, *Protocole des prélèvements des terres cuites architecturales (TCA) : identification, tri, ramassage-collecte, conditionnement, stockage, étude-inventaire, versement,* Réseau TCA, 2021, https://reseautca.hypotheses.org/1871.

L'ÉTUDE DES MATÉRIAUX DE LA PEINTURE : L'ANALYSE STRATIGRAPHIQUE DES COUCHES PICTURALES

Sarah Le Berre Albertini

RÉSUMÉ

Le Laboratoire sciences Pour l'Environnement du CNRS et de l'Université de Corse, à Corte, et le Centre de conservation et de restauration du patrimoine mobilier, installé au Fort Charlet à Calvi, ont débuté en 2019 une collaboration de recherche sur l'identification des pigments inorganiques des peintures. Ces analyses s'inscrivent dans le cadre de l'étude matérielle des œuvres et dans l'orientation des choix de traitements de restauration. Les applications et les perspectives de ces analyses sont présentées ici.

❖❖❖

Les matériaux constituant les œuvres d'art évoluent au cours des époques et au gré des lieux de création. Ainsi, la couche picturale se définit par sa constitution matérielle, composée de pigments, de colorants, de charges, de liants et d'additifs, formulée dans des préparations artisanales ou industrielles[1]. Les pigments sont une source d'informations particulièrement fascinante pour les historiens de l'art et pour les restaurateurs. Leur étude poursuit plusieurs objectifs : d'une part, une identification des habitudes techniques[2] ; et, d'autre part, elle constitue une aide à la décision pour les choix de traitements de restauration. Il est parfois utile d'enquêter au plus profond de la matière, afin de guider les choix de l'intervention. Néanmoins, cela nécessite de recouper plusieurs méthodes d'analyses afin de déterminer si l'aspect actuel d'une œuvre est lié à des modifications de son état originel. Les surfaces colorées peuvent, par exemple, être

1. De Langlais Xavier, *La Technique de la peinture à l'huile*, Paris, Flammarion, 1959.
2. Cennini Cennino, *Il libro dell'arte, traité des arts*, Paris, Berger-Levrault, 1995.

recouvertes d'un surpeint ou d'une ancienne restauration ; les pigments peuvent aussi s'être altérés dans le temps.

Les interventions de restauration sont régies depuis 1986 par un code de déontologie, le code de l'ICOM (International Council of Museums) ainsi que par le code d'éthique de l'ECCO (European Confederation of Conservator-Restorers' Organisations) depuis 2003. Elles doivent notamment distinguer ce qui relève d'un vieillissement naturel afin de respecter les matériaux d'origine. C'est pourquoi le restaurateur doit comprendre l'histoire matérielle de l'œuvre afin de proposer une intervention lisible et réversible avec des matériaux compatibles et stables dans le temps[3]. L'étude de l'œuvre apporte donc des éléments pour déterminer la nature et l'authenticité des couches. Chaque matériau constitutif d'une œuvre d'art est un vaste champ d'investigation. L'Institut royal du patrimoine artistique à Bruxelles et ses collaborateurs ont, par exemple, étudié par dendrochronologie[4] des échantillons de supports en bois utilisés dans la peinture des primitifs flamands du XVe siècle. Ils ont pu ainsi déterminer que ces supports en bois provenaient majoritairement des forêts de la Baltique (Pologne, Lettonie, Lituanie), où poussaient des chênes à croissance lente. Ces feuillus avaient des caractéristiques techniques très intéressantes pour la conservation à long terme des peintures sur panneaux. Le débit en quartier d'un bois de faible hygroscopicité[5] limitait fortement la déformation des planches. Le choix de matériaux résistants et pérennes, témoigne ici d'une grande maîtrise de la technologie du bois par les artisans du Moyen Âge. Dans un autre registre, le C2RMF[67] et ses collaborateurs mènent des études sur des œuvres des musées de France. Un projet de recherche dédié à l'étude d'un corpus d'œuvres d'Amedeo Modigliani vient par exemple d'aboutir à la publication d'un ouvrage[8].

L'évolution des techniques, la miniaturisation et la diminution des prix des appareils permettent l'émergence de nouvelles méthodes d'analyse. Il existe ainsi des méthodes scientifiques sophistiquées qui communiquent des informations sur les éléments chimiques et la structure des molécules d'un échantillon. Toutefois, ces analyses restent difficiles d'accès et réservées à des laboratoires spécialisés. De plus, les prélèvements, même microscopiques, doivent être évités afin de privilégier les analyses dites « non-invasives » – c'est-à-dire sans contact, sans prélèvement et sans dommage – dans un but évident de préserver l'intégrité de l'œuvre d'art. Dans un premier temps, l'œuvre fait donc l'objet d'une analyse visuelle. Il est possible d'observer l'état de surface, les éventuels surpeints et les couches sous-jacentes dans les lacunes à l'œil nu. La photo-

3. BRANDI Cesare, *Théorie de la restauration*, Paris, Centre des Monuments nationaux, 2001.
4. Étude des cernes de croissance du bois.
5. Capacité de certains matériaux comme le bois à absorber l'humidité de l'air.
6. Centre de recherche et de restauration des musées de France, Paris.
7. EDX : *energy-dispersive X-ray.*
8. Collectif (Auteur), *Les Secrets de Modigliani, techniques et pratiques artistiques*, Lille, Invenit, 2022.

graphie nous donne également des indications, notamment par l'utilisation de différents rayonnements. C'est ce que l'on nomme l'imagerie scientifique. Les matériaux de restauration ayant des caractéristiques chimiques différentes de la peinture originale, leurs réponses dans les longueurs d'onde de l'infrarouge ou de l'ultraviolet sont donc généralement différentes. Avec un éclairage ultraviolet, on localise les anciennes retouches, les surpeints, les vernis, la gomme laque, le pigment blanc de titane, la charge baryte, etc. La photographie à infrarouge permet de voir plus profondément dans la couche ; on observe mieux la taille des lacunes sous les surpeints, le dessin sous-jacent, une signature. Les fausses-couleurs permettent de cartographier la répartition des matériaux, notamment des pigments, en comparant avec des échantillons de pigments connus et photographiés avec le même procédé. Toutefois, l'analyse stratigraphique reste une méthode d'analyse empirique relativement facile à mettre en œuvre, qui peut répondre à des problématiques spécifiques[9]. Le Centre de conservation et de restauration du patrimoine mobilier à Calvi a donc développé ce savoir-faire pour le proposer aux restaurateurs intervenant dans ses ateliers.

MISE EN ŒUVRE DES ANALYSES STRATIGRAPHIQUES

Suite à une formation professionnelle au département des restaurateurs de l'Institut national du patrimoine, intitulée « Les analyses préalables à la conservation-restauration des biens culturels : sélection et préparation des échantillons[10] », le Centre de conservation, représenté par Sarah Le Berre Albertini, a débuté, en 2019, une collaboration de recherche sur l'identification des matériaux de la peinture avec le Service d'étude et de recherche en microscopie électronique du CNRS / Università di Corsica, représenté par Yann Quilichini.

Nous avons adopté la méthode d'analyse au microscope électronique à balayage (MEB) couplé à une microsonde X dispersive en énergie (EDX). Ce dispositif permet notamment l'observation et l'analyse de couches stratigraphiques et l'identification des pigments inorganiques.

La microscopie optique permet ainsi d'observer la stratigraphie, les grains de pigments et les altérations de la couche. Le microscope électronique à balayage (MEB) couplé à un détecteur EDX apporte des informations sur la répartition des éléments inorganiques grâce à son image en contrastes chimiques. Nous pouvons identifier les pigments minéraux, les charges et les feuilles métalliques. Toutefois, cette méthode ne permet pas d'identifier les matières organiques.

9. Bergeon Langle Ségolène, *L'Éloge du doute en Restauration des œuvres d'art*, *CeROArt* (revue électronique), hors-série, juin 2015.
10. Formation INP en collaboration avec le C2RMF, intervenante : Nathalie Balcar, ingénieur d'études au C2RMF, département Restauration, filière XXe siècle art contemporain.

PRÉLÈVEMENTS

La méthode consiste à prélever une partie (microscopique) de la matière picturale en vue de l'analyser. Dans un premier temps, il est nécessaire de déterminer précisément les zones de prélèvement. Si on se plonge au cœur de la matière, on voit qu'une peinture est un assemblage complexe de couches successives, plus ou moins épaisses, dont certaines sont d'origine et d'autres sont des ajouts postérieurs. Si on s'approche d'encore plus près, on voit que la matière de la peinture est un mélange de très petits éléments solides, appelés matière corpusculaire, de petits grains insolubles, liés dans un liant. Les liants peuvent être naturels ou de synthèse, ils ont pour but de faire adhérer les grains de pigments sur le support et de permettre leur cohésion. Les pigments peuvent être d'origine minérale, organique ou de synthèse. Ainsi, on peut trouver sur un même prélèvement, de nombreuses couches successives composées de matières très différentes. Ces matières ont bien évidemment une histoire, ce qui permet d'avoir quelques repères chronologiques selon l'emploi de certains pigments. L'étude des stratigraphies est aussi intéressante pour connaître les habitudes des écoles de peintures ou d'artistes identifiés. Cela donne des éléments de comparaison qui peuvent appuyer les hypothèses d'attribution.

Le prélèvement est comme un mini carottage, effectué au scalpel, afin de découper une écaille qui doit prélever, idéalement, toute la stratigraphie jusqu'au support. Les prélèvements doivent être immédiatement conditionnés dans une pochette en plastique, identifiés et numérotés. Ensuite, il convient de réaliser au minimum 3 prélèvements pour déterminer la composition d'une même zone, afin de comparer les données. Si on veut identifier la technique d'un artiste, il est par exemple possible de prélever sous la feuillure du cadre, où le prélèvement sera moins visible. Au contraire, si on souhaite identifier des surpeints ou des anciennes restaurations, on va cibler sur les zones préalablement identifiées aux UV. Si on souhaite répondre à une question concernant une zone colorée, on va essayer de prélever sur le bord d'une lacune existante.

PRÉPARATION DES ÉCHANTILLONS

Ensuite, le prélèvement est préparé. Pour cela on coule une résine autour de l'échantillon pour pouvoir le manipuler et surtout le poncer afin que la tranche forme une surface parfaitement plane et nous permette de voir la stratigraphie et de l'analyser au microscope. Au microscope optique, nous faisons déjà une première analyse et des hypothèses, nous nommons les couches et prenons une photo de l'échantillon. Ensuite, le SERME (Service d'études et de recherche en microscopie électronique) récupère l'échantillon et le colle sur un plot métallique pour réaliser un dépôt de carbone. En effet, ce revêtement est indispensable à la bonne observation des échantillons non conducteurs lors de l'analyse EDS.

Cela permet également d'obtenir des images de meilleure qualité. Le logiciel EDX ne prendra pas en compte l'élément carbone lors de l'analyse. C'est une méthode courante de l'analyse minéralogique d'échantillons polis et montés sur résine.

ANALYSE

L'échantillon passe ensuite au MEB-ESX. Le microscope émet un faisceau d'électrons qui viennent bombarder la surface de l'échantillon qui va réémettre des signaux que l'EDX interprète et analyse en donnant une micro-analyse élémentaire. L'analyse se porte sur des zones ciblées que l'on identifie en direct. L'interprétation nécessite une bonne connaissance de l'œuvre et de ses problématiques ainsi qu'une connaissance de la composition chimique des pigments (fig. 1).

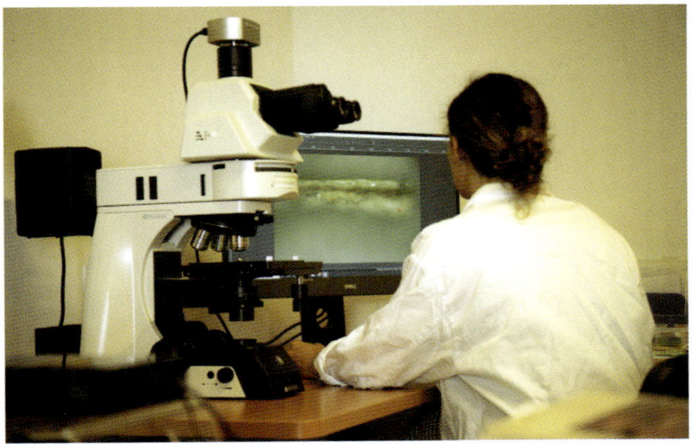

1. Analyse préparatoire des échantillons,
au microscope optique du Centre de conservation et
de restauration du patrimoine mobilier de Calvi
© Patrick Battini, Collectivité de Corse, 2022

EXEMPLES D'APPLICATIONS DE L'ANALYSE STRATIGRAPHIQUE AU CENTRE DE CONSERVATION

Le Centre de conservation et de restauration du patrimoine mobilier - Fort Charlet propose différents moyens techniques permettant l'étude des matériaux et en particulier les polychromies. Tout d'abord l'imagerie photographique en lumière du jour, aux UV, à l'infrarouge et en fausse couleur. Puis à l'analyse microscopique avec un stéréomicroscope équipé d'une caméra permettant la prise de photographies. Nous allons présenter deux cas de restaurations d'objets provenant de la commune de Santa-Reparata-di-Balagna, pour lesquels nous avons pu réaliser des analyses stratigraphiques.

SCULPTURE DU CHRIST GISANT, SANTA-REPARATA-DI-BALAGNA (FIG. 2)

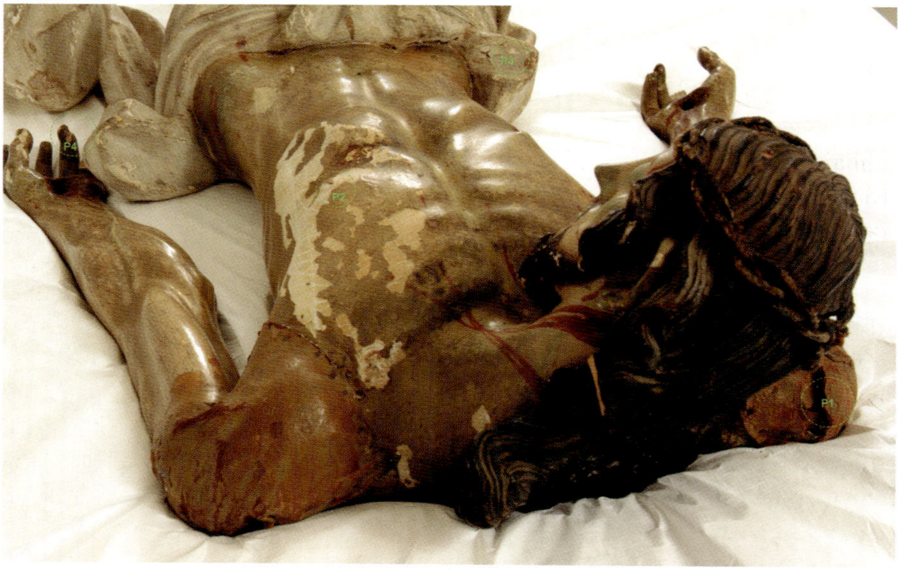

2. Statue : Christ articulé, XVIIIe siècle © Patrick Battini, Collectivité de Corse

Auteur : école génoise, attribué à Agostino Storace
Époque : milieu XVIIIe siècle. Matériaux : bois de tilleul, cuir, corde, semences en métal, peinture à l'huile. Dimensions : H : 153 - l : 150 - P : 43 cm
Lieu de conservation : Autel secondaire de la confrérie de Santa-Reparata-di-Balagna

Le Christ est articulé, ses bras sont assemblés en tenon et mortaise au niveau des épaules. Par-dessus cet assemblage, on observe deux pièces de cuir peintes, superposées et tenues par des semences en métal. Du coton et du papier découpé très finement ont servi de rembourrage pour donner du volume sous le cuir.

Nous avons constaté que l'œuvre présentait un surpeint généralisé. La pièce de cuir la plus ancienne était très cassante et présentait de multiples déchirures. La seconde pièce de cuir, plus récente, présentait également une fatigue mécanique. Le cuir ancien devient dur et cassant et ne résiste pas bien aux mouvements générés par l'ouverture et la fermeture des bras lors des processions de la Semaine Sainte. Avant la restauration, nous voulions savoir si ces pièces de cuir étaient originales ou bien s'il s'agissait d'un ajout postérieur. Le but étant de déterminer si le Christ était articulé dès l'origine ou s'il avait été modifié au cours de son histoire matérielle. Pour cela, l'analyse stratigraphique pouvait être utile ; il suffisait de comparer les couches picturales sur les deux pièces de cuir et sur le reste du corps du Christ.

L'analyse stratigraphique a confirmé que le Christ avait été entièrement peint à deux reprises. On suppose que la première campagne de polychromie est d'origine et donc datée du XVIIIe siècle, la couche la plus récente correspondant à une restauration au cours du XIXe siècle. La première pièce de cuir, la plus ancienne, présentait uniquement une couche de peinture contemporaine du XVIIIe siècle ; la seconde pièce de cuir, la plus récente, présentait une couche similaire au surpeint du XIXe siècle. Nous supposons donc que le Christ était articulé dès sa conception. On suppose que la pièce de cuir originale s'est dégradée au cours du temps et une nouvelle pièce de cuir a été posée par-dessus. Au lieu de retoucher uniquement cet ajout, le Christ a été entièrement repeint.

La polychromie originale est de meilleure qualité. Le broyage des pigments est beaucoup plus fin que sur la couche de repeint. De plus, elle est appliquée en fines couches afin d'obtenir des carnations réalistes. Elle est composée de pigments blancs de plomb, ocres, et bleu azurite[11], employés en transparence. Cela avait pour but d'imiter la couleur froide et légèrement bleutée, du Christ mort. Les coulures de sang avaient probablement un rendu réaliste car elles étaient exécutées avec une laque de garance, appliquée en épaisseur.

Le repeint du XIXe siècle reprend assez fidèlement les pigments originaux, mais son exécution présente moins de finesse. Les couches sont plus épaisses et opaques. Le rendu est donc moins réaliste. Le périzonium[12] présente quant à lui davantage de surpeints. Ce phénomène est assez récurrent puisque le blanc s'encrasse de façon plus visible. Cette zone est donc « rafraîchie » à différentes périodes de l'histoire de l'œuvre en appliquant une nouvelle couche de peinture blanche au lieu de la nettoyer.

LA TRINITÉ ET LES ÂMES DU PURGATOIRE, SANTA-REPARATA-DI-BALAGNA (FIG. 3 ET 4)

Ce tableau est l'œuvre d'un peintre italien baroque de l'école génoise. Il est signé Orazio de Ferrari et daté de 1 656. Un autoportrait du peintre est situé au côté droit, parmi les âmes des défunts. Une canne en bois, cerclée d'un anneau en métal doré, vient souligner la signature du maître. Ce tableau est le quatrième connu du peintre en région Corse, avec ceux conservés à Algajola, Bonifacio et Santo-Pietro-di-Tenda. La technique originale est de très belle facture. Orazio de Ferrari emploie des terres d'ombres et d'ocres en mélange avec du blanc de plomb. La prise d'huile des pigments de terres étant plus forte, la pâte huileuse dans la palette des bruns et des ocres est étirée jusqu'à obtenir un film très fin. On distingue ainsi ses coups de pinceaux qui donnent, en un geste sûr, le détail des chevelures et le dessin des ombres.

11. COLES David et LANDER Adrian, *Chromatopia : An Illustrated History of Colour*, Londres, Thames Hudson Gb, 2020.

12. Linge drapé, ou pagne, servant à cacher la nudité du Christ.

3. Tableau : La Trinité et les âmes du purgatoire, 1656
© Patrick Battini, Collectivité de Corse
Auteur : Orazio de Ferrari - Époque : 1656 - Matériaux : peinture à l'huile sur toile
Dimensions : H : 295 – l : 200 cm - Lieu de conservation : autel secondaire de l'église paroissiale de Santa-Reparata-di-Balagna - Classé au titre Objet le 20 mars 1968

Au contraire, le pigment de blanc de plomb, utilisé dans les lumières, donne une pâte huileuse plus épaisse, dense, siccative et extrêmement solide, aussi appelée « blanc d'argent ». Les carnations sont donc plus épaisses, presque empâtées, dans les parties éclairées des corps. La palette est riche de pigments colorés ; on trouve, dans les drapés des anges, des effets miroitants obtenus par la superposition de tons de fonds et de glacis. Le peintre utilise de nombreuses nuances de pigments à base de terres allant du jaune, au vert, aux bruns. Dieu le Père, bien que retouché lors d'anciennes restaurations, présente une base ocrée réhaussée de glacis d'alizarine.

De mai à octobre 1967, le tableau a été restauré par Baudoin, à Paris. Le 26 novembre 1982, un courrier adressé au conservateur régional des Monuments historiques signale que le tableau a subi des dégradations par des rongeurs, en quatre endroits, détruisant une partie de l'œuvre. En mars 2017, le Centre de conservation réalise sa première mission de terrain à Santa-Reparata-di-Balagna. Le tableau est signalé comme une priorité par le service qui préconise son déplacement d'urgence à Calvi. Une convention de mise en réserve est signée entre la commune et le Centre de conservation de Calvi pour la conservation curative et préventive, et la mise à disposition d'espaces pour le suivi de sa restauration.

L'œuvre semble avoir subi des repeints qui correspondent à un changement de composition. En effet, la représentation de la Donation du Rosaire à saint Dominique semble avoir été ajouté par un peintre dont la technique est différente et moins nuancée que celle d'Orazio de Ferrari. Afin de confirmer que ces figures étaient des ajouts postérieurs, des analyses stratigraphiques ont été réalisées.

Au niveau du manteau de la Vierge, présumé non original, on trouve un pigment bleu, en couche épaisse et homogène et visible au microscope optique. L'analyse de la couche bleue a révélé uniquement la présence de plomb et d'oxygène sur les six échantillons testés. Par déduction, nous pensons que le bleu, employé sur cette partie, est un bleu organique indétectable avec notre méthode. On peut supposer qu'il s'agit d'un pigment à base d'indigo que l'on retrouve dans la peinture italienne dès le XVe siècle[13]. Les bleus situés dans les zones originales sont composés d'un mélange de blanc de plomb et de smalt[14] altéré ; le manteau bleu de la Vierge correspond donc à un surpeint non original. L'analyse a révélé une autre chose surprenante. Nous avons observé que les couches les plus profondes dans les prélèvements stratigraphiques et donc supposées les plus anciennes,

4. *La Trinité et les âmes du purgatoire* (détail) © Patrick Battini, Collectivité de Corse

13. Gettens Rutherford J. & Stout George L., *Painting Materials: A Short Encyclopaedia*, New York, Dover Publications, 1966.
14. Le smalt est un pigment synthétique composé de verre broyé finement et teinté à l'oxyde de cobalt, particulièrement prisé au XVIIe siècle. Ce pigment est rapidement remplacé par d'autres matériaux synthétiques plus stables.

présentaient trois couches épaisses avec un broyage industriel fin et régulier, composées de craie et de blanc de titane. Or, le blanc de titane n'apparaît dans la peinture qu'à partir de 1925. Nous avons donc compris, par l'analyse stratigraphique, que le tableau avait subi une transposition lors de sa restauration en 1967. Cette méthode de restauration est très interventionniste puisqu'elle consiste à supprimer complètement le support ainsi que la préparation originale et à reporter la couche picturale sur un nouveau support. Ainsi, derrière le rentoilage de 1967, il ne subsistait plus aucune trace de la toile d'origine. La transposition a entraîné des conséquences malheureuses puisqu'elle a occasionné de nombreuses lacunes dans la peinture d'origine.

L'analyse stratigraphique a donc pu démontrer la différence entre les matériaux employés dans la peinture originale de 1 656 et les ajouts postérieurs. Ainsi la couche de peinture originale, mince et extrêmement dégradée, se trouve au milieu d'une restauration datée de 1967 et d'un surpeint du XIXe siècle. En connaissance de cause, ces surpeints ont été conservés car ils témoignent de l'histoire de l'œuvre et de sa vocation à délivrer un message liturgique.

Nous l'avons vu, les œuvres d'art sont transformées au cours du temps et au moment où elles sont examinées pour leur restauration, elles nous parviennent le plus souvent dans un état différent de leur aspect original.

La restauration, qui consiste en un ensemble de soins donnés à une œuvre afin de la transmettre aux générations futures, est toujours une nouvelle modification de l'aspect de l'œuvre. Il y a donc une grande responsabilité dans un traitement de restauration et c'est pourquoi se sont développés les principes déontologiques de réversibilité et une préférence pour des interventions les plus minimalistes possible et respectueuses de l'authenticité des matériaux. La science expérimentale des œuvres montre qu'il faut se méfier des apparences. Nos doutes nous amènent à formuler des hypothèses qui enrichissent l'interprétation et révèlent des informations parfois inattendues.

LE *STUCCO LUCIDO* une technique mal comprise pendant plusieurs siècles, présente en Corse dès l'Antiquité romaine et redécouverte à l'époque baroque

Monique Traeber Fontana et **Oskar Emmenegger**

RÉSUMÉ

Le *stucco lucido* est une technique d'imitation de marbres polis très ancienne et hautement élaborée à base de chaux, de poudre de marbre et de sables très fins contenant des minéraux polissables. C'est donc principalement une fresque pure, rendue brillante et très solide grâce à un grand savoir-faire. Cette technique longtemps méconnue et interprétée de manières diverses est devenue célèbre après les découvertes des peintures murales de Pompéi et d'Herculanum à la fin du XIXe siècle. Selon Vitruve, la brillance du *stucco lucido*, qu'il nomme *Expolitus*, **doit atteindre l'effet d'un miroir. Il ne doit pas être confondu avec le *stucco lustro*, qui est une technique beaucoup plus récente, principalement une peinture** *a secco* **avec des ajouts organiques de savon ou d'huile, qui facilitent le lustrage à l'aide d'un fer chaud. Il est important de connaître les caractéristiques du *stucco lucido*, afin d'éviter des erreurs de restauration et de pouvoir conserver durablement ces finitions précieuses. Aucune technique moderne ne peut remplacer la solidité et l'effet brillant et captivant du *stucco lucido*, présent en Corse dans plusieurs centaines d'éléments d'architecture, autels, baptistères ou chaires de nombreux édifices sacrés : une merveille d'un autre temps.**

❖❖❖

Le *stucco lucido* est une technique illusionniste d'imitation de marbre très ancienne, connue en Corse depuis l'Antiquité romaine et redécouverte par les bâtisseurs des églises à l'époque baroque. C'est une technique très élaborée à base de chaux, de poudre de marbre et de sables très fins contenant des minéraux polissables. Le *stucco lucido* est principalement une fresque pure, polie grâce à un grand savoir-faire.

Peu de recherches ont été effectuées sur l'histoire du *stucco lucido*. Jusqu'à la fin du XXe siècle, des chercheurs, des restaurateurs et des historiens de l'art ont écrit que la technique des fresques polies avait disparu avec la chute de l'Empire romain et avait été remplacée par d'autres techniques de lustrage dès la Renaissance. Ce sont les restaurateurs Paolo et Laura Mora[1], qui furent les premiers, dans les années 1970, à identifier correctement cette technique qu'ils nommèrent « *expolitiones* romains » et à faire le lien avec l'*expolitus* que l'architecte romain Vitruve décrit dans le livre VII de ses « dix livres de l'architecture » au Ier siècle avant J.-C.

Stucco lucido, ce terme transmis par des artisans du Nord-Est de l'Italie, a été le nom choisi par le Professeur Oskar Emmenegger pour nommer cette fameuse technique si répandue en Corse, qui est identique à celle utilisée pour les peintures murales polies de Pompéi découvertes à la fin du XIXe siècle, et qui sont restées longtemps méconnues car interprétées de manières diverses et souvent erronées jusqu'à nos jours.

L'origine géographique de cette technique de la fresque polie est inconnue. Est-elle la Mésopotamie, au Moyen-Orient, plus ou moins l'Irak actuel ? Ou la Grèce ? Ou la Thrace ? Ou le temple de Salomon à Jérusalem ? Ce n'est certainement pas l'ancienne Égypte qui pratiquait une autre tradition de techniques d'enduits avec des ajouts de plâtre et des encaustiques à base de cires fondues ou dissoutes dans des essences de térébenthine (voir, par exemple, les célèbres portraits funéraires du Fayoum, aux Ier et IIe siècles après J.-C.).

Au début, il y a la volonté, dans des régions pauvres, de créer une œuvre brillante, resplendissante, imitant les matières les plus belles et les plus nobles avec peu de moyens et de matières premières, mais avec un grand savoir-faire. Ces matières nobles, que les artisans essayent d'imiter, sont par exemple l'ivoire poli, l'ambre, l'or, l'obsidienne polie (appelée aussi « miroir des Incas ») ou bien le marbre poli. En langue grecque *marmaros* signifie pierre luisante.

LE RÊVE DU MIROIR

L'architecte romain Vitruve (né vers 70 av. J.-C.) exige que l'effet final du *stucco lucido* doit être tel que, dans un regard, on puisse retrouver sur cette surface brillante le reflet de sa propre image. Cet effet de miroir est l'aboutissement dans la perfection du savoir-faire de l'artisan. La force symbolique du miroir existe depuis plusieurs millénaires. Les plus anciens miroirs du monde connus à ce jour sont les miroirs en obsidienne polie, trouvés dans les tombes néolithiques de Catalhüyük en Anatolie. Ils ont plus de 7 000 ans.

Au IVe siècle avant J.-C., Platon écrit dans son Dialogue *Alkibiádēs*, que Socrate conseillait à ses élèves de se contempler dans un miroir afin de se reconnaître soi-même. C'est le fameux « *gnoti se autòn* ». Vers 200 avant J.-C., Jésus

1. Cf. MORA Paolo et Laura, *La Conservation des peintures murales*, Bologna, Compositori. 1977.

Sirakh a écrit dans un des livres sapientiaux de l'Ancien Testament, que les miroirs et les songes sont des choses semblables (34, 3). Dans *Métamorphoses*, le poète romain Ovide (né en 43 avant J.-C.), parle de l'antique mythe du malheureux Narcisse, amoureux de son reflet dans l'eau. Dans le Nouveau Testament, l'apôtre Paul utilise l'image du miroir dans la première lettre aux Corinthiens, au milieu du fameux chapitre XIII qui parle de l'amour et du sens de la vie : « Aujourd'hui nous voyons comme dans un miroir, imparfaitement, alors, nous verrons face à face. » Puis dans la seconde lettre aux Corinthiens (3, 18) : « Et nous tous, qui contemplons comme dans un miroir la gloire du Seigneur (*tèn doxan Kyriou*), nous sommes transformés à son image, de gloire en gloire (*apo doxès eis doxan)*, par l'action du Seigneur qui est Esprit. » La sagesse populaire nous dit, que la beauté est l'éternité qui se contemple dans un miroir. Et que chaque petite goutte de rosée peut être un miroir de Dieu.

LE *STUCCO LUCIDO*, QU'EST-CE EXACTEMENT ?

Le *stucco lucido* est une technique mal comprise, car souvent confondue avec différentes autres techniques d'imitation de marbres et de pierres précieuses : d'une part, le stuc marbre à base de gypse naturel, appelé aussi plâtre, et de colle animale ; d'autre part, le stuc lustré ou *stucco lustro*, qui est une technique à sec (*a secco*), avec des ajouts organiques de savon ou d'huile ou de cire, afin de faciliter le lustrage à l'aide d'un fer chaud. Cette technique a été décrite en détail à partir du XVe siècle, notamment par des humanistes, artistes et architectes de la Renaissance. Leon Battista Alberti (1404-1472) décrit dans sa théorie d'architecture « *de re aedificatoria* », en 1452, le « *stucco des anciens* » : « La couche peinte peut être polie très finement, si tu ajoutes un peu de savon blanc dilué dans de l'eau tiède. Mais très peu, car si tu le fais trop gras, la peinture deviendra mate. » Vitruve, l'architecte de l'Antiquité romaine, ne parlait pas d'ajouts de savon pour ses fameuses surfaces luisantes et brillantes qu'il voulait solides et durables. Chaque ajout organique diminue la résistance et fragilise une œuvre.

Il existe aussi plusieurs autres techniques nommées *stucco veneziano, stucco romano, Taddellak* ou *Tidlak* et bien d'autres dénominations déroutantes, car souvent contradictoires, voire trompeuses. Le mieux est de se mettre d'accord sur ce dont on parle, comme en philosophie, en demandant la définition précise du contenu que ces différentes dénominations désignent.

Contrairement aux techniques à base de plâtre ou avec différents ajouts organiques, le *stucco lucido* est une technique à fresque (*a fresco*), donc peinte dans l'enduit frais, encore humide, technique utilisée depuis l'Antiquité, sans aucun ajout organique. Les pigments utilisés sont l'ocre rouge, du rouge cinabre ou vermillon (sulfure de mercure, un des pigments les plus chers de l'Antiquité), l'ocre jaune lumineux, du vert et du bleu à base de cuivre, le noir de végétaux ou d'ossements et le blanc de chaux. Souvent, on peut apercevoir des fines lignes blanches qui ont été gravées dans la couche picturale encore fraîche et humide : c'est une preuve supplémentaire que le *stucco lucido* est bien une fresque.

Le polissage est fait mécaniquement par la pression du lissage avec un outil appelé *liaculum* par Vitruve ou *léantèrion* en grec, un outil soit en métal, en pierre ou en dent animale. Ce polissage doit être fait à un moment précis, qui varie selon l'épaisseur de l'enduit et l'humidité qu'il contient, la température ambiante, l'humidité de l'air et bien d'autres choses encore. Avec l'aide d'une lumière rasante et un peu d'entrainement pratique, on peut voir les traces caractéristiques du polissage, surtout sur les formes ondulées, galbées, concaves, convexes, arrondies ou torses des œuvres en *stucco lucido* de l'époque baroque.

1. Bisinchi, église paroissiale, autel latéral sud, repeint avec des peintures violettes inadaptées © Monique Traeber-Fontana

Il est important de connaître les caractéristiques du *stucco lucido*, afin d'éviter des erreurs de rénovation et de pouvoir conserver ces finitions précieuses pour les générations futures. Je prends comme exemple d'erreur de rénovation un autel latéral sud dans l'église paroissiale San Michele de Bisinchi, repeint à la fin du XXe siècle en violet avec des peintures inadaptées, qui étouffent et détruisent le *stucco lucido* (fig. 1). Cet autel est dans un état précaire, extrêmement fragile, et devrait être consolidé rapidement, avant qu'il ne soit trop tard.

Le *stucco lucido* relève de l'intemporelle relation entre nature et culture, matière première et *opera umana* : selon Vitruve, qui exigeait que tout architecte dût avoir une formation complémentaire en philosophie, les quatre composants du *stucco lucido* proviennent des quatre éléments (concept fondamental ancestral perfectionné par les Pythagoréens au VIe siècle av. J. C.) :

1. La pierre calcaire ($CaCO^3$) brûlée dans le FEU, perd son CO^2 et devient la chaux vive (CaO).

2. L'eau, pour éteindre la chaux vive et la transformer en chaux en pâte ($Ca(OH)^2$) qui doit reposer, toujours recouverte d'eau, pendant plusieurs mois, mieux encore pendant plusieurs années, pour devenir une chaux en pâte entièrement éteinte et donc de bonne qualité.

3. Sable et terres argileuses, contenant de l'aluminium, du manganèse, du magnésium, par exemple, caolin, bolus, argiles vertes et noires, appelées « *politiones* » par Vitruve. Les *politiones* sont indispensables pour obtenir un beau poli.

4. CO^2, le dioxyde de carbone, qui est l'AIR que nous expirons, pour le durcissement de l'enduit à la chaux.

L'HISTOIRE DU *STUCCO LUCIDO* DE L'ANTIQUITÉ À NOS JOURS

Le plus ancien exemple de *stucco lucido* connu à ce jour se trouve dans un tombeau thrace à Kazanlak en Bulgarie, datant du IVe siècle avant J.-C. Ce tombeau avec son décor rouge profondément foncé et poli, qui entoure une fresque ronde, formée par huit anneaux de cercles contenant dix chevaux, quatorze personnages et vingt-quatre symboles qui gravitent autour d'un centre, est classé au Patrimoine mondial de l'Unesco.

L'Antiquité romaine a beaucoup utilisé la technique du *stucco lucido*, connue notamment grâce aux fouilles archéologiques de Pompéi où des décors en *stucco lucido* sont omniprésents dans les demeures des citoyens riches, mais aussi à Aventicum (Avenches dans le canton de Vaud) et à Vindonissa (Windisch dans le canton d'Argovie) en Suisse, également à Mariana en Corse, dans des fragments de peintures murales de l'époque romaine trouvés en 1962 par Geneviève Moracchini-Mazel sous les vestiges de l'episcopium paléochrétien. C'est en décembre 2018, que le professeur Oskar Emmenegger (qui avait eu plusieurs échanges scientifiques avec Geneviève Moracchini-Mazel depuis 2004), confirma l'existence de *stucco lucido* corse d'époque romaine dans le dépôt du musée archéologique de Mariana. Parmi les plusieurs centaines de fragments de peintures murales qui proviennent probablement d'un bâtiment disparu de l'Antiquité romaine, on peut observer plusieurs groupes et différentes techniques utilisées :

- Les fragments qui ont beaucoup souffert de l'humidité, ce qui a fait disparaître l'aspect brillant de leur surface devenue mate ;
- Les fragments recouverts de concrétions cristallines extrêmement dures, qui empêchent tout jugement ;
- Les fragments peints à fresque sur fond lisse, mais non lissés, avec traces de pinceau visibles ;
- Les fragments peints à fresque sur fond lisse, et re-lissés pour les densifier puis polis entre quatre et quinze heures plus tard, selon la technique du *stucco lucido*, ou de l'*expolitus* que Vitruve décrit dans le livre VII des *Dix livres de l'architecture* ;
- Les fragments à fonds lissés puis partiellement décorés avec lignes et frises ajoutées *a secco*, non lissés.

Les pigments utilisés à Mariana en Corse sont des terres rouges, jaunes et vertes, *caput mortuum*[2], blanc de chaux, noir végétal et bleu égyptien.

2. Pigment naturel de couleur brun violacé.

À Kellia en Basse-Égypte, les moines coptes utilisaient la technique du *stucco lucido* pour décorer leurs ermitages entre le IVe et le VIe siècle.

Pendant l'époque carolingienne, des moines bénédictins ont transmis le savoir-faire de cette technique précieuse héritée de l'Antiquité gréco-romaine. Nous le savons grâce à des fragments de colonnes d'un ciboire trouvés lors de fouilles archéologiques dans les années 1980-1983 par l'archéologue Hans-Rudolf Sennhauser dans l'église Saint-Martin du couvent bénédictin de Disentis dans les Grisons en Suisse (église mentionnée en 765 dans le Testament de Tello).

Entre le IXe et le XVe siècle, nous avons un « trou de connaissance » concernant des exemples répertoriés de la technique du *stucco lucido*, qui semble devenir de plus en plus rare. Nous connaissons un exemple du XIIe siècle dans l'église d'Untermais près de Meran en Tyrol du Sud, une imitation de porphyre sur l'arc triomphal, côté chœur; un autre exemple à Como, en Lombardie, daté du XIVe siècle, dans la basilique bénédictine de Sant Abbondio, consacrée en 1 095. Ces exemples sont la preuve que l'antique tradition des fresques lustrées n'a jamais été complètement oubliée.

Pour le XVIe siècle, nous avons l'exemple de l'église Santa Croce, construite entre 1588 et 1592 à Riva San Vitale dans le Tessin. Les colonnes de la chapelle latérale sud sont décorées en *stucco lucido*, qui imite un magnifique marbre blanc, veiné de rouge cinabre, d'ocre jaune lumineux, de terre verte et de violet, presque plus beau que la nature.

À partir du XVIIe siècle, la technique du *stucco lucido* réapparait, plus belle que jamais, dans les régions pauvres des lacs préalpins, dans quelques vallées du Nord de l'Italie, du Tessin et des Grisons en Suisse, et surtout dans toutes les régions de l'île de Corse, où cette technique est appliquée jusqu'au début du XIXe siècle.

L'art du *stucco lucido* fut transmis jusqu'au Brésil par des moines bénédictins et franciscains, et aussi dans l'Est de l'Europe jusqu'en Russie par des *maestri* du Tessin, des Grisons et de la région de Como.

QUELQUES EXEMPLES CORSES DE *STUCCO LUCIDO*

En Corse, nous avons actuellement plusieurs centaines d'œuvres en *stucco lucido* répertoriées entre le XVIIe et le XIXe siècle dans des églises baroques ou des églises romanes baroquisées: autels, chaires, baptistères, certains éléments d'architecture, quelques clôtures de chœur : appelées aussi tables de communion, devenues très rares, car souvent remplacées par des constructions en vrai marbre au XIXe siècle ou démontées au XXe siècle. Les auteurs d'œuvres en *stucco lucido* du XVIIe siècle cherchent à imiter des incrustations de marbres colorés avec beaucoup d'exactitude, ce qu'ils maîtrisent parfaitement. Les œuvres du XVIIIe siècle sont souvent, elles aussi, des imitations de différents marbres et d'incrustations de pierres colorées, mais nous voyons apparaître des libertés artistiques pittoresques, par exemple des marbres fantaisistes, des feuillages, des fleurs, des fruits, des animaux, des personnages.

EXEMPLES POUR DES ÉLÉMENTS D'ARCHITECTURE DÉCORÉS EN *STUCCO LUCIDO*

Santa Reparata di Balagna, hameau d'Occiglioni, église San Roccu : pilastres de la nef, 1766. Après la découverte faite en 1994 lors de notre première étude réalisée en collaboration avec Madeleine Allegrini, les analyses d'un laboratoire français ont confirmé qu'il n'y avait ni plâtre, ni aucun ajout organique. Le décor n'a donc rien à voir avec les « gypseries » françaises, ni non plus avec le stuc marbre ou le *stucco lustro* de la Renaissance. Nous étions alors au tout début de nos recherches concernant le *stucco lucido.*

Ajaccio, cathédrale Santa Maria Assunta, construite entre 1582 et 1593 : autour d'une fenêtre, dans la chapelle sud collée au chœur, sous plusieurs couches de rénovations. Il serait important et intéressant de faire des sondages et une étude de cette chapelle et de l'intérieur de la cathédrale tout entière avant les travaux de restauration prévus prochainement. Il est possible de trouver ici les premiers témoins corses de *stucco lucido* du XVIe siècle.

San Nicolao di Moriani, église paroissiale San Nicolao : pilastres d'entrée des chapelles latérales.

Patrimonio, église paroissiale San Martinu : murs et pilastres de la chapelle latérale sud, actuellement repeints en beige (découverts lors d'une recherche complémentaire avec Madeleine Allegrini en 2014).

Speluncato, église paroissiale Santa Maria Assunta : mur du fond du chœur, repeint plusieurs fois en blanc au XXe siècle.

EXEMPLES D'ÉGLISES ROMANES AVEC DES AUTELS OU CHAIRES EN *STUCCO LUCIDO*

Aregno, église de La Trinité : maître-autel d'Antonio Sartori delle Ville (restauré en 2013 par Madeleine Allegrini).

Canari, église piévane Santa Maria Assunta : cuve de l'autel latéral sud. Le maître-autel, l'autel latéral nord et la chaire, entièrement repeints n'ont pas pu être identifiés.

Castellare di Casinca, église piévane San Pancrazio : autel de l'abside centrale datant du XVIIIe siècle.

Corbara, église San Cipriano e Cornelio : maître-autel entièrement repeint en bleu clair dans sa partie haute.

Corbara, église Notre-Dame du Laziu : deux autels latéraux. Le maître-autel a été transformé au XIXe siècle et repeint ; il ne peut pas être identifié sans dégagement des repeints.

Quercitellu, église San Ciprianu : chaire datée de 1 733 (restaurée par Madeleine Allegrini en 1992).

Saliceto, église Saint-Antoine en ruine : fragments de *stucco lucido* (identifiés au cours de l'été 2022, en collaboration avec Madeleine Allegrini pour Patrick Ferreira de l'Institut national de recherches archéologiques préventives).

SÉLECTION D'AUTELS EN *STUCCO LUCIDO* DANS DES ÉGLISES DE COUVENTS FRANCISCAINS

Canari, église paroissiale qui est l'ancienne église du couvent franciscain, fondé en 1506 : maître-autel et quatre autels latéraux, partiellement repeints.

Cateri, église du couvent franciscain de Marcassu : autel latéral du Saint-Ange gardien (fig. 2), créé avant 1 684 (mentionné dans le *Libro maestro* du couvent de Marcasso comme déjà existant en 1 684). Cet autel a été repeint en blanc, à part les colonnes torses en *stucco lucido*, qui ont gardé leur beauté d'origine et leur luisance extraordinaire depuis plus de trois siècles. Selon Caroline Paoli, cet autel serait attribuable à un membre de la famille Friscione qui œuvra en Corse, entre 1678 et 1707, pendant presque trente ans. La famille Friscione est originaire de Campione, enclave italienne au bord du lac de Lugano, dans le canton du Tessin.

2. Cateri, église du couvent franciscain de Marcassu, autel latéral nord du Saint-Ange gardien, avant 1684 © Monique Traeber-Fontana

Nonza, église en ruine du couvent franciscain fondé au XIIIe siècle : autels latéraux du XVIIe siècle.

Murato, église du couvent franciscain : autel latéral de l'Immaculata, repeint (sondages en collaboration avec Madeleine Allegrini en 2008).

Piedicroce d'Orezza, église en ruine du couvent San Francesco d'Orezza, fondé au XVe siècle : autels latéraux d'Ignazio Saverio Raffalli. L'un d'eux est daté 1 769.

Sainte-Lucie-de-Tallano, église du couvent franciscain, fondé en 1492 : cuve de l'autel latéral de Saint-Antoine de Padoue (fin XVIIe siècle) et quelques parties du maître-autel en marbre polychrome, fabriqué à Gênes en 1 604 et installé en Corse-du-Sud en 1 697 sont faites en *stucco lucido* d'excellente qualité, non repeintes.

EXEMPLES D'AUTELS EN *STUCCO LUCIDO* EN BALAGNE

Corbara, collégiale de l'Annunziata : quatre autels latéraux, dont deux datés 1 681 et 1684, d'excellente qualité.

Monticellu, église de la confrérie San Carlu, datée 1697 : le somptueux maître-autel n'a jamais été repeint.

Aregno, église paroissiale Saint-Antoine abbé : autel latéral de Saint Antoine abbé (restauré par Madeleine Allegrini en 2015).

Pigna, église paroissiale de l'Immaculata : autel latéral de l'Immaculata, daté 1 750 (restauré par Madeleine Allegrini assistée par Angelo Fontana, en 2022).

Montemaggiore, église paroissiale Sant Agostino : autel latéral du Rosaire, XVIIIe siècle, en grande partie repeint en blanc et en bleu clair, avec quatre colonnes torses imitant du marbre noir veiné de blanc.

Montemaggiore, petite église San Ghjaseppu : maître-autel décoré par des guirlandes de feuilles d'acanthe peintes en ocre lumineux, entourées par des lignes rouges sur fond blanc.

Ville di Paraso, église paroissiale San Simone : autels latéraux signés et datés du stucateur corse « Domenico Impernetti di Sorbo Casincae 1 772 et 1 778 ».

Costa, confrérie : le magnifique autel, signé et daté « 1 778 m. Anto Sartori delle Uille », est l'œuvre d'Antonio Sartori de Ville di Paraso, élève du *maestro* corse Domenico Impernetti de Sorbo di Casinca[3].

Lama, église paroissiale : magnifique autel latéral de San Filippo Neri, malheureusement entièrement repeint en beige.

3. Au sujet des filiations très intéressantes entre *maestri ticinesi*, *comacini* et corses, voir Caroline PAOLI-LICCIA, « Les Raffalli de Piedicroce d'Orezza, « Les Raffalli de Piedicroce d'Orezza, peintres-stucateurs dans les églises de Corse aux XVIIIe et XIXe siècles. Leurs origines, leur art, leurs inspirateurs et leur véritable école », *Cahier Corsica*, n° 191 2000.

EXEMPLES D'AUTELS EN *STUCCO LUCIDO* DANS LE CAP CORSE

Nonza, église paroissiale de Sainte Julie : trois autels latéraux. Le maître-autel, en marbre, provient du couvent franciscain.

Poretto di Brando, oratoire Santa Croce, maître-autel.

Pozzo di Brando, chapelle privée San Giovanni Battista : maître-autel (1 728) de Domenico Baino, originaire de Como.

Brando, hameau Silgaggia, chapelle privée Santa Lucia, construite entre 1758 et 1759 : autel repeint.

Olcani, chapelle San Roccu : autel San Roccu. Sa cuve, son tabernacle et ses deux gradins sont plaqués de marbre depuis la fin du XIXe siècle, son retable avec fronton en forme de pagode et la tête d'ange aux cheveux entremêlés de fleurs et de petits fruits sont totalement repeints en beige, jaune et bleu clair depuis la fin du XXe siècle.

EXEMPLES D'ŒUVRES EN *STUCCO LUCIDO* EN CASTAGNICCIA

3. Piedicroce, église paroissiale, partie haute du maître-autel en *stucco lucido* , daté et signé 1707 Angelo Maria Fontana. Malheureusement entièrement repeint en beige. ©Antoine Perigot.

La Porta d'Ampugnani, église paroissiale San Giovanni Battista : maître-autel (1 707) de Domenico Baino, originaire de Como, repeint en gris et bronzine. Le fond noir des deux colonnes torses décorées avec des ramages de vigne n'ont pas été repeints.

Piedicroce d'Orezza, église paroissiale San Pietro e San Paolo : maître-autel malheureusement entièrement repeint en beige, daté et signé 1707, Angelo Maria Fontana, originaire du Tessin (fig. 3). Le retable est entouré de sept anges dansants et surmonté par le Christ en croix accompagné par les personnifications des trois vertus théologales, la Foi avec le saint calice, l'Espérance avec l'ancre et la Charité qui offre ses seins à trois enfants. Des îlots de décor qui apparaissent sous les repeints beiges montrent une coloration d'origine en rouge et ocre doré très vive. Cet autel mériterait une restauration professionnelle révélant la beauté sublime de ce chef d'œuvre. Ce maître-autel puis les trois autels latéraux de l'Immaculata, de la Sainte-Croix et de Saint-Léonard de Noblat dans cette même église, attribuables à Angelo Maria Fontana, ont influencé l'œuvre de Giovanni Raffalli et de son fils Ignazio Saverio Raffalli de Piedicroce d'Orezza.

4. Piedicroce, église paroissiale, chaire du *maestro* corse
Giovanni Raffalli, datée 1723
© Rufino Emmenegger

Croce d'Ampugnani, église paroissiale San Pietro e San Paolo, chaire datée 1 723 (fig. 4) du *maestro* corse Giovanni Raffalli, né en 1 685 à Piedicroce d'Orezza et baptisé dans cette église.

Morosaglia, église du couvent franciscain : chaire du *maestro* corse Giovanni Raffalli, datée 1 730. Le maître-autel et la table de communion de l'époque baroque ont été remplacés par du marbre au XIXe siècle.

Gavignano, église paroissiale de l'Annunziata : chaire du *maestro* corse Ignazio Saverio Raffalli, datée 1 764 (restaurée par Madeleine Allegrini en 2022) ; cinq autels latéraux, datés 1768, partiellement repeints ; baptistère et table de communion, entièrement repeints.

Piedicroce d'Orezza, église paroissiale San Cesario : maître-autel, chaire et cinq autels latéraux, partiellement repeints.

EXEMPLES D'ŒUVRES EN STUCCO LUCIDO DANS LA RÉGION DE LA CÔTE ORIENTALE

Cervione, cathédrale Saint Erasme : chaire non signée.

Santa Lucia di Moriani, église paroissiale Santa Lucia : chaire du *maestro* corse Giovanni Raffalli, datée 1 719.

San Giovanni di Moriani, église paroissiale San Giovanni : chaire datée de 1736, du *maestro* corse Giovanni Raffalli (restaurée en 1994 par Madeleine Allegrini).

San Nicolao di Moriani, église paroissiale San Nicolao : chaire datée de 1 740 du *maestro* corse Giovanni Raffalli en collaboration avec son fils Ignazio-Saverio, âgé de 25 ans ; maître-autel d'Ignazio Saverio Raffalli, daté 1 765 ; autels latéraux (restaurés en 2015 par Maria Teresa Donetti sous la maîtrise d'œuvre de l'architecte du patrimoine Jean Manuel Paoli).

Loreto di Casinca, église paroissiale Sant Andria : autels latéraux (restaurés par Madeleine Allegrini après 2003).

Isolaccio di Fiumorbo, église paroissiale de l'Annunziata : chaire repeinte en rose.

Ventiseri, église paroissiale San Giovanni : chaire extraordinaire, soutenue par un homme moustachu, attribuable à Ignazio Saverio Raffalli (fig. 5). Cette chaire est influencée par les autels d'Angelo Maria Fontana à Piedicroce d'Orezza avec leurs personnages caractéristiques : saint Pierre en relief enchaîné sous la mensa ; saint Pierre et saint Paul, sur le troisième gradin du maître-autel ; le Christ en croix, entouré par la personnification des trois vertus théologales en ronde bosse dominant l'ensemble ; Saint Léonard de Noblat en relief, dans le retable d'un autel latéral.

5. Ventiseri, église paroissiale San Giovanni, chaire attribuable à Ignazio Saverio Raffalli. © Monique Traeber-Fontana.

EXEMPLES D'AUTELS EN *STUCCO LUCIDO* EN CENTRE CORSE

Corte, église paroissiale de l'Annunziata : autels latéraux.

Corte, oratoire Santa Croce : maître-autel.

Corscia, petite église Santa Maria Annunziata : autel latéral (restauré par Madeleine Allegrini en 2004).

Erone, église paroissiale San Martinu : deux autels latéraux, repeints en 2006.

San Lorenzo, église paroissiale San Lorenzo : maître-autel daté 1729, attribuable à Giovanni Raffalli.

EXEMPLES D'AUTELS EN *STUCCO LUCIDO* EN CORSE-DU-SUD

Aullène, église paroissiale San Nicolao : maître-autel et autels latéraux de Saint-Antoine et de l'Immaculata (les autels étaient entièrement repeints et n'avaient pas pu être identifiés lors de notre dernière visite. Merci à Michel-Edouard Nigaglioni pour les photos des autels restaurés).

Coggia, église San Giacomo, chapelle latérale de la confrérie du Rosaire : cuve de l'autel avec décor d'origine en *stucco lucido* d'excellente qualité, non repeint.

Bonifacio, Santa Maria Maggiore : trois autels latéraux, entièrement repeints lors de notre dernière visite.

Bonifacio, ermitage franciscain de La Trinité : maître-autel du XVIIIe siècle, entièrement repeint.

Fozzano, église paroissiale A Nunziata : deux autels latéraux de Notre-Dame du Mont-Carmel et des Âmes du Purgatoire, entièrement repeints en blanc. Des sondages effectués en 2010 par Ewa et Nicolas Poli ont mis à jour des imitations d'incrustations de marbres rouges, jaunes, noirs et blancs et des inscriptions précieuses sur les murs du fond des deux chapelles latérales : « Anno Domini MDCLXXXVI Ianuari 10. Btta X » et « Anno Domini 1 686. 8. Mar. Io. Baptista Decimus Faber », avec le nom complet du stucateur d'origine inconnue pour le moment.

Zigliara, église paroissiale Santa Maria, terminée en 1678 : autel (restauré par Ewa et Nicolas Poli, et leur équipe).

Sorbollano, église paroissiale Sant Andria : autel latéral de l'Immaculata, daté 1711, en grande partie repeint en blanc, noir et jaune dans sa partie haute

EXEMPLE DE MAÎTRE-AUTEL EN *STUCCO LUCIDO* DU DÉBUT DU XIXe SIÈCLE

Omessa, église paroissiale Saint-André, maître-autel. Le *maestro*, qui a daté ce maître-autel « *il 16 Giugno 1800* », est Giovanni Raffalli, (1757-1812), fils d'Ignazio Saverio Raffalli et petit-fils du premier Giovanni Raffalli, (qui fut l'auteur de la chaire de l'église paroissiale de Piedicroce, cf. fig. 4). Le maître-autel d'Omessa représente le plus jeune exemple de finition parfaite en *stucco lucido* que nous avons rencontré. Les traces de lissage, qui sont la preuve visuelle qu'il s'agit d'un véritable *stucco lucido*, sont bien reconnaissables à la lumière rasante (ce maître-autel, maître-autel qui était entièrement en gris et en noir, a été restauré en 2014 par Ewa et Nicolas Poli et leur équipe).

CONCLUSION

Le très grand nombre d'œuvres en *stucco lucido* qui enrichit l'art sacré en Corse entre le XVIIe et le début du XIXe siècle est très surprenant et peut-être unique en Europe. Ces œuvres illustrent le thème des matières premières, des techniques employées et transmises depuis des millénaires et des échanges entre *maestri* souvent inconnus, qui n'ont pas signé leurs œuvres, mais aussi *maestri comacini, ticinesi* et corses.

Pourtant, l'existence même du *stucco lucido* corse et son importance n'est connue que par quelques « passionnés initiés ». Le répertoire provisoire corse de cette technique est très incomplet, car une grande partie d'œuvres en *stucco lucido* est fortement défigurée par de nombreux repeints et vernis du XIXe et du XXe siècle, et ne peut actuellement pas être visible et identifiée. Ces œuvres mériteraient une restauration sérieuse. Car tout ce que nous retrouvons, reconnaissons, comprenons et restaurons, nous enrichit. Selon plusieurs spécialistes de l'histoire des techniques de l'art, le *stucco lucido* présent en Corse en plusieurs centaines d'exemples et en grande partie magnifiquement conservé, serait digne d'être classé au titre du Patrimoine mondial de l'Unesco.

Par-dessus tout, le *stucco lucido* est un témoignage pour le lien millénaire entre nature et culture, entre matières premières et *opera umana*, qui tente depuis la nuit des temps de relier les Hommes au ciel, l'ici-bas à l'au-delà, la finitude à l'éternité. Des signes pour le dialogue de l'Homme avec un autre monde. L'apparition resplendissante de Dieu est nommée *kabod* dans l'Ancien Testament, traduit par *doxa* accompagnant une Théophanie dans la Bible grecque des Septante, par « gloire » en français. C'est pour la gloire de ce Dieu resplendissant que les *maestri* de l'époque baroque créèrent entre autres des chefs-d'œuvre en *stucco lucido* [4].

❖❖❖

Bibliographie complémentaire

EMMENEGGER Oskar, *Historische Putztechniken*, Zürich, Triest Verlag, 2016 (le chapitre final est consacré au *stucco lucido*).

EMMERLING Erwin et *al.*, « *Firmitas et Splendor* », *Vitruv und die Techniken des Wanddekors*, München, 2014.

FONTANA Rino et TRAEBER-FONTANA Monique, « Colorations extérieures des monuments baroques, état actuel des recherches en Corse et en Europe », *Cahiers Corsica*, n° 228-231, 2007.

FONTANA Rino, TRAEBER-FONTANA Monique et TRAEBER Michel, « L'art baroque en Corse », *Cahiers Corsica*, n° 172-175, 1997, p. 2-37.

KNÖPLI Albert, EMMENEGGER Oskar, *Reclams Handbuch der künstlerischen Techniken*, vol. 2, Stuttgart, Reclam Verlag, 1990.

MATTEI Nicolas, 2009, *Le baroque religieux corse*, Ajaccio, Albiana, 2009.

TRAEBER-FONTANA Monique et EMMENEGGER Oskar, « Tessin et Grisons, fresques du XVe siècle et leurs racines lointaines dans l'espace et le temps », in *Fresques de Corse et de Méditerranée occidentale.* Sguardi incruciati*, regards croisés*, 2020.

TRAEBER-FONTANA Monique, « *Maestri ticinesi*, *comacini* et *antelami* au service du patrimoine architectural civil et militaire de la Corse : contre l'oubli, pour une culture de la mémoire », *Bulletin de la Société des sciences historiques et naturelles de la Corse* (*BSSHNC*), fasc. 764-765, 2018, p. 73-90.

TRAEBER-FONTANA Monique, « *Maestri ticinesi*, *comacini* et *antelami* au service du patrimoine religieux de la Corse », *BSSHNC*, fasc. 776-777, 2021, p. 41-68.

4. Un grand merci en particulier à mon mari Rino Fontana et à mon frère Michel, qui, de là-haut, ne cessent de vivre auprès de nous et d'encourager nos recherches, à Madeleine Allegrini pour son accompagnement critique et éclairé depuis tant d'années, ainsi qu'à l'entreprise Fontana & Fontana à Jona, en Suisse, dont le fidèle soutien financier, depuis bientôt trente ans, nous permet de réaliser nos travaux de recherches sur les décors d'églises baroques de Corse.

LE STUC, DÉCORS ET TECHNIQUES DANS LES ÉGLISES DE CORSE

Caroline Paoli

RÉSUMÉ

Le stuc, constitué principalement de chaux et de poudre de marbre appliqué sur des âmes de maçonnerie, constitua en Corse du XVIe au XIXe siècle l'un des principaux matériaux utilisés dans les églises de Corse. Décors peints à fresque sur des enduits d'une qualité exceptionnelle, bas-reliefs, hauts-reliefs, rondes-bosses, mais aussi autels entiers, chaires et fonts baptismaux furent exécutés par des maîtres stucateurs venus principalement de Ligurie, de Lombardie, mais aussi de Toscane et de Suisse; ils transmirent leur savoir à des Corses. Au fil du temps, au travers de leurs œuvres et de documents manuscrits spécifiant les matériaux à employer, les ornements à façonner, les styles ou les modèles à exécuter, il nous a été possible de retracer les divers apports de ces maîtres et de cerner précisément l'évolution stylistique et technique de ces décors depuis la période maniériste jusqu'à celles du Baroque et du Barocchetto.

❖❖❖

Le stuc, constitué principalement de chaux et de poudre de marbre appliqué sur des âmes de maçonnerie, fut massivement employé dans les églises de Corse à l'époque moderne et jusqu'au XIXe siècle. Modelé, estampé, sculpté, poli, lustré, peint ou doré, il fut non seulement utilisé pour la réalisation du mobilier liturgique par destination (autels et retables, chaires à prêcher, fonts baptismaux, etc...), mais également pour les décors d'architecture intérieurs et – bien que plus rarement – extérieurs. Au travers des formes et des ornements que les maîtres stucateurs lui donnèrent, il fut le vecteur le plus parfait des expressions des courants et styles artistiques dans les édifices religieux de l'île; il fut même le traducteur par excellence du style par la forme, alors que les structures architecturales des églises restaient elles-mêmes majoritairement très simples. Grâce aux recherches en archives, nous avons pu identifier un certain nombre de maîtres stucateurs et ainsi restituer ou attribuer une paternité à leurs œuvres encore non identifiées – plus de quatre cents ans plus tard pour les plus anciennes. Nous allons en présenter ci-après une partie, au travers d'un choix de la production bien documentée de certains d'entre eux.

LE MANIÉRISME ET LES PRÉMICES DU BAROQUE : LES MAESTRI AICARDO, MARENGO, MERIGO ET BAGNOLI

L'un des contrats de commande les plus anciens date de la fin du XVIe siècle. L'œuvre concernée a malheureusement disparu, mais les détails stipulés dans l'acte notarié sont essentiels pour la connaissance de ce qu'un notable fortuné pouvait commander à un stucateur à Bastia en 1 593. *Messer* Pier Giovanni Casella, très important notable bastiais de cette époque, employa en effet le 16 octobre de cette même année le *maestro* Angelo Aicardo fils de feu Antonio (activité attestée dans l'île de 1593 à 1606), originaire de Porto Maurizio (ou plutôt de sa micro-région), situé sur la Riviera del Ponente, en Ligurie. Ce *maestro*, comme la grande majorité des stucateurs de cette période en Corse et même en Terre-Ferme, est également maître-maçon. À cette époque, cette qualité est acquise après un apprentissage de trois à cinq ans auprès d'un Maître qui va dispenser un enseignement théorique et pratique dans divers domaines, au terme duquel le nouveau *maestro* sera capable de concevoir et superviser un chantier de construction du début à la fin, plans compris ; et quelquefois les décors d'architecture aussi. Après des années de carrière, les meilleurs deviennent des *capi maestri* de renom. Angelo Aicardo est l'un d'entre eux. Pour la somme de 250 lires[1], il doit ainsi faire le toit et l'enduit extérieur d'une chapelle particulière appartenant à *Messer* Casella, sise au couvent Saint-François de Bastia. Il doit en réaliser le décor intérieur « de tous côtés, ainsi que les colonnes, et les corniches travaillées[2] », le tout selon le dessin que le *maestro* a soumis à son commanditaire au préalable. Mais c'est *Messer* Casella qui doit fournir les matériaux les plus coûteux : « toutes les couleurs et l'or, y compris la poudre de marbre qu'il faudra ». Ces derniers éléments ne laissent aucun doute sur les travaux entrepris : il s'agit bien de tout un décor d'architecture de chapelle privée – l'autel n'est pas mentionné, on ne peut l'inclure – qui est alors exécuté en stuc peint polychrome et doré à la feuille d'or. C'est l'un des rares contrats mentionnant à la fois un décor de stuc peint et doré retrouvé à ce jour et c'est justement l'un des plus anciens retrouvés. Angelo Aicardo était donc non seulement maître-maçon et stucateur, mais aussi peintre-décorateur et doreur : une

1. À cette époque la journée de travail d'un ouvrier spécialisé est payée une lire environ.
2. Les documents cités sont issus d'actes notariés manuscrits en langue italienne ; nous avons pris le parti de les traduire en français par commodité pour le lecteur.

polyvalence exceptionnelle que l'on retrouve chez de nombreux stucateurs durant tout le XVIIe siècle, et dans certains cas, au XVIIIe.

Quelles pouvaient être les structures et le style de cet ouvrage aujourd'hui disparu ? Il est possible d'en avoir une idée assez précise grâce à d'autres productions du premier quart du XVIIe siècle bien identifiées à Bastia et dans d'autres régions de Corse. En voici quelques exemples.

Deux décors d'oratoires de confrérie bastiais sont encore parfaitement conservés dans leur presque totalité. Chronologiquement, le premier est celui de Saint-Roch, dont la reconstruction a lieu en 1604 ; la commande du décor suit en 1617. Les confrères s'adressent alors à l'un des maîtres-maçons – également stucateur – les plus réputés de cette époque : Francesco Marengo (activité attestée à partir de 1614 ; décédé et inhumé à La Spezia en 1625), arrivé de La Spezia au début du XVIIe siècle. Dans le contrat passé le 30 avril 1617[3], il est précisé que le *maestro* doit « enduire cette église dans sa partie interne et la travailler en stuc ». Il devra aussi exécuter le décor des lunettes, des corniches, des frises, de l'architrave et des chapiteaux, ces derniers seront « d'ordre corinthien tous taillés et travaillés selon le dessin que le *maestro* a montré auxdits confrères ». Il doit ensuite percer un *oculus* au-dessus du maître-autel et réaliser au centre de la voûte un ornement – un médaillon – en vue d'y peindre une scène dont le sujet sera choisi par les confrères. Le paiement de l'ensemble de l'ouvrage sera de 600 lires et, effectivement, le 19 décembre, soit environ sept mois et demi plus tard, le notaire enregistre l'acte de quittance de paiement du *maestro*, prouvant que ce dernier a bien effectué ce décor. À part le médaillon prévu au centre de la voûte et la scène peinte qu'il devait inclure, tout est encore conservé aujourd'hui. Cette conclusion s'est imposée après bien d'autres recherches et études comparatives : tout le répertoire ornemental utilisé à Saint-Roch est caractéristique à la fois de Francesco Marengo et du Maniérisme, courant artistique de la fin de la Renaissance qui se développe environ entre 1520 et le début du XVIIe siècle en Italie, mais dont l'influence perdure en fait bien postérieurement et qui contient les germes du Baroque. Chaque stucateur avait en effet non seulement ses acquis stylistiques et techniques, mais aussi sa « manière » de sculpter les bas-, demi-, hauts-reliefs et même les rondes-bosses, de représenter des formes et des figures bien particulières, de les répéter, et possédait ses moules personnels pour estamper de petits motifs dans le stuc frais. Les frises ainsi obtenues avec des ornements précis, toujours combinées entre elles selon quelques schémas différents seulement, signent une œuvre aussi sûrement qu'un paraphe. À cette période, toutes les parties d'un entablement de nef ou d'autel, des lunettes d'une voûte ou de ses arêtes, voire l'intrados ou la ligne d'extrados des arcs sont parés de successions d'ornements. Francesco Marengo emploie ainsi à Saint-Roch des motifs typiques : des moulures et frises décoratives faites de successions de perles, feuilles d'acanthe, oves, entrelacs, rinceaux réguliers, feuilles de laurier enroulées d'un ruban, et des têtes d'anges ailées

3. Archives de Corse (Cismonte) (ACC), 3E 1/14, p. 185 R°, Giovanninello OLMETA notaire.

très caractéristiques, aux contours épurés, situées au-dessus des chapiteaux. Et grâce à l'identification de ce décor par document, on peut attribuer au *maestro* bien d'autres œuvres : en premier lieu, tout le décor d'architecture de la cathédrale Sainte-Marie de Bastia, sur le chantier de laquelle Francesco Marengo était présent ainsi, très probablement, que son fils Cristoforo[4]. Les impressionnants chapiteaux corinthiens, les entablements, toutes les arêtes des voûtes « *a crociera* » des collatéraux reprennent les motifs utilisés à l'oratoire de confrérie, et d'autres encore : des figures fantastiques et imaginaires tout droit issues des grotesques de la Renaissance. Au-dessus des chapiteaux, on observe notamment des figures de femmes traitées en demi-relief, dont les corps se transforment en rinceaux à mi-corps, et d'autres qui sont ailées ; des anges dont les corps se terminent en volutes ; des atlantes soutenant de larges moulures formées de successions de feuilles de laurier, de fleurs et de fruits sur les intrados des arcs. Cette large frise caractéristique se retrouve dans l'église du couvent Saint-François de Brando, dans celle du couvent Saint-Hyacinthe de Santa Maria di Lota, au couvent des Servites de Barrettali, dans l'église Sainte-Marie de Canari… et nous citons seulement ici les décors parvenus jusqu'à nous depuis le premier quart du XVIIe siècle. Francesco eut un fils, Cristoforo (1595-vers 1639), qui fut formé par ses soins, travailla avec lui, et perpétua ainsi la « manière » de son père décédé en 1625, et ce jusqu'à sa propre mort prématurée en 1639.

1. Église Sainte-Marie, Bastia.
Détail des chapiteaux et des ornements de l'entablement de la nef et des arcs, attribuable à Francesco Marengo, vers 1620 © Caroline Paoli

4. Archives de Corse (Pumonti) (ACP), série C, Fonds du *Civile Governatore*, C 252 : un rapport fait état d'un différend survenu à Sainte-Marie de Bastia entre les *maestri* Francesco Marengo et Francesco Vergascola le 3 juillet 1621 ; l'édifice est alors en chantier.

L'autre « *capo* » majeur de cette période est le *maestro* Bastiano Merigo (vers 1577-1630). Souvent confondu avec Marengo au fil du temps, il est pourtant né dans la Valle del Maro, une vallée de l'arrière-pays d'Oneglia, et arrive en Corse en 1597 avec son voisin Nicroso Via, après avoir travaillé sept ans à Gênes. Ils sont engagés tous deux le 24 décembre 1618 par les confrères de l'oratoire de l'Immaculée-Conception de Bastia, voisin de celui de Saint-Roch. Le contrat[5] mentionne que les deux *maestri* doivent réaliser l'enduit intérieur de l'oratoire et son décor. Les détails de ce dernier sont précisés : la corniche principale sera « travaillée de stucs avec sa frise et son architrave » conformément au projet préparatoire (dessein) présenté aux confrères. Les chapiteaux seront d'ordre corinthien et leurs pilastres cannelés ; des cartouches et des moulures seront exécutées dans les lunettes de la voûte, et il est bien répété à plusieurs reprises : « et que l'on puisse varier l'inventivité ». Enfin, ils doivent réaliser un médaillon central sur la voûte. Les stucateurs ont dix-huit mois pour effectuer la commande et recevrons 950 lires en tout. Bien que ce soit le seul ouvrage de stucs conservé de Bastiano Merigo[6], il est indubitablement d'origine bien que les cannelures des pilastres aient a priori disparu sous les tapisseries dont on les a revêtues postérieurement. Les chapiteaux corinthiens sont exécutés avec une maîtrise technique et une créativité tout à fait remarquables. L'entablement est à la fois plus simple dans la répétition des moulures estampées et plus complexe dans la structure que celui de Saint-Roch, utilisant notamment une alternance de rosettes et de modillons sous la corniche. Et ici, le médaillon central chantourné de la voûte est très bien conservé, encadrant une représentation de l'Immaculée Conception (scène peinte datant du XIXe siècle). Si l'on ne sait ce que devint Nicroso Via, Bastiano Merigo travailla en Corse jusqu'en 1630. Selon Giovanni Banchero, il mourut cette année-là sur le chantier du pont du Golo dit de « Lago Benedetto », dont il avait remporté l'appel d'offre face à de prestigieux ingénieurs génois, et fut enterré à proximité[7].

Le sud de l'île fut également, entre 1633 et 1652, le terrain d'action d'un stucateur spécialisé qui n'était absolument pas maître-maçon mais bien peintre et peut-être fresquiste : Pompeo Bagnoli de Bologne[8]. Le 30 avril 1634, la communauté du village de Fozzano lui commanda le décor et le retable devant abriter une statue de la Vierge, dans la chapelle du Rosaire sise dans l'église paroissiale

5. ACC, 3E 1/16, Giovanninello Olmeta notaire, p. 84 V°.

6. Bastiano Merigo était également l'auteur d'un autel latéral commandé le 29 juin 1618 par le lieutenant Fiderico Ferina dans l'église paroissiale San Cosimo e San Damiano de Farinole, mais après visite sur place nous n'avons pas pu l'identifier. Il devait être réalisé sur le modèle de l'autel que *maestro* Francesco Marengo a fait pour l'évêque de Nebbio dans l'église Santa Maria de Saint-Florent : ce dernier a disparu, mais on mesure bien ici de quelle réputation jouissait Marengo, alors que Merigo n'était en Corse que depuis quelques mois. *Cf.* PAOLI Caroline, *Le décor de stuc des églises du Cap-Corse*, mémoire de DEA, Université de Corse, 1995, p. 45-46.

7. BANCHERO Giovanni, « *Annali* », *Bulletin de la société des sciences historiques et naturelles de la Corse*, n° 80-82, 1887, p. 151.

8. NIGAGLIONI Michel-Édouard, *Encyclopédie chronologique illustrée des peintres, dessinateurs et graveurs, actifs en Corse des origines à la fin du XIXe siècle*, Ajaccio, Alain Piazzola, 2012, p. 47.

de l'Annonciation[9]. Il devra réaliser un ciel de couleurs avec soixante-dix ou quatre-vingts roses dorées, les quinze mystères du Rosaire peints et « les images des glorieux S. Dominique et S. Catherine ». Il doit de plus fournir « l'or et les couleurs, et autre matériel nécessaire », l'ensemble étant payé le prix astronomique de 1 000 lires. En fait le décor et le retable exécutés par Pompeo Bagnoli sont bien plus aboutis que le contrat ne le laisse transparaître, et abordent franchement le Baroque et ses formes en mouvement. Ce dernier est traduit par les colonnes torses habillées de lierre grimpant, le fronton brisé curviligne de l'autel, les cartouches en cœur de la voûte et le médaillon central orné de moulures à volutes, en courbes et contre-courbes. Il peint *a tempera* sur enduit la Vierge du médaillon de la voûte, ainsi que les figures en pieds des deux saints dominicains, saint Dominique et sainte Catherine de Sienne, ainsi que les quinze mystères du Rosaire[10], dont les tableautins moulurés de feuilles d'acanthes en stuc développent leur cycle sur l'intrados de l'arc de la chapelle ouvrant vers la nef. Il nous a été possible d'attribuer un autre ouvrage à Pompeo Bagnoli grâce à son œuvre de Fozzano : le retable d'autel et le décor stuqué et peint à fresque de la chapelle du Rosaire sis dans la première travée à gauche du chœur de la cathédrale Sainte-Marie d'Ajaccio[11]. Le stucateur était en effet domicilié dans cette cité, ce qui conforte cette attribution. Le volume de l'ouvrage s'adapte à celui d'une chapelle aux proportions bien plus importantes en hauteur qu'à Fozzano, et la richesse de son ornementation correspond à des moyens financiers bien plus importants. Le retable possède une structure d'une grande complexité, avec deux paires de colonnes torses soutenant un entablement aux moulures incurvées en plan, ornées de rinceaux et feuilles d'acanthe, et un fronton brisé curviligne à double ressauts, au centre duquel se trouve un médaillon très chantourné, à volutes, tenu par des angelots exécutés en haut-relief, tout comme les deux superbes anges assis sur les rampants du fronton. On retrouve sur la voûte une représentation de la Vierge peinte dans un médaillon, l'ensemble étant quasi identique à celui de Fozzano jusque dans le drapé particulier du manteau bleu de Marie. Ultimes éléments, mais non des moindres, les quinze mystères du Rosaire sont peints probablement à fresque dans les tableautins de l'intrados de l'arc. Pompeo Bagnoli a parfaitement intégré et reproduit en Corse un style baroque en concordance avec les œuvres italiennes de la même période. Il est le maillon le plus précoce et documenté, avec des ouvrages encore conservés, entre un style maniériste de transition et l'expression du grand Baroque dans l'île dans le domaine du décor de stuc.

9. R.P. Vrydaghs Fidelis, ofm , *Notices historiques sur la Rocca,* Ajaccio, impr. Daroux, 1962, p. 232-233.

10. Ewa Poli a restauré l'ensemble de cette chapelle en 2002, sans trop insister sur l'enlèvement des repeints des Mystères du Rosaire, extrêmement fragiles. Plusieurs couches de repeints recouvrent les peintures d'origine et il est difficile d'affirmer qu'il s'agit de fresques ou de pigments appliqués sur enduits secs ; seule une analyse permettrait de le confirmer.

11. Paoli Caroline, *La cathédrale Santa Maria Assunta d'Ajaccio,* Étude préalable à la restauration de la cathédrale d'Ajaccio, sous la dir. de Jacques Moulin, architecte en chef des Monuments historiques, 2003 (non publié).

2. Cathédrale Sainte-Marie, Ajaccio.
Détail de l'autel du Rosaire, attribuable à Pompeo Bagnoli de Bologne, vers 1630-1650
© Caroline Paoli

L'AFFIRMATION DU BAROQUE ET SES ÉVOLUTIONS : BAINI, CASTELLACCI, LUCCHINI ET RAFFALLI

Aux abords du XVIIIe siècle, une personnalité exceptionnelle fait son entrée dans le monde des stucateurs travaillant en Corse : Domenico Baini de Côme (activité attestée de 1695 à 1732). Également ingénieur au service de la République de Gênes et maître-maçon, il intervint en tant que peintre-décorateur et stucateur dans de nombreux édifices religieux. Son ouvrage de stuc le plus ancien à notre connaissance, daté de 1703 et signé sur l'œuvre, est le maître-autel de l'église paroissiale de l'Assomption de Castello di Rostino[12]. Isolé et flanqué d'ailes, il scinde l'espace entre nef et sacristie. Son autel de forme encore parallélépipédique, en stuc peint polychrome rendant l'effet de faux marbres incrustés, est la dernière note faisant référence aux autels-coffres des siècles passés, que Baini n'utilisera plus dans ses ouvrages postérieurs, car le retable est une explosion de formes baroques : colonnes torses encadrant une niche à statue chantournée perçant la structure de part en part, triples ressauts de l'entablement

12. PAOLI Caroline, *L'église paroissiale Santa Maria Assunta de Castello di Rostino,* Étude historique et artistique préalable à la restauration commandée par la commune de Castello di Rostino, en collaboration avec Ewa POLI, restauratrice d'œuvres d'art, et Philippe BACHELEZ, architecte du Patrimoine, 2001, p. 9-11. Les inscriptions peintes ont été mises à jour lors des sondages par Ewa POLI.

aux moulures lisses surmontés d'un fronton sommital complètement révolutionnaire, constitué d'une grande coquille terminée de part et d'autre par des volutes opulentes, au lieu des rampants traditionnels triangulaires ou curvilignes. Les anges en rondes-bosses juchés sur les côtés parachèvent l'ouvrage, véritables morceaux de sculpture en stuc. On retrouve une partie de ces éléments redéployés à l'échelle supérieure dans le maître-autel de l'église Saint-Jean-Baptiste de La Porta d'Ampugnani[13] qui, lui, possède un autel galbé. Baini exécute également avec son équipe de *maestri* tout le décor d'architecture de l'édifice : l'entablement de la nef, les pilastres et chapiteaux ornés de drapés étonnants, et la majeure-partie du décor peint composé d'éléments d'architecture feinte, de cartouches, de volutes, coquilles et agrafes, de figures diverses, se développant sur la voûte de manière quasi organique. Il signe et date de 1707 son intervention sur les fruits d'une corbeille. L'enduit de très grande qualité sur lequel il peint, extrêmement solide, a permis la conservation de la quasi-totalité de ce décor. On observe pour la première fois dans certains détails le rendu de formes asymétriques, caractéristique des styles *Barocchetto* en Ligurie et Louis XV en France, qui ne se développerons véritablement que des décennies plus tard même sur le continent. Domenico Baini était bien un *maestro* hors du commun, secondé par des maîtres d'une grande compétence.

Ce fut très probablement le cas du *maestro* Francesco Castellacci « *di Milano* » : on retrouve sur les chapiteaux du chœur de l'église paroissiale Saint-Augustin d'Ortiporio des têtes d'anges aux traits identiques à ceux des anges taillés en figures de proue du maître-autel de La Porta. et des cartouches striés à la manière de Baini dans les stucs de la nef. Or, le 1er janvier 1725, la communauté d'Ortiporio déclare qu'en l'an 1722 elle avait passé un accord avec « *maestro Francesco Castellacci maestro di stucco milanese* », s'élevant à 1 250 lires. Elle s'oblige à payer audit *maestro* 139 lires par an pendant 9 ans, et Castellacci devra en contrepartie : enduire entièrement l'église d'un enduit lisse de bonne qualité et solide, faire le maître-autel « sur le modèle de l'un de ceux de Santa Maria ou de San Giovan Battista de Bastia, la communauté lui fournira les couleurs [...] bien tirer les grandes corniches, faire les chapiteaux et [...] blanchir tout l'intérieur de l'édifice jusqu'au niveau du pavement[14] ». Le maître-autel a été entièrement refait au XIXe siècle, mais les moulures des corniches ornées de feuilles, de fleurs et de fruits, et les chapiteaux à guirlandes de fruits et crosses de feuilles d'acanthes, sont bien datables de cette période et attribuables à Francesco Castellacci. Il avait été engagé également pour faire les autels latéraux de l'édifice, mais pour une raison inconnue il ne les réalisa pas : les autels des « *cappel-*

13. PAOLI Caroline, Église paroissiale Saint-Jean-Baptiste de La Porta d'*Ampugnani,* Étude historique et artistique préalable à la restauration, réalisée sous la dir. de Jacques MOULIN, architecte en chef des Monuments historiques, en collaboration avec Ewa POLI, restauratrice d'œuvres d'art, 2002 (non publié).

14. ACC, 3E /114, f° 93 V°, 1er janvier 1725.

loni » sont en fait attribuables à deux maîtres stucateurs suisses, les frères Antonio et Domenico Lucchini, actifs en Corse entre 1740 et 1750 au moins[15] ; et les deux « *altarini* » situés de part et d'autre de la porte principale sont certainement dus à Ignazio Saverio Raffalli de Piedicroce d'Orezza, un Corse de pure souche. Les frères Lucchini travaillèrent beaucoup dans le Cap-Corse (ils sont notamment engagés en 1744 pour la réalisation de l'autel de la chapelle privée De Angelis à Nonza, encore en place), en Castagniccia et en Balagne. Leurs productions sont identifiables entre toutes : ils utilisent un style baroque poussé à l'extrême, agrémenté d'ornements symétriques (coquilles, agrafes, résilles) que l'on qualifierait de « Régence » en France, assorti de l'influence des « chinoiseries » en vogue en ce XVIIIe siècle. L'autel latéral du *Cappellone* de l'Immaculée-Conception en illustre parfaitement l'exemple : les stylobates soutenant les colonnes de part et d'autre de l'autel galbé, sont multipliés par trois ; l'entablement pivote ses angles vers le spectateur ; et le fronton se réduit à des moulures « en pagode », au centre desquelles surgit la figure remarquable du Père éternel traitée en haut-relief, sur fond de résilles étoilées. Les frères Lucchini seront très employés en Castagniccia et il est possible de leur attribuer notamment l'autel latéral abritant le tableau de la fameuse *Vierge à la Cerise* du couvent d'Alesani et le maître-autel de l'église paroissiale de Perelli d'Alesani. Les stylobates des colonnes de cet ouvrage monumental ne sont plus de simples supports mais de véritables atlantes exécutés en pieds et sculptés en haut-relief, croulant sous la charge du retable. Ces atlantes et les mouvements repliés de l'entablement et du fronton seront repris non loin, par le stucateur corse Ignazio Saverio Raffalli de Piedicroce d'Orezza pour la réalisation de l'autel latéral gauche près du chœur de l'église paroissiale de Pianello. La dynastie des Raffalli de Piedicroce d'Orezza puis d'Alesani[16], stucateurs et peintres-décorateurs de père en fils depuis le deuxième quart du XVIIIe siècle jusqu'au XIXe siècle (qui formèrent eux-mêmes des apprentis qui passèrent maîtres comme Domenico Impernetti de Sorbo di Casinca) est l'auteure d'innombrables ouvrages en stuc, qui se trouvent principalement dans toutes les micro-régions de l'intérieur de l'île (Cortenais, Castagniccia, Tavagna, Custera, etc.) mais aussi en Casinca, Balagne... la liste est non exhaustive. L'un des plus talentueux et créatif est sans aucun doute Ignazio Saverio, dont la longue carrière est attestée entre 1740 et 1777 (dates portées sur ses ouvrages). Son maître fut certainement son père Giovanni, et il exécuta toute sa vie des ouvrages, identifiables à coup sûr par une technique et des ornements très particuliers. Tout d'abord, la réalisation du « *stuccolustro*[17] » n'a aucun secret pour lui, comme on peut le constater par

15. PAOLI Caroline, *Le décor de stuc des églises du Cap-Corse*, *op. cit.*, p. 177-184.

16. PAOLI-LICCIA Caroline, « Les Raffalli de Piedicroce d'Orezza, peintres-stucateurs dans les églises de Corse aux XVIIIe et XIXe siècles », *Cahier Corsica*, n° 191, 2000.

17. Pour les explications détaillées des diverses techniques du stuc, nous renvoyons à la contribution de Monique TRAEBER-FONTANA, p. 145-159 de cet opus.

3. Piedicroce d'Orezza, Confrérie Sainte-Croix.
Décor de stuc, autel et décor peint en trompe-l'œil,
Ignazio Saverio Raffalli de Piedicroce d'Orezza, 1750
© Caroline Paoli

exemple avec la chaire de l'église de Castineta, peinte polychrome sur l'enduit de stuc frais, puis lustrée de manière à lui conférer l'aspect luisant du marbre. Il savait tout faire et son motif fétiche, singulièrement, est la marguerite, utilisée sur presque tous ses ouvrages : autels-retables entiers, chaires, décors en bas- et demi-reliefs, anges et « *putti* » aux traits bien particuliers, décors peints extraordinaires. L'un des plus remarquables est celui du chœur de la confrérie Sainte-Croix de Piedicroce, son village natal. Une inscription située au revers de façade, qui suggère même qu'il fut le concepteur de l'architecture de cet édifice, signe et date son intervention du 7 août 1750[18]. Outre tout le décor de stuc revêtant les pilastres d'arabesques de marguerites en candélabre, les chapiteaux et l'entablement, un hémicycle peint en trompe-l'œil surmonte le maître-autel en stuc situé au chevet du chœur. Ce décor peint représente une architecture feinte, constituée de six colonnes surmontées d'un entablement et d'une niche à statue centrale dont le rendu en perspective creuse l'espace et le dilate tout en paraissant reposer sur les gradins de l'autel en trois dimensions. C'est bien tout l'art de l'illusion baroque qui est exprimé ici, par un stucateur de la Corse des montagnes de Castagniccia. Il sera toute sa vie et durant sa longue carrière le créateur d'un goût du baroque à la fois très personnel et ayant assimilé les

18. « AEC EST DOMUS DOMINI / FIRMITER AEDIFICATA / ANNO MDCCL DIE VII AUG / IG. S. R. P. F. »

influences de son père Giovanni Raffalli, un Corse; de Domenico Baini, un « *maestro comacino* »; d'un stucateur dit « milanais » nommé Angelo Maria Fontana, plus probablement tessinois; et des frères Lucchini qui venaient « *dalli tre Cantoni di Svizzera* ». Ainsi se transmettaient les savoirs techniques et les courants artistiques en Corse au XVIIIe siècle.

LE « BAROCCHETTO »: MENCACCI ET LES CAGLIADA

Un grand nombre d'églises en Corse, principalement situées dans les micro-régions déjà évoquées *supra* pour les Raffalli, sont parées de décors ou d'autels dont le style – car nous sommes alors dans la sphère génoise – est dénommé « *Barocchetto* » en Ligurie. Caractérisé par l'asymétrie des formes que Domenico Baini, en précurseur, utilisait déjà ponctuellement à la Porta en 1707, il fut appelé style rocaille, Louis XV ou rococo en France et « *Rokoko* » en Allemagne. Le « *Barocchetto* » est la forme ultime du Baroque. La puissance et la solennité de ce dernier cédèrent ainsi la place à la légèreté et à une sorte d'allégresse très audacieuse pour des édifices religieux. En Corse, de la confrérie Sainte-Croix de Bastia à la cathédrale romane de Saint-Florent et au couvent Saint-François de Nebbio, comme dans le petit écrin de l'église paroissiale de Stoppianova en Castagniccia, il n'y eut aucune hésitation à l'introduction de ce style de la part de leurs commanditaires. Le stuc, dont la plasticité ne pouvait connaître de limite, fut le matériau par excellence de son expression: il suffit pour en prendre la mesure de contempler la voûte de l'oratoire Sainte-Croix de Bastia. La démultiplication de ses ornements asymétriques – dont les volutes en S et en C, les cartouches déchiquetés et les agrafes ondoyantes qui s'éparpillent font littéralement éclater la classique voûte en berceau à lunettes – projette l'édifice dans la modernité, alors que son plan est une simple nef unique à chevet plat du début du XVIIe siècle. Plusieurs stucateurs intervinrent pour la réalisation de ce décor[19]. Le premier, d'origine toscane par son père et corse par sa mère, fut Tomaso Mencacci. Il exécuta dès 1758 le médaillon central de la voûte servant de cadre à la peinture de l'*Annonciation*, ainsi que des chapiteaux et des frises en 1759. Des détails contenus dans le livre de comptes de l'oratoire ne laissent aucun doute: le *maestro* Tomè est payé « pour la facture des chapiteaux et des frises », et il a fourni lui-même du fer nécessaire aux armatures de certains ornements (chapiteaux, angelots...) et de la chaux. Puis Mencacci disparait des comptes de la confrérie. La dorure du médaillon est prévue en 1763, apportant la preuve de la réalisation de ce dernier. Il faudra attendre 1772 pour qu'une nouvelle équipe de stucateurs achève la décoration de l'édifice et celle des chapelles latérales du Très-Saint-Crucifix, dite du « Christ Noir », et de Sainte-Monique. Le 5 août, on apprend l'origine des *maestri* par une note mentionnant: « Payé aux Maîtres

19. PAOLI Caroline, *Le décor de l'oratoire Sainte-Croix de Bastia*, mémoire de maîtrise d'Histoire de l'art, Université d'Aix-Marseille I, 1992, p. 25-43.

génois selon le contrat qu'ont passé avec la Compagnie les Maîtres Stucateurs en Chef 90 écus français à 7,20 lires sous soit 675 lires ». Les fournitures nécessaires sont achetées et parmi elles, « un tamis pour passer le marbre en poudre », qui coûta une lire et 3 sous. Cette poudre de marbre constituait avec la chaux les principaux composants du stuc. Quels étaient les noms de ces stucateurs ? De manière certaine, Antonio Firpo, Matteo Vaccà, un certain Domenechino et surtout, un *maestro* Antonio qui de 1773 à 1774 intervient seul sur les chapiteaux et les frises de la nef ; il reçoit son dernier paiement au printemps 1774. La dorure de tous les stucs sera exécutée à partir de 1805.

Le décor extraordinaire de cet oratoire a sans aucun doute servi de modèle pour les édifices des micro-régions alentours, comme le furent d'autres œuvres bastiaises, contribuant ainsi à l'embauche des stucateurs maîtrisant ce style « *Barocchetto* ». Le *maestro* Antonio fut de ceux-ci, et c'est grâce à un acte notarié du 4 septembre 1774 que l'on apprend à la fois son patronyme : Cagliada « de profession maître stucateur » ; et son nouveau chantier : cinq autels, le baptistère et le décor de l'église paroissiale de Volpajola[20]. Il devra notamment réaliser les grandes corniches avec leurs frises « stuquées à la moderne avec leurs cartouches » et appliquer les couleurs nécessaires. Ce style « à la moderne » est bien sûr le « *Barocchetto* », ainsi dénommé par les procureurs de cette église. Antonio faisait partie d'une famille de stucateurs nommée Cagliada ou Cagliata selon les documents, venant de San Pietro Vara, en Ligurie. Antonio et Giuseppe étaient tous deux fils de feu Angelo Cagliada et devaient donc être frères, mais pour une raison inconnue ils ne travaillaient pas ensemble. Et enfin, il y eut Angelo, encore bien vie en 1784, qui était peut-être le troisième de la fratrie. Giuseppe est chargé par acte notarié du 24 octobre 1773[21] de réaliser l'autel latéral du Rosaire de l'église paroissiale Saint-Augustin de Montemaggiore. Les procureurs de l'église veulent alors « lancer la restauration, l'embellissement et amener à perfection la chapelle fondée et érigée dans cette église sous les auspices et le patronage de Notre-Dame du Rosaire, avec la construction, la fabrique et l'achèvement de son autel ». Pour cela, lesdits procureurs promettent de payer au « Signor Giuseppe Galiata stucateur de San Pietro Varra », de l'État de Gênes, la somme de huit cents lires de Gênes à lui verser en plusieurs acomptes afin de « faire, accomplir et achever parfaitement avec du stuc l'intérieur tant de ladite chapelle que de l'autel avec les quatre colonnes [...] avec du stuc battu et lustré. Le présent Signor Galiata accepte les conditions [...] et promet d'entreprendre le travail susdit au mois de mars prochain ». Cet autel est

20. ACC, 3E 27/73, livre 5, acte n° 47.

21. ACC, 3E 2/296, acte n° 179. Cité *in* Paoli Caroline, *Église paroissiale Sant'Agostino de Montemaggiore*, Étude préalable à la restauration réalisée sous la dir. de Jean-Manuel Paoli, architecte du Patrimoine, en collaboration avec Madeleine Allegrini et Monique Traeber-Fontana, restauratrices d'œuvres d'art, 2019.

encore conservé et a donc bien été réalisé par Giuseppe Cagliada. C'est l'un des plus somptueux autels-retables *Barocchetto* de l'île.

Non loin de là, toujours en Balagne, c'est avec le maître-autel et le décor du chœur de l'église paroissiale Sainte-Marie de Palasca que nous achèverons le tour des morceaux choisis de ces maîtres stucateurs en Corse. Tout le chœur, dont les pans coupés datent du XVIIe siècle, devient ainsi, avec l'ajout de niches chantournées, de tribunes latérales inspirées de loges d'opéra et d'une explosion d'ornements asymétriques, l'une des œuvres les plus abouties de l'expression du *Barocchetto* en Corse.

D'après un livre de comptes[22] tenu par les procureurs de l'église sur une large période allant de 1758 à 1787, nous apprenons que la niche destinée à la statue de la Vierge fut payée à un certain *maestro* Angelo la coquette somme de 100 lires en 1784. Or, cette niche est entièrement réalisée en stucs, avec un cadre mouluré, chantourné dans sa partie supérieure, et exactement dans le même style et avec la même « main » que celle des ornements du chœur entier. 35 lires sont encore versées « *al maestro stuccatore* » en 1786, mais le livre prend fin sans que l'on en sache plus. C'est dans un mémoire de 1827[23] que l'on peut relever

4. Palasca, Eglise Sainte-Marie.
Détail de la voûte du chœur, Angelo Cagliada, 1784 ©
Caroline Paoli

22. ACC, 4J 2/2.
23. Mémoire manuscrit intitulé « *Libro contenente gl'Inventarj de'beni mobili, e immobili della Chiesa di Palasca con le memorie, e i documenti che riguardano i medesimi,* MDCCCXXVII. », Archives municipales de la commune de Palasca.

d'autres éléments et la suite des événements : il est noté qu'en 1783 (mais il s'agit en fait de 1784) « fut fait le maître-autel et tous les stucs du chœur par *maestro* Angelo, génois ». Nos recherches dans les archives et nos visites des églises de l'île nous permettent de proposer une attribution de ces stucs assez certaine au maître Angelo Cagliada. En effet, non loin de Palasca, le chœur de la confrérie du village de Costa, en Balagne, est revêtu d'un décor de stucs, de chapiteaux ornés de têtes d'anges et d'un maître-autel réalisés dans une « manière » identique à celle de Palasca ; et dans le livre de comptes de cette confrérie, il est noté en date du 18 octobre 1785 : « Donné au Maître Angelo Caliata pour le Maître-autel lires 75[24]. » Cette très courte mention a permis l'identification du maître des stucs « *Barocchetto* » de Palasca, dont on ignorait le patronyme, et de faire le lien avec Giuseppe et Antonio.

Nous avons pu, au travers de l'étude d'un matériau connu depuis l'Antiquité, aux techniques complexes et diverses exigeant des qualités de sculpteur, retracer depuis la fin du XVIe siècle les apports stylistiques et les savoir-faire en Corse de maîtres stucateurs qui, combinant souvent cet art à celui de maître maçon voire d'ingénieur, de peintre-décorateur ou de doreur, étaient originaires pour la plupart de Lombardie, de Ligurie et du Tessin, en Suisse. Ceux-ci transmirent leurs connaissances à des corses dont on retrouve les productions jusqu'au XIXe siècle. Trop coûteux et progressivement remplacé par du plâtre, le stuc fut peu à peu abandonné. Mais ses secrets sont encore connus de quelques-uns, et notamment des restaurateurs d'œuvres d'art qui eux aussi, continuent de se former, de transmettre et de mettre en œuvre les techniques nécessaires à la conservation de ces ouvrages exceptionnels du patrimoine religieux insulaire.

❖❖❖

Bibliographie complémentaire

OLIVESI Jean-Marc, *L'Architecture religieuse baroque en Corse, le rayonnement de Bastia*, thèse de doctorat, Université de Provence, 1984.

PAOLI Caroline, « L'influence des maîtres maçons, architectes, ingénieurs et stucateurs issus de la sphère génoise dans la diffusion des courants artistiques à Bastia et en Corse de la fin du XVIe siècle au XVIIIe siècle », in *Corsica Genovese*, Bastia, Musée de Bastia, 2016, p. 126-132.

24. ACC, 4J 16/1, Livre de comptes de la confrérie de Costa.

De soie, d'or et d'argent
TRÉSORS DE SACRISTIE EN CORSE (XVe-XIXe SIÈCLES)

Michel-Édouard Nigaglioni

RÉSUMÉ

La Révolution française a eu un impact catastrophique sur les trésors des églises de France. En Corse, les spoliations, les destructions et les fontes révolutionnaires n'ont concerné qu'un nombre limité de communes. Pour la plupart, les villages de l'intérieur de l'île ont ainsi pu conserver leurs vases sacrés et leurs textiles liturgiques. La Corse, dans ce domaine, fait figure de conservatoire, les pièces d'orfèvrerie d'origine génoise ou romaine abondent, de même que les parements de damas, de velours et de brocart. Les trésors des églises de l'île constituent un étonnant corpus d'œuvres précieuses qui témoignent de la foi des insulaires, de la richesse de leur patrimoine et de la diversité des routes commerciales et culturelles qui ont traversé la Corse. Le sujet est vaste et encore peu étudié. Les premières publications à aborder le domaine de l'orfèvrerie et des textiles sont les *Cahiers Corsica* consacrés aux monuments et œuvres d'art, de Calvi (1972), Bastia (1974) et Bonifacio (1981). Dans la suite, le catalogue d'exposition du musée de la Corse *Corsica Christiana, 2000 ans de christianisme* (2001) et l'*Inventaire du Patrimoine : l'orfèvrerie*, édité par la Ville de Bastia (2005) ont contribués à faire mieux connaître un sujet qui mériterait une étude monographique.

❖❖❖

LE PANORAMA D'UN PATRIMOINE MÉCONNU

La Corse compte 359 communes, dont 236 en Haute-Corse (Cismonte) et 124 en Corse-du-Sud (Pumonti). On constate donc avec amusement qu'il y a pratiquement autant de communes dans l'île que de jours dans l'année. Cela sous-entend également qu'il y a un nombre identique d'églises paroissiales. À ces édifices viennent s'ajouter d'innombrables chapelles, oratoires de confrérie et couvents.

Ces bâtiments religieux, érigés en très grand nombre, sont dotés de divers objets précieux, nécessaires à l'exercice du culte. Les Corses des siècles passés avaient une ardente passion pour la religion, ce qui les a poussés à financer généreusement la construction, la décoration et l'ameublement de leurs églises. Ainsi, dans l'île, les trésors de sacristie sont nombreux et ils sont souvent constitués d'objets d'une préciosité remarquable.

L'étude des trésors de sacristie n'est pas chose aisée. Tout d'abord parce qu'il s'agit de « trésors cachés ». On les conserve généralement à l'abri des regards, dans des meubles dédiés, fermés à clef. Les sacristies elles-mêmes ne sont pas librement ouvertes au commun des mortels. Pour y pénétrer, il faut amadouer les maires et les sacristains. Il faut justifier de ses intentions, honnêtes et désintéressées, se déclarer motivé par l'étude scientifique du patrimoine insulaire, arguer de son statut de fonctionnaire, parler de ses titres universitaires. L'oreille que l'on vous prête alors est souvent méfiante, et quelques fois, elle se démontre loin d'être bienveillante. Une fois franchis tous les obstacles et déverrouillé toutes les serrures, on est souvent payé de ses peines en découvrant des œuvres non répertoriées, dignes des plus grands musées.

Les trésors de sacristie sont constitués d'objets répartis en deux grandes catégories : les pièces d'orfèvreries et les soieries liturgiques. Les pièces d'orfèvrerie se subdivisent en vases sacrés (calices, ciboires, ostensoirs, burettes…) et en parures d'autel (croix d'autel, chandeliers d'autel, vases d'autel, reliquaires à vignettes…). Les soieries, quant à elles, se partagent en éléments du vestiaire liturgique (chasubles, dalmatiques, chapes, voiles huméraux…), en petits ornements assortis (étoles, manipules, voiles de calice, bourses de corporal…) et en parements textiles (antependia, conopées, dais d'autel, dais de procession, bannières de procession…).

Les prix très élevés de ces objets s'expliquent, en partie, par leurs matériaux constitutifs : l'or, l'argent, la soie. Il faut par ailleurs préciser que le coût de la matière première est décuplé par la valeur ajoutée apportée par le travail des artisans d'art qui les ont réalisés : orfèvres, doreurs, graveurs, émailleurs, tisserands, tailleurs, brodeurs, passementiers, etc. À titre d'exemple, soulignons que le prix d'un calice génois du XVIIIe siècle est moins justifié par les quelques grammes d'argent qui y sont employés, que par la virtuosité technique démontrée par l'orfèvre qui l'a réalisé.

L'ORFÈVRERIE

LE NOMBRE DE PIÈCES CONSTITUTIVES

Dans une église paroissiale, le trésor contient généralement deux ou trois calices. Le plus grand de tous, qui est souvent le plus orné mais pas forcément le plus ancien, porte la dénomination de « calice solennel ». Il est utilisé pour les grandes fêtes : Noël, Pâques, l'Assomption, la fête patronale, etc. On constate qu'il s'agit souvent d'une pièce de la fin du XIXe siècle, réalisée par une maison spécialisée lyonnaise. Ce type d'objet, fabriqué en grande série, à l'ornementation éclectique et prétentieuse, était vendue sur catalogue. Les orfèvres urbains (d'Ajaccio et de Bastia) durant la seconde moitié du XIXe siècle, avaient arrêté de produire des pièces d'orfèvrerie pour se reconvertir dans le simple négoce. Il était alors devenu bien plus rentable de revendre une pièce lyonnaise très ornée (à l'ornementation réalisée mécaniquement en usine à l'aide de presses hydrauliques), plutôt que de fabriquer des objets, même plus simples, selon des procédés ancestraux, longs et difficiles (martelage, repoussage, ciselure).

Les églises paroissiales rassemblent parfois des pièces d'orfèvrerie provenant d'autres édifices de la commune, désaffectés ou en ruines. C'est ainsi que certaines d'entre elles possèdent des collections importantes de calices anciens. C'est précisément le cas de l'église paroissiale de Rogliano qui, en plus de son orfèvrerie usuelle, détient un ensemble de 16 calices. Ils proviennent en grande partie de l'ancien couvent franciscain de la commune et sont antérieurs à la Révolution (fig. 1). Notons que les trésors conservent à peu près autant de patènes que de calices. Celles-ci sont généralement en argent, dorées sur la face. Les plus anciennes, datant des XVIe et XVIIe siècle, sont parfois réalisées en cuivre doré.

1. Collection de calice, église paroissiale Saint-Agnel, Rogliano
© M.-E. Nigaglioni

On trouve également au moins un ciboire, voire deux ou trois. On constate que celui qui est utilisé est généralement le plus grand, mais aussi le plus neuf et le moins intéressant du point de vue patrimonial. Il s'agit souvent d'une production semi-industrielle d'une maison spécialisée lyonnaise (comme le calice solennel), datant des années 1880-1910. Les ciboires anciens, bien plus précieux, datant du XVIIIe, XVIIe siècle, voire du XVIe siècle, sont généralement remisés, inutilisés, victimes de leur aspect vieillot.

Un autre objet fait partie de ces trésors : l'ostensoir. On peut en recenser un, voire deux. Ici aussi, la pièce utilisée est la plus récente. Elle fait grand effet, toute dorée, grande et très décorée. Elle est parfois ornée de fausses pierreries (en verre coloré) et de faux émaux (constitués de plaques de porcelaines lithographiées). Ces ostensoirs-soleils (à monstrance en gloire rayonnante) sont souvent d'un style néogothique, en faveur à Lyon à la fin du XIXe siècle. Précisons qu'il s'agit toutefois d'un « grand genre à petits moyens ». Ce sont des objets « tape-à-l'œil », en vulgaire cuivre, doré par électrolyse. Ils ont été emboutis mécaniquement à la presse, en usine, pour les charger d'une débauche d'ornements en relief. Ces décors foisonnants auraient coûté une fortune s'ils avaient été réalisés à la main, au repoussé. En Corse, à la fin du XIXe siècle, on préfère ce type d'ostensoirs (prétentieux mais pas chers) aux anciens modèles du XVIIIe siècle. Ces derniers seront alors impitoyablement disgraciés et remisés dans le meuble de sacristie. Les ostensoirs délaissés sont plus petits de taille, mais souvent entièrement en argent et précieusement travaillés à la main, selon la technique du repoussé. Les plus anciens exemplaires que l'on rencontre datent du XVIe siècle. Ils ne sont pas à gloire rayonnante, mais adoptent l'ancienne forme, dite « à ampoule » (une cloche cylindrique amovible, en verre, est enchâssée dans la partie supérieure). Ces objets méprisés, qui ne sont plus en usage depuis plusieurs siècles, sont de véritables pièces de musée.

D'autres pièces d'orfèvrerie sont susceptibles d'enrichir le trésor d'une église. On peut ainsi trouver des encensoirs et des navettes à encens (les exemplaires en argent massif se trouvent essentiellement dans les villes car dans les villages il s'agit plutôt de laiton ou de métal argenté), des porte-Dieu (destinés à apporter l'hostie aux malades et aux mourants), des ampoules aux saintes huiles, des burettes (qui dans les communes rurales ne sont que très rarement en argent, mais plutôt en verre ou en cristal).

Un trésor d'église est donc d'une taille variable. Il est au minimum composé de 4 pièces d'orfèvrerie (calice, patène, ciboire, ostensoir), car ces objets sont absolument indispensables à l'exercice du culte. Force est de constater que, dans la plupart des églises paroissiales, il faut multiplier ce chiffre par deux. Dans les communes rurales moyennement riches, il n'est pas rare de dénombrer 5 calices, 6 patènes, 2 ciboires et 3 ostensoirs. On peut atteindre des chiffres beaucoup plus importants dans des communes très peuplées, telles que les chefs-lieux de cantons ou les villes. C'est justement là que l'on trouve des encensoirs en argent, des navettes à encens, des burettes et d'autres pièces qui ne sont que rarement présentes dans les petites communes rurales de l'île.

LES DATATIONS

Après plusieurs décennies d'études menées dans les différents trésors de l'île, il est possible de tirer quelques conclusions générales, notamment quant à la datation des pièces.

On constate qu'il reste relativement peu d'objets très anciens car les changements de goûts ont souvent condamné à la fonte des objets jugés archaïques et démodés. Dans le domaine de l'orfèvrerie, la chronologie rencontrée en Corse est exactement la même que celle qui s'applique à la peinture. C'est-à-dire que les plus anciennes pièces sont attribuables à la fin du XVe siècle ou au XVIe siècle. Ces objets datent donc de l'époque des premiers retables sur bois et des premières fresques que l'on trouve conservées dans l'île. Tout le patrimoine antérieur a disparu, victime des destructions imposées par les ravages du temps, les changements de styles, ainsi que par une histoire mouvementée, émaillée de razzias barbaresques, de guerres et de révolutions.

Dans les plus grandes villes, et surtout à Bastia (au titre de capitale, à l'époque génoise), les objets du XVIIIe siècle ont été massivement détruits durant la période révolutionnaire. Cependant, leur nombre était si important qu'il en reste, malgré tout, une grande quantité. Pourtant, dès 1764, les autorités génoises, en proie à des difficultés financières, avaient réquisitionné un grand nombre de pièces d'orfèvrerie afin de les envoyer à Gênes pour y être fondues. L'assurance engagée pour le transport maritime s'élevait à la somme colossale de 20 000 lires.

Vingt-huit ans plus tard, en 1792-1793, les autorités françaises organisèrent des opérations similaires. Les dix couvents bastiais furent alors fermés et leur orfèvrerie (du moins celle qui n'avait pas été cachée) fut envoyée à la fonte. Dans le courant du mois de décembre 1792, les administrateurs du district de Bastia réunirent 66 lots de pièces d'orfèvrerie provenant de cinq édifices bastiais (la cathédrale, les couvents de Saint-Joseph, Sant'Angelo, Saint-Antoine et Saint-François) ainsi que de neuf couvents du Cap Corse. Cet ensemble, pesant une quarantaine de kilos, fut enfermé dans deux caisses plaquées de fer, cordées et plombées. On les expédia à l'hôtel des Monnaies de Marseille. Lors de cette seule opération, les églises de Bastia perdirent un total de 115 objets : 26 calices, 19 patènes, 7 chandeliers, 6 ciboires, 5 ostensoirs, 2 encensoirs, 2 navettes, 2 reliquaires, 2 lampes de sanctuaire (dont l'une qui pesait près de 3 kg), 1 bénitier, 1 aspersoir et 42 petits objets divers (ex-voto, couverts, médailles, crucifix).

Les destructions de 1764 et de 1792-1793 ne sont pas les seules causes de disparition. L'évolution des styles, survenue d'un siècle à un autre, a entraîné des pertes massives. Au XIXe siècle, des objets anciens furent détruits, victimes de leur esthétique passée de mode. Ainsi, le registre des délibérations du conseil de fabrique de l'église Saint-Jean-Baptiste note qu'en 1 843 on fit fondre les grands canons d'autel du maître-autel, prenant prétexte qu'ils sont « trop lourds et d'une forme de trop mauvais goût ». De même, en 1853, le registre de comptes de la confrérie de l'Immaculée Conception rapporte que l'encensoir et la navette de l'oratoire furent vendus au poids de l'argent afin d'en acheter des neufs. Malgré tout cela, à l'heure actuelle, les églises bastiaises possèdent encore 153 pièces d'orfèvrerie datant du XVIIIe siècle.

On soulignera que, dans les villages de l'intérieur de l'île, les fontes révolutionnaires n'ont eu pratiquement aucun effet, contrairement à ce qui s'est généralement passé sur le territoire de la France continentale. Le patrimoine corse du XVIIIe siècle, dans le domaine de l'orfèvrerie, est donc particulièrement abondant. Notons pour l'anecdote qu'à Gênes, le passage du plus célèbre des Corses, Napoléon Bonaparte, eut pour conséquence de voir partir à la fonte beaucoup de pièces importantes, afin de financer les guerres de l'armée française.

On l'a déjà dit, au XIXe siècle, en Corse, l'esprit religieux était particulièrement vif. Les insulaires donnèrent des sommes très considérables à l'Église, ce qui a permis de multiplier pratiquement par deux le patrimoine recueilli du siècle précédent.

Quant au XXe siècle, son apport est très peu important. En effet, il n'y a pas eu lieu de faire de nouvelles acquisitions, puisque l'orfèvrerie des églises était déjà surabondante.

LES PROVENANCES GÉOGRAPHIQUES

Les poinçons d'État, que l'on relève sur les pièces d'orfèvrerie, permettent d'identifier leur provenance géographique. En effet, la fabrication et le commerce d'objets réalisés en métaux précieux fut contrôlé et taxé par tous les États européens. L'insculpation d'un poinçon sur un objet, garantit de façon visuelle et concrète, que la matière première constitutive est bien de l'argent massif, dûment contrôlé, et que l'impôt correspondant a été payé à l'État dont l'orfèvre concepteur a la nationalité. Ce n'est qu'une fois le métal contrôlé, la taxe payée et le poinçon insculpé, que l'objet peut être légalement commercialisé. Un objet qui ne serait pas poinçonné entrerait forcément dans la catégorie des objets en métal vulgaire, imitant l'argent massif, ou bien dans la catégorie des objets de contrebande.

On peut certes imaginer rencontrer ponctuellement de l'argenterie de table de contrebande, mais il est impensable de trouver des vases sacrés, destinés à la célébration du culte, vendus sous le manteau et ayant fait l'objet d'un commerce illicite.

Les poinçons des États européens sont progressivement entrés en usage à la fin du XVIIe siècle ou au début du XVIIIe siècle. Ceci veut dire que les pièces antérieures au XVIIIe siècle ne sont généralement pas poinçonnées. Dans ce cas-là, on ne peut donc avoir aucune certitude quant à leur origine géographique.

En Corse, on sait que des orfèvres locaux sont actifs depuis des siècles (grâce à diverses mentions relevées dans les archives). Des documents ont ainsi livré les noms de plusieurs orfèvres, installés et actifs à Bastia dans le courant du XVIe siècle. La plus ancienne mention, actuellement connue, date de 1 543 et concerne trois orfèvres habitant dans la ville : *maestro* Giudice, *maestro* Giovan Battista et *maestro* Anton Francesco. En 1567, la présence d'un quatrième est attestée, il s'agit d'un certain *messer* Nicola, *aurefice* (messire Nicola, orfèvre).

Au XVIIe siècle, les orfèvres sont de plus en plus nombreux dans cette ville. Les archives mentionnent les noms de Mario et Geronimo Sisco, Giovan Battista et Angelo Genovesi, Bernardo Del Pozzo, Giovan Battista Stangellino, Ercole Vuolpacci, Bonifazio Malaspina...

Sur le terrain, on constate que de nombreuses pièces d'orfèvrerie des XVIe et XVIIe siècles présentent des similitudes frappantes. Il existe notamment un corpus important, d'une remarquable qualité, dont les pièces sont dotées du même type d'ornementation de style Renaissance (têtes d'angelot, guirlandes, chutes de fruits, et cartouches à cuirs enroulés). On en déduit que les œuvres de ce corpus ont été réalisées par des ateliers locaux.

Au XVIIIe siècle, la République de Gênes impose à ses ressortissants qui pratiquent le métier d'orfèvre, l'usage d'un poinçon d'État appelé *torretta* (évoquant la silhouette d'un château à trois tours). Les orfèvres actifs en Corse, pour des raisons pratiques, ont été dispensés de faire poinçonner leurs œuvres (car sinon, il aurait fallu les expédier à Gênes, pour le contrôle du métal, puis réexpédier l'objet dans l'île après marquage). De fait, aucun objet d'argent manufacturé en Corse ne porte le poinçon génois. Cette dispense est un cas exceptionnel sur le territoire européen. L'étude des objets datables du XVIIIe siècle, conservés dans les trésors des églises de Corse, permet d'en identifier un bon nombre (de l'ordre de 25 %) qui ne portent aucun poinçon d'État. Ils ont donc été, très certainement, réalisés par des orfèvres locaux.

Au cours du XVIIIe siècle, les orfèvres sont nombreux à Bastia. Les recherches menées dans divers fonds d'archives ont livré une quinzaine de noms : Giovan Battista Paoli, Tomaso Saccardo, Giuseppe Terigo, Placido Arena, Domenico Gigante, Giovan Battista Terigo, Giacomo Filippo Gabrielli, Giuseppe Francesco Betti, Orazio Poggi, Giuseppe Isola, les frères Martin, Marchioni, Luigi Bruscoli, Carlo Luigi Gavi...

Sur les pièces du XVIIIe siècle que l'on détermine de provenance bastiaise, en raison de l'absence d'un poinçon d'État, on peut isoler des séries d'objets portant comme poinçon de maître les initiales : « D. G » ; « G » ; « A. T » ; « L. P ».

Ces initiales, confrontées au corpus des orfèvres établi grâce aux dépouillements d'archives ont permis de proposer deux identifications : les nombreux objets portant les poinçons « D. G » sont vraisemblablement attribuables à Domenico Gigante, né vers 1 753. Une trentaine de documents d'archives le concernant atteste que ce « *capo argentiere patentato* » (orfèvre, chef d'atelier patenté) fut le principal artisan bastiais de la fin du XVIIIe siècle et du début du XIXe siècle. D'autres objets marqués d'un « G » couronné sont à mettre en liaison avec Giacomo Filippo Gabrielli, né vers 1 730 et dont l'activité à Bastia est attestée par des documents couvrant la période 1768-1789.

On constate cependant que le poinçon génois se retrouve sur la plupart des pièces d'orfèvrerie du XVIIIe siècle, présentes dans les trésors corses (dans une proportion de l'ordre de 75 %). Les orfèvres insulaires réalisent à cette époque des bagues de mariage (alliances), des couverts (fourchettes, cuillers, louches) ainsi que des objets religieux moyennement appréciés, car de formes simples et relativement peu ornés. Aussi, quand il s'agit de doter une église d'un ostensoir, d'un calice ou d'un encensoir luxueux, on préfère alors commander l'objet à Gênes, où l'art des orfèvres atteint des sommets dans la virtuosité.

Au XVIIIe siècle, Bastia fait une notable exception au sein des communes de l'île, car les pièces qui ne sont pas corses ne sont pas obligatoirement d'origine génoise. En effet, elles sont pour moitié génoises et pour moitié romaines. Cette originalité pourrait s'expliquer par le fait que les pièces romaines étaient en fait destinées à l'une ou à l'autre des confréries de la ville. Ces riches confréries, comptant de nombreux membres (parfois plusieurs centaines d'individus) entretenaient manifestement des liens privilégiés avec la ville éternelle. À y regarder de plus près, on s'aperçoit que l'ensemble des pièces romaines de Bastia n'est dû qu'à trois orfèvres différents (identifiables par l'usage de poinçons de maîtres, en plus du poinçon d'État, ce dernier est appelé à Rome *bollo camerale*). Par ailleurs, ces objets proviennent en majeure partie d'un seul et même atelier (puisque 36 pièces sur 43 ont été réalisées par Giuseppe Ravasini, orfèvre actif entre 1731 et 1775). Cet état de fait ne semble pouvoir s'expliquer que par l'existence de liens personnels privilégiés. Sans doute Giuseppe Ravasini était-il lié à Bastia par des attaches amicales ou familiales.

Ailleurs, sur le territoire de l'île, les pièces romaines sont rares ; elles n'apparaissent que très ponctuellement, à l'instar des pièces napolitaines ou vénitiennes.

Le XIXe siècle va bouleverser l'ordre des choses dans le domaine politique et économique. Le changement de souveraineté et le rattachement de la Corse au royaume de France a redistribué les cartes. Les pièces d'orfèvrerie qui étaient traditionnellement importées de Gênes ou de Rome seront désormais commandées à Lyon ou à Paris. L'usage des poinçons de maître s'étant généralisé à cette époque, on est en mesure de constater que les trésors des églises insulaires regorgent de pièces d'orfèvrerie portant le poinçon d'orfèvres lyonnais, tels que

Favier Frères, Louis Guillat ou Marie-Joseph Armand-Caillat. On trouve également des pièces issues de maisons parisiennes, telles que celles d'Hippolyte Puche, Alexis Renaud, Noël Martin, Joseph Dejean ou Demarquet Frères.

En matière de poinçon d'état, la France de l'Ancien Régime a entériné l'exemption que les Génois avaient accordé aux orfèvres corses. Les changements de régimes qui vont se succéder, tout au long du XIXe siècle, ne modifieront pas cette situation. Ainsi, au sein des objets du XIXe siècles contenus dans les trésors corses, on dénombre environ 25 % d'objets ne portant pas de poinçons d'État. Il s'agit, selon toute évidence, d'œuvres réalisées par des orfèvres insulaires. Cette fois-ci, on peut l'affirmer avec d'autant plus de conviction que les usages ont évolué. En effet, sur les pièces réalisées dans l'île, si le poinçon de l'État reste absent, on relève en revanche la présence de poinçons de maître. À partir de la seconde moitié du XVIIIe siècle et durant tout le XIXe siècle, de nombreux orfèvres présents dans l'île vont utiliser des poinçons de maître. Ces poinçons portent très généralement les initiales de l'artisan ; il est donc assez facile d'identifier la production de l'Ajaccien Stefano Oneto ou des Bastiais Domenico Gigante, Antonio Maria Arena, Luigi Luo, Ignazio Gavi ou Christophe Gigante.

Le recensement de la population de la Corse, réalisé en 1818, donne de nombreux renseignements sur les orfèvres de l'île. Le document précise que la ville de Bastia comptait alors 16 orfèvres en activité pour une population de 8495 habitants (sont mentionnés les noms suivants : Agostini, Andrei, Arena, Armand, Gabrielli, Gavi, Gigante [2], Guasco, Parant, Ponzevera, Riccetti, Sisco [2], Valzi, Viale). À la même époque, dans la ville d'Ajaccio on dénombre 6 orfèvres au sein d'une population de 6715 habitants (les noms cités sont : Borelli, Campi, Denobili, Naiman, Oneto, Spinosi).

Dans le courant du XIXe siècle, d'autres orfèvres ouvriront leur atelier à Ajaccio (Ambiegna, Antoni, Bartoli, Frasseto, Moretti) mais le phénomène reste cependant bien moins important qu'à Bastia où l'activité d'une quarantaine d'artisans est attestée.

LES TEXTILES

LE NOMBRE DE PIÈCES CONSTITUTIVES

Il est d'usage que, lors de la célébration du culte, le prêtre officiant soit revêtu d'ornements, autant que possible en soie. Un ornement est constitué de 5 pièces assorties : une chasuble, une étole, un manipule, un voile de calice, une bourse de corporal. La couleur dominante des soieries constitutive de l'ornement est codifiée ; elle se doit, généralement, d'entrer dans les 6 couleurs liturgiques principales (or, blanc, vert, rouge, violet, noir). Plus rarement, sont utilisés le rose, le bleu, le gris, le puce, le jaune (en remplacement de l'or), l'argent (en remplacement du blanc). Les couleurs sont choisies en fonction des divers temps liturgiques de l'année et des types de cérémonies. C'est ainsi que l'or est réservé aux plus grandes fêtes et le noir aux messes de funérailles…

Dans une église paroissiale, le trésor devrait idéalement détenir au moins 6 ornements complets, chacun composé de 5 pièces. À cela s'ajoutent des pièces utilisées pour des occasions particulières : comme les chapes (capes de grandes cérémonies), les voiles huméraux (portés sur les épaules quand le prêtre porte un ciboire, un ostensoir ou un reliquaire), les dalmatiques (pour les diacres qui accompagnent parfois le prêtre officiant). Enfin, les diverses soieries aux couleurs liturgiques codifiées se retrouvent également utilisées sur des parements comme les antependia (parements amovibles servant à orner la face d'une table d'autel), les conopées (tentures de tabernacles), les dais d'autel, les dais de procession, les ombrellinos et les bannières de procession.

Le vestiaire liturgique et les parements textiles d'une église paroissiale peuvent rapidement atteindre un nombre de pièces très important. Ces pièces s'usent en quelques années et doivent être ponctuellement remplacées. On constate que globalement leur nombre n'a cessé de croître jusqu'à la guerre de 1914-1918, constamment alimenté par les achats de la fabrique et surtout par les dons des particuliers.

L'exemple apporté par la cathédrale de Bastia est symptomatique. L'inventaire des textiles qui y est réalisé en 1 704 (à la fin de l'épiscopat de Monseigneur Giovan Carlo de Mari) dénombre 8 chasubles, 3 chapes, 9 dalmatiques, 7 mitres et 8 paires de gants épiscopaux. Les pièces sont confectionnées dans les tissus les plus précieux (drap d'or, drap d'argent, tabis, satin de soie). Les pièces sont brodées de fils d'or, de fils d'argent et ornées de pierreries.

Dix-huit ans plus tard, en 1722, l'inventaire des textiles de ce même édifice est impressionnant. On y dénombre 32 chasubles, 6 chapes, 6 antependia, 10 dalmatiques, 9 mitres et 14 paires de gants épiscopaux. Toutes ces pièces, sans exception, ont aujourd'hui malheureusement disparu. Beaucoup d'entre elles étaient brodées aux armes de divers évêques.

De nos jours, si l'on dénombre les textiles anciens conservés dans la sacristie de la cathédrale (postérieurs à 1 722 mais antérieurs à la Révolution), on trouve 10 chasubles (dont 6 portant des armoiries épiscopales), 2 mitres, 3 paires de gants épiscopaux, 3 paires de bas liturgiques, 2 paires de sandales liturgiques, 1 voile huméral, 2 conopées. Cet ensemble est complété par un grand nombre de pièces des XIXᵉ et XXᵉ siècles, de moindre intérêt.

À titre d'exemple, notons qu'à Bastia, en 1768, lors de l'expulsion des Jésuites, on inventorie dans la sacristie de leur église 23 chasubles de différentes couleurs. Dans cette même ville, en 1863, l'inventaire de l'oratoire de la confrérie Saint-Roch dénombre 19 chasubles, 5 dalmatiques et 4 chapes. À Calvi, l'inventaire des textiles liturgiques, réalisé en 2012 par l'auteur de ces lignes, a permis de recenser 221 pièces, grandes et petites, des XVIIᵉ, XVIIIᵉ et XIXᵉ siècles.

LES DATATIONS

Les pièces les plus anciennes que l'on rencontre dans les sacristies insulaires datent de la fin du XVIe siècle. En raison de leur ancienneté, elles sont particulièrement rares. On les identifie par les textiles employés, tels que les damas bicolores à très petit rapport, les damas à très grand rapport (originellement destinés à des parements muraux), ou les velours à broderies au fil d'or en réseau dense, de style Renaissance…

Les pièces du XVIIe siècle sont également peu nombreuses. On les identifie en raison du style particulier de leur passementerie. On trouve souvent utilisé à cette époque des galons et des franges de soie, de deux ou trois couleurs régulièrement alternées. Ce type de passementerie de soie ne sera plus utilisée au siècle suivant, car les galons et les franges en fils métalliques vont se généraliser.

Les pièces du XVIIIe siècle ne sont pas rares. Les églises paroissiales en conservent souvent une, voire deux ou trois, parfois davantage, surtout quand l'édifice a recueilli les ornements textiles provenant d'un proche couvent, fermé par l'administration révolutionnaire.

Les pièces du XIXe siècle sont les plus abondantes. Les ornements textiles de cette époque sont vendus sur catalogue, comme les pièces d'orfèvrerie du temps et comme les statues en plâtre d'édition que l'on rencontre en masse dans les églises de Corse. Il s'agit de pièces standardisées, cousues à la machine, produites par des grandes manufactures continentales spécialisées.

LES PROVENANCES GÉOGRAPHIQUES

On a vu que les poinçons permettent de cerner l'origine géographique des pièces d'orfèvrerie, mais dans le domaine des textiles liturgiques, il n'existe malheureusement pas de marquage particulier. Toutefois, on peut aisément distinguer les chasubles réalisées dans l'aire d'influence italienne de celles qui ont été réalisées sur le continent français. En effet, le montage est différent. C'est ainsi qu'en Corse, il est assez facile d'identifier les chasubles d'origine italienne (génoises, romaines ou corses), car les pans de tissus qui les constituent adoptent un montage typiquement italien (dit « à la romaine »): l'orfroi dorsal y est en bande verticale continue, l'orfroi ventral est en forme de tau.

Quant aux pièces montées « à la française », conservées en Corse, qu'elles soient du XVIIIe ou du XIXe siècles, leur structure est particulière: l'orfroi dorsal est cruciforme, l'orfroi ventral est en bande verticale continue.

On peut remarquer qu'au XVIIIe siècle et au début du XIXe siècle, les pièces luxueuses, destinées aux cérémonies solennelles, sont achetées ou commandées en Italie, principalement dans la ville de Gênes. Des documents d'archives viennent confirmer ce que l'on peut constater sur le terrain. Les chasubles les plus luxueuses sont réalisées dans des soieries génoises, assemblées selon un montage typiquement italien. On citera quelques exemples de mentions, relevées dans les comptes de la confrérie de l'Immaculée Conception à Bastia :

> Dépenses du 29 juin 1796 au 29 juin 1797 : pour une chasuble neuve, solennelle, en drap d'argent, que l'on a fait broder tout autour, à Gênes, pour façon, broderie, doublure de soie, payé au citoyen Rebuffa, déduction faite de 100 lires eues d'une bienfaitrice : 165 lires [ce qui fait donc un prix de revient de 265 lires génoises].
>
> Dépenses du 29 juin 1812 au 29 juin 1813 : 494 francs que le Signor Camillo Ricciardi, chapelain de la susdite confrérie, a dépensé pour une chasuble solennelle faite venir de Gênes, et qui se retrouve dans la confrérie.
>
> Entrées du 29 juin 1815 au 29 juin 1816 : reçu de Marini 503 francs, avec l'ordre d'en devoir faire une chasuble à Gênes.
>
> Dépenses du 24 avril 1816 : dépensé selon la volonté du Signor Paolo Marini, ex-prieur, pour le remboursement de l'argent avancé lors de son priorat, pour une chasuble toute brodée d'or sur drap d'argent : 559 lires de Gênes, soit 466 francs.

Dans l'oratoire bastiais de la confrérie Sainte Croix est conservé un grand conopée, dont le fond est constitué d'une soierie lamée argent, richement brodée de fils de soies polychromes et d'or. On retrouve la trace de son acquisition dans les comptes de la confrérie, pour l'année 1816-1817 : « Donné pour un conopée, allé chercher à Gênes, venu fourni de tout le nécessaire : 360 francs. »

Au XVIIIe siècle et au tout début du XIXe siècle, parallèlement aux pièces luxueuses achetées à Gênes, les églises corses se fournissent également en ornements textiles auprès de couturiers-tailleurs locaux. Ceux-ci réalisent non seulement des pièces ordinaires pour les jours ouvriers, mais aussi des pièces onéreuses pour les cérémonies solennelles. La matière première (soieries, galons, doublures) est achetée à Gênes ou à Bastia. Elle est parfois récupérée sur de luxueux vêtements féminins légués ou donnés par de pieuses dames. L'usage de léguer des robes taillées dans des lampas de soie hors de prix se retrouve tant en France qu'en Italie continentale. Ceci explique que, sur certaines chasubles, des coutures biaises inattendues viennent assembler des pans de tissu. Les tailleurs s'efforcent de cacher l'essentiel des assemblages sous les galons de passementerie mais ils sont parfois contraints d'en laisser quelques-uns visibles. La mode des grandes robes à panier des années 1750-1780 permettait de récupérer d'importants métrages de tissus. En revanche, les robes étroites du Premier Empire donnaient infiniment moins de tissu à remployer ; elles causaient ainsi un casse-tête aux couturiers qui cherchaient à y tailler des chasubles avec le moins de coutures possibles.

À cette époque, le commerce des fripes était florissant. Les églises ne dédaignaient pas d'acheter des grandes robes à panier, passées de mode mais encore fraîches, pour y faire tailler des ornements liturgiques. On relève le cas dans les comptes de la confrérie bastiaise de l'Immaculée Conception pour 1803-1804. Une robe de soie à motifs fleuris fut achetée 24 francs pour en faire deux antependia et deux conopées destinés aux petits autels latéraux. Une autre robe, cette fois-ci en soie noire, fut achetée 17 francs et 16 centimes pour en faire également un antependium et un conopée assortis.

Un bel exemple de vêtement liturgique réalisé à Bastia (fermail d'argent compris) se retrouve avec force détails dans les comptes de la confrérie Sainte-Croix de Bastia, en date du 2 juillet 1769 :

> Pour 30 *palmi* de drap d'argent ondé (*tela d'argento ondato*), fait venir de Gênes afin d'en faire une chape, à 4 lires et 16 sous le *palmo* : 144 lires
>
> Pour 30 *palmi* de soie cramoisie, sergée en arête de poisson (*saia spina in seta cremesi*) pour faire la doublure de ladite chape, à 35 sous le *palmo* : 52 lires et 10 sous.
>
> Pour 32 *palmi* de galon d'or fin double (*gallone d'oro fino doppio*), à appliquer sur ladite chape, pour un poids de 8 onces, à 11 lires l'once : 88 lires.
>
> Pour 32 palmi de galon festonné d'or fin (*pontetta d'oro fino*) à border le tour de ladite chape, pour un poids de deux onces et trois-quarts, à 12 lires et 10 sous l'once : 34 lires et 7 sous.
>
> Pour fil de soie, destiné à coudre ladite chape : 15 sous.
>
> Pour 4 autres onces de galon d'or à 11 lires l'once : 44 lires.
>
> Pour 6 palmi de toile de tilleul (*tela di tiglio*) pour mettre dans le droit de ladite chape : 1 lire et 4 sous.
>
> Pour le fermail d'argent de ladite chape, fait faire par l'orfèvre Giuseppe Terigo, déduction faite d'une lunette d'argent donnée au dit orfèvre, il a été dépensé en tout, pour l'argent et pour la façon, comme écrit dans le reçu : 16 lires et 4 sous.

En 1787-1788, la même confrérie fait réaliser deux conopées et deux coussins d'autel (pour poser le missel), pour un montant total de 218 lires et 11 sous.

Le drap d'argent, le satin blanc, le damas de soie, les différents galons et les différentes franges de fils d'or sont fournis par des marchands bastiais : les associés Milanta et Gesti, les associés Mondet et Telamon, les frères Raggio, Giovan Battista Ferrari et Angelo Maria Rasori. Les comptes précisent que la façon des coussins a été payée à Le Choch, *tapessiere* (il s'agit du tapissier français Abraham Lecoq, installé à Bastia à la fin du XVIIIe siècle et dont l'activité est attestée de 1787 à 1818).

En 1782-1783, l'église paroissiale Saint-Jean-Baptiste de Bastia se dote de deux chapes et d'un voile huméral assortis pour un total de 305 lires. Les comptes donnent des détails intéressants :

> Les fonds ont été taillés à partir de 64 *palmi* de tabis couleur d'or (*tabbi color d'oro*). Le tabis est une étoffe de soie a effet ondé (un peu comme la

> moire, mais avec des dessins plus fins). Le tissu a été acheté à Gênes (*preso in Genova*).
>
> La garniture du devant des chapes a nécessité l'adjonction de 16 *palmi* de taffetas de soie rose (*taffità color di rosa*).
>
> Les fermaux d'argent, ont nécessité un total de près de 5 onces de métal.
>
> 16 *palmi* de ruban rose et du carton ont été utilisés pour orner et rigidifier le capuchon dorsal.
>
> Le nom du tailleur n'est pas indiqué mais le montant de la façon est consigné pour un montant de 11 lires et 5 sous.

Les archives de la confrérie bastiaise de l'Immaculée Conception conservent le nom de l'une des couturières bastiaises qui réalisait des ornements d'église. On trouve sa trace dans les comptes du 1er juillet 1805 au 29 juin 1806. La mention concerne l'achat de galons et la façon de trois ornements mais n'enregistre pas le prix du tissu de fond et de la doublure. Ceux-ci furent vraisemblablement offerts par un paroissien.

> Payé à Domenico Gesta [marchand bastiais] pour galon et fil de soie, afin d'en faire une belle chasuble, un conopée et un antependium de couleur violette : 57 francs et 8 centimes.
>
> Payé à Maria Battisti [couturière] pour façon desdits ornements : 12 francs et 18 centimes.

Dans le courant du XIXe siècle, la situation évolue et s'adapte aux nouveaux flux commerciaux. Les ornements luxueux destinés aux cérémonies solennelles sont désormais commandés en France, principalement dans la ville de Lyon (capitale française de la soie), mais aussi, dans une moindre proportion, à Marseille et à Toulouse. Les documents viennent confirmer ce que l'on peut constater en examinant le patrimoine vestimentaire liturgique du XIXe siècle conservé en Corse : les chasubles de cette époque sont principalement constituées de soieries lyonnaises, montées « à la française ». On citera quelques exemples relevés dans les comptes de l'église Saint-Jean-Baptiste de Bastia, entre 1870 et 1880 :

> La manufacture lyonnaise de Joseph-Alphonse Henry fournit : 2 dalmatiques en moire blanches et à galon doré ainsi qu'une chasuble violette (en 1870) ; puis une chasuble et ses petits ornements (en 1872) ; une chape en drap d'argent (en 1875) ; un ornement complet en damas rouge (en 1876) ; et un ornement complet violet (en 1878).
>
> Le fabriquant d'ornements Louis Michel, de Toulouse livre pour 408,75 francs d'ornements (en 1876).
>
> La manufacture lyonnaise Vitte et Lutrier envoie : 2 chasubles blanches (en 1879), puis une chape et une chasuble vertes ainsi qu'un ombrellino (en 1880).

La Maison Galard de Marseille [il s'agit de Galard & Sœurs ateliers de statues religieuses, ornements d'église, chasublerie, vases sacrés et bronzes] fournit une chasuble rouge (en 1880).

Le fabricant d'ornements d'église Charles Bonierbale, de Marseille, livre une autre chasuble rouge (en 1880).

Au XIXe siècle, parallèlement aux pièces luxueuses achetées à Lyon, Marseille ou Toulouse, les églises insulaires ont la possibilité de s'adresser à des fournisseurs locaux, principalement établis dans les villes, et notamment à Bastia. Ces fournisseurs sont de trois types :

Premièrement les couvents de femmes, qui jouent le rôle de « fabricants spécialisés ». À Bastia, les sœurs du Bon Pasteur et les sœurs clarisses fournissent des pièces ordinaires pour les jours ouvriers, mais aussi des pièces onéreuses pour les cérémonies solennelles. Les religieuses bastiaises réparent également des ornements usés (changements de doublures, de galons, reprises de déchirures). En outre, elles fournissent du linge blanc, parfois brodé et avec application de dentelle (nappes d'autel, surplis, aubes, amicts, corporaux, purificatoires, pales, manuterges). Dans la banlieue de Bastia, le couvent des bénédictines d'Erbalunga (établi sur le territoire de la commune de Brando) est également un centre de production et de réparation.

Deuxièmement les marchands urbains, tenant des magasins ou des boutiques. Ce sont des marchands de tissu et des merciers. Ils fournissent notamment des tissus précieux au mètre (damas de soie, lampas, drap d'argent, moire, satin, etc.). Ils vendent aussi des vêtements civils en prêt-à-porter importé de Paris et sont les dépositaires de grandes maisons lyonnaises spécialisées dans les ornements d'église.

Troisièmement, les couturiers-tailleurs. Ces couturiers (ou couturières) sont des tailleurs d'habits implantés en ville, qui, à la demande, réalisent des ornements liturgiques. Ils travaillent d'ordinaire dans le domaine de la mode et du vêtement civil.

Les comptes de l'église paroissiale Saint-Jean-Baptiste regorgent d'exemples éclairants :

16 août 1865, payé aux dames du Bon Pasteur pour 3 chapes blanches à fleurs : 200 francs.

– *idem*, aux mêmes, pour 2 chasubles, l'une blanche et l'autre violette : 121 francs.

27 mars 1871, [Sœurs du] Bon Pasteur, [façon de la] chasuble solennelle : 109,90 francs. Tardi a fourni un tissu doré pour la chasuble solennelle qui a coûté 400 francs, ce qui fait au total la somme de 509,90 francs.

4 mai 1871, Orenga [magasin], fournitures pour la chasuble solennelle 32,20 francs.

3 décembre 1871, Bon Pasteur, 2 dalmatiques, une chape noire : 139 francs.

idem, Sœurs Bon Pasteur, 2 aubes : 60 francs.

11 juin 1877, payé à Poggi, marchand sur la Traverse [la Traverse est l'ancien nom du Boulevard Paoli], une chasuble pour les jours ouvriers : 55 francs.

1er novembre 1879, payé au marchand Miseri, 2 chasubles blanches : 84 francs.

1er mars 1881, payé à Miseri, fabricant d'ornements, une écharpe pour la bénédiction du Saint Sacrement [voile huméral] : 40 francs.

De par leur nature même, les vêtements liturgiques sont coûteux (puisqu'ils sont constitués de soieries précieuses, enrichies de broderies et de passementeries de fils d'argent et d'or). Ils sont par ailleurs extrêmement fragiles (ils s'usent, se décolorent, se déchirent, se décousent, se salissent...).

Ces caractéristiques expliquent pourquoi les vêtements liturgiques sont fréquemment réparés : on procède au changement des doublures d'origine (salies et usées), à celui des galons métalliques (effilochés ou oxydés), au raccommodage des soieries déchirées ; parfois, on fait même reteindre les tissus (décolorés par la lumière ou tâchés).

De nombreux documents d'archives concernent ces réparations. Ils viennent confirmer ce que l'on peut constater en examinant le patrimoine vestimentaire liturgique du XVIIIe siècle. On y voit parfois des reprises ou des pièces de raccommodage, et l'on constate à l'occasion que des chasubles très anciennes se retrouvent garnies de doublures et de galons relativement récents).

On notera qu'à la fin du XIXe siècle, les clarisses de Bastia semblent s'être spécialisées dans ce type de travail. On citera pour exemples quelques mentions relevées dans les comptes de l'église paroissiale Saint-Jean-Baptiste de Bastia :

8 mai 1871, aux clarisses pour réparation d'une chasuble rouge : 2,50 francs.

11 juin 1871, payé aux sœurs clarisses pour réparation et fournitures de la chasuble et des deux dalmatiques en drap d'or (ancienne) : 30 francs.

On trouve d'autres mentions dans les comptes de la confrérie Sainte-Croix de Bastia :

31 novembre 1909, note des sœurs clarisses pour réparation d'une chape : 15 francs.

3 mai 1910, note des sœurs clarisses, réparation et fourniture à une chasuble et autre : 52,50 francs.

Au terme de cet article, on précisera que les conclusions, qui sont ici rassemblées, résultent de trente années d'observations sur le terrain et de dépouillement d'archives inédites. Trente longues années à sillonner les routes chaotiques de la Corse, à toquer à des portes closes, à quémander des clefs, à négocier avec des sacristains autoproclamés et méfiants, afin d'obtenir le privilège rare de pouvoir respirer la poussière des sacristies et découvrir des trésors merveilleux, oubliés au fond de placards vermoulus et de tiroirs emplis de crottes de rats.

L'auteur de ces lignes espère avoir ainsi été utile aux générations futures. Il espère surtout qu'elles seront moins négligentes que les générations passées et plus respectueuses du patrimoine, en prenant conscience de son ancienneté, de sa fragilité, de sa préciosité et surtout de son caractère irremplaçable. Le patrimoine est un témoignage concret de ce que fut la société corse des siècles passés ; sa disparition contribuerait à rendre amnésique les Corses de demain.

PIERRES ET MARBRES DES ÉGLISES ET MONUMENTS COMMÉMORATIFS EN CORSE AU XIXe SIÈCLE

Pierre Claude Giansily

RÉSUMÉ

Au XIXe siècle, tous les projets de construction ou de modification des églises et ceux concernant l'édification de monuments commémoratifs en Corse ont été confrontés au choix des matériaux, à leur coût et à leur transport. Les pierres et marbres des églises et monuments proviennent en effet de Corse, d'Italie ou d'ailleurs et les commanditaires et conseils de fabrique doivent choisir au mieux parmi la diversité des décors et pavements en marbres ligures, toscans et corses. La même préoccupation se retrouve avec les monuments commémoratifs érigés en Corse après 1850, quand il faut trouver les plus beaux matériaux pour la dizaine de monuments glorifiants les héros de l'histoire insulaire. Marbre blanc de Carrare ou marbre rouge d'Oletta, granite rose d'Appietto et granite de la Restonica sont alors convoqués. Ces riches matériaux témoignent du goût des instances chargées de décorer ces édifices et monuments qui constituent depuis la grande richesse patrimoniale de la Corse.

❖❖❖

Le thème des matières premières, techniques et échanges peut être illustré dans de nombreux domaines touchant aux arts. C'est le cas avec les pierres et marbres des églises qui proviennent de Corse, d'Italie et d'ailleurs, en fonction des moyens financiers dont disposent les commanditaires et conseils de fabrique compétents pour décider des dépenses. Les églises bastiaises sont le plus bel exemple de la diversité des décors et pavements en marbres ligures, toscans et corses. Ces riches matériaux témoignent du goût des instances chargées de décorer ces édifices et monuments qui constituent depuis la grande richesse patrimoniale de la Corse. Le sujet choisi permet, plus généralement, d'évoquer la question des sources et de savoir si on a des précisions dans les dossiers d'archives sur les matériaux, leur qualité, leur coût et leur mise en œuvre[1]. Nous évoquerons également, sur la période considérée qui est relativement récente, la question des techniques et des échanges mais on verra que pour les techniques, elles sont généralement identiques en tous lieux et que pour les échanges, ce sont les hommes chargés de leur mise en œuvre qui présentent le plus d'intérêt.

PIERRES ET MARBRES DES ÉGLISES EN CORSE AU XIXe SIÈCLE

Pour les églises, la pierre est réservée aux parties les plus visibles où les plus nobles : dallages, murs, piliers, autels. Pour les décors, l'art du marbrier se situe dans son aptitude à réaliser des sculptures et placages de grande qualité. On ne peut en effet confier au premier venu des ouvrages d'art aussi difficiles par leur exécution. Il s'agit en fait de cas exceptionnels car dans la réalité, il y a assez peu de luxe dans les nouvelles églises et la plupart des décors, notamment dans les églises baroques, est antérieur au XIXe siècle. Une enquête sur le travail des architectes diocésains, de 1848 à 1905, permet de mieux cerner le propos[2]. Il y a en moyenne entre quinze et vingt-cinq dossiers pour la Corse par an et on peut estimer ainsi que c'est près d'un millier de projets qui ont été examinés par les instances nationales sur la période. Le comité des inspecteurs généraux des édifices diocésains et paroissiaux est certes préoccupé les améliorations à apporter aux projets architecturaux mais il fait surtout la traque des dépenses « inutiles » (et le décor en fait parfois partie). Un élément d'appréciation du coût des constructions est relevé par le travail de Paul Poggi (Ajaccio, 1821, † Ajaccio, 1903) inspecteur des édifices diocésains qui a établi les projets et dirigé les travaux des églises suivantes (pour lesquelles il donne la valeur en 1 886) : Zicavo (60 000,00 F), Zonza (58 000,00 F), Olmeto (agrandissement, 30 000,00 F), Conca (agrandissement, 30 000,00 F), Renno (non achevée faute de fonds, 35 000,00 F), Bastelica (non achevée faute de fonds, 150 000,00 F), Cuttoli-Corticchiato (non achevée faute de fonds, 40 000,00 F), Propriano (37 000,00 F), Cozzano (37 000,00 F), montants à comparer avec les 250 000 francs de la construction de la chapelle impériale (1857-1859)

On rappellera ici que le marbre est un ancien calcaire dépourvu d'impuretés (exemple : les marbres de Carrare). Les cipolins de Brando, considérés comme des marbres, sont très riches en carbonate de calcium et prennent bien le poli ; ils sont utilisés dès le XIIe siècle (cathédrale de Mariana). La technique du polissage est très importante et des ateliers seront créés à cet effet en Corse. Cependant, malgré les richesses en marbres de la Corse, on utilise largement les marbres en provenance de l'Italie et on fait appel à des marbriers italiens

1. La réponse est plutôt non, sauf cas particuliers très rares, au demeurant.
2. Voir Pierre Claude Giansily, « Architectes, inspecteurs et édifices diocésains en Corse au XIXe *siècle* », *Bulletin de la société des sciences historiques et naturelles de la Corse*, fasc. n° 776-777, 2021, p. 69-96.

également pour l'extraction des marbres de Corse. Le développement de l'industrie est une préoccupation largement partagée au début du Second Empire et la presse insulaire des années 1840-1860 rend régulièrement compte des initiatives et promotion de ces produits. Dans le *Journal de la Corse* du 2 mars 1846, à propos de l'ouverture à l'initiative de M. Iliani d'une usine pour l'exploitation des marbres de la Restonica :

> Deux ateliers de polissage existent aujourd'hui, l'un à Corte et l'autre à Bastia, d'où les produits sont livrés directement ou expédiés au dépôt général de Marseille. Un troisième sera ouvert à Ajaccio ; le conseil municipal de cette ville a concédé gratuitement à M. Iliani l'emplacement nécessaire pour la construction de l'atelier de travail et du dépôt des produits.

On évoque aussi à titre d'exemple, dans le *Journal de la Corse* du 29 octobre 1849, les marbres de Serraggio dont quatre colonnes ornent la cathédrale d'Ajaccio et, dans le *Journal de la Corse* du 2 août 1853, à propos de la Compagnie des marbres, granits et porphyres de la Corse :

> Plus d'une fois, en examinant avec l'attention que nous donnons toujours aux produits de notre pays les belles colonnes de marbre bleu turquin qui ornent la cathédrale de cette ville, nous avons éprouvé un sentiment de bien vive affliction. Ce marbre, nous le savions, était tiré d'une carrière, située sur les bords de la route impériale d'Ajaccio à Bastia, près d'un cours d'eau très considérable, et dans les meilleures conditions possibles, pour être exploité avec avantage. Il aurait dû, nous semblait-il, étant d'une graine si fine, prenant un si beau poli être exporté en grande quantité sur le continent français où l'on n'en possédait pas certainement de meilleur. Cependant son extraction était nulle ou à peu-près, et par conséquent, il ne fournissait aucun aliment au travail, à l'industrie et au commerce.

Dans le *Journal de la Corse* du 26 septembre 1854, M. Tomei propriétaire des carrières de marbre du Bivinco se propose de faire figurer au prochain concours général quelques-unes des belles colonnes provenant de ses carrières. Dans le *Journal de la Corse* du 12 septembre 1854, on peut lire un « Rapport sur les développements de l'industrie en Corse » par Carbuccia, président de la Société d'agriculture, sciences et arts de Bastia :

> Nous ne possédions, il y a deux ans, qu'un seul établissement pour polir les marbres communs dit de carrélage [*sic*] ; nous en avons trois aujourd'hui en pleine activité : Erbalunga, Marmoraja [Mamoraggia] et Castello, dans le canton de Brando. [...] Des serpentines dures, des verts de mer, ont été trouvés sur les bords du Bivinco ou dans la vallée du Fango, près Bastia. [...] La découverte de ces carrières et le bel exemple que produisent les colonnes qui ornent si magnifiquement le Palais de justice [de Bastia], ont donné du crédit à nos marbres, et deux compagnies sérieuses se sont formées pour les exploiter et les répandre sur le continent.

Le développement de ces entreprises est fortement encouragé et, lors du Concours général agricole, industriel et de Beaux-Arts de la Corse, qui se tient à Ajaccio en mai 1865, Giuseppe Bertolucci se voit décerner une médaille d'or, Jean-Baptiste Tomei, de Bastia, propriétaire des carrières de marbre du Bivinco, obtient une médaille de bronze, dans la catégorie « Marbrerie » ; l'entreprise Orsini et Cie, de Bastia, obtient une médaille de bronze, et Pierre Stefani obtient une médaille de bronze, décernée à l'entreprise qu'il dirige à Corte.

Posons à présent un regard sur les marbriers à Bastia et à Ajaccio et pour les décors proprement dits. Nous prendrons les exemples, à Bastia, de l'église Saint-Jean-Baptiste et de l'oratoire de la confrérie Saint-Roch, ainsi que les travaux de Giuseppe Bertolucci, artiste pour lequel nous disposons des précieuses informations communiquées par Michel-Édouard Nigaglioni.

Marbrier et sculpteur toscan Giuseppe Bertolucci est originaire de Carrare. Il fait partie des très nombreux exilés politiques à avoir fui l'Italie pour se réfugier en Corse. En effet, au cours de la première moitié du XIXe siècle, les insurrections libérales se multiplient dans les différents États italiens. Les *carbonari* complotent pour renverser les monarchies en place et établir des régimes démocratiques. De nombreux ressortissants du grand-duché de Toscane, des États Pontificaux et du royaume de Naples sont alors bannis de leur patrie en raison de leurs agissements politiques. Beaucoup choisissent de s'exiler à Bastia, c'est le cas de Bertolucci et de sa famille. Il deviendra le principal marbrier bastiais de son temps, travaillant beaucoup pour les églises, les tombeaux et les luxueuses demeures du Nord de la Corse. Les registres de comptes des églises bastiaises conservent de très nombreuses traces de son activité dont on citera quelques exemples, ci-après. En 1845 et 1846, Giuseppe Bertolucci installe les soubassements des piliers de l'église Saint-Jean-Baptiste de Bastia, constitués de plaques en marbre gris de Corte. L'embellissement de cette même église est poursuivi en 1852, avec la pose de plaques similaires sur les murs périmétraux ainsi qu'avec l'installation de grands chambranles de portes, sculptés dans le marbre turquin de Serraggio (ce marbre est extrait de carrières situées sur l'actuelle commune de Venaco, Haute-Corse). C'est la société du marbrier Giuseppe Bertolucci (la Compagnie Bertolucci & Frangi) qui est chargée de ces travaux et de la fourniture des marbres. En 1852, la chapelle des fonts baptismaux de l'église est entièrement décorée (fig. 1). La Compagnie Bertolucci et Frangi fournit tous les blocs de marbres nécessaires pour l'ornementation, la balustrade et le pavement de la chapelle. Il s'agit de marbres de Corse, extraits des carrières de Serraggio, de Caccia et de Corte ; ainsi que de marbres italiens provenant de Carrare. Les placages ont été réalisés par le marbrier Giuseppe Luciani, gendre de Giuseppe Bertolucci. Dans une lettre adressée à l'agent voyer en chef du département, le curé de l'époque, Antonio Lusinchi, évoque les travaux du baptistère et ne tarit pas d'éloges sur les marbriers :

> Quant aux marbres pour les balustrades, le carrelage du baptistère, les chambranles des portes, le socle et le soubassement, il était impossible de confier au premier venu des ouvrages d'art aussi difficiles par leur exécution

1. Bastia, église Saint-Jean-Baptiste,
Giuseppe Bertolucci, fonts baptismaux, marbres polychromes, 1852
© Michel-Édouard Nigaglioni

que par l'extraction de cette diversité de marbres, gisant dans des localités différentes. Nous avons donc pensé qu'il convenait de contracter de gré à gré avec les Sieurs Bertolucci et Frangi qui exploitent depuis longtemps nos carrières [de Corse] et qui ont un commerce ouvert avec le continent italien. Ouvriers d'une capacité, d'une expérience et d'une moralité éprouvées, les Sieurs Bertolucci et Frangi tiennent à cœur de faire admirer leurs ouvrages d'art afin d'accroître leur bonne réputation.

Le 15 novembre 1860, on commande à Giuseppe Bertolucci un grand portail de style néoclassique, surmonté de la coquille des pèlerins, destiné à orner la façade de l'oratoire Saint-Roch de Bastia. Un acte sous seing privé est rédigé :

Moi souscrit [Bertolucci], je m'oblige à faire un portail de marbre blanc, clair, de Carrare, selon le dessin signé par le Sieur Giovan Battista Ramaroni. Le prix du dit portail reste fixé à 750 francs, sculpté selon les règles de l'art. *É*tant entendu que je m'oblige à le mettre en place, à mes frais, sans que le susdit Ramaroni n'ait à se préoccuper de rien. Les 750 francs me seront payés comme suit : c'est-à-dire 420 par le Sieur Ramaroni et le reste me sera payé par le Sieur Viale, prieur. À Bastia le 15 novembre 1860.

En 1867-1868, Bertolucci réalise le nouveau pavement en marbres polychromes de la nef de la cathédrale de Bastia. Le montant des travaux, réalisés en association avec le marbrier Camillo Perutelli, s'élève à la somme considérable de 19 000 francs. Il s'agit du pavement qui est toujours actuellement visible. Au cimetière de Bastia, le tombeau de la famille Bobis porte la signature de l'atelier du marbrier Bertolucci. Il s'agit de la concession n° 197, voie 8. Au centre d'un enclos funéraire, délimité par une grille de fer forgé ouvragée, est érigé un monument funéraire en tuf de Saint-Florent. Des effets de polychromie sont générés par l'utilisation de pierres diverses (ardoise grise, marbre blanc, gabro noir d'Ersa). Le monument adopte la forme d'un cippe grec très ornementé. La face porte la date de réalisation : 1 861. Le côté droit porte l'inscription : « Laboratorio Bertolucci ».

Dans le même cimetière, le tombeau de la famille Valzi-Cardella, portant lui aussi la signature du même atelier, est d'une esthétique et d'une structure très voisines du tombeau précédent. Il s'agit de la concession n° 186, voie 8. Au centre d'un enclos délimité par une grille de fer forgé (partiellement endommagée par le souffle des bombardements de septembre 1943) est érigé un monument funéraire en forme de cippe antique, en tuf de Saint-Florent, incrusté de marbre blanc, reposant sur une base en cipolin de Brando. Le monument est signé sur le côté droit, par l'inscription : « Laboratorio Bertolucci ». Giuseppe Bertolucci est mort à Bastia en 1 873.

On note la présence de nombreux marbriers d'origine italienne à Bastia comme :

1. Damien Azzolini (alias Damiano Azzolini), fils de Giovanni Azzolini et de son épouse, née Giacominetta Buraschi, né vers 1 843 à Palanzano, dans la province de Parme (Émilie-Romagne). Les archives de l'hôpital civil de Bastia mentionnent qu'il a été hospitalisé le 22 janvier 1864 et qu'il était alors célibataire.

2. Charles Blandini (alias Carlo Blandini), fils de Santo Blandini et de son épouse, née Catterina Breschi, né vers 1 836 à Comano (province de Massa e Carrara). Les archives de l'hôpital civil de Bastia mentionnent qu'il est l'époux de Maria Domenica Macchiet et qu'il a été hospitalisé du 26 décembre 1866 au 17 janvier 1867.

3. Pierre Cacciaguerra (alias Pietro Cacciaguerra), fils d'Andrea Cacciaguerra et de son épouse, née Maria Domenica Borghesi, né vers 1835, à Corchia, dans la province de Parme (Émilie-Romagne). Les archives de l'hôpital civil de Bastia mentionnent qu'il est l'époux de Lucia Bertucci et qu'il a été hospitalisé du 8 avril au 6 juin 1878. Son enregistrement stipule qu'il est habituellement domicilié à Massa di Carrara.

4. Dominique-André Cattini (alias Domenico Andria Cattini), né vers 1 802 à Carrare. Il est le fils de Giuseppe Cattini et de son épouse, née Antonia Franzini. Les archives de l'hôpital civil de Bastia mentionnent qu'il est hospitalisé du 5 au 23 janvier 1863. Il est noté qu'il est alors célibataire, que son domicile habituel est fixé à Carrare et que les frais d'hospitalisation seront payés par le Consul d'Italie.

5. Louis Cazzolari, marbrier né vers 1 811 est hospitalisé à l'hôpital civil de Bastia du 24 février au 12 mars 1863.

6. André Cordiviola (alias Andrea Cordiviola), fils de Domenico Cordiviola et de son épouse, née Maria Ratti, né vers 1 839 à Carrare. Les archives de l'hôpital civil de Bastia mentionnent qu'il a été hospitalisé le 1er juillet 1864 et qu'il est célibataire.

7. Bernard Della Maggiore (alias Bernardo Della Maggiore), fils de Biaggio Della Maggiore et de son épouse, née Catterina Tosini, né à Porcari, près de Lucques, vers 1 815. Les archives de l'hôpital civil de Bastia mentionnent qu'il est l'époux de Madalena Feracci et qu'il a été hospitalisé pour cause d'ophtalmie chronique, du 24 au 30 juin 1865.

8: Orlando Fancelli, fils du vigneron Casimir Fancelli (natif de Lucques) et de son épouse, née Marie-Antoinette Ceresetti (native de Bastia). Orlando Fancelli est né à Bastia, le 29 juin 1850. Les archives de l'hôpital civil de Bastia mentionnent qu'il est célibataire et qu'il a été hospitalisé pour cause de fièvres intermittentes et délires, du 20 juillet au 12 septembre 1870.

9. Citons ici Dominique et Mathieu Cinti, marbriers d'origine italienne. On trouve des références aux activités de la famille Cinti au cours du XIXe siècle à propos des carrières de cipolin dites carrières de Brando et des usines de fabrication de matériaux de construction. Les Cinti sont propriétaires de la scierie mécanique de Marmoraggia (ou Mermoraja) et sont récompensés pour la qualité de leurs produits lors d'expositions comme celles de Rodez en 1905, de Bordeaux en 1906 et de Bastia en 1924. L'atelier des frères Cinti est représentatif de ces entreprises locales qui ont réalisé, sur une longue durée, un travail remarquable pour les constructions de caveaux, chapelles et monuments (dont les monuments aux morts de la Grande Guerre[3]). Au cours des années 1920-1930, l'entreprise installée au no 3 du boulevard de Cardo, à Bastia, compte 45 ouvriers dont 12 sculpteurs italiens.

3. Lorsque Dominique Cinti se voit décerner les palmes académiques, on peut lire dans *Le Petit Bastiais* du 21-22 février 1938 : « Petit-fils et fils de marbriers réputés dans la Corse entière – et

À Ajaccio, les marbriers sont également en nombre et on les trouve sur les différents chantiers de la ville : édifices publics et religieux, constructions de maisons patriciennes. On en présentera six :

1. Joseph Tozzi, né en 1 787 à Guinadi, hameau de Pontremoli (Italie), qui obtient en mars 1846, un passeport pour se rendre à Marseille.

2. Léon Crouchin, né en 1815, qui obtient en octobre 1849 un passeport pour se rendre dans l'Ain. Au recensement de 1851, il demeure cours Napoléon, son épouse se nomme Thérèse Etienne.

3. Adolphe Mortel, né en 1831, qui obtient en mars 1851, un passeport pour se rendre à Marseille.

4. Jacques Santamaria, dix-neuf ans au recensement de 1 872 et demeure rue des glacis, maison Mannoni.

5. Antoine Nardi originaire de San Ginese un hameau de Cappanori (Toscane). Au recensement de 1881, il demeure rue Fesch.

6. François Cardi, né le 8 janvier 1843 à Ajaccio. Au recensement de 1872, il demeure Maison Stephanopoli, rue Cardinal. Il est dit marbrier sculpteur à son mariage avec Paule Marie Robaglia le 26 janvier 1867 à Ajaccio. Le 5 septembre 1871, il reçoit un acompte de 1 000 francs pour des travaux[4] réalisés pour la construction de la maison Versini dont il sera question ci-après.

Toujours à Ajaccio, on constate grâce à des documents d'archives privées, que l'achat à de grandes maisons de Marseille présente de nombreux avantages. Lorsqu'il fait construire son hôtel particulier sur le cours Napoléon en 1870, le docteur Louis Versini fait appel à Jérôme Maglioli (1812-1885) pour les plans et le suivi des travaux qui sont confiés à l'entrepreneur et maître maçon Vincent Giroldi. Les travaux étant rondement menés, on passe rapidement commande au marbrier Jules Cantini à Marseille, qui dispose d'une grande variété de produit à des prix très attractifs. À titre d'exemple, la facture du 5 mai 1871 mentionne le prix de 400 francs pour une « cheminée marbre statuaire, 2e variété forme nouvelle » de 165 cm de tablette et 120 cm de hauteur (pour le grand salon) et 80 francs pour une « cheminée marbre blanc Pompadour modillons simples » de 155 cm de tablette. La nouvelle demeure comptant de nombreuses pièces, la facture produite

même sur le continent – notre grand ami Dominique Cinti, ainsi que son frère Mathieu, perpétuent la grande tradition du monument et de la Sculpture. [...] Les œuvres de la Maison Cinti, toutes parfaites, ne se comptent plus. » Cet article rappelle l'importance des travaux réalisés et donne, dans certains cas, des indications sur les matériaux utilisés : pour Aullène, granite corse et marbre de Carrare ; pour Cervione, marbre de Corte ; pour Oletta, marbre de Calvi et placage de marbre ; pour Volpajolo et Saint-Florent, marbre-brèche d'Oletta et Olmeta di Tuda ; pour le monument aux morts de Bastia, granite d'Algajola.

4. Il s'agit sans doute de l'installation du matériel commandé à Marseille.

2. Ajaccio, église Saint-Roch,
Louis Panero entrepreneur, la chaire, marbre polychrome, 1895. Carte postale

alors fait figurer plusieurs modèles en marbres blancs, roses ou verts avec moulures qui sont facturés au prix de 50 francs[5].

Pour le décor d'une nouvelle église à la fin du XIXe siècle, on prendra l'exemple de Saint-Roch à Ajaccio, inaugurée en 1 895. Barthélemy Maglioli (1856 1909), architecte de la ville d'Ajaccio et du conseil de fabrique, a dressé les plans de l'église et dirigé les travaux.

L'entrepreneur ajaccien Louis Panero qui construit l'église est chargé de la fourniture de deux autels en marbre blanc, d'une chaire en marbre blanc et de couleur (fig. 2), de deux bénitiers et des fonts baptismaux. Les contrats passés le 4 décembre 1897 précisent la nature des ouvrages à réaliser :

> Le sieur Panero s'engage à fournir deux autels en marbre blanc, destinés l'un pour la chapelle de la Vierge, l'autre pour la chapelle de Saint Roch. Ces autels seront à forme de sarcophage avec moulure d'encadrement

5. Facture du 16 mars 1871, collection particulière.

> saillante de 0,05 et motif décoratif de croix sculptée dans le panneau central. Les autels seront surmontés de trois gradins également en marbre et destinés à recevoir les chandeliers et autres motifs décoratifs et d'apparat. Le tout sera couronné par un motif de décoration en marbre à forme de niche dans laquelle se trouveront exposés dans l'une la Sainte Vierge, dans l'autre Saint Roch. Le prix convenu pour l'exécution de ces deux autels, faite d'après les règles de l'art et conformément aux instructions et croquis donnés par l'architecte, directeur des travaux, est fixée à deux mille francs (2 000) soit mille francs pour chaque autel.

L'entrepreneur a ainsi commandé ce travail à un marbrier dont on ne connaît pas l'identité.

La chapelle impériale, à Ajaccio est un exemple de suivi de chantier de construction[6] pour lequel la documentation est abondante grâce aux rapports réguliers rédigés pendant le chantier par Paccard et Cazeneuve (Archives nationales, F/21/1 397 et F/21/1 398). En 1859, un contentieux est déposé par « l'humble artiste Giuseppe Bertolucci, ouvrier marbrier, sujet italien », à propos des quantités de pierre de taille de Saint-Florent qu'il a fournies pour les travaux de construction de la chapelle. La somme payée à ce titre est de 62 341,76 francs. Les experts ajacciens sollicités pour procéder à l'évaluation des travaux réalisés à la chapelle, ayant refusé, il est donc fait appel à trois experts venus de Bastia qui constatent qu'il y a bien un préjudice pour Bertolucci. Le jugement du tribunal de commerce d'Ajaccio du 24 septembre 1859 conclut que le sieur Cazeneuve est mis hors de cause. En appel, Jérôme Maglioli est condamné à une amende de 10 000 francs. Paccard dans deux courriers des 2 et 12 avril 1860 plaide auprès du ministre pour concilier la cause du plaignant et celle de Maglioli qui ne pourra jamais payer une telle somme et qui a pourtant veillé au bon achèvement des travaux de la chapelle. Il considère également que Giuseppe Bertolucci n'a pas fourni de justificatifs et exagéré les quantités fournies. Maglioli dans un courrier du 18 avril 1860 au ministre considère qu'il a utilisé toutes les pierres fournies et que l'administration lui doit les sommes en cause à titre de plus-value, en application du jugement de Bastia. Paccard dans un courrier du 28 avril 1860, en réponse à la demande de Maglioli, plaide auprès du ministre pour préciser que les choses ont été faites dans le cadre d'un marché et selon les règles de l'art ; le procès a été fait sur l'expertise non contradictoire des experts choisis par Bertolucci ; il prend la défense de Maglioli : « Comme architecte des travaux de

6. Le cardinal Fesch, mort en exil à Rome en 1839, avait affecté dans son testament une somme pour la construction d'une chapelle mortuaire pour y être enterré ainsi que les membres de sa famille. Son légataire universel, Joseph Bonaparte, n'ayant pas exécuté cette clause, c'est Napoléon III qui, en 1851, ordonna la translation des restes du cardinal et de Madame Mère. Deux architectes de la couronne sont désignés pour le projet et l'exécution du monument : Alexis Paccard dresse les plans et Joseph Cazeneuve dirige les travaux qui commencent en 1857 pour s'achever en 1859.

la chapelle, j'ai pu apprécier le zèle et la rare honnêteté apportés par M. Maglioli dans ses fonctions d'entrepreneur général, je vois tout ce qu'elles lui ont couté de peine dans un pays où les ressources maquent complètement. » Il conclut en demandant le versement des 5 741,90 F demandés par Maglioli car il a déposé chez le receveur la somme à laquelle il a été condamné.

PIERRES ET MARBRES DES MONUMENTS COMMÉMORATIFS EN CORSE AU XIXe SIÈCLE

Le thème des matières premières, des techniques employées et des échanges peut être illustré avec les monuments érigés en Corse après 1850, quand il faut aussi trouver les plus beaux matériaux pour la dizaine de

3. Ajaccio, monument au cardinal Joseph Fesch,
Vital-Dubray sculpteur, Jérôme Maglioli architecte, 1856
© Claude Giansily.

monuments glorifiants les héros de l'histoire insulaire. Marbre blanc de Carrare ou marbre rouge d'Oletta, granite rose d'Appietto et granite de la Restonica sont alors convoqués. Ces riches matériaux témoignent du goût des instances chargées de décorer ces monuments qui forment la grande richesse patrimoniale de la Corse. Dans ces cas précis, le rôle des architectes est primordial car il faut trouver les matériaux à un prix de mise en œuvre tenant compte des budgets alloués. Il faut saluer ici le remarquable catalogue publié en 2021 lors de l'exposition « Dans le marbre et l'airain – La mémoire des Bonaparte en Corse : les statues », par le musée national de la Maison Bonaparte, sous l'impulsion de Jean-Marc Olivesi, conservateur général du patrimoine, responsable du musée national de la Maison Bonaparte à Ajaccio. Un article rédigé par Alain Gauthier, « Les roches ornementales utilisées en Corse au XIXe siècle et au début du XXe siècle », énonce les qualités des roches corses et leur utilisation au cours des siècles, mais aussi les tentatives de leur valorisation. On découvre aussi des exemples et la liste de monuments ayant utilisé les roches corses tant à l'extérieur qu'à l'intérieur de l'île.

Trois monuments commémoratifs édifiés à Ajaccio sous le Second Empire présentent un fort intérêt. C'est Jérôme Maglioli, architecte de la ville qui est chargé du suivi des monuments Abbatucci, du cardinal Fesch et de Napoléon Ier et ses frères, en liaison avec le sculpteur Vital-Dubray pour les deux premiers, et avec l'architecte Viollet-le-Duc pour le troisième. À ce jour, les documents d'archives consultés ne permettent pas de connaitre le coût définitif du monument Abbatucci inauguré en 1 854. Certes, la générosité des populations, exprimée via les commissions chargées de recueillir les souscriptions, particulièrement efficaces et l'aide de Napoléon III et de son entourage ont permis de boucler le budget[7] mais on n'a pas le détail des prestations fournies permettant d'apprécier la part des matériaux en pierre et marbre de ce monument dont la base est en syénite d'Appietto (près d'Ajaccio) et le piédestal en marbre de la Restonica. Deux ans plus tard, le monument du cardinal Fesch atteint un coût de 40 000 francs dont 20 000 francs pour la fourniture de la statue du cardinal en bronze avec écusson et trois bas-reliefs par Vital-Dubray (fig. 3). Le conseil municipal d'Ajaccio avait émis, en 1843, le souhait que soit érigée une statue en marbre. En 1855, pour le nouveau projet de monument, Vital-Dubray qui a été retenu considère qu'il faut faire appel à Bertolucci et Fanzi, de Bastia et il pense que le comité ne souhaite utiliser que des marbres et granites de Corse[8]. C'est finalement Joseph (Giuseppe) Luciani, marbrier à Bastia, qui est sollicité ; il propose en début 1 855 de fournir du marbre « diaspro » à fond rouge d'Oletta pour un montant de 6 000 francs, projet de marché validé par le conseil municipal le 23 avril 1855. Luciani doit se dédire peu après car il a constaté qu'il

7. Le conseil municipal d'Ajaccio vote un don de 500 francs par délibération du 16 février 1854 pour l'opération.
8. Ce qui signifie que la réputation des marbriers bastiais est bien établie.

ne peut extraire suffisamment de blocs de la même nuance de la carrière. Jérôme Maglioli propose alors de modifier le contrat passé avec Luciani pour utiliser du marbre de Carrare de deuxième qualité. Le piédestal sera construit en marbre blanc de Corse sur un emmarchement en granite rose (ou syénite de Matoni) provenant de la carrière « la Rosa » lieu-dit Listincone, commune d'Appietto.

Pour le monument de Napoléon Ier et de ses quatre frères, l'ensemble est composé ainsi, lors de son inauguration en 1865 :

1. Le monument principal, comprenant les statues des cinq frères avec un grand socle et un piédestal plus étroit, le tout en granite porphyroïde d'Appietto (Listincone) réalisé par Viollet-le-Duc. Ce socle supporte les cinq statues en bronze dont une équestre, celle de Napoléon Ier, et quatre en pied ;

2. Deux annexes ou exèdres, situées parallèlement et à égale distance du monument, qu'elles encadrent et complètent, en formant deux élégants reposoirs ; les exèdres sont en granite de Corse, avec deux stèles décorées de Victoires en marbre blanc[9]. Selon le rapport dressé par Viollet-le-Duc, architecte et maitre d'œuvre de l'opération, au lendemain de l'inauguration du monument, sur un total dépensé de 161 674 francs :

> 70 000,00 francs le sont pour la statue équestre de l'Empereur (fonte comprise), 18 000 francs pour les quatre statues, 15 300 francs pour les stèles en marbre, 28 131 francs pour la fonte des quatre statues, [...] 11 197 francs pour le piédestal en granite rose d'Appietto, 6 839 francs pour le trottoir et construction des exèdres, 3 339 francs pour la pose des statues et des stèles [...]. La différence : souscriptions moins dépenses, soit une somme de 12 859 francs, a été employée à niveler la place circulaire, à l'entourer de bancs en granite et à faire des rampes descendant à la mer.

Plusieurs monuments commémoratifs sont inaugurés à Bastia, Corte, L'Ile-Rousse ainsi qu'à Bastelica et Vico entre 1850 et 1900. Une présentation par ordre chronologique nous amène à faire figurer en premier l'exemple du buste en marbre de Pascal Poli par Varese à L'Ile-Rousse (1 852), une des rares fois où ce n'est pas le bronze qui est utilisé. Pour ce monument, le préfet de la Corse, Rivaud de la Raffinière, dans son rapport au ministre de l'Intérieur du 18 octobre 1851, précise que le conseil municipal a délibéré le 5 octobre du courant sollicitant « l'autorisation de faire placer le buste du général Paoli sur la fontaine publique située sur la place qui porte le nom de ce grand homme. Tous les frais résultant de ce placement sont supportés par M. le docteur Piccioni (Antoine), qui a fait même, don du buste. »

> Paoli qui a si long-temps [*sic*] combattu pour l'indépendance de son pays, alors qu'il était placé sous le joug des Génois, est le fondateur de l'Île-

9. Ces deux annexes ont été déplacées en 1969, lors des fêtes célébrant le bicentenaire de la naissance de Napoléon Bonaparte, et se trouvent à présent place d'Austerlitz (Casone).

> Rousse. L'hommage que cette cité veut rendre à sa mémoire est justement mérité, et je vous prie, Monsieur le Ministre, d'avoir la bonté de provoquer le plus tôt possible l'autorisation demandée, elle est attendue avec impatience par la municipalité de l'Île-Rousse. (Archives nationales, F 1cI 143).

À Bastia, a lieu, le 15 juin 1854, l'inauguration de la statue colossale de Napoléon Ier par Lorenzo Bartolini (1777-1850). Compte tenu de la complexité de l'opération de transport de la statue l'architecte communal Antoine-Dominique Sisco (1788-1867) doit se rendre avec le maire de Bastia et le receveur municipal en 1 852 pour chercher à Florence et conduire de Livourne à Bastia, avec un navire à voile des frères Valéry, la statue colossale qui sera ensuite érigée sur son socle, sous la direction de l'architecte communal qui en a dessiné les plans. Le monument en marbre blanc de Carrare mesure environ 8 mètres de haut et 4 mètres de côté. Les marbriers Giuseppe Bertolucci et Frangi y ont gravé les armoiries de la ville de Bastia.

À Corte, le monument du général Paoli par Huguenin est inauguré le 11 juin 1854. Des informations et éléments techniques sont contenus dans le *Journal de la Corse* du 21 mars 1854 qui indique : « La statue du général Paoli, que la Corse attendait [...] a été enfin posée sur son piédestal [...] » On apprend ainsi que ce sont MM. Volpi, entrepreneur du piédestal, Coquet, contre-maître marbrier [*sic*] qui a dirigé l'exécution de ce travail, et Cordière, garde d'artillerie, qui ont veillé à cet aspect du monument.

> Le piédestal, construit en marbre turquin, extrait de la carrière de la Restonica, et exécuté d'après les plans de M. Deligny, architecte du gouvernement à l'Institut de France, est formé d'un seul bloc. [...] Les hommes les plus compétents l'ont jugé digne, dans son ensemble et dans ses détails, de la statue qu'il supporte et de l'artiste éminent qui en a conçue l'idée.

À Corte également, le monument du général Arrighi de Casanova, duc de Padoue, par Frédéric-Auguste Bartholdi inauguré le 17 mai 1868, est confié à Roch Abel Palazzi, architecte cortenais (fig. 4). Le piédestal est en granite verdi aux minéraux orientés (granite alpinisé). Le 20 août 1868, les membres de la commission

> attestent que le sieur Palazzi, Roch Abel, nommé par la commission pour diriger les travaux dudit monument ainsi que de l'élévation de la statue sur son piédestal, s'est parfaitement acquitté avec zèle et intelligence de la charge qui lui avait été confiée, et qu'il a rempli à la satisfaction de la commission et du public les engagements qui le liaient avec la même commission. Déclarent en outre que c'est aux recherches de M. Palazzi que la commission et la ville doit la découverte d'une riche carrière d'un beau granit située sur l'un des versants de la Restonica, à proximité de la ville et avec lequel le piédestal de la statue a été confectionné. Cette découverte a produit à la commission une économie de la moitié environ du prix de ce

qu'aurait coûté le piédestal en prenant le granit à l'Algajola où il avait été indiqué au projet.

4. Corte, monument au général Arrighi de Casanova, duc de Padoue, Frédéric-Auguste Bartholdi sculpteur, Roch Abel Palazzi architecte, 1868,. Carte postale.

Et encore à Corte, le monument du Général Gaffori (1704-1753) par Émile Aldebert, inauguré le 23 décembre 1900. Le monument se trouve devant la maison Gaffori, érigé sur un très beau soubassement en marbre et granite de Corte. Notons ici que l'œuvre d'Émile Aldebert a été réalisée par Thiébaut Frères, fondeurs réputés[10].

À Vico, le monument de Mgr Casanelli d'Istria, évêque d'Ajaccio, par Vital-Dubray, inauguré le 24 octobre 1887 est constitué d'un socle et d'un piédestal de granite prélevé dans une carrière voisine, placé au centre d'une fontaine en granite. Le piédestal est orné des deux bas-reliefs sur les côtés et sur sa face principale d'un écu représentant les armoiries de l'évêque qui surplombe une plaque en marbre de la Restonica où est gravée l'inscription suivante « À / MONSEIGNEUR / CASANELLI / D'ISTRIA / EVEQUE D'AJACCIO / LA CORSE / 24 OCTOBRE 1887 ».

À Bastelica, pour le monument Sampiero Corso par Vital-Dubray, inauguré le 21 septembre 1890, on construit un socle de blocs de granite, selon l'esquisse

10. Les sculpteurs auxquels les comités corses font appel sont quasiment tous installés à Paris (tout comme les fondeurs) très sollicités à cette époque en raison de l'essor très net de leur activité et ils demandent souvent six mois de temps à compter du jour où le grand modèle est arrivé à la fonderie.

du sculpteur qui a souhaité un matériau brut[11]. L'esprit de conception de l'artiste sera conservé quarante-trois ans plus tard lors de la construction du groupe scolaire qui entraine le déplacement du monument[12]. Au cours des travaux, l'architecte de la commune, Joseph Marie Porri, propose en 1933 de déplacer le monument d'une vingtaine de mètres car il se trouve dans la cour des garçons et, comme il est aisé de l'escalader, il présente des dangers évidents[13].

Ainsi, nous aurons eu l'occasion d'aborder via un sujet à forte valeur patrimoniale la question des sources et le lien entre architectes et les entrepreneurs, maîtres maçons et marbriers en charge de la mise en œuvre des matériaux. Notre recherche aura également permis de noter la diversité des monuments, adaptés selon le souhait des commanditaires, de la configuration des lieux, des budgets… et donc de la diversité du choix des matériaux.

11. Un dessin conservé au musée de Bastia montre l'aspect de rudesse et de grandeur voulu par l'artiste.

12. Ce type de déplacement d'un monument, qui n'est pas exceptionnel et auquel on procède dans les villes lors d'importants aménagements urbains, est le seul connu en Corse.

13. Joseph Marie Porri écrit : « Or, il y aurait lieu de compléter l'aménagement des cours par le déplacement du monument Sampiero. Ce monument, qui s'élève sur un bloc immense de granit, couvre une grande partie de la superficie de la cour des garçons et constitue une gêne et un danger pour les enfants. » (Archives communales de Bastelica, 4 M/1/3).

LES SOURCES DISPONIBLES POUR L'ÉTUDE DE LA TRANSFORMATION DES MATIÈRES PREMIÈRES

André Flori

RÉSUMÉ

En remontant le temps, nous verrons dans quels documents ou sources nous pouvons retrouver la trace des lieux où étaient transformées les matières premières et la trace des personnes qui y œuvraient. Dans une première partie, nous nous intéresserons à la période 1800-1900, la plus facile à étudier car les sources sont nombreuses et variées. Dans une seconde partie, nous parlerons de la période antérieure à 1800. À partir d'exemples, nous montrerons comment certains de ces documents peuvent être utilisés pour retrouver leur trace et déterminer la nature de leur activité.

❖❖❖

Au cours de nos recherches, il n'est pas rare que nous soyons confrontés à la question suivante : Quelles activités pratiquaient nos ancêtres et à quel endroit exerçaient-ils ? En remontant à travers le temps, nous allons voir dans quels documents, appelés sources, nous allons pouvoir retrouver la trace des personnes qui œuvraient à la transformation des matières premières et des lieux où ils exerçaient. C'est une recherche qui s'apparente à celle menée dans le cadre de la généalogie. En Corse, il convient de définir deux périodes : celle avant 1800 et celle après.

LA RECHERCHE APRÈS 1800

C'est la période la plus facile à étudier car les sources sont nombreuses et variées. Parmi celles-ci on citera les recensements, les registres matricules et ceux d'état-civil ou le cadastre.

Les premiers documents à consulter sont les recensements. Ainsi, par exemple, dans celui de 1926 du village de Lama, consultable sur le site des archives de la

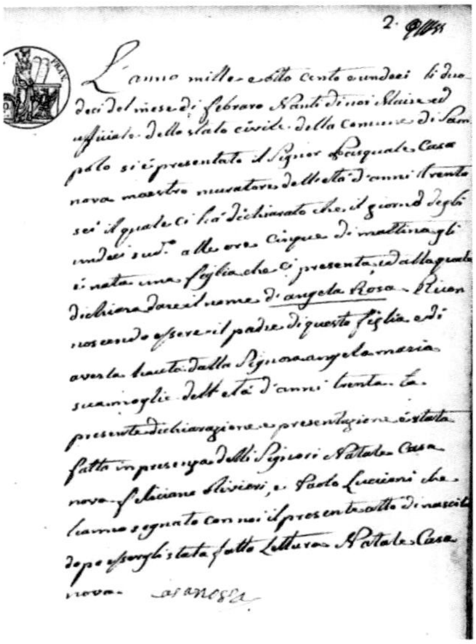

1. Acte de naissance de 1811 à Sampolo. AC (Pumonti) © Corsica Genealugia

Collectivité de Corse, on voit apparaître un cordonnier, Antoine François Trojani, un menuisier, Augustin Suzzoni, et un forgeron, Xavier Campana.

Parmi les autres sources, on recherchera à consulter en priorité celles où la profession est indiquée. C'est le cas des registres matricules du recensement militaire ou des documents d'état-civil comme les actes de mariage, naissance ou décès.

Pour retrouver le lieu exact où ces artisans exerçaient, on consultera le cadastre napoléonien ou « ancien cadastre ». Établi en Corse entre 1843 et 1889, il est également consultable sur le site des archives de la Collectivité de Corse. Deux types de documents sont visualisables : les états de sections et les plans. Les états de sections indiquent notamment le numéro de la parcelle, le nom du propriétaire et la nature de la bâtisse. On recherchera les bâtiments nommés ou comprenant les mots « forges » et « atelier ». Ainsi, à Eccica-Suaredda, on retrouve, pour la parcelle portant le numéro 660, un sol et un atelier de forge appartenant à Monsieur Joseph Marie Padovani. On va ensuite chercher cette parcelle sur le plan. Il sera ensuite possible de se rendre sur les lieux pour voir ce qu'il subsiste de l'atelier et éventuellement voir, avec les propriétaires actuels, s'il reste des outils ou des vestiges de cette activité.

En remontant le temps, les actes d'état-civil ne sont pas écrits en français, mais en toscan. Ainsi, devant les professions des artisans apparait le mot m*aestro* (fig. 1).

On va trouver, pour un menuisier, l'appellation *maestro bancalaro* ou *maestro falegname*, pour un cordonnier, *maestro scarparo* ; pour un maçon, *maestro muratore* ; pour un tailleur, *maestro sartore* et pour un forgeron, *maestro ferraro* et quelquefois *maestro di fuoco* ou *maestro ferrale*. Ce mot *maestro* va être la clé pour continuer notre recherche avant 1800.

LA RECHERCHE AVANT 1800

Avant 1800, les sources sont plus difficiles à exploiter. On va cependant retrouver la trace de ces *maestri* dans les dénombrements de 1769 et 1786, les registres paroissiaux, les registres, c*eppi*, de notaire et les registres de tailles, *taglie*.

Dans le dénombrement de 1786, qui concerne principalement la Haute-Corse et la région de Bonifacio, leur profession est indiquée comme le montre, par exemple, le recensement de la commune d'Oletta en 1 786. Parmi les professions citées, on retrouve un *muratore* ou un *ferrale.* Dans le dénombrement de 1769, dit de Choiseul, le mot *maestro* apparait la plupart du temps sous sa forme abrégée m^{ro} mais la profession n'est jamais indiquée.

Les registres paroissiaux sont aussi des sources primordiales pour retrouver leur trace. Dans les plus récents (ceux établis entre 1770 et 1795), le curé indique parfois la profession. C'est le cas, par exemple, dans un acte de mariage à Tavaco le 26 août 1770 où est cité *Francesco quondam* (fils de feu) *Pasquale maestro di fuoco*. Dans un acte de baptême à Olivese, le 3 novembre 1781, le père du baptisé, *Francesco quondam Natale,* est dit *maestro di muraglie*. Simone Diechi est dit *maestro ferraro* dans son acte de sépulture, le 2 août 1778 à Casalabriva.

Pour les actes de baptême, mariage ou sépulture établis avant 1770, on retrouve l'indication du mot *maestro* sous sa forme abrégée, mais il très rare qu'il soit suivi d'une profession. On voit parfois apparaître des lignées de *maestri* qui vont parfois durer pendant plusieurs générations. Ainsi, à Ajaccio en 1702, le *maestro Gio. Batta Rappalino figlio di maestro Gio. Felice* se marie avec *Pelegra,* fille de *Gio. Domenico di Cauro abbitante in Aiaccio*.

Les registres, *ceppi*, notariaux peuvent également apporter des informations précieuses. Dans de nombreux actes, il n'est fait allusion qu'à *maestro Battista* ou *maestro Domenico* et la nature de l'acte (vente ou contrat de mariage) ne permet pas de déterminer la nature de leurs activités. En revanche, si l'acte a un lien avec leur activité, on peut avoir la chance de découvrir leur profession. C'est le cas dans un acte de 1 746 établi en l'étude de maître Innocenzo Pozzo di Borgo à Ajaccio, où *maestro Antolino Bonfante maestro muratore* et *maestro Venture Cavallo falegname*, sont désignés, en tant que *publici estimatori* (experts), pour estimer une petite maison. Dans cet autre acte (fig. 2) du 9 janvier 1733, établi en l'étude de maître Giacomo Sebastiano Tasso, *maestro Giuseppe quondam Matteo* s'engage à apprendre *l'arte di muro et banchalaro* à *Gio. Domenico qm Carlo* de Sampolo.

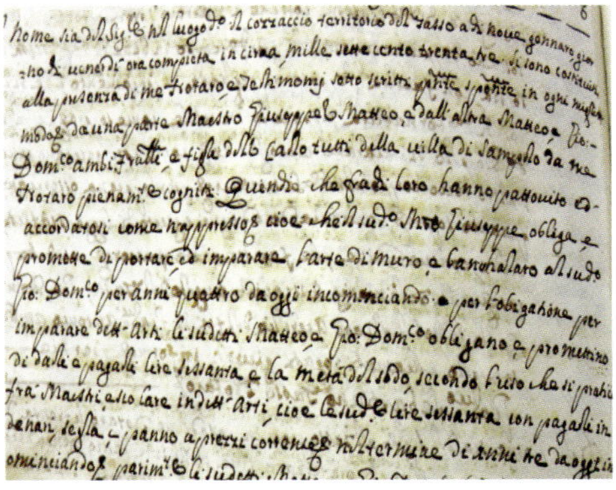

2. Contrat d'apprentissage. AC (Pumonti) © Corsica Genealugia

3. Extrait de la *taglia* de 1599. ASG/Fonds Corsica/Diversorum/ Liasse 156 © Corsica Genealugia.

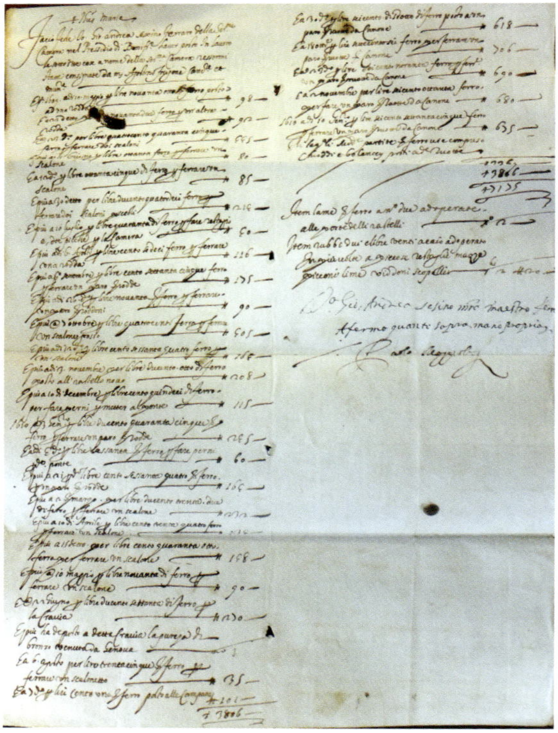

4. Extrait de travaux entre 1609 et 1610. ASG/Fonds Corsica/Diversorum/ Liasse 168 © Corsica Genealugia

En 1358, lorsque la Corse entre dans le domaine génois, un impôt appelé taille, *taglia*, est mis en place. Les feux qui devaient payer cet impôt étaient listés dans des registres dit de *taglie*. Ces registres sont conservés en majorité à l'*Archivio di Stato di Genova* et les plus anciens remontent à 1454. Les plus récents sont établis entre 1726 et 1728. Ils peuvent prendre des formes diverses. Les années disponibles, mais aussi la présentation, varient en fonction de la juridiction et de la piève. Les *maestri* sont là aussi signalés par la présence de l'abrévation *m*[ro] devant leur prénom. C'est le cas dans ce registre de *taglie* de 1599 du village de Santa Maria Figaniella (fig. 3) où sont cités *maestro Gio. Natale di maestro Damiano* et *maestro Domenico di Vinciguerra*.

Malheureusement, dans les registres des *taglie*, la profession n'est quasiment jamais indiquée et il faut beaucoup de temps et de patience pour retrouver un document permettant de retrouver une activité. C'est le cas dans cet état des travaux (fig. 4) fait par le *maestro Gio Andrea Susino ferraro* entre 1609 et 1610 à Bonifacio.

La recherche de ces *maestri,* de la nature de leurs activités et du lieu où ils exerçaient s'avère assez aisée avant le XIXe siècle car les sources sont nombreuses et variées. En revanche, avant 1800 et surtout avant 1770, la recherche s'avère très ardue. On va certes pouvoir retrouver leur qualité d'artisan mais il sera très difficile, voire impossible, de retrouver dans les archives la nature de leur d'activité et leur lieu d'exercice. Enfin, si grâce au linteau gravé situé au-dessus de la porte d'entrée de certaines maisons, on peut retrouver le prénom du maçon, *maestro muratore*, qui l'a construite, on aura beaucoup de mal à déterminer son identité et son village d'origine.

❖❖❖

Archives

AC : Archivii di Corsica – Archives de Corse

ASG : Archivio di Stato di Genova

AN : Archives nationales

GLI APPROVVIGIONAMENTI ALIMENTARI CORSI A GENOVA E AL TERRITORIO LIGURE IN ETÀ MODERNA

Paolo Calcagno

RIASSUNTO

Per effetto dell'incremento demografico che si realizzò nel corso del XVI secolo, la Repubblica di Genova si vide costretta ad elaborare un'organizzazione annonaria per assicurare alla popolazione della città Dominante (e in parte anche al resto del dominio ligure) il rifornimento dei beni alimentari necessari. L'antico Officium victualium, di epoca medievale, venne sostituito nel 1 564 dall'Abbondanza, organo incaricato di provvedere Genova e le Riviere di grani. Successivamente, tra 1588 e 1593, altri due uffici furono attivati per garantire alla città scorte di vino e di olio (i Provvisori del vino e i Provvisori dell'olio). Gli archivi di queste istituzioni hanno conservato una grande moltitudine di carte per l'epoca di antico regime, che ci permettono di capire la geografia degli approvvigionamenti liguri. In parte - specie per il vino e per l'olio – un complicato sistema permetteva a Genova di accedere alla produzione delle comunità rivierasche, ma un ruolo importantissimo era svolto dalla Corsica, che infatti assunse un profilo più marcatamente agricolo proprio in funzione dei rifornimenti alla città-Capitale. L'intervento vuole mettere a fuoco il quadro istituzionale entro il quale si strinse questo stretto legame, e gli interessi sociali e mercantili che ruotavano attorno ai traffici tra l'isola e la Liguria, tra XVII e XVIII secolo.

❖❖❖

INTRODUZIONE

L'immagine della Corsica in età moderna solitamente veicolata dalla storiografia è quella di un'isola poco aperta alle relazioni con l'esterno, con un'economia sottosviluppata[1], dalla spiccata vocazione agro-pastorale. Un vecchio articolo della metà del secolo scorso calcolava che per 9/10 la superficie isolana

1. Graziani Antoine-Marie, *La Corse génoise : economia, société, culture. Période moderne, 1453-1768*, Ajaccio, Éditions A. Piazzola, 1997, p. 97-102.

era « terrain de parcours pour les chèvres et les moutons[2] ». E più di recente, è stato giustamente sottolineato che la Corsica aveva « une faible intervention sur mer »[3]. Però, le differenze tra lo spazio « di là dai monti » e quello « di qua dai monti » erano (e sono in parte tuttora) sensibili, con una parte settentrionale più ricca di risorse e una parte meridionale più legata a un'economia di sussistenza : lo scopo di questo contributo è quello di mostrare come la produzione agricola di alcune regioni costiere del nord (su tutte il Capocorso e la Balagna) abbiano consentito alla Corsica di inserirsi nella rete di scambi all'interno del Mediterraneo[4], e come sia al contempo poco credibile affermare che tali traffici avvenissero nel quadro di un rapporto « coloniale » con la Repubblica di Genova[5], titolare della sovranità sull'isola fino al 1768. In effetti le destinazioni prevalenti del vino e dell'olio dell'isola (su cui concentreremo l'attenzione) erano Genova e il resto della Liguria ; ma i meccanismi annonari che regolavano il flusso di questi prodotti verso la Dominante non erano gli stessi che vigevano per le comunità del Dominio di Terraferma[6], e i giusdicenti genovesi (*in primis* il Governatore di stanza a Bastia) sapevano molto bene che il trasporto di questi prodotti si faceva in buona misura anche verso altri luoghi, come Marsiglia, Livorno e Roma.

La scelta di non contemplare il grano corso deriva dalla sua scarsa importanza nelle strategie di approvvigionamento dell'Ufficio di Abbondanza della Repubblica di Genova, nonché dal pressoché totale fallimento del progetto finalizzato a fare delle pianure dell'isola una riserva cerealicola a cui attingere

2. Rondeau Alain, « Le trafic maritime des ports corses au début du xviiie siècle », *in Actes des xxxe e xxxie Congrès de la Fédération historique du Languedoc*, Toulouse, Fédération Historique du Languedoc méditerranéen et du Roussillon, 1958, p. 167-188.
3. Lo Basso Luca, « Le cabotage corse et la Dominante: patrons marins, escales et trafics, xviie- xviiie siècle », *in Corsica Genovese. La Corse à l'époque de la République de Gênes (xve-xviiie siècles)*, Bastia, Musée municipal de Bastia, 2016, p. 78-79.
4. Vergé Franceschi ha definito la Corsica « une île aux ressources importantes » (in *Histoire de la Corse. Le pays de la grandeur*, Paris, Éditions du Félin, 1996, p. 156 e sgg.).
5. La più compiuta espressione di questa tesi è presente in Pomponi Francis, *Histoire de la Corse*, Paris, Hachette, 1979. Secondo Graziani l'esito di queste riflessioni è quello di aver dato alla Repubblica di Genova una « image caricaturale », e di aver descritto la sua dominazione come « un long chapitre d'une colonisation agricole érigée en système » (Graziani Antoine-Marie, *La Corse génoise*, *op. cit.*, p. 15-16).
6. Tra 1588 e 1593 nacquero due istituzioni annonarie che si occupavano di vino e di olio: Massa Paola, « Approvvigionamento e distribuzione controllata del vino: alcuni esempi nella Liguria dell'età moderna », *in* Da Passano Mario, Mattone Antonello, Mele Franca, Simbula Pinuccia (dir.), *La vite e il vino. Storia e diritto (secoli xi-xix)*, Roma, Carocci, 2000, p. 501-529 ; Calcagno Paolo, Lo Basso Luca, « I Provvisori del vino della Repubblica di Genova: una politica annonaria tra ricerca del profitto e finalità di controllo territoriale (secoli xvi-xviii) », *in* Carassale Alessandro, Lo Basso Luca, *'In terra vineata'. La vite e il vino in Liguria e nelle Alpi Marittime dal Medioevo ai nostri giorni. Studi in memoria di Giovanni Rebora*, Ventimiglia, Philobiblon edizioni, 2014, p. 243-259; Calcagno Paolo, « I Provvisori dell'olio della Repubblica di Genova », *in* Carassale Alessandro, Littardi Claudio, *Ars Olearia. Dall'oliveto al mercato in età moderna e contemporanea*, II, Guarene, Centro studi per la storia dell'alimentazione e della cultura materiale « Anna Maria Nada Patrone », 2019, p. 97-116.

all'occorrenza. In occasione delle principali carestie cinquecentesche (1530, 1571, 1591) il governo genovese aveva inviato degli appositi « commissari alle culture » per sviluppare la coltivazione sull'isola, ma i risultati non furono soddisfacenti[7]. Com'è noto, la Liguria si salvò dalla grave crisi degli anni Novanta del XVI secolo grazie al grano arrivato dal Mare del Nord e dal Baltico[8]. A dire il vero, nei registri dell'ancoraggio del 1653-1655[9], che verranno ripresi più avanti, compare qualche imbarcazione in ingresso nel porto di Genova con grano corso ; e qualche piccolo quantitativo viene censito in occasione dei rilievi fatti nei magazzini dei mercanti in porto franco nella prima parte del XVIII secolo (in mezzo, però, a moltissimo grano siciliano, maremmano, levantino, sardo, maghrebino, « nordico »)[10]. Inoltre, è pur vero che dalle statistiche relative al decennio 1688-1697 – basate sui documenti di « tratta » commerciale – risulta che ben 4 491,90 ettolitri di cereali su 5 142 totali abbiano raggiunto Genova[11] ; che vanno sommati ai 230,02 ettolitri di castagne, tipico frutto dell'isola che fece segnare una fortissima crescita produttiva dopo l'esperimento della « coltivazione universale » promosso dal governo genovese negli anni Trenta del XVII secolo[12]. Cionondimeno, capitava che fosse la Repubblica a dover intervenire per scongiurare la penuria sull'isola ; inoltre, bisogna considerare che le imbarcazioni del Capocorso frequentavano con assiduità le coste tirreniche (specie la Maremma) in cerca di grano[13]. Si aggiunga che allo scoppio della rivolta, verso la fine degli anni Trenta del XVIII secolo, ogni anno l'Abbondanza inviò grandi quantità di farine in Corsica (probabilmente anche per mantenere l'esercito in lotta contro i ribelli)[14]. È insomma plausibile che il sistema delle « tratte » – che impediva ai cereali di lasciare l'isola senza autorizzazione del Governatore

7. Rota Maria Pia, « L'apparato portuale della Corsica genovese : una struttura in movimento », *Atti della Società ligure di storia patria*, n° 28/1, 1988, p. 320 ; Graziani Antoine-Marie, *La Corse génoise*, *op. cit.*, p. 100.

8. Si veda, da ultimo, Gullino Sofia, « Il network commerciale del Magistrato dell'Abbondanza genovese durante la crisi del 1590-1591 », *Mediterranea. Ricerche storiche*, n° 50, dicembre 2020, p. 577-598.

9. Archivio storico del Comune di Genova (d'ora in poi ASCG), *Padri del Comune*, *Ancoraggio*, 312.

10. ASCG, *Abbondanza*, 915. Per la verità, gli elenchi riguardano gli anni 1707-1733, e la presenza di grano corso è attestata solo nei primi anni, per scomparire dopo il 1710.

11. Martini Marien, « Aspects de l'activité agricole et maritime de la Corse à l'époque de la navigation à voile », *Bulletin de la société des sciences historiques et naturelles de la Corse*, n° 580, 1966, p. 24-49.

12. Una politica a sostegno dello sviluppo agricolo – e in particolare dell'arboricoltura – era già stata messa in atto dal Banco di San Giorgio tra XV e XVI secolo; un'accelerazione significativa fu però impressa dalla Repubblica nel 1637, con una « mise en culture universelle » : per i notevoli risultati a cinque anni dall'avvio di questo programma, si veda Serpentini Antoine Laurent, *Coltivatione. Gênes et la mise en valeur agricole de la Corse au XVIIe siècle*, Ajaccio, Albiana, 1999, p. 208-214. Sulle castagne caricate a Bastia per essere trasportate verso la Liguria vedi Lo Basso Luca, *op. cit.*, p. 83.

13. Graziani Antoine-Marie, *La Corse génoise*, p. 100; Rota Maria Pia, *op. cit.*, p. 320.

14. ASCG, *Abbondanza*, 707.

genovese – servisse prima di tutto a garantire la sicurezza alimentare dei sudditi corsi[15], e solo eccezionalmente per accaparrarsi le risorse isolane. Diversamente da quelli cerealicoli, gli approvvigionamenti vinicoli e olivicoli coinvolgevano spesso la Corsica : in questo contributo, l'attenzione sarà riservata alla fase compresa tra la metà del XVII e la metà del XVIII secolo, che permette di osservare il sistema annonario genovese nella sua realizzazione più compiuta, e corrisponde in pieno con la dominazione della Repubblica[16].

1. *Pianta delle fortificazioni della città di Bastia*, 1650 *circa*. ASG

IL RUOLO DEL VINO CORSO NEGLI APPROVVIGIONAMENTI GENOVESI DEL XVII-XVIII SECOLO

Il vino corso raggiungeva le coste liguri già prima del periodo considerato : un editto del 25 settembre 1584 proibiva ai « padroni delle barche e d'altri vascelli che vengono di Corsica con vini di detta isola » di fermarsi nelle comunità delle Riviere per caricare « vini bogliti [bolliti] e molto tristi e mescolarli con buoni » ; e un'ordinanza del 10 dicembre 1625 strinse ulteriormente le maglie, prescrivendo ai natanti corsi « tanto grossi come picoli » di recarsi obbligatoriamente a Genova[17].

15. SERPENTINI Antoine Laurent, *op. cit.*, p. XIV-XV.

16. A dire il vero, meriterebbe uno studio approfondito anche l'approvvigionamento di formaggio corso, forse indagabile attraverso le carte della gabella della 'grascia' conservate nel fondo *Banco di San Giorgio* dell'*Archivio di Stato di Genova*.

17. ASCG, *Censori*, 1537 e 1538. Questi trasporti erano realizzati prevalentemente dai 'soliti' capocorsini, che già nel XVI secolo possedevano cospicue marinerie; con il tempo – specie all'indomani della costruzione del molo tra anni Sessanta e anni Settanta del XVII secolo –

Nel triennio successivo (1625-1628) 40 000 ettolitri di vino lasciarono l'isola per la Liguria dietro autorizzazione del Governatore[18] – anche in questo caso il sistema era lo stesso previsto per i cereali.

Di sicuro c'era da pensare anche ai consumi degli isolani, e la Corsica non poteva da sola esaurire le richieste di una grande città come Genova. Nel 1650 i Provvisori del vino acquistarono in darsena 17 149 barili[19] di vino corso, per una percentuale pari al 20 % del totale[20]. E a dire il vero, il ruolo giocato dal vino corso nell'approvvigionamento vinicolo del centro urbano genovese scemò nel corso del Settecento, quando iniziò ad prevalere il vino di Napoli[21]. Il passaggio dell' isola alla Francia, nel 1768, contribuì infine a creare un nuovo legame di dipendenza con Marsiglia. Al di là dei meri dati quantitativi, disponiamo di un'altra fonte in grado di testimoniare l'incessante opera di trasporto del vino via mare dalla punta nord-orientale della Corsica al porto di Genova : i registri dell'ancoraggio[22]. Nella parte finale del 1653 (a partire dal 4 novembre) arrivarono a Genova 21 vascelli con vino corso nelle stive[23] : i patroni erano praticamente tutti originari dell'isola – tranne due, rispettivamente delle comunità liguri di Framura e Bonassola – ma solo in pochi casi vengono forniti dettagli ulteriori[24]. L'anno successivo (1654) gli ancoraggi di vascelli provenienti dalla Corsica con il vino iniziarono già ad ottobre (per via di una vendemmia prematura ?) e furono ben più numerosi : dal 5 ottobre al 31 dicembre si contarono in arrivo a Genova 47 imbarcazioni con vino isolano, con una maggiore partecipazione di patroni delle Riviere (20 in tutto, di cui una decina di Bonassola e altri originari di Framura, Vernazza, Sampierdarena, Spotorno)[25]. Sicuramente la seconda annata conside-

fornì in tal senso un contributo decisivo anche il porto di Bastia, la cui voce di esportazione principale era rappresentata proprio dal vino. Inoltre i capitali dei suoi negozianti facevano di Bastia non solo un semplice porto, ma un polo commerciale in grado di finanziare l'attività delle flotte commerciali dell'intera regione (Graziani Antoine-Marie, *Naissance d'une cité : Bastia. Capitale de la Corse génoise*, vol. I, *Des origines à 1652*, Ajaccio, Éditions A. Piazzola, 2022, p. 155-170).

18. Rondeau Alain, *op. cit.*

19. 1 barile corrispondeva all'incirca a 80 litri. Il dato è in linea con la fornitura del 1625-1628 testé menzionata.

20. Calcagno Paolo, Lo Basso Luca, *op. cit.*, p. 248-249.

21. Massa Paola, *op. cit.*, p. 520-521; Calcagno Paolo, « Le vin de la Riviera. Gênes, la Ligurie et l'espace viticole régional à la lumière de la correspondance annonaire (XVIIe-XVIIIe siècles) », *in* Figeac-Monthus Marguerite, Lachaud-Martin Stéphanie (dir.), *Ville et vin en France et en Europe du XVe siècle à nos jours*, La Crèche Deux-Sèvres, La Geste (Presses Universitaires Nouvelle-Aquitaine), 2021, p. 177-184.

22. Sono quelli menzionati in precedenza, conservati in ASCG, *Padri del Comune*, *Ancoraggio*, 312.

23. Altri due vascelli – giunti leggermente prima (27 settembre e 14 ottobre 1653) – portarono vino da Capraia.

24. In due casi i patroni sono definiti capocorsini; in un altro caso si specifica che il patrone è di Canari; e compare anche un patrone di Bastia.

25 Anche per la parte finale del 1654, non abbiamo molti dati sui patroni di vascello corsi: in un paio di casi si indica la provenienza dal Capocorso, in un solo altro caso si precisa anche la

rata fu più abbondante della prima, giacché tra il 28 gennaio e il 25 febbraio 1655 altri 28 vascelli pagarono il servizio di ancoraggio ai Padri del Comune di Genova (contro i soli 7 vascelli del gennaio-febbraio 1654). Il limite di queste rilevazioni statistiche è la mancanza di indicazioni sulle quantità di vino sbarcate, in quanto la tassa si applicava forfetariamente al vascello in base alla sua portata : tuttavia sappiamo che erano soggette ad imposta solo le imbarcazioni sopra i 1 500 cantari[26], perciò con un calcolo un po'azzardato possiamo sostenere che a stive piene i vascelli provenienti dall'isola nel 1654-1655 avrebbero potuto trasportare a Genova diverse decine di migliaia di ettolitri di vino. Senza contare che esisteva un piccolo cabotaggio che sfuggiva alle registrazioni dell'ancoraggio, e che una parte di questi traffici avveniva in forme illecite (contrabbando).

I Provvisori del vino della Repubblica mantenevano un contatto costante con il Governatore di stanza a Bastia, con il fine di conoscere l'esito dei raccolti nelle vigne della punta settentrionale dell'isola e il prezzo a cui si vendeva il vino. Le lettere sono molto standardizzate, con un riferimento fisso alle necessità dei « publichi fondachi » (i « punti vendita » in città, controllati dai Provvisori), e qualche accenno episodico al « beneficio dei poveri » (probabilmente per muovere il Governatore a un idoneo zelo nell'esercizio delle sue funzioni)[27]. Dagli scambi di comunicazioni di carattere istituzionale che intercorrevano tra Genova e la Corsica emergono anche i risvolti operativi della macchina organizzativa sottesa agli approvvigionamenti vinicoli : per prima cosa, il Governatore genovese a Bastia scriveva al luogotenente di Rogliano per informarsi dell'andamento della vendemmia, e per avere un'indicazione precisa i giusdicenti minori del Capocorso pubblicavano una grida per invitare i proprietari delle vigne a dichiarare il vino che erano riusciti ad estrarre. Inoltre, il Governatore riferiva sul raccolto a Bastia « e suoi dintorni », dove spesso si producevano ingenti quantità di vino : ad esempio da una lettera del 18 ottobre 1688, sappiamo che il vino di Bastia veniva venduto allo stesso prezzo di quello del Capocorso[28]. Naturalmente, le annate non erano tutte uguali, e questo elemento condizionava il contributo fornito dalla Corsica ai Provvisori genovesi : il 17 gennaio 1701 il Governatore (Ettore Fieschi) scrisse da Bastia che con il raccolto dell'autunno 1700 « non è possibile farne capitale per codesta Dominante » ; e a distanza di anni anche

comunità (Nonza). Tuttavia, si riscontrano molte similitudini con i nomi dei patroni individuati da Lo Basso per la metà del Seicento e i primi anni del XVIII secolo: ci si riferisce a Mattei (di Nonza?), ad Agostini e a Franceschi (di Centuri?), a Lucchetti (di Rogliano?), a Piccioni (di Pino?), a Scarincio (di Morsiglia?). Un censimento dei legni delle comunità del Capocorso è presente all'interno della visita pastorale del 1646: *cfr*. MARTINI Marien, *op. cit.*, p. 29-30.

26. FELLONI Giuseppe., « Organizzazione portuale, navigazione e traffici a Genova: un sondaggio tra le fonti per l'età moderna », *in* PUNCUH Dino (dir.), *Studi in memoria di Giorgio Costamagna*, Genova, Società ligure di storia patria, 2003, p. 337-364. 1 cantaro equivaleva all'incirca a 47 kg. Sulla partecipazione del capitale genovese ai viaggi della marineria corsa vedi LO BASSO Luca, *op. cit.*, p. 80-81.

27. Questa corrispondenza « in uscita » è conservata in ASCG, *Provvisori del vino*, 429/1.

28. ASCG, *Provvisori del vino*, 884.

abbastanza ravvicinati si registrarono risultati molto differenti : il 22 ottobre 1672 si segnalava una vendemmia « assai abbondante », il 3 novembre 1674 il raccolto era definito « assai scarso » ; il 26 ottobre 1707 si ebbe un'annata « abbondante », e si aggiunse che la « qualità [era] buona » e che i « prezzi [erano] ragionevoli », ma l'anno successivo (lettera dell'11 novembre 1708) venne spiegato che la grandine primaverile aveva danneggiato seriamente le vigne del Capocorso[29].

2. Disegno del porto di Santa Maria della Chiapella e di quello di Rogliano, 1668. ASG

Al di là delle performance più o meno buone delle vendemmie, la corrispondenza « in entrata » (cioè le lettere scritte dai Governatori ai Provvisori del vino di Genova) denota una oggettiva difficoltà nell'incanalare gli approvvigionamenti a vantaggio della Dominante. Un primo problema – annoso e non certo riscontrabile solo in Corsica – era quello delle « incette », che facevano scattare degli aumenti artificiosi del prezzo del vino : il 4 ottobre 1696 il Governatore precisò che i vini del Capocorso si vendevano a 14:10 lire al barile, ma che « da qualche persona che ne fa qualche cumulo » verrebbe ceduto solo a 17:10 lire al barile[30]. Inoltre, era molto complicato esaudire le richieste che arrivavano da Genova : se effettivamente il 20 settembre 1709 il Governatore della Corsica rilevò con ragione che era troppo presto per conoscere il risultato del raccolto, furono svariate le occasioni in cui da Bastia si ammise ancora in pieno autunno

29. *Ibid.*
30. *Ibid.*

di non essere riusciti a raccogliere le informazioni sulla vendemmia[31]. I giusdicenti tardavano nel rispondere al Governatore perché probabilmente i proprietari terrieri indugiavano con l'intento di smaltire una parte del vino al di fuori del circuito annonario genovese o di far alzare il prezzo nelle annate negative. Senza contare che non di rado le dichiarazioni erano inattendibili : con amarezza, nella lettera datata 3 novembre 1677 il Governatore genovese osservò che « non è così facile poter sapere » la quantità esatta del vino prodotto, « se non si passa in ogni luogo e giurisdizione » ; le denunce erano « per il più buggiarde [...], professandosi in questo luogo etiam con giuramento sempre dire le falsità[32] ».

A smussare l'idea di un rigido indirizzamento del vino corso verso Genova, entro stringenti griglie normative che facevano capo ai Provvisori della Repubblica, è anche l'effettiva constatazione che i giusdicenti operanti in Corsica per conto del governo genovese non riuscivano a limitare gli ingenti flussi verso altri porti tirrenici. Il 18 ottobre 1688 il Governatore Francesco Maria Doria scrisse che il raccolto era stato molto buono, ma che « è già uscita da quella provincia [con riferimento al « solito » Capocorso] gran parte di detti vini, asportati a vendere ne luoghi della Terraferma[33] ». Dove andavano, in così grandi quantità, i vini prodotti in Corsica ? Già il 22 ottobre 1672 un precedente Governatore (Giovanni Andrea Spinola) aveva segnalato le « continue istanze de patroni di vascelli del Capocorso » di ottenere licenze di estrazione, « quasi tutte per Livorno e per Roma[34] ». In particolare, la direzione prevalente era la capitale dello Stato pontificio, se due anni dopo[35] Geronimo Carmagnola (successore dello Spinola) dovette riconoscere che i corsi « desiderano portarlo [il vino] più tosto a Roma che costì [cioè a Genova] » : nonostante il governo papale avesse imposto un'apposita nuova gabella sul vino corso (senz'altro con lo scopo di lucrare su un traffico ultimamente accresciuto), ben 37 « barcate » erano state inviate verso l'Alma Urbs. Ancora nel 1701 (lettera citata del 17 gennaio), da Bastia si tornava a sollevare il problema delle richieste dei patroni di « portarli [i vini] a vendere a Roma, secondo il loro solito, dove ne trovano smaltimento ». Probabilmente non era solo una questione di convenienza (nel senso che vendevano il vino a un prezzo più alto), ma anche di comodità logistica : sempre a detta di Carmagnola, nella darsena di Genova « fra le dilazioni et estorsioni de ministri, [...] han trovato [i corsi] rimettervi il capitale[36] ».

31. Il 5 novembre 1700, ad esempio, il dato sul vino estratto nelle giurisdizioni del Capocorso non era ancora pervenuto a mani del Governatore (*ibid.*).

32. *Ibid.*

33. *Ibid.*

34. *Ibid.*

35. La lettera è del 3 novembre 1674 (*ibid.*).

36. Delle « estrazioni » di vino per Roma si parla anche nella lettera inviata dai Provvisori al Governatore della Corsica del 13 marzo 1728 (ASCG, *Provvisori del vino*, 429/1). Sui patroni corsi che giungevano a Civitavecchia denunciando vino « à l'aventure » da trasportare a Roma,

3. Divisa de' Facchini da vino,
XVII secolo. ASCG

In tutti i casi, i vini corsi continuarono a convergere sullo scalo genovese anche dopo lo scoppio della rivolta del 1729. Da una serie di contratti siglati dai Provvisori tra gli anni Quaranta e gli anni Sessanta del XVIII secolo[37], risultano in particolare acquisti di « vino bianco corso » e di « vino corso bianco dolce »: il primo era venduto a lire 21-22 alla mezzarola[38]; il secondo a 27-28 lire alla mezzarola. La prima tipologia si riferiva con tutta sicurezza a un vino «comune », per i consumi popolari; e infatti il prezzo era molto simile a quelli di altri vini solitamente comprati dai Provvisori, come il vino nero di Francia e di Catalogna, o il vino nostrale ligure. Invece, il vino corso dolce doveva assomigliare a una sorta di moscato, appannaggio di una clientela più selezionata, anche se non

in particolare negli anni Quaranta del XVIII secolo, vedi DENIS-DELACOUR Christopher, « Les possibilités d'une île. Quelle concurrence pour le cabotage corse? », *Études corses*, n° 76, 2013, p. 83-87.

37. ASCG, *Provvisori del vino*, 914.

38. 1 mezzarola corrispondeva a 159 litri.

eguagliava certo per qualità altri vini dolci come il « greco di Napoli » (Greco di Tufo) o il « bianco di Linguadoche », comprati negli stessi anni rispettivamente a 35 e a 37 : 10 lire alla mezzarola (espressamente « per uso de Magnifici »). La partita più consistente di vino corso venduta in darsena, secondo questi contratti, fu quella di 150 mezzarole, « parte dolce e parte asciutto », trasportata da patron Michele Antoni. Ma ormai la parte del leone spettava al vino di Napoli, nella sua qualità più comune (detto « cancarone »), che nella seconda metà del secolo arrivò a rappresentare l'80 % degli acquisti dei Provvisori[39].

« UNA NON MEDIOCRE PROVVISTA DI OLIO » : LA CORSICA TERZA RIVIERA DI GENOVA

Il 1 aprile 1772 l'ufficio dei Provvisori dell'olio applicò un prelievo forzoso sulle comunità delle Riviere[40] per ovviare alla proibizione delle « tratte » nei regni di Napoli e Sicilia, tradizionali partner del porto ligure : il timore era quello di ritrovarsi senza i necessari approvvigionamenti, « tanto più che ora non ne pervengono [olii] dalla Corsica, che ne forniva una non mediocre provvista ». Il chiaro riferimento era all'importanza dell'olio corso nelle strategie commerciali genovesi prima che la Corsica finisse sotto controllo francese. In effetti, per quasi tutto il corso dell'età moderna, l'isola (in particolare la regione della Balagna, come vedremo) aveva contribuito piuttosto regolarmente al rifornimento di olio alla Dominante, trovandosi a ricoprire sotto questo piano il ruolo di « terza Riviera di Genova[41] ». Inoltre, un altro servizio alla Repubblica era stato assicurato sotto forma di erogazione del prodotto a favore dei corpi di guardia delle cittadelle e delle torri costiere dell'isola che necessitavano di illuminazione[42].

Ancora più della vite, l'ulivo divenne nel XVII secolo la voce principale dell'economia agricola corsa, e la citata statistica relativa agli anni 1688-1697 testimonia in particolare il ruolo predominante della costa nord-occidentale : su

39 MASSA Paola, *op. cit.*, p. 520-522 (da cui ricaviamo anche la progressiva perdita di importanza del vino corso sulla piazza di Genova). Dalla filza dei contratti siglati dai Provvisori risulta l'esistenza di una precisa organizzazione, con i « patroni di darsina per la provista del vino di Napoli », inseriti in due diversi 'bussoli' per essere alternati nel servizio di trasporto via mare.

40. Pari al 10% di tutto l'olio destinato all'esportazione: vedi Archivio di Stato di Genova (d'ora in poi ASG), *Banco di San Giorgio*, sala 34, 587.

41. Mi permetto di rinviare al mio contributo: CALCAGNO Paolo, « La Corse, troisième rivière de Gênes. Le rôle de l'île dans l'approvisionnement du « continent » entre le XVIIe et le XVIIIe siècle », *in Corsica Genovese*, op. cit., p. 69-77. La definizione della Corsica come « terza Riviera di Genova » si ritrova in QUAINI Massimo, « Per la storia della cultura territoriale in Liguria : viaggiatori, corografi, cartografi, pittori e ingegneri militari all'opera tra medioevo e modernità », *in* PUNCUH Dino (dir.), *Storia della cultura ligure*, II, Genova, Società ligure di storia patria, 2004, p. 5-67.

42. *Cfr*. JOUFFROY Denis, « L'huile d'olive en Corse : enjeux et mécanismes de son approvisionnement des prèsides génois durant l'époque moderne », *in* LE MAO Caroline, MEYZIE Philippe (dir.), *L'approvisionnement des villes portuaires en Europe du XVIe siècle à nos jours*, Paris, Presses de l'université Paris-Sorbonne, 2015, p. 273-285.

2 799 barili[43] esportati in totale, 1 968 partirono genericamente dalla Balagna e altri 792 dai porti di Algajola e Calvi[44]. Di quest'ultimo scalo è possibile ricostruire nel dettaglio gli ancoraggi della seconda parte del 1734, ed esaminare da vicino gli attori che garantivano i collegamenti tra l'isola e Genova. Secondo le stesse tempistiche che si rivedono in Liguria, dove le singole comunità inviavano olio verso la Dominante, le partenze dalla Corsica iniziarono a fine estate e proseguirono fino alla fine dell'anno : 11 spedizioni in tutto, tutte effettuate da patroni di barca liguri oppure (in due soli casi) romani[45], a denotare l'assenza di una marineria autoctona che evidentemente differenziava la Balagna dal Capocorso.

Un altro momento che permette di focalizzare sugli operatori marittimi in viaggio tra Corsica e « continente » è l'anno 1678, allorché un cattivo raccolto in Liguria mise in allerta i Provvisori dell'olio della Repubblica. Un deputato del magistrato, di nome Carlo Montoggio, venne inviato sull'isola per procacciarsi 4 000 barili, e da una nota allegata a una sua lettera si conoscono i tempi e l'entità dei carichi trasportati a Genova tra novembre e dicembre : in poco meno di trenta giorni, ben 13 patroni si attivarono per andare a caricare olio in Corsica, quasi tutti della Riviera di Levante (eccetto due, rispettivamente di Pra'e Sestri Ponente)[46]. In particolare, spicca l'assoluta maggioranza dei *sestrini*, cioè degli abitanti della comunità di Sestri Levante, 7 in tutto[47]. La missione di Montoggio ci offre ulteriori indicazioni sul piano dei meccanismi che regolavano i rapporti tra Genova e la Corsica in materia di approvvigionamenti olivicoli, i quali - come nel caso del vino – servono a sfumare quell'immagine distorta di « stato coloniale » attribuita alla Repubblica, di cui si si faceva cenno all'inizio di questo saggio. In primo luogo, sebbene la Corsica si possa definire la « terza riviera di Genova », occorre distinguere tra le comunità liguri e l'isola : a partire dal 1593, le prime erano annualmente sottoposte a una tassa a vantaggio della Capitale, che prevedeva la consegna di un certo numero di barili, mentre la seconda non aveva analoghi obblighi. Ad accompagnamento dell'invio di Montoggio, si stabilì che nessuna imbarcazione potesse lasciare la Corsica con olio nelle stive senza impegnarsi a scaricare almeno il 25 % del carico a Genova, e il 31 ottobre si diedero istruzioni al Governatore di Corsica perché provvedesse a riscuotere una tassa sulla falsariga di quella a cui era soggetto il Dominio di Terraferma ; ma in entrambi i casi si trattò di misure di carattere decisamente eccezionale, che alteravano un sistema di reperimento dell'olio di solito compiuto nel rispetto delle regole del mercato. Non a caso, prima di affidarsi a Montoggio, in primavera i Provvisori genovesi avevano preso contatti con un mercante privato di

43. Il barile di olio corrispondeva a circa 65 litri.
44. MARTINI Marien, *op. cit.*, p. 42. Da Algajola ne partirono 526, da Calvi 266.
45. ASG, Corsica, 1349.
46. ASG, *Banco di San Giorgio*, sala 34, 499.
47. Fin dal primo Seicento, diverse case di negozio di *sestrini* si erano insediate ad Algajola, probabilmente proprio per partecipare ai commerci olivicoli (JOUFFROY Denis, *op. cit.*, p. 282).

nome Ambrogio Canevaro, che inizialmente si era impegnato a provvedere 3 000 barili, salvo poi ammettere di essere stato sopraffatto dalla concorrenza di altri mercanti interessati all'olio corso ; e lo stesso Montoggio ebbe grandi difficoltà a « piegare » gli isolani a un conferimento forzoso a cui non erano abituati, al punto che riferì di aver ricevuto minacce di morte[48].

In pratica, sulla base di quello che si otteneva dalla tassa sulle comunità delle Riviere, Genova calcolava la quantità d'olio che mancava per il completamento del fabbisogno, e chiedeva al Governatore dell'isola di impegnarsi per far convergere in città un determinato contingente. I proprietari terrieri della Corsica – in questo c'era poca differenza con la situazione ligure – consideravano i Provvisori della Repubblica un ottimo interlocutore, per via dei loro sicuri e pronti pagamenti ; ma da parte genovese non bisognava commettere l'errore di far passare troppo tempo, dando modo ad altri compratori di far affluire il denaro sull'isola, facendo così alzare il prezzo dell'olio. Come ebbe a dire il commissario di Calvi nel 1733, se « Vostre Signorie Serenissime [avessero deliberato] farne qualche compra », avrebbero dovuto senza indugi « mandare qui persona con l'incombenza suddetta » e munirlo di « sufficiente provvista di denaro[49] ». Non c'era nessuna imposizione da parte del governo della Repubblica, che doveva confrontarsi con tutti gli altri *competitors* sul mercato : come nel 1736, quando il Governatore scrisse da Bastia che il prezzo dell'olio in Balagna oscillava intorno alle 36 lire al barile, ma che sarebbe presto salito a causa dell'approdo dei numerosi bastimenti francesi attesi tra la primavera e l'estate[50].

L'altra occasione in cui si agì in regime di emergenza e vennero emanate disposizioni eccezionali fu all'indomani della nota gelata del 1709, che danneggiò fortemente gli uliveti liguri[51]. Anche questo frangente ci aiuta a capire come in condizioni normali Genova non applicasse rigidi dettami di carattere annonario. In una lettera del 5 settembre 1710, il Governatore genovese Paolo Francesco Spinola ricordò come nel terribile inverno precedente fosse stato adottato il sistema delle « tratte » – come per il grano e per il vino – in modo che l'olio in uscita confluisse obbligatoriamente verso Genova ; aggiungendo che in realtà l'intento era stato ostacolato dall'azione di incettatori provenienti da Livorno, dalla Francia e dalle stesse Riviere liguri[52]. In effetti, qualche mese dopo (6 febbraio 1711), i « deputati alle compre di Corsica » - evidentemente

48. Calcagno Paolo, « La Corse, troisième rivière de Gênes » *cit.*, p. 72-73.

49. ASG, *Banco di San Giorgio*, sala 35, 1707.

50. ASG, *Banco di San Giorgio*, sala 35, 1614.

51. Nel *Compendio delle storie di Genova dalla sua fondazione sino all'anno 1776* del sacerdote Francesco Maria Accinelli (tomo II), si legge in corrispondenza del 1709 che « un gran freddo in Genova e nella riviera tutta cagionò gravissimo danno alle piante, che per molti anni non poterono riavere la primiera fertilità ».

52. ASG, *Banco di San Giorgio*, sala 34, 437. Già nel 1569, alla fine della guerra contrassegnata dalla figura di Sampiero di Bastelica, il Governatore della Corsica Giorgio Doria aveva pensato di adottare il sistema delle 'tratte' per l'olio: anche in questo caso, tuttavia, la misura appare eccezionale (Graziani Antoine-Marie, *Naissance d'une cité* cit., p. 171).

attivati dal governo genovese per affrontare il momento difficile nel reperimento dell'olio – osservarono che lo scopo iniziale dei Provvisori di acquistare in Corsica 3 000 barili non era stato raggiunto a causa della « notabile alterazione de prezzi seguita in quelle parti ». E il calcolo effettuato a circa due anni dalla gelata da Francesco Giuliani e Giuseppe Maria Castagnola, soggetti incaricati dai Provvisori di procurare olio a Genova fin dal gennaio 1710[53], dimostra ancora una volta la natura prettamente mercantile degli approvvigionamenti genovesi : del contingente consegnato il 5 febbraio 1712, circa 2 239 barili risultavano regolarmente comprati e solo 163 figuravano come « oglio di tassa stata ordinata dall'Eccellentissimo signor Governatore della Bastia[54] ». L'impresa di trovare olio in Corsica per permettere ai proprietari delle Riviere di ripristinare i loro alberi d'ulivo si era rivelata particolarmente complicata : addirittura alcuni patroni di barca inviati appositamente per caricare in Balagna erano dovuti tornare indietro in zavorra (o quasi) per via di un eccessivo rialzo dei prezzi[55].

Per il resto, dai « libri delle compere » dei Provvisori genovesi[56], si possono apprezzare le forti oscillazioni degli acquisti di olio in Corsica tra l'inizio della rivolta alla Repubblica e la fine del secolo, a dimostrazione di una certa casualità nel ricorso alle risorse isolane (e quindi dell'assenza di prelievi sistematici) nonché di una progressiva difficoltà nel reperire il prodotto in Balagna con la radicalizzazione degli scontri nei decenni centrali del secolo e con la successiva cessione alla Francia. Negli anni Trenta, nella prima fase dei « torbidi », non sempre si riuscì a comprare olio corso (nessun barile risulta in arrivo dalla Corsica nel 1731, 1732, 1735, 1737, 1738, 1 739), e negli anni rimanenti i contingenti spediti a Genova furono molto diversi : 100 barili nel 1733, 718 nel 1734, 378 nel 1 736. Anche gli anni Quaranta e gli anni Cinquanta furono altalenanti, con annate che variarono sensibilmente (da 170 barili nel 1741 a 638 barili nel 1748 ; da 180 nel 1751 a 630 nel 1758, ecc.), e tra cui spicca il 1747 con 1 254 barili : la ragione va cercata nell'occupazione sabauda della Riviera di ponente nel corso della guerra di successione austriaca, e nell'impossibilità per Genova di ricorrere come al solito all'olio di quelle comunità (che rappresenta-

53. Vedi anche CALCAGNO Paolo, « La Corse, troisième rivière de Gênes », *op. cit.*, p. 74-75.

54. ASG, *Banco di San Giorgio*, sala 34, 437.

55. Da un atto del 1 marzo 1712 sappiamo di un ulteriore esborso di 50.000 per l'acquisto dell'olio corso: l'idea era quello di inviare le galee della Repubblica affinché lo caricassero prima che il costo lievitasse a causa della caduta delle olive dagli alberi e del « gran bisogno ne ha la Francia, che sollecita et azarda i mercadanti à darglielo à qualunque prezzo » (ASG, *Banco di San Giorgio*, sala 35, 1603).

56. ASG, *Banco di San Giorgio*, sala 36, 2456, 2463/1, 2471, 2481, 2489, 2493/1. Ringrazio l'amico Alessandro CARASSALE per avermi fornito questi dati, che si possono ritrovare nella sua tesi di dottorato intitolata *Produzione olearia e traffici commerciali nel Mediterraneo del lungo Settecento : una comparazione tra aree ad elevata specializzazione colturale (1709-1815)*, Università di Genova, 2021.

vano le principali fornitrici abituali dei Provvisori)[57]. A seguire, sorprendono i 1 994 barili acquistati nel 1767 ; e dopo il 1768 (anno di passaggio della Corsica alla Francia), a parte una totale assenza di compre tra 1769 e 1789, negli ultimi anni del XVIII secolo ripresero i contatti, con anni in cui arrivarono diverse centinaia di barili.

In conclusione, si può affermare che in età moderna la Corsica fu una buona riserva di beni necessari all'annona genovese. Il suo contributo non fu mai determinante (in particolare questo discorso vale per il grano, e in effetti anche per vino e olio)[58], ma la Repubblica provò a più riprese a rivolgersi ai sudditi corsi, in frangenti di penuria o per integrare il contributo offerto dalle Riviere e da altri partner commerciali mediterranei ed europei. La normativa si differenziava a seconda del prodotto : per il grano e per il vino bisognava sottostare al sistema delle « tratte », come nel Dominio di Terraferma ; nel caso dell'olio si provava a far valere il canale privilegiato dei Provvisori genovesi, ma bisognava stare alle regole della concorrenza commerciale. In tutti i casi, a prescindere dalla rigidità variabile dei meccanismi annonari, non sembra che Genova sia riuscita a imporre un controllo stretto sulla compravendita dei prodotti agricoli dell'isola, in quanto gli operatori mercantili e marittimi operavano spesso scelte indipendenti : d'altronde, lungo tutta la sua esistenza, la Repubblica mantenne un basso profilo nelle sue politiche nei confronti del territorio, evitando di esprimere ingerenze troppo forti, e tale direttiva fu perseguita in linea di massima anche nei riguardi della Corsica[59].

57. Sull'occupazione del Ponente ligure da parte dei 'piemontesi' si veda CALCAGNO Paolo, « Lo sguardo del Savoia sul Ponente ligure: la raccolta di informazioni da parte degli ufficiali sabaudi durante l'occupazione di metà Settecento (1746-1749) », *in* ASSERETO Giovanni, BITOSSI Carlo, MERLIN Pierpaolo (dir.), *Genova e Torino. Quattro secoli di incontri e scontri. Nel bicentenario dell'annessione della Liguria al Regno di Sardegna*, Genova, Società ligure di storia patria, 2015, p. 251-270. Nel 1663 il tratto di costa tra Pietra e Porto Maurizio assicurava il 68,3% dell'imposta statale sull'olio.

58. Dalle statistiche appena citate si può appurare che – Liguria a parte – le maggiori partite di olio arrivassero a Genova dalla Calabria e dalla Puglia.

59. Viene in mente, a questo proposito, la tesi di GRAZIANI per la quale durante la dominazione genovese la Corsica fu « sous-administreée » (GRAZIANI Antoine-Marie, *La Corse génoise*, *op. cit.*, p. 60).

PRODOTTI E SCAMBI COMMERCIALI FRA LA CORSICA E LA TOSCANA (1815-1860)

Marco Cini

RIASSUNTO

In questo contributo si analizza il commercio fra la Corsica e il Granducato di Toscana dalla fine dell'impero napoleonico sino alla formazione del Regno d'Italia, prestando attenzione ad alcuni specifici prodotti oggetto dello scambio fra le due regioni. Il periodo esaminato è caratterizzato da rilevanti mutamenti economici e tecnologici, e vede il graduale distacco della Corsica dall'area ligure-tirrenica, rispetto alla quale vantava un elevato grado di complementarità e di interscambio, e la parallela integrazione economica con la Francia continentale.

Nelle pagine che seguono si propongono alcune considerazioni sul movimento delle merci fra i porti di Livorno e di Bastia nel periodo che va dalla fine delle guerre rivoluzionarie e napoleoniche – a cui si deve una sensibile alterazione della stabilità del bacino mediterraneo – sino al 1861, anno in cui il Granducato confluì nel Regno d'Italia. L'intervallo temporale individuato appare caratterizzato, e influenzato, da una molteplicità di fattori, sebbene almeno due sembrano di particolare rilevanza.

In primo luogo, è indubbio che per entrambe le regioni nella prima metà del XIX secolo il processo di integrazione, sul piano economico, con il mercato nazionale ha un andamento asincronico. Mentre per la Toscana, fino agli anni Sessanta, le dinamiche produttive e del commercio rimangono essenzialmente legate ai tradizionali assi dell'economia del Granducato, per la Corsica, invece, già in questo periodo l'economia inizia a raccordarsi alle dinamiche dello sviluppo economico « nazionale ». Il processo è caratterizzato da un'indubbia lentezza, ma fin dagli anni Trenta, e soprattutto nei decenni successivi, le direttrici del commercio dell'isola virano nella direzione di una sempre più spinta integrazione con le dinamiche economiche francesi, sostenuta anche da una complessa e controversa normativa doganale applicata alle merci in partenza dai porti insulari[1].

Questo processo è poi condizionato dalle trasformazioni che, sul piano interno, sperimentano entrambe le regioni. Il riferimento è all'avvio di un periodo in cui l'agricoltura inizia a lasciare spazio alle attività manifatturiere. Se è eccessivo parlare, per le due regioni, di « rivoluzione industriale », è però indubbio che dagli anni'40 si palesa con crescente nitidezza il peso acquisito dalle attività manifatturiere e, in alcuni casi, addirittura « industriali ». Anche in questo caso, però, gli indirizzi commerciali che segue la produzione manifatturiera non sono univoci. Mentre per la Corsica i prodotti più importanti, e remunerativi, trovano il proprio smercio principalmente sul mercato nazionale (dal ferro all'acido gallico fino al latte per la fabbricazione del formaggio), per la Toscana assistiamo a significativi flussi di esportazione di manufatti e semilavorati verso gli altri Stati della penisola e verso l'estero[2]. Almeno fino all'unità d'Italia.

Occorre, tuttavia, tenere conto anche di un ulteriore fattore, che attiene alla specificità del porto di Livorno[3]. Quest'ultimo, negli ultimi decenni del Settecento aveva sperimentato un sensibile sviluppo e confermato la propria centralità nel sistema portuale del Mediterraneo grazie alla accresciuta domanda di grano da parte di alcuni grandi paesi europei, trasformandosi in un importante scalo di stoccaggio di granaglie: un processo agevolato anche dall'appoggio inglese durante il periodo delle guerre scatenate dalla Francia rivoluzionaria. Dopo le difficoltà associate al periodo rivoluzionario e napoleonico, nel 1814

1. Un quadro dei principali provvedimenti relativi alla legislazione commerciale applicata alla Corsica è *in* VERNET Charles, *Résumé analytique des lois et règlements concernant le régime commercial de la Corse*, Bastia, Fabiani, 1866. Per un'analisi di carattere generale si veda *Coppolani* Jean-Yves, « Le régime douanier de la Corse de 1768 à 1912 », *Bulletin de la société des sciences historiques et naturelles de la Corse* (*BSSHNC*), n° 647, 1984, p. 230-233.

2. Per la Corsica si veda CAMPOCASSO Pierre-Jean, « L'activité industrielle en Corse : un espace d'échanges (1830-1930) », *in* GABORIT Jean-René (dir.), *Circulation des matières premières en Méditerranée: transferts de savoirs et de techniques* (Actes du 128e Congrès national des sociétés historiques et scientifiques, « Relations, échanges et coopération en Méditerranée », Bastia, 2003), Paris, Éditions du CTHS, 2009, p. 74-88, e CINI Marco, *Modernisation de la Corse au XIXe siècle. Économie, politique, identité*, Ajaccio, Albiana, 2016, p. 85-104. Per la Toscana, CINI Marco, *La Toscana al crocevia della modernità. Banche e manifatture nell' Ottocento*, Firenze, Opificio Toscano di Economia, Politica e Storia, 2018.

3. Sul porto di Livorno esiste ormai una vasta bibliografia: oltre al sempre utile volume di BARUCHELLO Mario, *Livorno e il suo porto. Origini, caratteristiche e vicende dei traffici livornesi*, Livorno, Società Anonima Edizioni Riviste Tecniche, 1932, si vedano almeno: INNOCENTI Piero, *Il porto di Livorno*, Milano, Giuffrè, 1968, p. 59-66; BAGGIANI Daniele, « Appunti per lo studio del movimento di navi e merci a Livorno fra XVIII e XIX secolo », *Ricerche Storiche*, n° 3, 1994, p. 701-717; FILIPPINI Jean-Pierre, *Il porto di Livorno e la Toscana*, Napoli, ESI, 1998.

lo scalo labronico riacquista in pieno la sua funzione di « porto franco »[4], ed è proprio questa specifica identità che sembra orientare le esportazioni della Corsica verso la Toscana. Con ciò intendo sostenere che solo una parte – probabilmente minoritaria – delle merci esportate da Bastia era collocata sul mercato toscano, mentre una quota significativa era destinata alla riesportazione in altri Stati della penisola o all'estero. Gran parte dei prodotti provenienti da Bastia, come il sughero e il corallo oppure le castagne e le foglie di mirto, non potevano trovare adeguato smercio in Toscana, perché non essenziali alle esigenze dell'economia del Granducato. Analoga considerazione vale per il vino: sappiamo, a questo proposito, che il vino del Capo-Corso trasportato a Livorno veniva poi riesportato in Sicilia – dove gli inglesi lo utilizzavano per la fabbricazione del Marsala – e di lì esportato in Inghilterra. Discorso diverso, almeno in parte, può essere fatto per i lupini – altro prodotto abbondantemente esportato a Livorno – i quali trovavano in Toscana un ampio utilizzo come alimentazione del bestiame e come fertilizzante per le viti e altri arbusti.

È opportuno poi ricordare che, fino alla frattura prodotta dalla Rivoluzione Francese, la natura di « porto franco » aveva consentito uno sviluppo delle attività commerciali incentrato sulle « Nazioni » ospitate nella città labronica: da quella ebrea – forse la più importante per i legami internazionali vantati dagli ebrei dal Levante fino all'Europa del Nord – a quella inglese, all'« alemanna », alla francese ecc.[5] Fin dal Seicento, a Livorno era presente anche la Nazione Corsa, sebbene « inglobata » in quella genovese[6]. Composta da gente di mare, aveva comunque una sua identità che si riconosceva nell'altare dedicato a San Giovanni Evangelista nella chiesa della Madonna; ma possedeva anche la cosiddetta « Casa dei Corsi », un grande edificio utilizzato come magazzino ubicato nella parte più antica della città, in via S. Giovanni (nel 1766, negli anni del governo di Pasquali Paoli, la Nazione Corsa di Livorno rivendicò apertamente la propria autonomia da quella genovese). Nel primo Ottocento, quando l'istituzione delle « Nazioni » declinò, i còrsi continuarono ad intrattenere solide relazioni commerciali grazie all'insediamento a Livorno di alcuni commercianti di origine insulare (per esempio Gio. Luca Poggi), o alle relazioni intrattenute da Case commerciali còrse – come i Gregorj[7] – con grandi Case commerciali internazionali come i Senn e Guebhard.

4. Iodice Antonio, « L'istituzione del porto franco in un Mediterraneo senza frontiere », *Politics. Rivista di Studi Politici*, n° 1, 2016, p. 19-33 e, per quanto riguarda il caso specifico di Livorno, Fettah Samuel, « Temps et espaces des trafics portuaires en Méditerranée: le cas du Port franc de Livourne (xviie-xixe siècle) », *Ricerche Storiche*, n° 2, 1998, p. 243-273.

5. Addobbati Andrea e Aglietti Marcella (dir.), La città delle nazioni. Livorno e i limiti del cosmopolitismo (1566-1834), Pisa, Pisa University Press, 2016.

6. Panessa Giangiacomo, *Nazioni e Consolati in Livorno. 400 anni di storia*, Livorno, Belforte Editore, 1998, p. 30-31; Piccioni Lami Elisabetta, « I Corsi a Livorno nel '600: primo contributo », *Studi Livornesi*, n° V, 1990, p. 71-79.

7. Sulla *Maison* Gregorj si veda Marchini Antoine-Noble, *Gregorj. Un Corse marchand banquier 1817-1822*, Cervioni, ADECEC, 1987; *Id.*, « Le monde des affaires insulaires à travers les

1. Frédéric Bourgeois de Mercey, *Vue du port de Bastia*, 1839.
Musée de Bastia - © Musée de Bastia

In seguito all'introduzione del vapore nella navigazione cambiano anche la natura e la vocazione dei due porti. Per quanto riguarda Bastia, la sostituzione del naviglio a vela con quello a vapore rese inagibile il « vecchio » porto genovese (fig. 1). Nel 1 830 il molo genovese misurava 150 metri di lunghezza, mentre la lunghezza dell'intero porto non superava i 250 metri, e la larghezza variava da 110 a 140 metri. Poco profondo – il punto di massima profondità era di sei metri – era soggetto a periodici insabbiamenti provocati dal torrente Guadello. Le criticità presentate dallo scalo bastiese furono ben sintetizzate da un'inchiesta ministeriale del 1837, la quale confermò anche che a tale scalo era ascrivibile la movimentazione dei 3/5 delle merci transitanti nei porti dell'isola. Tuttavia, il porto era inadeguato ad assecondare le accresciute esigenze commerciali, poiché poteva ospitare appena una cinquantina di bastimenti da cabotaggio – in genere gondole e tartane – con un pescaggio d'acqua di tre-quattro metri. Nel 1 836 erano stati avviati alcuni lavori per accrescere le strutture del porto con la costruzione di un imbarcadero; nel 1 842 fu poi costruita una nuova banchina nel versante a nord, utilizzata per lo sbarco del minerale proveniente dall'Elba destinato all'impianto siderurgico di Toga. Nel 1858, infine, fu rimossa la « roccia del Leone », che ostruiva l'ingresso del porto, al cui posto fu costruita la Diga del Dragone. Nonostante questi interventi, il

papiers du marchand-banquier Gregorj: sur le processus de centralisation au début du XIXe siècle », *in* RAVIS-GIORDANI Georges (dir.), *L'Île miroir*, Ajaccio, La Marge, 1988, p. 15-50.

porto continuava a manifestare la propria inadeguatezza a ospitare bastimenti di elevato tonnellaggio. Con la legge del 18 luglio 1 845 il Parlamento francese accolse le richieste delle autorità pubbliche bastiesi stanziando 40 milioni di franchi per la realizzazione di un nuovo porto nell'ansa di Saint-Nicolas, i cui lavori di costruzione iniziarono nel 1 863[8].

Per quanto riguarda il porto di Livorno, sebbene dotato di dimensioni più adeguate rispetto a quello di Bastia che, in questo periodo, non richiesero interventi strutturali radicali, la maggiore velocità dei trasporti e il contemporaneo ribasso dei noli contribuirono a sottrarre centralità agli « empori marittimi », spingendo gli operatori labronici a cercare un collegamento più diretto tra i caricatori e i destinatari delle merci. Quindi, sebbene, in misura assai diversa rispetto a ciò che accadeva a Bastia, anche a Livorno la sostituzione del naviglio a vela con quello a vapore produsse conseguenze di rilevante spessore. Fin dalla metà del XIX secolo, il porto di Livorno palesa, dunque, una nuova e diversa attitudine, che sembra andare oltre la vocazione di « porto emporio ». Sempre più, infatti, lo scalo labronico si configura come porto commerciale « tradizionale », maggiormente collegato con le esigenze dell'economia regionale. In questo periodo, solo il 23 % delle merci sbarcate era destinato alla riesportazione, secondo la logica del « porto franco »[9]. Tale trasformazione è plausibilmente da mettere in relazione alle citate trasformazioni del tessuto economico toscano, nel quale la manifattura inizia ad assumere un peso crescente.

Già negli anni'20, per ciò che attiene Bastia, si possono cogliere segnali di cambiamento rispetto al periodo precedente. In una statistica della metà del decennio, si osservava che, relativamente ai movimenti marittimi con la madrepatria e con la penisola italiana, « le relazioni commerciali della Corsica col Continente francese hanno fatto un aumento progressivo dopo l'anno 1 822. Nel 1 826 sono entrati in Corsica dal Continente francese 50 bastimenti carichi di mercanzie francesi e altri oggetti. Sono stati spediti dalla Corsica per la Francia 164 bastimenti. Non sono meno attive le nostre relazioni col Continente italiano. Nel 1 826 sono entrati in Corsica dal Continente italiano 172 bastimenti, e ne sono stati spediti 275 »[10].

Negli anni immediatamente successivi alla Restaurazione, il commercio con la madrepatria conobbe un significativo incremento: da alcune statistiche del periodo sappiamo che la media annua delle merci importate in Corsica dai

8. Alcuni riferimenti puntuali sono in *Quelques mots sur les travaux du port de Bastia*, Marseille, Imp. Bellande, 1846, e *in* FABIANI Antoine, *Création du nouveau port de Bastia*, Bastia, Fabiani, 1859.

9. BETTINI Maurizio, « Il porto di Livorno. Lineamenti di un'evoluzione di lungo periodo nel contesto italiano (secoli XVIII-XXI) », *in I porti della Penisola italiana. Due mari a confronto tra storia e sviluppo futuro*, Pisa, Pacini Editore, 2011, p. 116-117.

10. *Notizie statistiche sulla Corsica*, Archivio di Stato di Firenze, Segreteria di gabinetto, filza 171, ins. 2.

porti di Marsiglia, Tolone e Cette nel periodo 1822-1826 fu di 3323,5 tonnellate, mentre quella esportata dall'isola verso i citati porti fu di 4216,6 tonnellate.

Da un'altra statistica apprendiamo che la media annua del valore delle mercanzie importate dal continente francese dal 1821 al 1827 fu di 2955100 F: a Bastia è ascrivibile il 53 % di tale valore, ad Ajaccio il 30 %, a L'Île-Rousse il 16 % e a Bonifacio l'1 %. Nello stesso periodo, la media annua del valore delle mercanzie esportate dall'isola verso la Francia era stata di 848045 F: Bastia fornì il 24 % di questo valore, Ajaccio il 20 %, l'Ile-Rousse il 53 % e Bonifacio il 3 %. Complessivamente il valore delle esportazioni per i sette anni considerati era stato pari al 29 % delle importazioni[11].

I dati sopra citati sono difficilmente verificabili e vanno utilizzati con cautela, ma trovano alcune parziali conferme in altre statistiche dell'epoca. Quindi, seppure imprecisi, offrono alcune indicazioni che possiamo ritenere sostanzialmente plausibili, e suggeriscono che l'integrazione del commercio insulare con i principali centri portuali della Francia meridionale aveva prodotto una evidente alterazione della bilancia commerciale dell'isola, dovuta al peggioramento delle ragioni di scambio.

Disponiamo di informazioni più attendibili sul movimento dei bastimenti: un dato, questo, che conferma come il commercio insulare continuasse a delinearsi anche in relazione agli scambi con i porti italiani, soprattutto con Livorno. I dati contenuti nei registri del *Service de la Marine* conservati presso gli Archives de Corse (Cismonte) riguardanti i movimenti dei bastimenti dal porto di Bastia per il biennio 1825-26 confortano tale asserzione: verso il continente italiano partirono 147 bastimenti (di cui 98 per Livorno), pari al 17 % del movimento totale, mentre per il continente francese ne partirono 105, pari al 12 % del totale[12]. Circa il 70 % del naviglio partito da Bastia ebbe come destinazione gli altri porti dell'isola. Più in generale, fino alla fine degli anni'30 i movimenti dei bastimenti da Bastia verso i porti italiani furono mediamente il triplo di quelli indirizzatesi verso i porti francesi, e considerazioni simili valgono anche per i movimenti in senso contrario.

Se spostiamo l'attenzione sulla tipologia delle mercanzie movimentate, possiamo constatare che in questo periodo in Corsica furono importati con regolarità dalla penisola italiana prodotti coloniali – soprattutto zucchero –, riso, semola, merluzzi e aringhe, paste, canapa, lana, ferro, mattoni, ardesie[13]. In particolare, dal porto di Livorno si importavano mattoni, pelli di cuoio e

11. Robiquet François-Pierre-Jean, *Recherches historiques et statistiques sur la Corse*, Paris, Chez le frère de l'Auteur, 1835, p. 547-551.

12. Si veda Liccia Jean-Christophe, *Éléments historiques sur le port de Bastia et l'étang de Chiurlino (xvie-xixe siècles)*, août 2007. Ringrazio l'autore per avermi consentito di consultare il dattiloscritto della sua ricerca.

13. Per quanto riguarda lo zucchero, nel 1827 fu importato per un valore di 32.400 fr. pari al 19 % del valore complessivo delle merci introdotte nell'isola dall'Italia; nel 1829 tale dato fu pari a

lana, bovini, tele, terraglie. Particolarmente rilevante si conferma l'acquisto di cereali (grano e orzo con regolarità, alcuni anni anche il mais) : nel 1 827 i cereali rappresentarono il 18 % del valore complessivo delle merci importate dall'Italia, mentre nel 1 829 il 16 %. Altri prodotti importati dal Granducato con regolarità erano il ferro e il minerale di ferro elbano[14].

Relativamente alle esportazioni verso Livorno, i prodotti che ricorrono con maggiore frequenza nelle liste di carico dei bastimenti in partenza da Bastia sono il sughero e i lupini. Nel 1830, per esempio, il sughero fu il prodotto più esportato, per un valore di 66 000 F, pari al 54,2 % del valore complessivo delle esportazioni verso la penisola italiana. I lupini si collocano al secondo posto, mentre le castagne al terzo, per un valore di oltre 15 000 F[15]. Con regolarità si esportavano cedri, limoni, legna da ardere e da costruzione, foglie di mirto, tabacco, vino, saltuariamente l'olio e il formaggio. Si esportava anche pesce fresco e salato (tonno, acciughe e anguille, queste ultime pescate nei tre grandi stagni dell'isola).

Fra i prodotti del mare, una voce ancora significativa era costituita dall'esportazione verso Livorno del corallo. La pesca del corallo, tuttavia, era appaltata a compagnie straniere, in particolare, napoletane, sarde e toscane. Da una statistica della prima metà degli anni'20 emerge che nel 1826 la pesca del corallo « sui paraggi di Bonifazio è stata fatta da 87 Coralline estere : 47 Coralline sarde, 19 toscane, 21 napolitane. Queste Coralline formavano una somma di portata di 731 tonnellate, e contavano in equipaggi 839 uomini. Le 47 Coralline sarde hanno raccolto 3.993 chilogrammi di corallo, valutati secondo la qualità del corallo e il suo prezzo medio in Livorno franchi 191.805. Le 19 Coralline toscane hanno raccolto 2.646 Kg per 157.720 franchi. Le 21 Coralline napolitane hanno raccolto 5.252 Kg per 315.120 franchi»[16]. Quello del corallo è un caso paradigmatico : infatti il corallo trasportato a Livorno veniva lavorato in vari opifici e, per oltre la metà, riesportato all'estero[17]. La scelta di indirizzare il corallo pescato nella città labronica dipendeva dal fatto che gli opifici in cui veniva trattato erano ubicati tutti all'interno della città-franca, quindi non pagavano franchigie : circostanza che rendeva il prodotto finito maggiormente competitivo sui mercati esteri.

50.310 fr., corrispondente al 25 % del valore totale (Beretti Jean-Dominique, « Les relations commerciales entre Bastia et l'Italie (1825-1835) », *BSSHNC*, n° 704-705, 2003, p. 69).

14. *Importazioni di minerale di ferro dall'Isola d'Elba*

Anni	1826	1827	1828	1829	1830	1831	1832	1833	1834
Valore (in fr.)	5.200	1.300	2.800	1.500	1.000	1.500	1.200	5.100	4.000

(ivi, p. 66).

15. Ivi, p. 67-72, e AC (Cismonte), *Service de la Marine*, 20P 3/13 e 20P 3/14.

16. *Notizie statistiche sulla Corsica, op. cit.*

17. Guarnieri Gino, *Livorno e la Marina Mercantile toscana sotto i Lorenesi*, Pisa, Giardini, 1969, p. 129.

Nel corso degli anni'30 il movimento commerciale complessivo con il Granducato aumentò sia in quantità che in valore, ma senza che si modificasse significativamente il rapporto fra esportazioni e importazioni, né la loro composizione merceologica. Nel medesimo periodo, però, il valore delle merci importate dalla Francia – così come quello delle merci esportate verso i porti di Tolone e Marsiglia – conobbe un incremento maggiore, circostanza che portò ad un aumento complessivo del volume di mercanzie movimentate nei porti dell'isola e del loro valore cumulativo. Le merci importate in questo periodo dai porti italiani – Livorno, in primo luogo, ma anche Genova, Civitavecchia e Napoli – furono: grano, paste, riso, lardo, zucchero, caffè, aringhe, merluzzi, tele, lana, pozzolane, ardesia, ceramiche, acciaio, piante di limone. Gli articoli esportati a Livorno – ma anche in Sardegna, Capraia, Isola d'Elba e Genova – furono invece castagne, tabacco, vino, legname da costruzione, corallo, cedri, foglie di mirto, legumi, pesce salato, sughero.

Una svolta si registra nel corso degli anni'40, quando cresce sensibilmente l'interscambio commerciale fra il porto di Bastia e la Toscana. Tale dinamica è riconducibile, soprattutto, all'aumentata domanda da parte dell'impianto siderurgico di Toga di due prodotti, il minerale di ferro e il carbone vegetale, che in quel frangente il Granducato poteva fornire con relativa abbondanza. Non casualmente, dal 1849-50 la composizione delle importazioni da Livorno muta radicalmente: scompaiono i cereali – ormai importati esclusivamente da Marsiglia –, si riducono i prodotti coloniali e il tabacco, mentre aumentano esponenzialmente il carbone e il minerale elbano, quasi interamente acquistati dalla fonderia di Toga (e poi da quella di Solenzara)[18]. Non cambiano, invece, i generi esportati da Bastia verso lo scalo labronico, che continuano ad essere composti prevalentemente da lupini, legname, cuoio, vino. In ogni caso, negli anni'50, in termini di tonnellaggio delle merci movimentate, gli scambi fra i due porti tendono ad equilibrarsi, come indicato nei grafici successivi (fig. 2 e 3), dato in controtendenza rispetto ai primi lustri del secolo, anche se le mercanzie importate da Livorno conservarono per tutto il decennio un valore unitario più elevato rispetto a quelle esportate verso il Granducato.

Questi mutamenti sono confermati anche da un altro indicatore: negli anni'20-'30 fu particolarmente elevato numero di bastimenti partiti da Bastia per Livorno privi di carico, e che poi tornarono con la merce acquistata nello scalo labronico. Negli anni'50, invece, si riduce sensibilmente il numero dei bastimenti partiti da Bastia per Livorno carichi della sola zavorra.

18. Campocasso Pierre-Jean, « Histoire de l'usine à fer de Toga (1842-1885) », Études Corses, n° 45, 1995, p. 5-63.

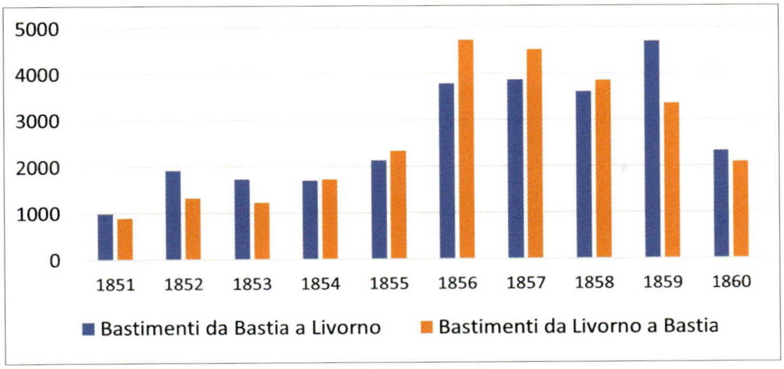

2. Interscambio Bastia-Livorno (1851-1860). Fonte: AC (Cismonte), Service de la Marine, 20P 3/18 e 20P 3/19.

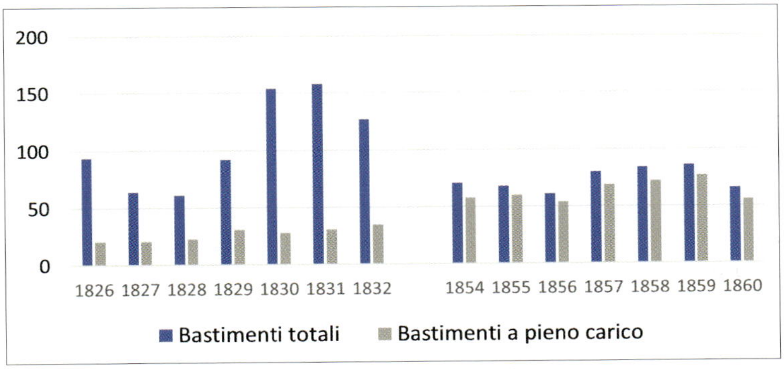

3. Movimento bastimenti da Bastia a Livorno (1826-1832 / 1854-1860). Fonte: AC (Cismonte), Service de la Marine, 20P 3/13 e 20P 3/18

Da sottolineare, infine, che il commercio con lo scalo labronico era ormai prevalentemente realizzato con il naviglio a vapore – come del resto quello con i porti francesi – mentre i legni a vela continuarono ad essere impiegati soprattutto nel cabotaggio fra i vari porti dell'isola. Per quanto riguarda il porto di Bastia, dal 1851 al 1861 il naviglio a vapore raddoppiò il proprio tonnellaggio, passando da 68.500 a 146.796 tonnellate. Molto più contenuto fu l'incremento del naviglio a vela, che passò da 37.000 a 51.000 tonnellate[19].

Su questa dinamica probabilmente incise positivamente la stipulazione, nel 1853, del trattato di commercio e di navigazione fra il Granducato e la Francia, accordo che sancì la piena libertà di commercio e di navigazione fra i due paesi e garantì ai commercianti che operavano sulle piazze toscane e francesi la piena protezione dei loro interessi e delle loro proprietà, mentre, per ciò che concerneva il cabotaggio, stabilì che il naviglio dei due paesi sarebbe stato trattato

19. Luciani J.M., « La Corse sous Napoléon III », *BSSHNC*, n° 191-592, 1969, p. 51.

da entrambe le parti alla stregua dei bastimenti appartenenti alla nazione più favorita[20]. Difficile, ovviamente, valutare gli effetti concreti del trattato; in ogni caso il naviglio in partenza dal porto insulare per Livorno, pur diminuendo in termini numerici, aumentò costantemente nel corso degli anni'50 sotto il profilo del tonnellaggio.

In generale, negli anni del Secondo Impero la crescita delle attività economiche porta ad un risultato inedito: il deficit, in valore, della bilancia commerciale dell'isola, pur aumentando in termini assoluti, si riduce considerevolmente in termini relativi. Nel 1821 il valore delle esportazioni era stato pari al 21 % di quello delle importazioni complessive (cioè dalla Francia continentale e dall'estero), e nel 1849 era stato pari al 24 %; nel 1854, invece, le esportazioni raggiunsero il 56 % del valore delle importazioni, e nel 1861 il 54 %. Questi ultimi dati sono però ancor più significativi se scomposti. Rispetto alla Penisola italiana, nella prima parte degli anni'50 la bilancia commerciale dell'isola appare sostanzialmente in equilibrio, mentre sul finire del decennio il deficit commerciale aumenta notevolmente, raggiungendo livelli relativi ben superiori a quelli conseguiti con la Francia continentale: il valore delle esportazioni si attesta al 20 % del valore delle importazioni nel 1854, al 30 % nel 1855. Li grafici successivi (fig. 4) indicano che il valore delle esportazioni còrse era sì aumentato rispetto ai decenni immediatamente precedenti, ma in misura nettamente inferiore al valore delle importazioni. Anche in questo caso, è plausibile ritenere che il maggior valore delle importazioni sia da ricondurre proprio all'aumentato acquisto di minerali di ferro e di carbone dalla Toscana, mentre la composizione merceologica delle esportazioni còrse aveva subito variazioni scarsamente significative, rimanendo ancorata a prodotti agricoli o caratterizzati da un basso valore aggiunto.

Se, invece, guardiamo al valore dell'import-export dell'isola con la Francia continentale, si può osservare che il valore delle esportazioni sul continente francese si attesta al 69 % del valore delle importazioni nel 1854, al 51 % nel 1855 e al 76 % nel 1861. Tali dati suggeriscono che nei decenni centrali del secolo, l'integrazione dell'economia insulare con quella francese aveva compiuto passi significati. Tuttavia, l'incremento del commercio, solo in parte era stato stimolato da una crescita autopropulsiva del tessuto produttivo locale, mentre era stato alimentato in maggiore misura dall'accresciuta domanda dell'economia francese. Conseguentemente, non poteva che essere particolarmente esposto ai mutamenti della congiuntura nazionale o alle variazioni della domanda da parte del sistema industriale del Paese. Particolarmente emblematico, sotto questo profilo, è proprio il caso della siderurgia. Le innovazioni tecnologiche introdotte dopo gli anni'60, che consentirono la produzione dell'acciaio utilizzando

20. *Trattato di commercio e di navigazione concluso in Firenze fra il Governo di S.A.IeR il Granduca di Toscana e quello di S.M. l'Imperatore dei Francesi nel dì 15 febbraio 1853*, Firenze, Stamperia sulle Logge del Grano, 1853.

a.
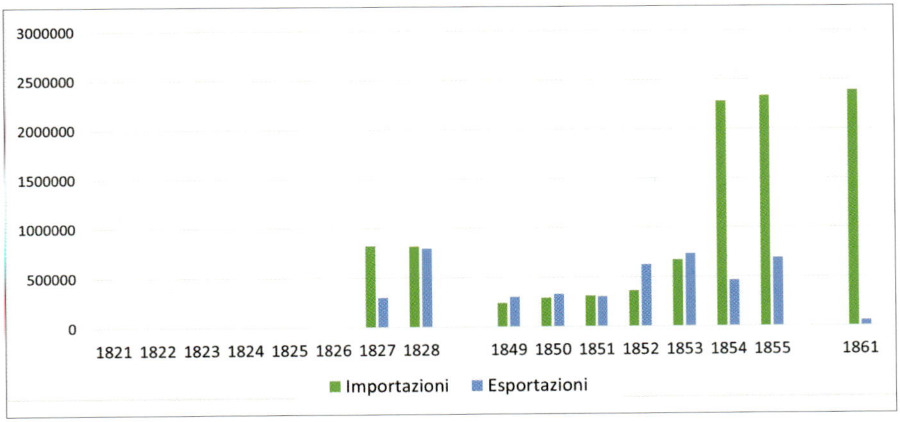

b.
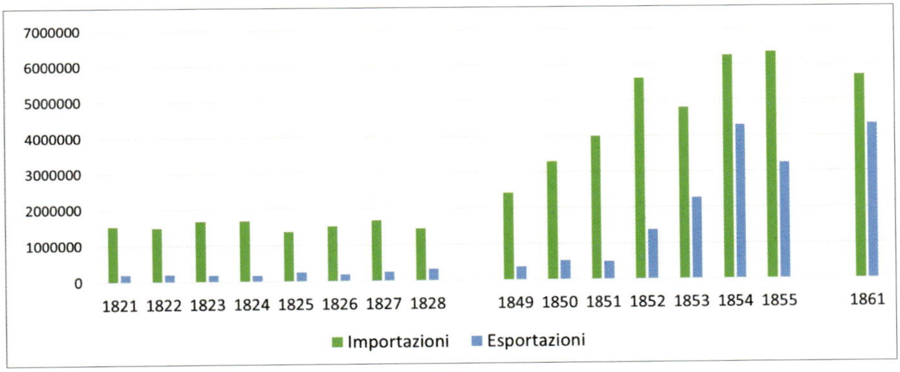

4. Bastia: valore delle importazioni e delle esportazioni (in franchi).
a. Da o verso l'estero (Italia) b. Da o verso la Francia (continente)
Fonte: Martini Marien, « Aspects de l'activité agricole et maritime de la Corse à la période de la navigation à voile », *BSSHNC*, n° 587-588-589, 1968.

nei processi di fusione minerali fosforosi, spostarono l'asse della siderurgia nazionale verso le regioni del nord e dell'est del Paese, mettendo fuori mercato le produzioni realizzate nelle regioni mediterranee. In Corsica, la produzione siderurgica iniziò a contrarsi dal 1875, per azzerarsi nel 1890.

Inoltre, il commercio con la madrepatria era minato anche da alcuni fattori distorcenti che finirono per logorare la competitività dell'economia insulare. Oltre a una controversa normativa doganale, un ulteriore fattore che produsse effetti ambigui fu, come abbiamo già accennato, la sostituzione del naviglio a vela con quello a vapore : da un lato, infatti, il minor tempo necessario per i collegamenti fra i porti francesi del Mediterraneo e l'isola agevolò l'introduzione sul mercato còrso di un maggior volume di mercanzie prodotte in Francia (circostanza che accentuò la concorrenza portata alle manifatture locali da quelle nazionali), e dall'altro, gli elevati costi di trasporto, almeno negli anni del Secondo

Impero, sostenuti dalla rendita monopolistica di cui godeva la Compagnia Valery (e successivamente la Compagnia Fraissinet), agirono negativamente sui prezzi delle mercanzie prodotte in Corsica, minandone la competitività e accentuando, nel lungo periodo, la condizione di dipendenza dell'isola dai trasferimenti finanziari dello Stato centrale. La combinazione fra crisi agricola ed esaurimento del ciclo industriale che si palesò negli ultimi decenni del secolo, contribuì quindi a indebolire l'equilibrio economico che aveva contraddistinto l'isola fino alla fine degli anni'60, dando avvio ad una lunghissima crisi economica che si sarebbe protratta per molti decenni.

In questo stesso frangente temporale, anche il porto labronico sperimentò una lunga fase di crisi, accentuata dall'entrata in vigore, nel 1868, della legge che abolì il « porto franco » e la città franca di Livorno. I deboli collegamenti ferroviari di collegamento con l'entroterra, la netta preferenza accordata dai primi governi dell'Italia unità allo scalo di Genova, l'assenza di una legislazione nazionale per i porti razionalmente definita e, infine, una più accentuata trasformazione del tessuto industriale toscano e labronico, aprirono una fase di incertezza che avrebbe condizionato negativamente lo sviluppo del porto almeno fino alla fine del secolo[21].

In conclusione, e utilizzando un'immagine inevitabilmente approssimativa, potremmo dire che nella seconda metà del secolo il mare ligure-tirrenico non era più raffigurabile come uno spazio « unico » e sostanzialmente aperto, all'interno del quale le economie di Corsica e Toscana avevano potuto sfruttare al meglio i numerosi elementi di complementarità che le contraddistinguevano, ma si era invece ridefinito in modo molto più rigido in funzione delle trasformazioni economiche sperimentate dagli Stati nazionali, la Francia e poi l'Italia.

21. Innocenti Piero, *op. cit.*, e Bettini Maurizio, *op. cit.*

COMICES AGRICOLES ET EXPOSITIONS EN CORSE DU SECOND EMPIRE À LA GRANDE GUERRE, MIROIR DE L'AGRICULTURE INSULAIRE DE CETTE PÉRIODE?

Denis Jouffroy

RÉSUMÉ

L'étude des comices et expositions agricoles en Corse du milieu du XIXe siècle jusqu'à 1914 présente une thématique plurielle. L'objectif premier est de tenter de répondre à la question de la représentativité de ces structures nouvelles du monde agricole et de ces initiatives de promotion des pratiques et de développement des productions agricoles insulaires au cours de la période. Le second objectif est de mesurer l'impact d'acculturation sur les acteurs agricoles dans leur diversité et sur la société corse, certainement plus important qu'il n'y parait.

❖❖❖

De nombreux travaux de recherche ont déjà été consacrés à l'agriculture corse du XIXe siècle et de la première moitié du XXe siècle, cependant nous mettrons l'accent sur les pulsations du monde agricole par le prisme de l'analyse spécifique des comices agricoles et de l'impact de ces projets de promotion, de soutien, d'action pédagogique que représentent les expositions, les concours agricoles sur les acteurs agricoles directement mais aussi plus largement sur la population insulaire dans son ensemble. Peut-on en dégager des traits spécifiques insulaires?

> Les Sociétés d'agriculture groupant les agriculteurs d'élite qui se réunissaient pour discuter des améliorations à réaliser dans la culture ont fait prospérer l'agriculture en Angleterre d'abord, en France ensuite, à partir du XVIIIe siècle. Dès l'annexion, on envisage la création en Corse de tels groupements qui ne furent constitués que vers 1853, après la promulgation de la loi de 1851 sur les Comices à Ajaccio, Bastia, Corte, Calvi, Sartène. Ces Comices ou Sociétés d'agriculture, fonctionnèrent surtout à Ajaccio et Bastia pendant le siècle dernier et sont encore représentées par la Société d'agricul-

ture d'Ajaccio présidée par M. Stephanopoli de Commène. Elles réunirent l'élite du monde agricole, publièrent des rapports en grande partie disparus des bibliothèques publiques, organisèrent des concours dont quelques-uns furent très suivis jusqu'à la veille même de la guerre de 14.

L'Assemblée législative adopte le 20 mars 1851, une loi qui régit la mise en place des comices. En Corse après quelques hésitations le Conseil général pousse à la mise sur pied d'une première structure le 20 décembre 1852 qui a pour titre: Société centrale d'agriculture, sciences et arts du département de la Corse. La Société se divise en quatre sections: 1ère section de culture; 2e section d'amélioration des animaux domestiques; 3e section d'industrie, de statistique, de législation agricole; de sciences et arts; 4e section d'horticulture, de viticulture, d'arboriculture et des forêts. Cette première initiative est suivie en mars 1853 par la création des sociétés d'agriculture dans chaque arrondissement afin de permettre des actions de promotion de l'agriculture et de sa modernisation. Jean De La Rocca[1] en s'appuyant sur les définitions établies par le législateur donne en un court paragraphe une synthèse claire pour comprendre les enjeux de la mise en place de ces structures:

> Un comice agricole est une association de propriétaires, d'agronomes et de cultivateurs, ayant pour mission de recueillir, d'éclairer, de propager la connaissance des découvertes, des essais, des perfectionnements qui tendent à améliorer les systèmes de culture. C'est elle qui indique également les débouchés ouverts et qui peuvent s'ouvrir à la production du sol; c'est elle qui imprime, soit par des recommandations, soit par l'exemple, soit par l'encouragement, la direction la plus avantageuse aux travaux agricoles; c'est elle enfin qui active le progrès de toutes les branches de l'agriculture et qui soumet au gouvernement des vœux sur tout ce qui a égard aux besoins des contrées; tels sont en substance les principaux avantages que présente cette institution.

L'objectif des élites locales est de soumettre l'idée que les encouragements doivent être massifs sur une courte période afin d'impulser un mouvement d'attraction. Le Conseil général de la Corse est à la manœuvre.

> Nous demandons en conséquence que l'État accorde annuellement, à titre de subvention, une somme de 50 000 francs, qui serait allouée aux comices des cinq arrondissements, ils posséderont des ressources suffisantes pour décerner des prix d'une valeur réelle. Ces prix faciliteront inévitablement l'œuvre de progrès, en stimulant dans le cœur des agriculteurs l'amour du travail et le désir de le perfectionner.

1. De La Rocca Jean, *La Corse et son avenir*, Paris, Plon, 1857.

Des premières mesures sont prises rapidement, à travers un arrêté du préfet du 6 mai 1854[2], un concours d'animaux d'instruments et de produits agricoles et industriels sera tenu chaque année, successivement dans chacun des cinq lieux d'arrondissement. Le premier a eu lieu à Ajaccio en mai 1854, le deuxième à Bastia en 1855, le troisième à Corte en mai 1856, le quatrième à Calvi en octobre 1857 et le cinquième à Sartène en septembre 1858. En 1859, à nouveau à Ajaccio, en octobre, etc.

Les sociétés d'agriculture, sciences et arts de Corte[3], d'Ajaccio, Bastia, Sartène et Calvi, sont fondées au mois de mars 1853. Elles s'engagent rapidement dans des opérations de soutien et de promotion des initiatives locales. La demande principale est l'établissement des fermes-écoles dans chaque arrondissement. La question de l'enseignement agricole et la diffusion des nouvelles pratiques sont au cœur des discussions.

La deuxième moitié de la décennie 1850 est le théâtre de la multiplication des concours agricoles d'arrondissement et départementaux, par exemple à Bastia en mai 1855, avec l'examen des bestiaux, puis un concours de charrues et des laboureurs sur la place Saint-Nicolas. Un concours départemental d'animaux, d'instruments et de produits agricoles est organisé à Calvi, les 25 et 26 octobre 1857[4]; Jean André Mastagli, instituteur à Aregno, est primé pour le cours agricole pratique qu'il fait à ses élèves. On apprend dans le *Journal de la Corse* du 5 octobre 1858 qu'un concours départemental d'animaux, d'instruments et produits agricoles s'est tenu les 26 et 27 septembre 1858 à Sartène. L'arboriculture est mise en avant: dans l'arrondissement de Sartène, le cédrat est introduit à Olmeto... Dans l'arrondissement de Bastia, des essais de culture du riz sont réalisés. Des initiatives personnelles sont soulignées: la Société d'agriculture de Sartène a accordé à monsieur Florimond de Susini une première récompense et le jury lui a décerné une mention honorable. Devançant la création des sociétés d'agriculture, il constituait, en 1840, un comice agricole[5].

La décennie 1860 accentue le développement de ces structures où les élites rurales, pour une écrasante majorité, organisent et promeuvent de nouvelles pratiques culturales, s'auto-soutiennent et créent des réseaux de solidarité afin d'asseoir leur assise politique locale. De nouvelles initiatives sont prises par

2. *Journal de la Corse*, 16 mai 1854.

3. « Des récompenses accordées par la société, 150 francs au sieur Ottaviani d'Erbajolo qui a introduit l'usage du pannais et qui met à disposition de la Société une pépinière d'oliviers située sur le territoire d'Erbajolo.100 francs au sieur Guglielmi de Poggio de Venaco qui offre une pépinière de mûriers qu'il a faite sur sa commune. Cette question a été souvent et longtemps agitée dans notre comice, nous avons trouvé la localité et les hommes, mais les moyens nous ont manqué... »

4. *Journal de la Corse*, 15 septembre 1857, arrêté du préfet de la Corse.

5. En 1828, Pierre Ange Florimond de Susini (1793-1875) effectue une plantation de 800 mûriers, se livre à une culture du coton ; il introduit des instruments aratoires. En 1839, il s'adonne à la culture des vers à soie ; plus tard, il fait des essais pour la culture de la betterave et des trèfles ; il est membre de plusieurs sociétés savantes.

exemple en 1861, la Société d'agriculture de Calvi a permis que 3 000 kg de graines de luzerne soient distribués à prix réduit et que des centaines de plants de mûriers et d'arbres fruitiers tirés des pépinières soient distribués. Par ailleurs, à Ajaccio, une Société d'encouragement pour l'amélioration du cheval corse est fondée[6]. De nombreuses foires sont créées : par exemple, une foire aux bestiaux est instituée, par arrêté préfectoral du 22 février 1865, à la date du 13 mai de chaque année, à Saint Pancrace, sur le territoire de Castellare di Casinca[7].

Mais l'action majeure de promotion est symbolisée et incarnée pour la Corse du Second Empire par l'instauration du Concours général agricole de la Corse à Ajaccio du 10 mai au 16 mai 1865 : un concours général d'animaux reproducteurs, d'instruments et de produits agricoles, pour toute la Corse. Véritable vitrine de la modernité agricole, son impact sur les populations urbaines et rurales a été sans doute minorée par certains analystes contemporains, car la fréquentation du site par des milliers de personnes d'après plusieurs organes de presse par un phénomène de percolation a, nous en sommes convaincus eu un retentissement différé sur les mentalités des insulaires et sur leurs propres représentations du développement agricole en Corse.

Cette période va être l'occasion pour ces organisations collectives de jouer aussi le rôle d'intermédiaires et d'informateurs sur la situation de l'agriculture insulaire[8] à travers l'enquête agricole de 1866.

1870-1884. ORGANISATIONS AGRICOLES ET CONQUÊTE RÉPUBLICAINE

Le nouveau contexte politique induit inéluctablement une réorientation des structures agricoles dans leur composition et dans leur positionnement territorial. On constate une véritable adaptation et continuité pour les sociétés d'agriculture d'arrondissement.

La décennie débute par de nombreux aléas climatiques et, en corollaire, par des attaques d'insectes. Depuis quelques années, les arrondissements de Calvi et de Sartène sont envahis par les sauterelles. Les sociétés d'agriculture distribuent, à titre d'encouragement, aux personnes qui détruisent ces insectes, des primes puisées sur un crédit de 200 francs mis à disposition par la préfecture. Elles se retrouvent ainsi en première ligne pour lutter contre ces fléaux et alerter les propriétaires. Elles s'inquiètent aussi de l'action désastreuse de la

6. Arrêté préfectoral, 1864 : « Art. 1er. Un concours général d'animaux reproducteurs, d'instruments et de produits agricoles, pour toute la Corse, aura lieu du 10 au 16 mai 1865, dans la ville d'Ajaccio. »

7. *Journal de la Corse*, 28 février 1865.

8. Rapport de M. Géry, préfet du département de la Corse : « Vous n'ignorez pas, Messieurs, que le gouvernement de l'Empereur, touché des souffrances actuelles de l'agriculture française, et bien résolu à « subordonner son opinion personnelle à l'opinion générale du pays », a pris l'initiative d'une enquête agricole, organisée sur les plus larges bases. »

pébrine[9] du vers à soie; alors que les vignobles sont ravagés et quelques-uns détruits par l'oïdium, elles tirent la sonnette d'alerte sur le risque encouru par le vignoble insulaire face au phylloxera qui met à mal la viticulture continentale depuis quelques années, si, par mégarde ou par des importations de plants trop importantes, il faisait son apparition dans l'île.

Les sociétés d'agriculture continuent de signaler les effets « désastreux » du parcours des chèvres en particulier. On a proposé, pour y remédier, l'embrigadement des gardes champêtres, et réclamé le concours de la gendarmerie pour constater les contraventions et signaler les délinquants. Le président de la Société d'agriculture de Bastia écrit en 1872, que « les chèvres sont la désolation de nos campagnes; on ne peut rien soustraire à leur voracité ». La décennie s'ouvre donc sur deux préoccupations majeures: la menace phylloxérique et le respect de la police rurale.

Un changement notable intervient avec la loi du 10 août 1871. En effet l'article 6 de la loi veut que les subventions aux comices et associations agricoles ne puissent être allouées par le ministre de l'Agriculture et du Commerce que sur la proposition du Conseil général du département. En moyenne, les sommes allouées ne sont pas à la hauteur des enjeux, dans un phénomène de permanence ces sommes correspondent pour ces années-là aux sommes allouées durant la dernière décennie du Second Empire... Ajaccio 800 francs, Bastia 800, Calvi 700, Corte 500, Sartène 700; au total, elles oscillent de 2500 à 3500 francs.

En 1876, face aux demandes de soutien financier réitérées par les sociétés d'agriculture, le Conseil général s'interroge sur le bon emploi des sommes allouées. Indépendamment de la subvention allouée par l'État, il opère lui-même la répartition, met à la disposition des sociétés d'agriculture un crédit de 5000 francs pour encourager les plantations utiles, l'introduction des plantes fourragères, et la propagation de méthodes plus rationnelles. L'institution départementale souhaite que tous les ans, à la session de septembre, un état d'emploi des sommes qui leur sont accordées soit réalisé. En 1878, la gronde se développe de la part des sociétés d'agriculture en raison de ce contrôle...

En 1879-1880, on constate la mise en place de projets de concours agricoles, à Calvi par exemple. Pour 1880 les subventions allouées sont les suivantes: Ajaccio 800 francs, Bastia 800, Calvi 600, Corte 500, Sartène 500. En 1880, pour faire face au phylloxera tous les moyens financiers sont mobilisés au détriment des ressources financières des sociétés d'agriculture. Conformément au désir exprimé l'année précédente par le Conseil général, les sociétés d'agriculture ont fourni un rapport détaillé sur leur situation et ont fait connaître le mode d'emploi des ressources dont elles disposent, et les besoins auxquels elles devraient pourvoir. De la lecture de ces documents, il ressort que toutes font

9. Maladie du ver à soie causée par un champignon.

des efforts pour encourager le progrès agricole dans toutes ses branches, mais qu'elles ne disposent pas de ressources suffisantes pour accorder des médailles d'encouragement et des gratifications en argent aux cultivateurs qui adoptent les meilleurs systèmes de culture. Celles de Bastia et de Calvi regrettent principalement de ne pouvoir organiser un concours et demandent au Conseil général de mettre à leur disposition une somme à cet effet.

De 1882 à 1884, de nouvelles initiatives d'associations voient le jour. Par exemple, en 1883, on note la création du cercle agricole de Lumio[10]. Les sociétés d'agriculture corses vont participer à l'exposition internationale de Nice de décembre 1883. Malgré les vicissitudes qui touchent l'agriculture localement, et aussi à l'échelon national, ces groupements d'agriculteurs poursuivent avec plus ou moins de réussite, dans le contexte républicain nouveau où la redéfinition du paysage politique est à l'œuvre dans les campagnes, les actions en faveur de l'agriculture insulaire. Si la culture des céréales est de plus en plus délaissée car peu rémunératrice, en revanche l'arboriculture et surtout la viticulture sont en progrès; malgré les appréhensions qu'inspire le phylloxéra, les plantations de vignes vont sans cesse se multipliant, notamment dans l'arrondissement de Bastia. Les plantations de mûriers sont aussi en expansion à ce moment-là.

1884-1900. LA CONQUÊTE DES SYNDICATS AGRICOLES

Le 21 mars 1884, la loi portant sur la création des syndicats est votée au parlement. Cette nouvelle donne va être l'occasion pour le monde agricole de renforcer le mouvement associatif et donner un second souffle aux acteurs du monde rural dans le contexte de crise agricole qui touche tous les territoires. En Corse, le mouvement syndical prend corps deux ans après. Lors de la session du mois de mai 1886, le préfet Jules Dufresne communique aux conseillers généraux la possibilité d'instituer des champs de démonstration pratique et des champs d'expériences et de recherches en relation avec la mise sur pied de syndicats agricoles dont la nature diffère quelque peu de l'identité des comices et des sociétés d'agriculture, avec une dimension professionnelle plus prégnante.

On apprend dans la séance du Conseil général du 27 avril 1887 que Charles Souchard, viticulteur, maire de Sartène (1884-1887, puis 1893-1896), a pris l'initiative de la formation, dans l'arrondissement de Sartène, de syndicats agricoles destinés à donner aux populations « le goût des associations utiles et à imprimer un vigoureux essor à l'exportation de nos produits ». Cette initiative sartenaise est montrée en exemple et doit servir de modèle à multiplier dans les

10. *Le Petit Bastiais*, 16 et 18 février 1883, « Cercle agricole de Lumio » : « La crise agricole en Balagne, privée depuis deux ans de ses ressources : huile et cédrats, a donné l'idée aux agriculteurs de fonder un cercle agricole. Cette association a pour but de d'étudier les moyens pratiques pour augmenter les ressources rurales [...]. [Signé] M. »

autres arrondissements du département. Dans le *Petit Bastiais*, le 4 avril 1887, il résume rapidement les avantages potentiels de ces organisations locales :

> 1. Favoriser la vente des produits agricoles en mettant producteurs et consommateurs en relation, supprimant les frais intermédiaires ;
> 2. Centraliser l'achat de machines [...], faire profiter des remises [...] ;
> 3. Propager les notions professionnelles par des cours, des conférences [...]
> 4. Vulgariser les meilleurs procédés agricoles.

La presse régionale se fait l'écho en 1888 et 1889 de nombreuses initiatives de créations de syndicats agricoles locaux[11] et rappelle l'importance des concours et expositions à l'initiative des organisations agricoles. On peut lire dans le *Petit Bastiais* du 11 décembre 1888 :

> Le comice agricole réalise un progrès véritable. Pour ceux qui ont suivi les tentatives faites, souvent avortées, le progrès est incontestable. L'indifférence que le public manifestait a cessé ; la masse des agriculteurs commence à se pénétrer de l'importance et de l'utilité des comices [...]. Son prestige ira s'augmentant jusqu'au jour où le réseau des chemins de fer corses étant achevé, nous pourrons inaugurer l'ère des expositions générales pour toute la Corse, où le delà et le deçà des monts, Bastia et Ajaccio, Sartène et Corte, la Balagne et le Cap, viendront se donner la main dans une manifestation annuelle, grandiose et fraternelle, qui marquera leurs étapes sur la route du progrès, jusqu'au jour encore éloigné hélas ! où la salle de la Cour d'assises devenue inutile, faute d'accusés, sera livrée à la Société d'agriculture.

Tout est dit ! Ces associations professionnelles peuvent se constituer sans l'autorisation du gouvernement. La seule formalité à remplir est le dépôt des statuts et de la liste des membres... à la mairie où le syndicat est établi. La loi du 21 mars 1884, en abrogeant le décret des 14 et 17 juin 1791 par lequel l'Assemblée constituante avait interdit toute association pour la défense de leurs intérêts professionnels, a marqué un changement majeur.

En octobre 1889, le Syndicat agricole de la Corse pour les cédrats est constitué sous l'égide de la Société d'agriculture de Bastia. Dans la décennie qui s'ouvre de nombreuses initiatives sont prises aux échelons communal et cantonal, fondées sur un regroupement d'acteurs du monde agricole dépassant le seul groupe des élites rurales et propriétaires fonciers qui constituaient jusque-là l'essentiel des membres de ces associations agricoles. Une forme de « démocratisation » est en cours. Un concours agricole à Corte le 12 décembre 1889 est organisé par la Société d'agriculture ; un concours agricole à Sartène à l'occasion de la fête patronale, les 27, 28 et 29 septembre, est institué par

11. *Le Petit Bastiais*, 22 août 1888, « Projet de création d'un syndicat agricole à Corte » ; *Id.*, 30 août 1888, courrier adressé au directeur du *Petit Bastiais* : « Tallone. [...] un syndicat agricole est en formation dans le but de mettre en culture la plaine entre le Tavignano et la Bravone [...] exploitation philanthropique et patriotique [...]. [Signé] le Directeur Massoni. »

la Société d'agriculture de cet arrondissement. Le 28 octobre 1890 à Ota, une association syndicale entre les divers producteurs de cédrats voit le jour. Dans *Le Petit Bastiais* du 4 mars 1891, on apprend la constitution d'un nouveau syndicat agricole en Balagne lors d'une réunion à Calenzana des principaux propriétaires de vignes des cantons de Calvi et Calenzana.

LE CONCOURS AGRICOLE DE 1891 : POINT D'ORGUE DE LA « RÉVOLUTION RÉPUBLICAINE »

Le ministre de l'Agriculture a adressé au préfet de la Corse le 22 avril 1890 le télégramme suivant :

> Monsieur le Préfet, au moment où le Président de la République se rend en Corse, et donne aux habitants de cette île un témoignage éclatant de l'intérêt que lui inspire ce département, je considère qu'il serait utile de seconder les vues du chef de l'État et de fournir à la Corse une preuve immédiate de la sollicitude du Gouvernement pour son agriculture.

Depuis 1865, il n'y a plus eu de grande exposition ou concours régional en Corse, l'initiative est aussi une mesure politique afin d'ancrer la Corse à la République. Par application de l'arrêté ministériel du 15 décembre 1890, un concours régional agricole doit se tenir à Ajaccio du 16 au 24 mai 1891 (fig. 1). Plusieurs mois de préparation ont été nécessaires : sur la place Miot, d'une superficie de 3 500 m², s'élève le bâtiment, un hall carré de 1 800 m² éclairé par une toiture vitrée de 200 m². L'objectif est d'en faire une véritable vitrine de l'agriculture insulaire et un accélérateur de la modernisation agricole à travers l'apport des exposants professionnels, sans oublier le caractère pédagogique auprès de la population. C'est un grand succès, de nombreux prix sont distribués, la presse régionale et la presse nationale se font l'écho de cet évènement de promotion ; des milliers de Corses ont visité l'exposition dépassant de loin le cadre réservé aux notabilités rurales

1. *République française, Ville d'Ajaccio, Exposition générale*, Affiches Camis, Paris, 1891. Lithographie en couleur, 131 x 90 cm. © BnF. https://gallica.bnf.fr/ark:/12148/btv1b9015043w#

En 1892, le syndicat agricole à Bastia vient de se constituer, le nombre des adhérents a dépassé les prévisions. La nomination de professeurs d'agriculture d'arrondissement et, par décision ministérielle du 10 mars 1892, la création d'une école pratique d'agriculture à Ajaccio répondent aux principaux vœux émis par le Congrès du mois de mai 1891. Les syndicats agricoles se multiplient : à Oletta, à Campo dell'Oro...

La liste des conférences agricoles de 1894 illustre l'impact concret de la diffusion de la connaissance au plus près des populations et l'actualité des préoccupations de la population agricole (fig. 2). Chaque année de cette période voit ce type d'initiatives se développer dans les différents arrondissements de la Corse.

LOCALITÉS où les conférences ont eu lieu.	DATE des conférences.	SUJETS TRAITÉS.	NOMBRE approximatif d'auditeurs.
	1894		
Ersa.	4 mars.	Reconstitution des vignobles par les cépages américains.	90
Centuri.	5 —	Le cédratier. Culture. Maladies.	30
Morsiglia.	6 —	Des maladies cryptogamiques de la vigne.	80
Calcatoggio.	5 avril.	Culture du blé. Choix et préparation des semences.	50
Casaglione.	6 —	Le cédratier.	70
Sari-d'Orcino.	7 —	Reconstitution des vignobles en cépages résistants.	140
Piana.	14 —	Les brûlis. Inconvénients des défrichements en montagne.	110
Cargese.	15 —	Culture du blé.	160
Renno.	17 —	Le pommier. Le prunier.	80
Vico.	18 —	Morcellement du sol et échanges parcellaires.	150
Ghisonaccia.	24 —	Les assolements.	70
Prunelli-di-Fiumorbo.	25 —	De la vigne. Oïdium. Mildiou.	100
Isolaccio.	26 —	La pomme de terre. Culture, maladies et remèdes.	90
Ville-di-Paraso.	29 —	L'olivier. Labours, fumure, taille.	120
Aregno.	30 —	L'oranger. Le citronnier.	70
Corbara.	1er mai.	Des labours. Utilité des labours profonds.	50
Monticello.	2 —	Le fumier de ferme. Composts.	40
Piedicroce.	5 —	Le châtaignier.	130
Nocario.	6 —	Création et entretien des prairies naturelles.	80
Fozzano.	14 —	De la vigne. Parasites de la vigne.	40
Olmeto.	15 —	L'olivier. Fabrication de l'huile.	60
Arbellara.	16 —	Emploi des phosphates pour la fertilisation des terres.	50
Pietralba.	10 juin.	Amélioration des bêtes à laine. Sélection. Croisement.	30
Lama.	11 —	L'olivier. Taille de l'olivier.	90
Urtaca.	12 —	La défense des vignes contre le phylloxéra. Plants américains.	70
Bocognano.	1er juillet.	Culture du maïs.	90
		TOTAL..................................	2,140

2. Conférences agricoles en Corse en 1894.
Source : Conseil général de la Corse, *Rapports et délibérations*, août 1894.

La décennie 1890 s'est aussi ouverte sur une prise de conscience de la crise castanéicole par les organisations agricoles. La surexploitation des châtaigneraies pour les usines d'acide gallique transforme rapidement le paysage agraire de certaines régions de l'île, et crée légitiment l'émoi pour une grande partie du monde agricole. Le dilemme entre un gain de court terme et une vision à long terme taraude chaque famille, chaque organisation collective. Cette problématique économique devient un fil rouge des discussions au sein de la communauté insulaire durant de nombreuses années[12].

12. Dans *Le Petit Bastiais*, 21 mai 1891, un long article sur le châtaignier est consacré au châtaignier, à son histoire, à son utilisation : « Le châtaignier devrait être pour le Corse un arbre sacré [...]. Nous nous demandons si les lois qui, sur le continent, empêchent de défricher un bois sans l'autorisation du Gouvernement, ne devraient pas mettre un frein à l'avidité de ceux qui font produire la teinture [...]. » *Le Petit Bastiais*, « L'arbre à pain de la Corse : le châtaignier », 18 octobre 1893 : « Celui qui a vu la Castagniccia et beaucoup d'autres cantons, il y a dix ans

Parmi les initiatives de la fin de la décennie 1890, on relève la place grandissante des concours équestres (Aullène, Propriano, Grosseto, Ajaccio). Il faut noter également le rôle grandissant des acteurs de l'éducation : on fait appel aux instituteurs ; en 1899, une circulaire rectorale et ministérielle est explicite à ce sujet. La presse insulaire souligne aussi la nécessité de développer les sociétés de crédit et les mutualités.

La période s'achève une nouvelle fois sur un double mouvement : on note le dynamisme certain de nombreuses initiatives locales et, en même temps, des crises profondes de nombreux secteurs agricoles. Les groupements agricoles se mobilisent aussi dès 1897 en vue de l'Exposition universelle de 1900. Mais le constat est amer sur les tentatives d'enrayer la crise agricole par l'action collective.

1900-1914. L'ÂGE D'OR DES ORGANISATIONS AGRICOLES

1901-1905 : LE RENFORCEMENT DES STRUCTURES MICRO RÉGIONALES

Les foires micro-régionales ou comices se multiplient afin de constituer des pôles de diffusion, de stimulation et d'échanges pour l'agriculture insulaire toujours à l'initiative des organisations agricoles collectives régionales : foire à Francardu les 31 mai, 1 et 2 juin 1901[13], à Corte les 13, 14 et 15 septembre 1901 ; foire et fêtes du Niolu les 8, 9, 10 et 11 septembre de chaque année, véritable vitrine du pastoralisme où de nombreux commerçants et touristes continentaux séjournent[14] ; à Aleria les 13 et 14 juin[15] ; à Sartène, fêtes patronales des Saints-Côme-et-Damien, les 26, 27, 28 et 29 septembre. En 1903, le Conseil général de la Corse valide la création d'une foire à Petreto-Bicchisano, le 8 septembre.

Le mouvement syndical va connaître un renforcement sans précédent dont l'exemple sans doute le plus emblématique est la fondation du Syndicat agricole de l'arrondissement de Bastia en janvier 1902. Le succès est immédiat : cette association compte 660 adhérents, tous propriétaires et cultivateurs. Le syndicat offre aux adhérents le double avantage de leur procurer des engrais, des semences, des outils et des instruments aratoires à des prix relativement bas (fig. 3). En février 1904, on note la fondation du Syndicat agricole de Corte : il compte 70 membres[16]. En juin, le syndicat agricole de Corbara et L'Ile-Rousse est créé.

et qui les verrait aujourd'hui serait frappé par le dépeuplement de ces châtaigneraies. Elles sont l'objet d'une exploitation ruineuse en vue de la fabrication de l'extrait tannifère. »

13. *Le Petit Bastiais*, 8 juin 1901, « Fêtes à Francardo les 31 mai, 1 et 2 juin. Concours agricole : beaucoup d'animaux et de produits exposés ».

14. *Le Petit Bastiais*, 3 septembre 1902.

15. *Le Petit Bastiais*, mai 1903.

16. *La Corse agricole*, n° 1, 1er mars 1906. Créé le 4 février 1904, le Syndicat agricole de Corte a pour président Arrighi de Casanova, propriétaire, directeur de la minoterie de Corte.

MATIÈRES PREMIÈRES ET SEMENCES	1902	1903	1904
	kilos	kilos	kilos
Soufre	12.000	21.000	55.000
Sulfate de cuivre	5.000	9.000	17.000
Bouillie bordelaise	300	500	1.500
Superphosphate de chaux	10.000	18.000	15.000
Vignes américaines	»	»	10.000
Graines de luzerne	»	400	700
— de petits-pois	»	»	200

3. Bilan des achats du Syndicat agricole de Bastia, 1902-1904.
Source : *Bulletin du syndicat agricole de l'arrondissement de Bastia*, 1904

1905-1914 : DES INITIATIVES RENFORCÉES

Le syndicat agricole de l'arrondissement de Bastia est à l'initiative de l'exposition internationale de Bastia qui se déroule durant trois mois, de mai à juillet 1905, et dont le succès populaire a été largement relaté par la presse locale. Les 5 et 7 mai de la même année est créé le premier concours agricole de Cervioni, et au mois de novembre un syndicat agricole et commercial voit le jour à l'Algaiola. Par un phénomène d'entrainement indéniable l'année 1905 est à marquer d'une pierre blanche dans l'histoire du monde agricole insulaire car on a enregistré, cette année-là, la création de nombreux syndicats agricoles à Ajaccio, L'Ile-Rousse, Bonifacio, Santa Maria-Sicchè et Vivario[17].

En 1906, à la suite des conférences agricoles, deux nouveaux syndicats agricoles à Levie et à Sainte-Lucie-de-Tallano sont fondés. Les syndicats déclarent assurer à leurs adhérents la protection des lois, des avantages matériels nombreux, des coopératives, une plus juste rémunération de leur travail, les caisses de crédit, des moyens d'action et les sociétés mutuelles, des garanties contre le chômage, les maladies et la vieillesse... Le mouvement coopératif commence à se développer et fait des émules. Les bergers du Bevincu se sont constitués en coopérative, une caisse d'assurances mutuelles-bétail, la première formée en Corse, et ont créé pour la première fois une marque spéciale intitulée « fromage corse[18] ».

En mai 1907, est décidée la création d'un syndicat agricole dans l'arrondissement d'Ajaccio sur le modèle bastiais qui compte tout de suite 150 membres. En

17. *Le Petit Bastiais*, 5 novembre 1905 : « Des syndicats agricoles se sont formés dans toute la Corse et chaque arrondissement a le sien. La Balagne [...] en a même 3, mais ce n'est pas encore suffisant. ». Le Syndicat professionnel agricole de Vivario-Muracciole, créé le 18 juin 1905, a pour président César Vincensini, propriétaire à Vivario.

18. 21 juin 1906, n° 8.

juillet, à l'initiative de M. Jaguenaud, professeur spécial d'agriculture de Sartène, et de M. Diani directeur d'école à Bonifacio et président du syndicat agricole de Bonifacio, est lancée la création d'une coopérative oléicole à Bonifacio. Enfin, l'assemblée générale des syndicats agricoles et caisses locales de Crédit Agricole mutuel de la Corse a lieu le 17 novembre à Corte dans le but d'organiser le Crédit Agricole mutuel en Corse, et de créer à Corte une caisse régionale…

1908 : UN TOURNANT

Le 4 janvier 1908, plus de 100 agriculteurs se sont réunis à la mairie d'Ajaccio en vue de constituer une Société départementale d'encouragement à l'agriculture[19]. Le projet est de fédérer les associations à l'échelon du territoire insulaire pour être plus efficace et essayer de parler d'une seule voix en prenant pour modèle ce qui se fait déjà dans les autres départements français. L'histoire se répète car est reprise, peu ou prou, la structuration des sociétés d'agriculture départementales évoquées dans notre première partie. Le contexte politique est celui aussi de la commission Delanney[20] qui examine précisément la situation économique insulaire et les potentielles remédiations à apporter. À partir de cette année 1908, et ce, jusqu'au déclenchement de la Grande Guerre, on note clairement une accélération et une intensification des projets et des réalisations d'associations et d'action diverses de promotion de l'activité agricole. Le 12 avril 1909 a eu lieu l'assemblée constitutive du syndicat agricole du canton de Porto-Vecchio[21]. Le syndicat agricole de Balagne a eu la médaille d'or du concours national agricole de Marseille pour ses huiles d'olive.

C'est le temps aussi de la création de plusieurs coopératives réalisées par les syndicats professionnels : en octobre 1909, la coopérative oléicole de Balagne ; en avril 1910, la coopérative oléicole agricole d'Ota, et la coopérative oléicole « La Travailleuse » à Muratello. Une décision ministérielle du 5 janvier 1910 annonce la création d'un champ départemental d'expériences agricoles, établi dans les terrains de l'École normale d'instituteurs à Ajaccio. À partir de mars 1911, on recense la création du syndicat agricole de Ponte Leccia et de celui de Quenza, puis de celui de Figari le 9 avril. La Fédération des syndicats agricoles de la Corse tient son assemblée générale à Corte le 21 septembre ; cela

19. *La Corse agricole*, n° 61 : « Ajaccio, le 13 décembre 1908. Le Comité d'organisation adresse à tous les agriculteurs. […] Dans tous les départements du Continent existe une Société d'Agriculture dont la circonscription embrasse le département entier. Ces Sociétés organisent des concours pour encourager : les améliorations culturales ; l'élevage du bétail. De plus, elles ont des champs de démonstration, viennent en aide aux syndicats, répandent l'instruction agricole. Mieux dotées que les Sociétés locales et les Comices, elles en complètent l'œuvre. »

20. Commission extraparlementaire et interministérielle chargée d'étudier la situation de la Corse, instituée par décret du 24 septembre 1908.

21. *La Corse agricole*, n°7625 avril 1909. Le président en est « Jean Fabiani, diplômé d'École d'Agriculture, lauréat des Sociétés d'Horticulture et d'Agriculture des Bouches-du-Rhône, propriétaire ».

a été l'occasion d'intégrer de nouveaux syndicats récemment constitués, ceux de Muratello, Partinello, Ponte Leccia, Pila-Canale, Piedicorte, celui des horticulteurs de Bastia[22].

Depuis 1906, la revue *La Corse agricole*, organe de la société départementale, joue un rôle majeur dans la diffusion des connaissances agricoles et l'implication du monde enseignant depuis 1910 s'est accentuée[23]. 1913 et le premier semestre 1914 voient la création de nouveaux syndicats, ceux de Sotta, Luri, Moltifao, Sante-Lucie-de-Tallano. L'année 1914 s'inscrit dans la trajectoire amorcée plusieurs années auparavant avec, à l'échelle de la Corse, une multitude d'initiatives associatives et de nombreux projets prometteurs qui connaissent à l'été 14 un coup d'arrêt…

Les comices ont été les premières organisations professionnelles agricoles. Ils ont joué le rôle de relais pour transmettre au gouvernement les besoins du monde agricole à travers la voix de sa classe dirigeante dans un premier temps, et pour diffuser largement les nouvelles méthodes de culture et d'élevage. Leurs récompenses et les projets de promotion ont stimulé indéniablement les acteurs du monde rural par une forme de pédagogie par l'exemple dans un cadre souvent festif. Ils ont souvent été à l'origine de la fondation des premiers syndicats agricoles. Dès leur création[24], les sociétés d'agriculture, les comices, les syndicats et caisses mutuelles agricoles, sont des structures politiques en Corse comme ailleurs, généralement dirigées par des notabilités qui sont pour la plupart des édiles municipaux, des conseillers généraux ou des députés. À partir des années 1885 ces organisations collectives se « démocratisent » et touchent un plus grand nombre d'acteurs agricoles sans toutefois concerner tous les acteurs, en particulier les journaliers. In fine la frontière entre agriculture moderne des élites et agriculture traditionnelle du « populu » bien que réelle ne nous semble pas être complètement étanche dans la société insulaire marquée par la proximité, la culture orale et l'exemple. La Première Guerre mondiale constituera, en Corse, une véritable rupture, un coup d'arrêt du dynamisme des années précédentes pour ces différentes formes d'associations qui avaient eu dans l'île plus qu'ailleurs une mise en mouvement différée.

22. *Le Petit Bastiais*, 9 septembre 1911 ; *Id.*, 24 septembre 1911.
23. Par exemple, la Société départementale d'Agriculture à Corte les 15 et 16 juin 1912 a distribué des récompenses aux instituteurs et institutrices ayant organisé des champs d'expériences agricoles : médailles d'argent offertes par l'Union des Corses et des Amis de la Corse à M. Agostini, instituteur à Bocognano ; à Mme Sammarcelli, institutrice à Bigorno ; à Melle Valery, institutrice à Venaco. Médaille de bronze à Mme Folacci institutrice à Bastelica. Et des récompenses pour avoir provoqué la création d'associations agricoles : 200 francs à M. Diani, instituteur à Bonifacio ; 100 francs à Valli à Muratello ; 50 francs à M. Orsini à Ville de Pietrabugno.
24. Marache Corinne, « Enjeux et résonances du politique dans les structures agricoles syndicales, mutuelles et sociétales en Aquitaine des années 1850 aux années 1930 (Dordogne, Gironde, Landes) », *Parlement[s], Revue d'histoire politique*, 2005/3, HS n° 2, p. 74-81, [En ligne] https://www.cairn.info/revue-parlements1-2005-3-

Très souvent analysés dans l'historiographie corse par le prisme de leur pérennité, ces groupements du monde rural insulaire doivent être revisités en interrogeant de nouvelles sources, en particulier à travers des fonds d'archives privés et en prenant en compte sur le temps long les trajectoires d'implantation et l'impact diffus sur la société rurale dans ces différentes strates.

CORSE-ROQUEFORT : LA DIAGONALE DU LAIT (1894-1946)

Alain Venturini

RÉSUMÉ

L'aventure corse des industriels de Roquefort a commencé il y a près de 130 ans : c'est en 1894 que Louis Rigal en a donné le coup d'envoi. Derrière un titre à l'inexactitude assumée – la Corse n'a jamais exporté de lait vers Roquefort mais bien des fromages, des « roqueforts blancs » – la présente communication entend retracer le premier demi-siècle des rapports économiques et humains noués entre la « montagne dans la mer » et la montagne du Combalou. Son amplitude chronologique découle de celle des archives déposées entre 1978 et 1982 aux Archives départementales de l'Aveyron par la Société anonyme des Caves et des Producteurs réunis de Roquefort. Ces archives, essentiellement comptables, permettent notamment de saisir le développement du réseau des laiteries, depuis celles de l'Ile-Rousse et Regino installées en 1899, les volumes de lait collectés et les quantités de fromages produits.

❖❖❖

Près de cent-trente ans se sont écoulés depuis que Louis Rigal, fondateur de la maison homonyme, a, le premier des industriels de Roquefort[1], noué des contacts avec la Corse. Ces liens, rapidement consolidés et multipliés par l'extension à d'autres maisons ou sociétés, n'ont pas manqué d'attirer l'attention de divers auteurs – théoriciens ou praticiens de l'agriculture et de l'élevage, géographes, sociologues – dans le cadre d'études tant générales du système et du produit « Roquefort » que plus centrées sur la Corse, depuis Eugène Marre en 1906 jusqu'à Georges Ravis-Giordani en 2008[2]. E. Marre, Daniel Faucher

1. Roquefort-sur-Soulzon, Aveyron, arrondissement Millau, canton Saint-Affrique.
2. Par ordre chronologique : MARRE Eugène, *Le Roquefort*, Rodez, E. Carrère Éditeur, 1906 ; FAUCHER Daniel, « L'évolution industrielle de l'élevage ovin en Corse », *Revue de géographie*

puis Gisèle Espinasse ont successivement exposé les raisons qui conduisirent les industriels de Roquefort à s'intéresser à la Corse.

À l'origine, l'amélioration des transports, entendons le développement des voies ferrées, permit l'accroissement des ventes de roquefort. Couplée avec l'adoption précoce du froid industriel, elle permit également de faire face à des besoins accrus en lait ou plutôt en fromages blancs à affiner dans les caves de Roquefort. Réduit à l'origine à la microrégion du Larzac, le rayon de production finit par englober à la fin du XIXe siècle tout l'Est du département de l'Aveyron[3], une petite partie des départements de la Lozère, du Gard, de l'Hérault et du Tarn. Néanmoins cette zone, désignée sous le nom de Rayon, n'était plus susceptible d'extension significative et géographiquement continue : en effet, elle venait se heurter à d'autres pratiques d'élevage rentables[4]. Leur concurrence dans une aire géographique close exposait les industriels roquefortais à une surenchère préjudiciable. Il leur fallait donc se tourner vers d'autres bassins de production ovine. La chose leur était loisible puisque, dès l'Ancien Régime, les gens de Roquefort avaient pu faire admettre que ce qui faisait le roquefort authentique était l'affinage dans les caves du Combalou et elles seulement[5]. Leur position allait d'ailleurs être confortée par la loi du 26 juillet 1925 ayant pour but de garantir l'appellation d'origine du fromage de Roquefort[6]. L'appellation s'applique à un fromage « préparé exclusivement avec du lait de brebis et affiné conformément aux usages locaux, loyaux et constants en ce qui concerne tant le lieu de cet affinage que la méthode employée ». L'article 2 spécifie que « la zone de production du lait de brebis entrant dans la composition du roquefort est limitée aux zones actuelles françaises de production et aux zones de la France métropolitaine présentant les mêmes caractéristiques de races ovines,

alpine, t. 11, fasc. 1, 1923, p. 277-283 ; ESPINASSE Gisèle, « Le rayonnement d'une industrie locale, le roquefort », *Revue de géographie des Pyrénées et du Sud-Ouest*, t. 2, fasc. 4, 1931, p. 377-430 ; POIRIER Jean-Claude, *L'industrie de Roquefort en Corse, de 1893 à nos jours*, mémoire de DESS, Université de Corse, 1987-1988 ; DELFOSSE Claire et PROST Jean-Antoine, « Transmission et appropriation des savoirs fromagers : un siècle de relations entre industriels de Roquefort et transformateurs corses », *Ruralia* [En ligne], 02|1998, mis en ligne le 01 janvier 2003, consulté le 19 avril 2019. URL : http://journals.openedition.org/ruralia/27 ; RAVIS-GIORDANI Georges, « Roquefort en Corse », *Études corses*, n° 67, décembre 2008, p. 117-132.

3. Soit les arrondissements de Millau, Saint-Affrique (supprimé et réuni au précédent en 1926) et Rodez (sans Espalion, absorbé en 1926).

4. Élevage bovin transhumant vers Espalion, élevage ovin pour la viande vers Villefranche-de-Rouergue.

5. Les caves de Roquefort sont, avant leur aménagement par l'homme, des grottes naturelles créées par l'effondrement du versant nord d'un petit plateau calcaire, le Combalou. Sur deux kilomètres seulement, à partir du col des Aiguières, une gigantesque fissure a donné naissance à ces grottes et à des failles appelées « fleurines ». Mais l'existence de fleurines ne se limitait pas au Combalou : longtemps, les paysans ont exploité des caves à fleurines sur le rebord du causse, à l'est du village de Roquefort. Tous les efforts des Roquefortais ont visé à réduire ces caves au statut de « caves bâtardes », seulement susceptibles de produire un fromage bleu.

6. Publiée au *Journal officiel de la République française. Lois et décrets* du 31 juillet 1925, p. 7190.

d'herbages et de climat ». Cet article sanctionnait donc *a posteriori* le recours au lait de brebis corse pratiqué depuis 1894 ainsi que celui au lait de brebis des Basses-Pyrénées – actuelles Pyrénées-Atlantiques – pratiqué depuis 1909, le pionnier dans les deux cas ayant été Louis Rigal[7]. Dans le cas de la Corse, l'entreprise avait été facilitée par l'amélioration des transports maritimes. Le recours au lait de brebis corse offrait un autre avantage, étaler la saison de production grâce au décalage des dates de traite entre l'île et le Rayon : novembre à mai dans le premier cas, février-mars à juillet dans le second.

Tous les travaux cités à la note 2 ont utilisé, outre les enquêtes orales de terrain[8], de la documentation élaborée à partir des documents primaires des sociétés de Roquefort, tant centraux que corses. Certains se sont aussi appuyés sur des archives déjà définitives, conservées à Ajaccio, aux Archives de Corse, quelle qu'en ait été, au fil du temps, la dénomination administrative[9]. Il ne m'avait donc pas paru inintéressant, à l'occasion du présent congrès, d'attirer l'attention sur des archives proprement roquefortaises et d'au moins donner un premier éclairage sur leur apport aussi bien en matière économique que sur l'aspect humain de cette aventure, tant du côté de Roquefort que du côté corse. Derrière un titre à l'inexactitude assumée – la Corse ayant exporté vers Roquefort non pas du lait mais des fromages, des « roqueforts blancs » – le présent travail voudrait donner quelques coups de projecteur sur le premier demi-siècle des rapports économiques et humains tissés depuis 1894 entre l'île et le bourg auquel une production fromagère bien typée a valu une renommée dépassant très largement son territoire d'environ 17 km² et son poids démographique[10].

LES ARCHIVES : ABONDANCE RÉELLE MAIS ÉCLAIRAGE PARTIEL

L'on trouve dans l'un des magasins des Archives départementales de l'Aveyron un fonds de la Société anonyme des Caves et Producteurs réunis de Roquefort (désormais citée « Société »), couvrant une période s'étendant de ses origines à l'année 1965[11]. L'entrée de ce fonds s'est faite en deux temps. Il y a eu tout d'abord une grande campagne de dépôt étalée sur les années 1978 à 1982. Ce premier ensemble a fait l'objet d'un répertoire numérique détaillé[12] : il est aujourd'hui réparti entre les cotes 54 J 1 à 4472. Un petit complément,

7. ESPINASSE Gisèle, art. cité, p. 421 et 424-425.

8. Cependant ni Eugène Marre, ni Daniel Faucher, ni Gisèle Espinasse ne sont venus en Corse.

9. Archives départementales de Corse (Poirier Jean-Claude, *op. cit.* ; DELFOSSE Claire et PROST Jean-Antoine, art. cité) puis de la Corse-du-Sud (RAVIS-GIORDANI Georges, art. cité), devenues aujourd'hui Archives de Corse (Pumonti).

10. Roquefort a compté un maximum de 1 495 habitants au recensement de 1931. Sa population était de 554 âmes en 2019.

11. L'on y trouve exceptionnellement quelques papiers de 1979.

12. Demeuré à l'état de tapuscrit, il a été rédigé en 1982 par Roger et Christine NOUGARET, sous la direction de Jean DELMAS, alors directeur des Archives départementales de l'Aveyron.

correspondant aux cotes 54 J 4473 à 4506, a été transmis dans les années 1990 et a conduit à une mise à jour de l'instrument de recherche.

Au sein de cet ensemble, les documents relatifs à la Corse couvrent la période 1899-1946. Ils sont rangés dans la division « Approvisionnement et fabrication », dans la partie « Laiteries » (54 J 121 à 1904). Les liasses et registres concernant la Corse correspondent aux cotes 54 J 1504 à 1600, 1627, 1677-1683, 1729-1760, 1827-1850 : au total 161 articles, soit 8,45 % des archives des Laiteries. Le décompte des articles est en fait trompeur car certaines liasses renferment en réalité plusieurs registres. Néanmoins, comme la remarque vaut pour les autres groupes de laiteries, le pourcentage indiqué reste acceptable[13].

Mes espoirs initiaux ont été déçus. En effet, l'on ne trouve pas de traces des sociétés dont la « Société » a fini par prendre assez rapidement un contrôle plus ou moins poussé : Louis Rigal dès 1910-1911 et Maria Grimal en 1925[14]. L'on ne rencontre quelques données de la sorte que dans les documents les plus récents de l'échantillon, c'est-à-dire ceux couvrant la Seconde Guerre mondiale. A travers les archives de la « Société » nous ne pouvons donc saisir que l'évolution de son implantation en Corse de 1899 à 1946, soit un petit demi-siècle, marqué tout de même par les événements majeurs des deux conflits mondiaux. Pour dresser un tableau exhaustif, il faudrait, à supposer qu'elles subsistassent et fussent accessibles, dépouiller les archives d'autres sociétés implantées en Corse (Louis Rigal, Maria Grimal, Unal, etc.).

LE DÉVELOPPEMENT DU RÉSEAU DES LAITERIES

La première laiterie roquefortaise en Corse fut ouverte par Louis Rigal à Lumio en 1894[15]. La première campagne corse de la « Société », celle de 1899-1900, s'appuie sur deux laiteries, l'Île-Rousse et Regino (commune de Speloncato). La campagne suivante, 1900-1901, voit l'installation d'une laiterie à Ajaccio, la campagne 1901-1902 de deux laiteries à Calenzana et Ponte-Leccia. Suit peu après un sixième établissement, à Sagone.

Ces six laiteries sont celles qui figurent dans la « liste des laiteries produisant le Roquefort » dressée par E. Marre pour la fin 1904, soit pour la campagne 1904-1905[16]. En nombre, « Société » a presque rattrapé Louis Rigal, dont le réseau compte alors sept laiteries : Canonica (cne Lucciana), Casinca (cne Vescovato), Galéria, L'Île-Rousse, Lumio, Migliacciaro (cne Prunelli-di-Fiumorbo), Regino.

13. Toutes les cotes citées dans la suite du texte se trouvant conservées aux Archives départementales de l'Aveyron, cette précision ne sera pas répétée.

14. Dans les deux cas, il n'y a pas eu de fusion.

15. Espinasse Gisèle, art. cité, p. 421. Louis Rigal avait noué de premiers contacts en 1893. Cette année est parfois donnée comme date de première ouverture d'une laiterie (Faucher Daniel, art. cité, p. 280, repris par Ravis-Giordani Georges, art. cité, p. 118), mais L. Rigal n'avait pas encore d'installation propre.

16. Marre Eugène, *op. cit.*, p. 120-130 : la Corse est à la p. 128.

1. Gisèle Espinasse, « Carte de la production du fromage de Roquefort en Corse », *Revue de géographie des Pyrénées et du Sud-Ouest*, 1931, p. 423.

Arrivée plus tard, Maria Grimal exploite trois laiteries : Oletta, Querciolo (cne Sorbo-Ocagnano) et Rasignani (cne Borgo).

Avec sept implantations, la Balagne domine les autres microrégions et la future Haute-Corse, avec quatorze laiteries, laisse loin derrière elle le sud de l'île, qui n'en compte que deux. Si Maria Grimal s'est installée à l'écart de ses deux concurrents, Louis Rigal et « Société » se retrouvent durablement côte à côte à l'Île-Rousse et Regino[17].

Dès ces premières créations, et comme le confirment la liste des laiteries de « Société » actives à la fin de la Grande Guerre (campagne 1920-1921) ainsi que la carte dressée par Gisèle Espinasse pour celle de 1930-1931 (fig. 1),

17. Il y a eu un troisième point de contact éphémère, « Société » ayant ouvert en février 1902 une laiterie à Lumio. Mais cette dernière avait cessé son activité avant le recensement d'Eugène Marre.

la situation des établissements répondait à un schéma précis. Les maisons de Roquefort délaissèrent la haute montagne que les brebis fréquentent en période de gestation. Elles recherchèrent au contraire les côtes de l'île ou du moins leur proximité. Mais elles ne devaient pas négliger la dépression centrale où elles pouvaient utiliser pour le transport la voie ferrée reliant Calvi à Ajaccio par Ponte-Leccia, Corte et Venaco.

Au terme des années 1899-1921, « Société » comptait vingt-cinq laiteries[18]. La Première Guerre mondiale ne semble pas avoir fait obstacle au développement de son réseau: c'est en effet en 1916 qu'apparaît la laiterie dite « Pont d'Agoro »[19]. La remarque vaut d'ailleurs pour ses concurrents: le 10 décembre 1917, une autre société roquefortaise signe un bail pour l'ouverture d'une cave à Moltifao[20]. Il faut relever un important changement: « Société » s'est décidément implantée dans le sud de l'île, où l'on dénombre dix-neuf de ses laiteries contre six dans le nord, toutes en Balagne. Les données globales publiées par Daniel Faucher faisant état de 118 laiteries en 1918 et de 158 en janvier 1920[21], « Société » aurait donc vu sa part décliner de 20 à 15 % environ. Apparence trompeuse puisque la Société anonyme des Caves et Producteurs de Roquefort contrôlait de fait le réseau de la Société Louis Rigal et en orientait stratégie et pratiques. Sur les 158 laiteries de la campagne 1920-1921, 96 se trouvaient en Haute-Corse[22] et 62 en Corse-du-Sud[23]. « Société » représentait donc 30 % environ des laiteries du sud. La multiplication rapide des laiteries roquefortaises s'explique par la nécessité de pallier la baisse de production laitière du Rayon, en raison de la raréfaction de la main-d'œuvre des bergers et de la diminution des troupeaux[24].

Sur l'ensemble de la période suivante, 1920-1942, ce ne sont pas moins de 60 laiteries qui ont laissé des traces dans les archives de « Société[25] ». Il s'en faut toutefois que toutes aient été actives simultanément. Hors problèmes de lacunes archivistiques, un tiers d'entre elles, toutes situées en Haute-Corse, n'apparaissent que dans les années 1940-1942, quatorze sur vingt, soit l'écrasante majorité de ce sous-ensemble, n'étant citées que pour la campagne 1941-1942[26].

18. 54 J 1504 à 1583. L'activité de la laiterie de Ponte-Leccia paraît avoir cessé peu après le recensement d'Eugène Marre, pour ne reprendre brièvement que de 1929 à 1931.
19. Aussi « Agoro » tout court. Il doit s'agir du toponyme Acorao ou Acoravo (cne Arbellara), servant à désigner à la fois un pont et un moulin.
20. Information amicalement fournie le 12 juin 2022 par Antoine Franzini, lequel la tenait de l'Associu Moltifau Tempi fà.
21. Faucher Daniel, art. cité, p. 281, repris par Ravis-Giordani Georges, art. cité, p. 119.
22. Trois arrondissements : Bastia 31, Calvi 41, Corte 24.
23. Deux arrondissements : Ajaccio, 44, Sartène 18.
24. Delfosse Claire et Prost Jean-Antoine, art. cité, § 13 et note 21.
25. 54 J 1584 à 1600.
26. Cinq laiteries sont citées pour les deux campagnes 1940-1941 et 1941-1942 : Casta, Corbara, Santa Reparata di Balagna, Saint-Florent et Tamburaccia (Ville-di-Paraso ?). Oletta n'est citée

Quant aux quarante laiteries restantes, certaines n'ont pas été exploitées de façon continue. Ainsi, en Balagne, les comptes de Lozari et Pietra Monetta s'arrêtent en 1928 avant de reparaître pour les années 1940-1942[27]. Derrière ces à-coups de l'Entre-deux-guerres, sans doute faut-il voir des ajustements internes induits par la prise de contrôle, en 1925, de la Société Maria Grimal. Mais il y eut aussi d'une part une reprise de la production de lait sur le Rayon ; d'autre part, un processus plus général d'absorptions et de regroupements entraînant une réduction progressive mais notable du nombre de laiteries. Le maximum aurait été atteint en 1922 avec 180 établissements. En 1939, ce total était réduit de moitié : 90 laiteries, réparties fort inégalement entre une douzaine de sociétés roquefortaises. Sur ce nombre, « Société » en exploitait directement 36 et en contrôlait financièrement une trentaine de plus[28]. La période 1940-1942, où la Corse se trouve intégrée à la Zone libre, reflèterait une adaptation accélérée aux conditions extraordinaires du temps, « Société » ayant sans doute plus de moyens que ses sociétés subordonnées pour assurer la gestion des laiteries corses. Bref, il est clair qu'une connaissance plus ferme de toute la période 1920-1942 nécessiterait des investigations plus poussées tant dans les archives demeurées au siège de « Société » que, comme il a déjà été dit ci-dessus, dans celles des deux anciennes maisons majeures de Roquefort tombées dans sa dépendance.

Ce croît du nombre de laiteries durant l'Entre-deux-guerres, même si la période s'est achevée sur une décrue, a résulté de la concurrence aiguë que se livraient les entreprises roquefortaises. Chacune visait à étendre son réseau pour contrôler un maximum d'éleveurs. Même compte tenu des pertes d'indépendance successives de Louis Rigal et Maria Grimal à l'égard de « Société », la situation perdura jusqu'à la Seconde Guerre mondiale. A l'issue de celle-ci, les industriels roquefortais se réunirent pour former, en 1949, une association en participation en vue de la fabrication en commun du fromage de Roquefort en Corse. La gestion en fut confiée à la « Société », la Société Agricole, la Société des Etablissements Maria Grimal et la Maison Vernières[29]. Cela mit fin en pratique à la concurrence de naguère, dont avaient profité éleveurs et bergers[30]. Ce changement capital ouvrit une nouvelle ère des rapports entre Roquefort et la Corse.

que pour 1940-1941. Restent les quatorze laiteries qui ne sont mentionnées qu'en 1941-1942 : Alistro (cne San Giuliano), Casamozza (cne Lucciana), Chiarata (cne Prunelli-di-Fiumorbo), Corsa (cne Prunelli-di-Fiumorbo ?), Crucetta (cne Lucciana), Francardo (cne Omessa), Ghisonaccia, Migliacciaro (cne Prunelli-di-Fiumorbo), Prunete (cne Cervione), Puzzichello (cne Aghione), Querciolo (cne Sorbo-Ocagnano), Sorio, Torra (cne Vescovato), Vianova (?).

27. Lozari : voir annexe ; Pietra Monetta, Haute-Corse, arr. Calvi, c. L'Île-Rousse, cne Palasca.

28. Ravis-Giordani Georges, art. cité, p. 119-120.

29. Compte tenu de son contrôle sur Maria Grimal, « Société » dominait cette association.

30. Delfosse Claire et Prost Jean-Antoine, art. cité, § 20 ; Millet Morgane, *Hommes, brebis, milieux et laits à la croisée des fromages : l'ancrage territorial des ovins laitiers en Corse et en Pyrénées-Atlantiques depuis la fin du xxe siècle*, Thèse de doctorat en Géographie physique, humaine, économique et régionale, Université de Corse-Pascal Paoli, 2017, p. 146.

LE FONCTIONNEMENT DES LAITERIES

Les laiteries corses ne fonctionnaient qu'une partie de l'année : leur période d'activité maximale s'étendait de novembre à juillet[31]. D'après le salaire versé aux gérants des laiteries de « Société », nous pouvons relever les dates effectives suivantes :

Campagne 1913-1914, Ajaccio[32] :
- 2 novembre 1913-4 mai 1914 pour la laiterie d'Ajaccio même ;
- 6 novembre 1913-27 avril 1914 pour Mezzana ;
- 6 novembre 1913-11 mai 1914 pour Pisciatello ;
- 6 novembre 1913-27 avril 1914 pour Listinconi[33].

Campagne 1914-1915, Sagone[34] :
- 25 janvier 1915-29 avril 1915.

Campagne 1921-1922, Stellatto[35] :
- 24 octobre 1921-21 avril 1922.

Campagne 1926-1927, L'Île-Rousse
- 1er octobre 1926-10 juillet 1927 pour la laiterie ;
- 5 novembre 1926-10 juillet 1927 pour le saloir.

Les ouvertures dès le mois d'octobre paraissent à relier soit à des opérations de remise en état avant la reprise d'activité, soit à celles indispensables à la mise en route d'un nouvel établissement. Ce dernier cas se vérifie pour le premier démarrage des laiteries « Société » de L'Île-Rousse et Regino lors de la campagne 1899-1900[36].

D'après l'enquête sur l'industrie laitière de 1901, l'organisation des laiteries corses ne différait pas de celle du Rayon quant à la composition du personnel : on y trouvait un contremaître, deux aides et une cabanière[37]. C'est effectivement ce que l'on constate pour L'Île-Rousse et Regino en 1899-1900 : un employé responsable, Fabre ; deux employés-aides, l'un à L'Île-Rousse (Saquet), l'autre à Regino (Ambrosini) ; une cabanière, la femme Fabre, à L'Île-Rousse. Ce schéma n'est cependant pas immuable. Pour la campagne 1913-1914, nous ne trouvons que des hommes dans le personnel du groupe[38] d'Ajaccio, cinq en tout, soit

31. Comme le notait Gisèle Espinasse (art. cité, p. 422). Une durée réduite à cinq mois (1er décembre-31 mars), telle que consignée par Claire Delfosse et Jean-Antoine Prost (art. cité, § 15), paraît relever des essais des débuts.
32. 54 J 1516. Toutes les laiteries, sauf Listinconi, sont identifiées dans l'annexe.
33. Corse-du-Sud, arr. Ajaccio, c. Gravona-Prunelli, cne Appietto.
34. À en juger par la documentation conservée (54 J 1578 à 1581), la laiterie de Sagone aurait alors redémarré son activité après un arrêt à la fin de la campagne 1906-1907. La décision a pu un peu tarder, d'où l'arrivée tardive du gérant, à moins qu'il ne faille songer à des problèmes causés par l'état de guerre.
35. 54 J 1589/6. Stelatto, lieu-dit de la commune de Calenzana (Haute-Corse, arr. et c. Calvi).
36. 54 J 1729.
37. Ouvrière prenant soin des fromages (salage, brossage) et assurant leur emballage.
38. Je reviens ci-dessous sur la notion de « groupe ».

autant que de laiteries[39]. Pour la campagne 1914-1915, le gérant Unal est seul à Sagone. Il en va de même pour Lucien Roquefeuil à Stellatto en 1921-1922. Pour cette même campagne 1921-1922, il y a deux employés, Célestin Hérau et René Lambre, à Moncale, peut-être parce que la laiterie est nouvelle[40]. En revanche, pour chacune des campagnes 1925-1926 à 1927-1928, l'on retrouve au moins une femme à l'Île-Rousse : Appolonie Blanc, « gérante aide au saloir » en 1925-1926 puis gérante de la laiterie pour les deux campagnes suivantes, poste auquel elle a succédé à Yvonne Blanc. Il y a deux femmes sur cinq gérants et employés en 1925-1926, une seule sur cinq pour les deux campagnes suivantes, ce qui revient en somme à la proportion des équipes des débuts. Si, en 1919, sur soixante laiteries dont les gérants sont connus et viennent de Roquefort et de son Rayon, la moitié de ces derniers sont des femmes[41], l'on se gardera d'en déduire que leur présence s'était accrue dans l'ensemble du personnel fromager ; en revanche, l'on peut en conclure que celles-ci pouvaient accéder à des postes de responsabilité et s'y trouver surreprésentées par rapport à leur nombre total. Il faut d'ailleurs souligner que le nombre de gérants a augmenté du fait des contraintes géographiques et climatiques : comme le relevait Gisèle Espinasse, « l'éloignement de l'île et la douceur des hivers littoraux ont nécessité des installations plus complexes : outre le local habituel de la laiterie, il a fallu créer des saloirs[42] [...] ». D'après l'exemple de l'Île-Rousse, il semble que, chez « Société » au moins, le gérant de la laiterie avait, le cas échéant, préséance sur celui du saloir.

La conduite des laiteries et des saloirs est très largement affaire de personnels des sociétés de Roquefort, inoccupés pendant l'hiver sur le Rayon. Il s'agit d'une migration saisonnière. Dans l'échantillon que j'ai dépouillé, tous les gérants et employés perçoivent, pour chaque campagne, des frais de voyage aller-retour par bateau. Certains font deux campagnes ou plus en Corse, tels Appolonie Blanc déjà citée ou encore Louis Vayrette, gérant du saloir de l'Île-Rousse en 1926-1927 et 1927-1928, mais il n'y a pas de séjours continus. Ces personnels viennent certes de l'Aveyron mais aussi plus largement du Rayon. Les comptes de l'année 1927-1928 pour l'Île-Rousse nous indiquant le domicile des cinq salariés, nous pouvons voir qu'un seul a le sien en Aveyron[43]. Trois viennent du Tarn, des Monts de Lacaune, terres à brebis laitières[44]. Le dernier

39. Ernest Arnal, gérant du groupe et de la laiterie d'Ajaccio, Louis Mauron à Listinconi, Louis Bonnet à Mezzana, Jean Douarche à Pisciatello, Auguste Roger à Prouni/Pruno.

40. 54 J 1594. Cette laiterie, aujourd'hui en Haute-Corse (arr. et c. Calvi), n'a drainé le lait que de neuf bergers.

41. Ravis-Giordani Georges, art. cité, p. 120.

42. Espinasse Gisèle, art. cité, p. 422.

43. François Léon Espinasse, domicilié à L'Adrech, commune de Saint-Juéry (arr. Millau, c. Causses-Rougiers).

44. Appolonie Blanc, Henri et Louis Vayrette. Tous trois sont domiciliés dans la commune de Viane (arr. Castres, c. Hautes Terres d'Oc). Henri et Louis Vayrette sont plus précisément du Colombier (ou Colombié), un lieu-dit de Viane.

vient de Béziers (Hérault)[45]. Dans mon échantillon « Société », le personnel corse est rare. Tout au plus, puis-je citer Ambrosini (sans prénom), employé-aide à Regino en 1899-1900. Cependant, pour l'ensemble des maisons de Roquefort, la part des Corses est devenue visible en 1919, où ils représentent le septième des gérants dont le nom est connu.

Hors embauche d'employés saisonniers, les laiteries ont cependant fait vivre d'autres corses. D'une part, pour des travaux à la tâche que leur personnel réduit ne pouvait accomplir en tout ou partie : ménage, lessive des linges sur lesquels étaient posés les fromages ; transport du lait, tant que ce dernier n'a pas représenté une part de la rémunération des bergers. D'autre part, pour tous les travaux et fournitures nécessaires à l'appropriation des locaux. Comme les autres maisons de Roquefort, « Société » n'envoyait en Corse ni maçons, ni menuisiers, ni forgerons, ni ferblantiers. La création d'une nouvelle laiterie était évidemment un moment d'intense activité pour les artisans du lieu ou des villages voisins. Ils pouvaient ensuite compter chaque année, à l'ouverture de la campagne, sur des travaux de réparation et de petit entretien. En 1899-1900, le démarrage de l'Île-Rousse et de Regino a fait travailler deux menuisiers de l'Île-Rousse[46], cinq maçons et autant de manœuvres du même lieu[47].

LES BERGERS ET LEUR LAIT

Si tout cela n'était pas négligeable[48], le plus important a été bien sûr les débouchés offerts aux bergers – qui pouvaient être des bergères[49] – , dans un contexte d'autant plus favorable pour ceux-ci que la concurrence faisait rage entre les maisons de Roquefort. Comme il a été indiqué ci-dessus, chacune d'elles visait à étendre son réseau pour contrôler un maximum d'éleveurs et se les attacher durablement. La multiplication du nombre de laiteries pour une même maison a d'ailleurs accru les risques de concurrence interne. Chez « Société », il y a été paré en rassemblant les laiteries par groupes, de façon à avoir une gestion coordonnée. Il n'est alors resté comme problème que le partage des bergers entre

45. Désiré Jausas.

46. Airoldi et Padovani.

47. Les maçons Manuelli père et Orsoni, avec les manœuvres Manuelli fils et Louis Dalco sont intervenus à l'Île-Rousse. À Regino ont travaillé les maçons Manuelli père, Philippe Maggi, François Maggi et Dominique Maggi, avec les manœuvres Manuelli fils, Louis Philippe (soit vraisemblablement Filippi), Valery et Charles Allegrini. Les deux Manuelli doivent probablement s'identifier avec Bartolomeo, maître maçon, et son fils Ignace, futur maître-maçon (d'après les recherches généalogiques de Cyrille Paris, en ligne sur le site Généanet).

48. On pourrait y ajouter les loyers versés aux propriétaires des immeubles où s'installaient les laiteries. De fait, la location permettait plus de souplesse tant pour l'ouverture que pour la fermeture d'établissements. Un exemple : l'immeuble où est installé la bergerie de Toro est loué pour 200 francs l'an en 1909-1910 (54 J 1583).

49. J'en ai trouvé vingt-six dans la dizaine d'articles dépouillés. Pour les quatre campagnes 1916-1917 à 1919-1920, la laiterie du Pont d'Acorao a acheté du lait respectivement à 20 bergers, dont 5 bergères, 16 dont 5, 30 dont 6 et 33 dont 9 (54 J 1569).

laiteries d'un même groupe : en 1913-1914, « Valles » (Vallesi) de Bottacina apportait son lait à Ajaccio et Pisciatello ; en 1921-1922, les bergers de Stelatto fréquentaient aussi les laiteries de Regino et de Lozari. Une laiterie pouvait alors être parfois chargée de payer pour l'ensemble des apports d'un même berger : en 1926-1927, le gérant de la laiterie de L'Île-Rousse paie d'une part à Jean Canioni, dudit lieu, les 979 litres de lait que celui-ci lui a apportés et les 3 554,5 litres portés à Lozari, d'autre part à Etienne Spinosi, « du Niole », les 5 534,5 litres livrés à L'Île-Rousse et les 101 litres apportés à Regino.

Lors de leur première campagne, L'Île-Rousse et Regino ont recueilli respectivement le lait d'une cinquantaine et d'une douzaine de bergers[50]. Pour les débuts de son bref fonctionnement, commencé en février 1902, la laiterie de Lumio a traité, pour la fin de la campagne 1901-1902, avec quarante-huit bergers[51].

En 1906-1907, l'on dénombre douze laiteries réparties entre trois groupes. Le groupe des laiteries de L'Île-Rousse a traité avec 145 bergers (L'Île-Rousse : 28 ; Calenzana : 59 ; Regino : 31 ; Lozari : 27). Celui d'Ajaccio a traité avec 122 bergers (Ajaccio : 36 ; Chioni : 29 ; Pisciatello : 25 ; Sagone : 25 ; Listinconi[52] : 7). Enfin le groupe de Calzola a attiré 85 bergers (Calzola : 40 ; Nargo : 22 ; Nelapa : 23). Les laiteries « Société » ont donc recueilli le lait de 352 bergers.

En 1913-1914, il y a seize laiteries, toujours réparties entre trois groupes mais celui de Calzola a pris le nom de Propriano. Le groupe de L'Île-Rousse a acheté le lait de 97 bergers (L'Île-Rousse : 12 ; Calenzana : 38 ; Biotali : 16 ; Regino : 14 ; Lozari : 9 ; Toro : 8). Celui d'Ajaccio a traité avec 53 bergers (Ajaccio : 9 ; Listinconi : 20 ; Lozzi : 13 ; Pisciatello : 11). Enfin le groupe de Propriano a passé des accords avec 222 bergers (Calzola : 79 ; Barraccia[53] : 38 ; Nelapa : 33 ; Nargo : 28 ; Istria : 26 ; Abartello : 18). Pour cette campagne, les laiteries « Société » se sont attaché les services de 372 bergers. La légère augmentation constatée par rapport à 1906-1907 résulte de deux mouvements contraires : baisse nette en Balagne et dans la région d'Ajaccio, très forte hausse du Sartenais.

Pour en venir au lait, celui-ci pose un problème intéressant. Comme nous l'avons vu, à partir de la loi de 1925, le roquefort est un fromage fabriqué à partir de lait de brebis uniquement. À compter de cette date ou plutôt de la campagne 1925-1926, les comptes que j'ai dépouillés ne parlent plus que de lait de brebis voire de lait tout court. Avant 1925, la situation est plus complexe. Dans le Rayon, mélanger du lait de brebis avec du lait de chèvre était une pratique ancienne, tolérée voire jugée bénéfique[54]. Au cours du XIXe siècle, le rejet qui,

50. D'après le dépouillement du registre de comptes de la campagne 1899-1900 (54 J 1729).

51. Registre de comptes de la campagne 1901-1902 (54 J 1731).

52. Je ne précise pas ici la localisation des laiteries qui figurent dans l'annexe. Pour Listinconi, voir la note 33 ci-dessus.

53. Forme moins usitée du toponyme Baracci.

54. MARRE Eugène, *op. cit.*, p. 22, 52 et 78. Dans cette dernière page, l'auteur soulignait que l'ajout de 2% de lait de chèvre favorisait l'égouttement des fromages.

en 1 802 encore, frappait le lait de vache[55], avait fini par disparaître: Eugène Marre signalait que certains ajoutaient désormais du lait de vache au lait de brebis dans une proportion variant de 10 à 20 %[56]. Pourtant, dès 1903, la roue tournait: un syndicat se constituait entre négociants de Roquefort pour lutter contre la fraude des laits et bannir « les laits de brebis additionnés d'eau, de matières étrangères, de lait de vache ou de chèvre »[57], combat qui allait aboutir à la loi de 1925. En Corse, les coupages n'ont longtemps pas été rejetés. En effet, comme l'a déjà souligné Georges Ravis-Giordani, l'acceptation du lait de chèvre, voire de vache, était l'un des leviers dont pouvaient disposer les maisons de Roquefort pour fidéliser davantage de bergers que leurs rivales[58]. Pour « Société », j'ai relevé dans mon échantillon une première trace manifeste de cette pratique au cours de la campagne 1906-1907, dans le groupe de Calzola. Ses laiteries ont acheté soit deux sortes de lait, brebis et vache (Nargo), soit les trois sortes (Calzola et Nelapa). Le lait de vache était payé aux bergers 0,30 F par litre, le lait de brebis 0,28 et enfin le lait de chèvre 0,19 seulement. La chose se vérifie ensuite en Balagne, pour le seul lait de vache, à la laiterie de Toro, pour les campagnes 1910-1911 à 1912-1913, ou encore à Biotali pour la campagne 1917-1918[59]. Cependant les achats de lait de vache et de lait de chèvre disparaissent des comptes avant même 1 925. L'on peut douter de la sincérité tant des bergers que des gérants de laiterie et penser que tous les laits se dissimulaient derrière le seul lait de brebis. Il suffisait ensuite d'échapper à une répression des fraudes encore peu armée et de prendre la précaution de ne pas vendre le roquefort corse comme du roquefort haut de gamme.

Avec plus d'indulgence, l'on peut admettre une évolution « vertueuse ». Deux causes ont pu se combiner pour pousser dans ce sens. D'une part, les achats de lait des trois sortes par « Société » ou les autres maisons roquefortaises nuisaient à la fabrication de fromages corses destinés à la consommation interne. Rendu plus aigu par l'état de guerre, ce problème entraîna une surveillance accrue des pratiques des laiteries et des bergers. D'autre part, le prix du lait de brebis a connu une très forte hausse, passant de moins de 0,30 F le litre dans les années d'avant-guerre à 1,50 F en 1919-1920. Les bergers pouvaient donc à la fois réserver le lait de brebis aux laiteries de Roquefort et vendre les laits de vache ou de chèvre aux fromagers corses[60].

55. Monteil Amans-Alexis, *Description du département de l'Aveiron*, Rodez, an x.
56. Marre Eugène, *op. cit.*, p. 78.
57. *Ibid.*, p. 88.
58. Ravis-Giordani Georges, art. cité, p. 121-122.
59. 54 J 1583 : Toro jusqu'au folio double 37 ; Biotali, fol. 38-73. À Toro, en 1910-1911, dans un cas au moins, le lait de vache permet de prolonger la campagne : Étienne Aquaviva, de Toro même, a apporté à la laiterie 4662,5 litres de lait de brebis de décembre à mars puis, sur avril-mai, 2751 litres de lait de vache.
60. En 1906-1907, le gérant du groupe de Calzola a revendu du lait de chèvre à deux fromagers corses, Santoni à Canale (cne Pila-Canale) et J. P. Suzini à Sartène, ce dernier ayant aussi racheté une partie du lait de brebis collecté à Nargo.

CONCLUSION EN FORME D'OUVERTURE

Les quelques thèmes évoqués ci-dessus auront sans doute suffi à donner un aperçu des richesses des archives de la « Société ». Il reste à en pousser plus loin le traitement tout comme à aborder ceux que j'ai laissés de côté. Ainsi les registres de « Société » permettent-ils de cerner quelques traits du corse tel qu'il se parlait et tel que pouvaient l'entendre et le transcrire des personnes non encore entièrement francisées. Je pense aussi à l'étude du monde des bergers et de ses éventuelles évolutions, que permettrait l'exploitation des listes fournies par les comptes annuels, à condition de croiser celles-ci avec d'autres sources (état civil, dénombrements de population, registres matricules du recrutement militaire[61], cadastre, etc.). Cette étude pourrait être générale comme porter sur un point précis (conséquences de la Grande Guerre, migrations internes, etc.). Enfin, si l'on voulait obtenir un panorama nuancé des rapports entre la Corse et Roquefort, il faudrait bien évidemment rechercher d'autres sources roquefortaises…

❖❖❖

ANNEXE

Laiteries Société actives à la fin de la Première Guerre mondiale

Sont indiquées les données administratives actuelles: circonscription départementale, arrondissement (arr.), canton (c.) ainsi que la commune (cne) – voire l'ancienne commune – pour les lieux-dits.

ABARITELLO (*sic* pour ABARTELLO), Corse-du-Sud, arr. Sartène, c. Sartenais-Valinco, cne Olmeto

AGORO (PONT D') = ACORAO (PONT D'), Corse-du-Sud, arr. Sartène, c. Sartenais-Valinco, cne Arbellara

AJACCIO, capitale de la Corse, Corse-du-Sud

BARACCI, Corse-du-Sud, arr. Sartène, c. Sartenais-Valinco, cne Olmeto

BIOTALI, Haute-Corse, arr. et c. Calvi, cne Montegrosso, quartier Montemaggiore (ancienne cne)

CALENZANA, Haute-Corse, arr. et c. Calvi

CALZOLA, Corse-du-Sud, arr. Sartène, c. Sartenais-Valinco, cne Casalabriva

CASAGLIONE, Corse-du-Sud, arr. Ajaccio, c. Sevi-Sorru-Cinarca

CHIONI, Corse-du-Sud, arr. Ajaccio, c. Sevi-Sorru-Cinarca, cne Cargèse

FAVALELLA (parfois noté FAVALELLO), Corse-du-Sud, arr. Ajaccio, c. Taravo-Ornano, cne Serra-di-Ferro

ÎLE-ROUSSE (L'), Haute-Corse, arr. Calvi, chef-lieu de c.

ISTRIA, Corse-du-Sud, arr. Sartène, c. Taravo-Ornano, cne Sollacaro

LIAMONE, Corse-du-Sud, arr. Ajaccio, c. Sevi-Sorru-Cinarca, cne Casaglione ou Coggia

61. Qui ne concernent évidemment que les hommes, mais ils sont plus nombreux…

LOZARI, Haute-Corse, arr. Calvi, c. L'Île-Rousse, cne Belgodère
LOZZI, Corse-du-Sud, arr. Ajaccio, c. Sevi-Sorru-Cinarca, cne Cargèse
MEZZANA, Corse-du-Sud, arr. Ajaccio, c. Gravona-Prunelli, cne Sarrola-Carcopino
NARGO, Corse-du-Sud, arr. Sartène, c. Sartenais-Valinco, cne Sartène
NELAPA, Corse-du-Sud, arr. Sartène
PISCIATELLO, Corse-du-Sud, arr. Ajaccio, c. Ajaccio-5, cne Bastelicaccia
PONT D'AGORO, voir AGORO (PONT D')
PROPRIANO, Corse-du-Sud, arr. Sartène, c. Sartenais-Valinco
PROUNI, sans doute PRUNO, Corse-du-Sud, arr. Ajaccio, c. Ajaccio-5, cne Alata
REGINO, Haute-Corse, arr. Calvi, c. L'Île-Rousse, cne Speloncato
SAGONE, Corse-du-Sud, arr. Ajaccio, c. Sevi-Sorru-Cinarca, cne Vico
SOLLACARO, Corse-du-Sud, arr. Sartène, c. Taravo-Ornano
TORO, Haute-Corse, arr. Calvi, c. L'Île-Rousse, cne Santa Reparata di Balagna

DE L'EXPLOITATION TRADITIONNELLE DU CHÂTAIGNIER À L'ACTIVITÉ INDUSTRIELLE ET À LA GESTION DU PATRIMOINE

Pierre-Jean Campocasso

LA CIVILISATION DU CHÂTAIGNIER[1]

L'aire géographique du châtaignier s'étend de l'Asie à l'Amérique en passant par l'Europe et la Méditerranée. En Corse, il est fermement développé et même, à partir du XVIe siècle, imposé par la République de Gênes, au point de donner son nom à la région où cette culture s'est le plus profondément implantée. En Castagniccia, le châtaignier a pratiquement remplacé la céréaliculture. Il imprègne toute la vie des communautés villageoises dont les principales activités tournent autour de l'arbre[2].

À partir de la fin du XIXe siècle, l'industrie de la tannerie s'intéresse aussi au châtaignier. En quelques années, six usines de production du tanin s'installent dans les deux grandes vallées du Nord-Est de l'île, le Fiumalto et le Golo.

UNE CULTURE ANCIENNE ET DE NOMBREUSES UTILISATIONS

Au début du XVIe siècle, la description de la Corse par Mgr Giustiniani signale la production de châtaignes dans plusieurs villages, notamment dans les *pieve* du Bozio, Campoloro, Alesani, Vallerustie et précise pour l'Orezza : « La pieve a des châtaigniers en très grande quantité, que depuis peu de temps les habitants greffent et domestiquent et qui ne se fait en aucun autre endroit de l'île. Ils vivent d'ailleurs du produit de ces châtaigniers[3] ».

Entre 1770 et 1794, l'inventaire foncier dit « Plan Terrier général de la Corse » montre clairement l'importance du châtaignier dans la vie de bon nombre de communautés, et plus particulièrement en Castagniccia où il occupe

1. Nous reprenons le titre d'un chapitre de la thèse de Pierre Simi qui souligne bien l'importance de la culture du châtaignier en Corse. *Cf.* SIMI Pierre, *Précis de géographie physique, humaine, économique, régionale de la Corse, Bastia, Société des sciences historiques et naturelles de la Corse*, « Corse d'hier et de demain », 1981.

2. L'article est construit sur l'utilisation de documentation écrite et iconographique, de sources manuscrites des archives et d'enquêtes de terrain réalisées en Castagniccia durant les années 2000.

3. GIUSTINIANI Agostino, *Description de la Corse* (1537), préface, notes et traduction d'Antoine-Marie GRAZIANI. Ajaccio, éd. Alain Piazzola, 1993, p. 155.

en moyenne plus de 70 % des terroirs. À l'inverse, la Balagne, la plaine orientale, d'Aléria à Bonifacio, et le Sartenais l'ignorent presque totalement.

Avec les grandes enquêtes statistiques françaises du XIXe siècle, la cartographie du châtaignier se précise. Au recensement agricole et forestier de 1841, la Corse, avec 31 551 hectares de châtaigneraies, arrive en troisième position des départements français, derrière la Dordogne (98 551) et la Corrèze (77 041)[4]. Dans l'île, le peuplement se concentre dans les deux arrondissements de Bastia (14 091 hectares) et Corte (14 447).

En Castagniccia, au cœur de la châtaigneraie, la population développe toute la gamme d'utilisations possibles de l'arbre. L'importance de cette culture détermine l'aménagement des espaces, la construction de bâtiments de production (moulins, séchoirs), et jusqu'à la morphologie des maisons. Le plan type s'ordonne sur plusieurs niveaux, avec un à deux étages de soubassement réservés aux activités agropastorales, un rez-de-chaussée surélevé, parfois un étage carré et un comble à surcroît. C'est au dernier niveau habitable que se trouve la *sale*, pièce de vie aux multiples fonctions. Elle est équipée d'un foyer ouvert (*fucone*), dont les fumées sèchent châtaignes et charcuterie. La pièce sert généralement de cuisine et de salle à manger. Lieu de convivialité, elle héberge les veillées et les réceptions.

La châtaigne entre dans l'alimentation des animaux, mais plus encore dans celle des hommes durant les longs mois d'hiver, ce qui vaut au châtaignier le surnom « d'arbre à pain ». Les châtaignes se mangent fraîches, bouillies ou grillées et la farine entre dans la composition de nombreux plats cuisinés : bouillies liquides (*brilluli*) ou consistantes (*pulenta*), tourtes, crêpes, beignets… Les feuilles sèches sont ramassées et conservées, humidifiées, elles servent de support dans les préparations culinaires au four (*falculélle* ou *migliacce*). Par ces qualités nutritives, la châtaigne permet à la Castagniccia d'atteindre les densités de population les plus élevées de l'île.

LES MOULINS À FARINE

Pour la production de farine le moulin hydraulique est la machine essentielle. En Corse, ces unités, à roue horizontale et à transmission directe sont en situation presque exclusive au XIXe siècle. Cette technologie simple et très ancienne se retrouve dans d'autres régions méditerranéennes. Le Sud de la France présente une situation assez comparable[5]. La géographie explique assez

4. BRUNETON-GOUVERNATORI Ariane, *Le Pain de bois : ethnohistoire de la châtaigne et du châtaignier*, Toulouse, Eché éd., 1984, tableau p. 53.

5. BEAUR Gérard & MINARD Philippe (dir.), LACLAU Alexandra (conception graphique), *Atlas de la Révolution française*, Paris, éd. de l'École des hautes études en sciences sociales, 1997, vol. 10 : *Économie*, p. 84, « Énergie, an II-1809 ». La carte française des moulins hydrauliques montre bien une division du pays en deux parties. Le Nord utilisant majoritairement ou exclusivement

1. Moulin à farine et à huile de Cagnanu, 2018
© Collectivité de Corse, cl. J.-C. Ciavatti

largement ce choix, avec des ruisseaux à faible débit et à fort dénivelé. Les roues horizontales exploitent au mieux la nature. Ces petits établissements étaient généralement équipés d'un seul moteur, parfois deux[6]. Ils réduisent les blés au début de l'été, les maïs et châtaignes à l'automne et les olives en hiver (fig. 1).

L'enquête industrielle de l'an X fournit un recensement intéressant, même s'il n'est pas complet, pour mettre en évidence l'organisation des moulins insulaires[7]. Situé à proximité du cours d'eau, l'établissement nécessite l'aménagement en amont d'une prise d'eau et d'un canal ou bief emmenant l'eau, sur plusieurs centaines de mètres, quelquefois maçonné en pierre de taille et parfois même en bois[8], jusqu'au sommet de la conduite forcée. Ce canal est

des roues verticales et le Sud où la roue horizontale domine, notamment en Corse et dans le Sud-Ouest.

6. À côté du plan type de moulin à farine, on rencontre toute une variété d'installations hydrauliques, comme celle de Cagnano équipé de deux paires de meules à farine, et, au niveau inférieur, un ensemble moulin/pressoir à huile qui, par un système de débrayage, bénéficie de l'énergie de l'eau.

7. Archives de Corse (Pumonti), 9 M3, État des moulins à farine (an x-1850).

8. La canalisation en bois du moulin de la forêt « d'Aïtone » illustre plusieurs séries de cartes postales. *Cf.* Archives de Corse (Pumonti), C. 151, une sentence autorise Paolo Battista, de Mucchietto di Campoloro, à tuer tout cochon qui dégraderait la conduite d'eau en bois de peuplier desservant ses deux moulins sis à la Fornicaccia (5 janvier 1599). Vestiges rencontrés sur plusieurs structures comme à Campitello ou à Piedicroce.

équipé de plusieurs « déverses » ou ouvertures de fuites pour détourner l'eau, en cas de problèmes ou d'arrêt du moulin. La conduite forcée, habituellement d'une maçonnerie soignée, forme une tour quadrangulaire légèrement inclinée et généralement revêtue de pierres plates. Cette structure présente des redans ou escaliers qui viennent s'encastrer dans le mur postérieur du bâtiment. Elle traverse le moulin de haut en bas, pour déboucher en soubassement dans une salle voûtée par un trou maçonné rectangulaire dans lequel s'emboite une trompe en bois, faisant office de réducteur, qui s'achève par un canon par lequel sort le jet d'eau sur les cuillères de la roue.

Le bâtiment de production se réduit, dans la plupart des cas, à quelques mètres carrés répartis sur deux ou trois niveaux. Le grenier est réservé à accueillir les productions agricoles. Le rez-de-chaussée surélevé abrite la salle des farines avec une paire de meules enfermées dans un caisson en bois[9]. La dormante est fixée au sol et traversée par l'arbre de transmission. La seconde meule, dite active, est posée dessus et emboitée sur la clé de l'axe vertical en fer enveloppé de bois de la roue horizontale. Cette dernière est installée dans la salle d'eau de l'étage de soubassement. Les roues ou rodets de ces moulins présentent un diamètre qui excède rarement les 150 centimètres. Elles sont munies de pales ou de cuillers taillées habituellement dans du bois d'aulne ou de châtaignier. Ces machines bénéficient d'une chute moyenne allant de 4,50 à 7 mètres. La plupart des structures fonctionnent entre 6 et 8 mois par an[10].

En 1850, le recensement industriel signale 1 270 moulins entraînant 1 316 roues motrices[11]. Près de 75 % de ces installations sont des roues hydrauliques horizontales, auxquelles il faut ajouter une grande partie des 16,5 % de roues motrices hydrauliques dont la nature n'est pas clairement précisée. Les autres structures sont des moulins hydrauliques à roue verticale (7 %), essentiellement des pressoirs à huile, ou encore des moulins à vent (environ 2 %). Ces derniers sont localisés surtout dans le Cap Corse, et quelques unités en Balagne et autour de Bonifacio et Ajaccio[12]. En Castagniccia, et plus largement pour la production des farines, la roue horizontale est généralisée.

9. Les visites de terrain permettent d'observer les meules utilisées. Dans la majorité des exemples, elles sont extraites à proximités du lieu d'utilisation, tout en ajoutant la présence de quelques carrières comme à Luri et en Balagne avec des transports de meules d'une région à l'autre. Le matériau des meules à farine peut être des qualités de schistes, plus régulièrement du granite et, à partir du XIXe siècle, on observe l'importation de nombreuses pierres meulières de la grande carrière de la Ferté-sous-Jouarre, en région parisienne.

10. Mattioli Mauricette, DRAC de Corse, service de l'Inventaire, *Les Moulins à eau à roue motrice horizontale et à transmission directe de la région de Corse*. Présentation de plusieurs moulins. Texte et photographies déposés aux Archives de Corse (Cismonte), B 111.

11. Casanova Antoine, *Identité corse, outillages et révolution française*, Paris, Éditions du Comité des travaux historiques et scientifiques, 1996, p. 55, tableau sur la répartition d'ensemble des différents types de moulins en Corse au milieu du XIXe siècle.

12. Exposition du CDDP de Haute-Corse (2000). L'inventaire des moulins à vents du Cap Corse a permis de dresser une liste et un repérage de ces structures dans la région, vingt unités étaient

Le châtaignier est également considéré pour son bois, notamment dans la construction et l'ébénisterie. Les sujets non-greffés proposent des fûts longilignes, et le bois présente l'intérêt d'être dur et résistant : des qualités propres à faire aussi bien des charpentes, planchers, portes et volets que des tonneaux, des meubles, dont les fameux pétrins (*meria*), les coffres (*cassone*), chaises, tables et armoires. En vannerie, les jeunes pousses et les éclisses sont avantageusement utilisées pour la confection de paniers (*spurtellu, panera*).

Dans les *pieve* d'Ampugnani, Orezza et Alesani, ces activités font vivre un grand nombre de familles. À la fin du XIXe siècle, la région conserve encore un artisanat vivace :

> [...] l'esprit industrieux des Orezziens. Les hêtres et les chênes de la montagne, la racine des bruyères servent à fabriquer de nombreux objets : chaises, cuillers, fourchettes et pipes ; des forgerons travaillent le fer et fabriquent des stylets, des faucilles, des platines de fusils ; d'autres ouvriers préparent le cuir et en font des instruments pour la chasse. Ailleurs on fait des tamis, des poteries, des ustensiles de cuisine en fer. Chaque village est ainsi un petit foyer industriel donnant un démenti au lieu commun d'après lequel les Corses seraient réfractaires au travail manuel[13].

LES FORGES DE CASTAGNICCIA

Un charbon riche et recherché dans la fabrication du fer est aussi produit avec le bois de châtaignier. Depuis au-moins le XVIe siècle, les forges de Castagniccia utilisent généralement des sujets sauvages, *i pulloni*, qui ne portent pas de fruit et fournissent un charbon dur, recherché pour l'obtention d'un fer réputé. Au total, près de quatorze *ferrere* fonctionnent, entre le XVIe et le XIXe siècle, pour la production d'un métal recherché[14].

---

présentées. Des sources signalent d'autres implantations : SALONE Anna Maria & AMALBERTI Fausto, *La Corse : images et cartographie, op. cit.*, 1992, p. 63, deux dessins de 1668 du moulin à vent installé dans la citadelle d'Ajaccio ; Archives nationales, F14 8069, dossier de demande de concession minière. Le plan d'Ajaccio joint à la demande signale la présence d'un moulin à vent situé à proximité et à l'ouest de l'actuel cours Napoléon (1908). Le Plan Terrier (1770-1794) recense trois moulins à vent à Bonifacio.

13. ARDOUIN-DUMAZET Victor-Eugène, *Voyage en France : La Corse, Balagne-Nebbio, Cinarca, Niolo, Casinca, Castagniccia, Cap Corse, Bouches de Bonifacio*. Avec 21 cartes, 10 vues et 1 planche hors-texte (1895), Préface de Georges RAVIS-GIORDANI, Genève-Paris, Éditions Slatkine, 1982, p. 208.

14. Sur cette question voir notamment l'ouvrage publié par la Collectivité de Corse sous le titre *La Métallurgie du fer en Corse, des bas-foyers aux hauts-fourneaux*, Ajaccio, éd. Alain Piazzola, 2021 ; et les articles suivants : Baraldi E., « Ricerche minerarie e pratica di fusione in Corsica (XVII secolo) », *Richerche Storiche*, XXIV – n°1, gennaio-aprile 1994, p. 31-43 ; MATTIOLI Mauricette, « Les forges à bas-foyer de Corse : Permanence d'une technologie (1550/1830-40) », Atti del 1° Simposio di Valle Camonica. *La siderurgia nell'antichita*, Brescia, Graffo edizioni, 1988, p. 255-263 ; Campocasso P.-J., « L'évolution sidérurgique de la Corse au XIXe siècle », Actes du colloque *Histoire industrielle de la Provence*, Publications de l'Université

Les matrices cadastrales du XIXe siècle font apparaître, jusque dans les années 1870, une augmentation des superficies de châtaigniers exploitées, notamment dans l'arrondissement d'Ajaccio et, dans une moindre mesure, dans celui de Sartène. Mais très rapidement la châtaigneraie recule. La Corse connaît un décrochage économique et social touchant tous les domaines de l'activité humaine. En quelques années, les villages se vident, les productions traditionnelles sont progressivement délaissées et la châtaigneraie largement abandonnée. La conscience d'un monde qui change se retrouve dans la production littéraire, dont une chanson célèbre l'arbre des Corses.

UN HYMNE AU CHÂTAIGNIER CORSE

Anton Battista Paoli, écrivain et poète de langue corse[15], né en 1 858 à Taglio-Isolaccio, est un témoin privilégié des changements. Connu sous le pseudonyme de Paoli di Taglio, l'homme est négociant et propriétaire en Tavagna. Il compose des poésies sur le thème des usines à tanin qu'il publie au début du XXe siècle dans le journal *A Tramuntana*, presse hebdomadaire politique, satirique et littéraire rédigée en langue corse sous la direction de Santu Casanova, leader régionaliste. Publiée le 25 juillet 1903, dans la rubrique *Una Canzona par Sittimana*, le *Lamentu di u castagnu a u Corsu* est l'une des chansons les plus célèbres du poète qui dénonce l'exploitation du châtaignier. Paoli di Taglio imagine la tristesse l'arbre qui reproche aux Corses de l'abandonner aux industriels. Ce chant s'inscrit dans la grande tradition de la poésie chantée corse.

Le texte du *Lamentu di u castagnu* fut réimprimé et illustré par François-Jean Limongi[16] dans les années 1930. Le carnet se compose de seize cartes postales détachables (fig. 2) qui reprennent les vingt-sept couplets du chant accompagnés d'une adaptation en français, réalisée par le poète et capitaine A. B. Arrighi de Casanova. Les photographies mettent en scène des instants de la vie traditionnelle des villages de Castagniccia. Les cartes postales pouvaient être vendues avec l'interprétation du ténor de l'Opéra-Comique Gaston Micheletti, enregistrée sur disque à Paris en 1932 aux éditions Odéon, sous la direction artistique de François Agostini. Le carnet de cartes postales et le disque vinyle 78

de Provence, 1998, p. 111-130. Et bien évidemment l'ouvrage de Pierre COMITI, *Mines et métallurgie du fer en Corse du XVe au XVIIIe siècle*, Ajaccio, éd. Alain Piazzola, 2011.

15. « Paolo di Taglio, né à Taglio-Isolaccio le 12 mars 1858, décédé le 24 août 1931. Auteur de plusieurs chansons et de 150 sonnets environ en dialecte corse. Son fameux *Lamentu di u castagnu a u Corsu* est une œuvre impérissable et toujours d'actualité qui flétrit avec énergie et raison la destruction de nos châtaigneraies. », La Corse pittoresque. *Lamentu di u castagnu a u Corsu* par le poète Paoli di Taglio, Cervione, édition F.-J. Limongi photographe, [après 1932], 3e de couv.

16. François-Jean Limongi, né à Trinidad en 1891, est photographe et éditeur de cartes postales à Pero-Casevecchie. Après la Seconde Guerre mondiale, il installe son studio à Cervione où il demeure jusqu'à son décès en 1983.

2. Les usines galliques de la Corse. Dernière des 16 cartes postales de La Corse pittoresque. Lamentu di u castagnu, photographies F.-J. Limongi. Coll. part.

tours ont fortement contribué à populariser ce chant qui est encore, de nos jours, repris par de nombreux groupes de musique corses.

L'INDUSTRIE DES TANINS

Avec les changements des XIXe et XXe siècles, c'est la fin d'un mode de vie villageois basé sur l'agropastoralisme : les Corses profitent des possibilités professionnelles et des perspectives qu'offrent le continent, les colonies et d'autres régions en Amérique et jusqu'en Asie. Pour la châtaigneraie abandonnée, l'industrie propose un autre débouché avec les usines d'acide gallique.

L'une des plus importantes activités industrielles de la Corse devient alors la fabrication du tanin à partir du bois de châtaignier. Cette production se développe sur pratiquement un siècle, entre 1873 et 1965, et génère de l'activité autour de six usines. Cette branche apporte du travail à plusieurs milliers de personnes : le personnel des usines, les entrepreneurs de bois, les bûcherons, les transporteurs, les dockers, etc.

L'industrie des tanins génère d'autres centres d'intérêts. La quasi-totalité du personnel vient des villages alentours. Les établissements sont à l'origine d'un peuplement de fonds de vallée, ce qui représente un changement dans la géographie humaine de l'île.

Le secteur connaît un essor durant la période historique qui garde le nom de « Belle Époque ». Cette unité chronologique démarre dans les années 1890, après la grande dépression de fin de siècle, qui avait mis fin dans de nombreuses régions aux activités traditionnelles. Parallèlement à ces difficultés, l'application d'innovations, comme le moteur à combustion interne ou l'électricité, lance de nouvelles branches industrielles. C'est dans ce contexte qu'une production de tanin se développe en Corse. Installées dans les vallées du Golo et du Fiumalto, et formant une couronne autour de la Castagniccia, six usines ont exploité, durant près d'un siècle, la châtaigneraie insulaire.

LES USINES D'ACIDE GALLIQUE

Au XIXe siècle, l'industrie chimique connaît une forte croissance, pour devenir un secteur essentiel au siècle suivant. Dans ce domaine, la pyrogénation des matériaux naturels et notamment la distillation du bois se développe dans les années 1 870[17]. Des appareillages permettant de récupérer les parties volatiles trouvent rapidement des applications industrielles. Parmi la gamme des matières extraites du bois, l'acide gallique est un produit obtenu par la décomposition du tan.

L'utilisation du tanin de châtaignier dans la teinturerie de la soie remonte au XVIIIe siècle[18]. Tentés dans la région lyonnaise, les premiers essais sur les cuirs datent des années 1818-1820, mais la coloration foncée des extraits réduit son emploi[19]. La découverte de Gondolo, en 1878, du procédé de décoloration des extraits par le sang, ouvrait au produit de nouvelles perspectives dans le domaine de la tannerie. Jusqu'alors la méthode de préparation des cuirs utilisait le tan contenu dans les écorces de chêne pulvérisées[20]. Cette technique, longue et dispendieuse, est rapidement remplacée par le tannage à partir d'extraits tanniques ou « acide gallique », dont ceux du châtaignier[21].

Les analyses réalisées au début du siècle dernier montrent que la richesse en tanin du châtaignier varie de 8 à 11 % de la quantité de bois travaillé. L'arbre ne prenait une valeur marchande qu'à partir de 40 à 50 ans, âge où il commençait à détenir des taux économiquement exploitables par l'industrie. Avec une

17. DAUMAS Maurice (dir.), *Les Techniques de la civilisation industrielle, énergie et matériaux*, Paris, Presses universitaires de France, 1978, t. IV, p. 526.

18. Le bois réduit en sciure était bouilli. Ce bain servait pour teindre en noir les étoffes de soie. Un jus à base d'écorce de châtaignier était également utilisé pour teindre le coton d'une couleur cannelle ineffaçable.

19. Le chimiste lyonnais Antoine François met au point, dans les années 1818-1820, un procédé assez proche de ce qui se faisait dans la soie. Il réalisait une réduction en copeaux du bois, qu'il faisait bouillir dans de l'eau. Ce bain servait à teindre le cuir en rouge foncé.

20. Depuis au-moins le XIXe siècle, les tanneries bastiaises utilisent cette méthode pour le tannage des peaux, mais d'autres techniques perdurent comme le tannage à partir de feuilles de myrte.

21. Le tannage à partir des écorces de chêne demandait plusieurs mois. L'utilisation des extraits tanniques réduit la préparation à quelques semaines, et l'utilisation d'extraits de plusieurs essences, notamment quebracho et châtaignier, permet d'apprêter des cuirs appropriés aux divers usages.

ancienne châtaigneraie, déjà mentionnée au XVIe siècle, la Corse attire rapidement l'attention des industriels.

L'HISTOIRE DES USINES CORSES

La famille d'Angelis, originaire de Saint-Florent, est déjà signalée comme faisant partie de la bourgeoisie bastiaise au début du XVIIIe siècle[22]. Dans les années 1870, Ours Paul d'Angelis est à l'origine d'un secteur industriel en Corse[23]. Il installe le premier atelier d'extraction du tanin à Scata, au lieu-dit « Fabrica vecchia ». En 1882, devant la demande croissante, il envisage de remplacer son atelier par une usine plus importante. Pour ce faire, il s'associe avec les frères Gallien, industriels du cuir à Longjumeau, qui apportent dans l'affaire des liquidités et les appareils de production.

L'entreprise construit l'usine de Pruno, au lieu-dit Campo Piano, entre 1882 et 1886. Puis D'Angelis se retire de l'entreprise, mais d'autres insulaires participent à la nouvelle Société de Champlan, créée en 1 892. Les fondateurs de l'entreprise sont Dominique Creisson, entrepreneur de travaux publics, et Louis Ramelli, entrepreneur en bâtiment, tous deux Bastiais[24]. Le capital de la société, fixé à 100 000 F et divisé en vingt actions de 5 000 F, est détenu par huit personnes[25].

Le travail à l'usine est organisé en continu ; deux équipes d'une trentaine d'ouvriers se relayent sur les appareils, toutes les douze heures. Une troisième équipe travaille de jour sur le chantier, à l'approvisionnement et à l'entretien du matériel. Francesca Maria se souvient :

> À ce que je me rappelle, ils arrivaient le soir à 4 heures, et ils quittaient le lendemain à la même heure. Une nouvelle équipe de vingt à trente personnes reprenait. Ils assuraient vingt-quatre heures de travail posté,

22. MORATI Pietro, *Prattica Manuale* [manuscrit, début du XVIIIe siècle], *Bulletin de la Société des sciences historiques et naturelles de la Corse*, n° 54-57, 1885-1886. La famille d'Angelis donne un maire à Bastia, François Hyacinthe, élu en 1858.
23. Les sources mentionnent parfois Ours Paul, d'autres fois Ange-Paul. La famille d'Angelis ou d'Angeli, originaire de Saint-Florent s'est particulièrement illustrée depuis le XVIIIe siècle, laissant plusieurs générations d'administrateurs, de capitaines du port de Saint-Florent et d'hommes politiques.
24. AC (Cismonte), 4U 2/189, enregistrement de la SA de Champlan au tribunal de commerce de Bastia le 6 mai 1892. Louis Ramelli est issu d'une famille de Capcorsins partie faire fortune en Amérique. En 1901, Ramelli et Chardon sont déclarés dans l'*Annuaire de la Corse* comme banquiers à Bastia, rue du nouveau port. En 1920, Auguste Ramelli est président de la Chambre de commerce et de l'industrie de Bastia.
25. AC (Cismonte), 4U 2/189, la répartition est la suivante : Bourgougnon Jules, ingénieur des Ponts et Chaussées, demeurant à Bastia, 5 actions ; André Mialane, propriétaire à Luna (Hérault) est représenté par Bourgougnon, 5 actions ; Antoine Guérin Vittini, propriétaire à La Porta, 2 actions ; Dominique Creisson, entrepreneur de travaux publics à Bastia, 2 actions ; Louis Ramelli, industriel de Bastia, 2 actions ; François Chardon, industriel de Bastia, 2 actions ; Valery et Abel Gallien, industriels à Longjumeau, 2 actions.

> de présence de suite, suivies d'autant de repos. [...] D'autres étaient à la journée. Pour eux, le sifflet sonnait à 6 heures du matin et ils repartaient le soir vers 5 heures [...]. Quand elle fonctionnait à plein régime, l'usine pouvait, je pense, regrouper une centaine d'ouvriers. Et peut-être même plus en comptant tous les charretiers[26].

Ce personnel était d'origine corse, à l'exception des bûcherons italiens, recruté dans les villages du Fiumalto. En revanche, les cadres, directeur, ingénieurs, chimistes et contres-maîtres étaient majoritairement continentaux.

Devant une demande croissante, trois nouvelles unités s'installent à Barchetta (fig. 3), Casamozza et Folelli. La Société anonyme corse pour le traitement des bois, dirigée par Chardon, construit entre 1898 et 1901 « une usine à bois et des dépendances à Barchetta », commune de Volpajola[27]. En 1901, plus de 100 ouvriers travaillent dans l'usine. Elle est équipée de la lumière électrique et de rails pour faciliter le transport dans l'établissement, et évacuer les marchandises vers la gare de Barchetta[28]. En 1906, l'ouverture de la nouvelle usine de Folelli entraîne la fermeture de Campo Piano, abandonnée en 1914.

3. Vue générale des usines de Barchetta, vers 1930.
Carte postale, cl. Combier Mâcon. Coll. Musée de la Corse.

26. Dalmas-Alfonsi Paul, *La Corse de Francesca Maria*, Paris, Éditions Payot & Rivages, 1995. Récit de la vie de Francesca Maria Donsimoni, mariée Alfonsi, née en 1902 et qui a grandi en face de l'usine de Campo Piano, p. 48.
27. AC (Cismonte), 3P, matrice cadastrale de la commune de Volpajola.
28. « Visite de l'usine de Barchetta », *Bastia Journal*, 15-16 juillet 1901

Nos sources ne révèlent pas la date précise d'installation de l'établissement de Casamozza par la société allemande Levinstein et fils, mais cette unité est déjà mentionnée en 1901[29]. Après la réduction de la production durant la Grande Guerre, l'activité redevient importante dans les années 1920. Un autre établissement, avec de plus grandes capacités de production, est construit à Ponte-Leccia, entre 1928 et 1932.

LES ÉTAPES DE LA PRODUCTION

Le bois de châtaignier exploité dans les usines vient, dans les premiers temps, de Castagniccia puis, avec l'ouverture de la voie ferrée Bastia-Ajaccio (1888-1894), la matière première arrive de toute la Corse. Les entreprises emploient des agents chargés de parcourir les villages pour effectuer l'achat des arbres. Puis des équipes de bûcherons, recrutés habituellement dans la péninsule italienne, procèdent à la coupe. Ensuite, c'est aux muletiers et charretiers d'assurer le transport du bois jusqu'aux usines. Ils seront largement relayés par le train et les camions à partir de l'entre-deux-guerres.

Sur le chantier, les bûches sont rangées. Le bois est transporté dans des wagonnets jusqu'à l'atelier des coupeuses. La description de Campo Piano montre l'équipement des usines de tanin et des divers appareils nécessaires à la fabrication des extraits. La force motrice est générée par une machine à vapeur, alimentée par deux chaudières, et une turbine utilisant l'eau du Fiumalto[30]. La production s'organise en trois opérations. En premier lieu, les bûches passent par une scie dite varlope cylindrique destinée à réduire le bois en copeaux de quelques millimètres d'épaisseur. Les fibres sont détachées perpendiculairement au fil du bois pour faciliter l'extraction du tanin. Puis les copeaux sont montés jusqu'au tapis roulant des cuves. La seconde opération, la dissolution des copeaux, est réalisée dans une batterie de cinq grandes marmites en tôle (autoclaves)[31]. Ces appareils sont remplis d'eau (2/3) et de bois (1/3), et chauffés à 60°. Le lessi-

29. AC (Pumonti), 8S 65, déclaration d'appareils à vapeur en 1910 et 1913. Le recoupement des sources, les citations dans la presse locale dès 1901 permettent de penser que l'établissement de Casamozza est installé en même temps que celui de Barchetta.

30. AC (Cismonte), 3P, matrice cadastrale de la commune de Pruno (1913). L'usine est installée dans la section C, parcelle n°56, on signale les appareils suivants dans l'établissement : deux découpeuses à bois, une pompe à feu, des chaudières fixes (autoclaves), une machine à vapeur, un atelier de cuves et une dynamo.

31. AC (Pumonti), 8S 63, contrôle des machines à vapeur. L'ingénieur visite en 1898 l'usine de Champlan et signale l'utilisation, comme force motrice et calorifique, d'une chaudière verticale tubulaire, composée d'un corps cylindrique en fer, d'un dôme en fonte et fer et de 43 tubes en fer, constructeur *Bonnet Spazin et Cie*. AC (Cismonte), 8S 65, contrôle de l'ingénieur des Mines de 1910. Il note cinq chaudières anciennes de type cylindrique, horizontale de huit m^3 de capacité, de marque Bonnet et Spazin constructeur à Lyon. Les appareils sont utilisés comme autoclaves. La force motrice est générée par deux chaudières tubulaires à foyer extérieur de marque Bonnet Bazin de Lyon et Vidal de Paris.

vage méthodique s'opère durant plusieurs heures. La vidange permet de récupérer une pâte liquide de couleur cacao, l'acide gallique. Puis la concentration des jus consiste en l'évaporation de la plus grande quantité d'eau. Elle est réalisée dans des appareils à triples effets, identiques à ceux qui sont employés dans les sucreries. L'acide se concentre pour marquer habituellement 25° Baumé.

La production atteint cinq tonnes par jour et représente 8 à 10 % de la masse de bois traité. La demande est importante et l'entreprise prend encore de l'essor dans les dernières années du siècle. Le transport se fait en tonneaux par chemin de fer jusqu'au port de Bastia. Ce produit, exporté dans de nombreux pays, était surtout utilisé pour le tannage, c'est-à-dire la préparation des peaux animales pour la production de cuirs.

LES CHIFFRES DE LA PRODUCTION

Dans les premières années du XXe siècle, la production d'acide gallique prend de l'importance[32]. Entre 1900 et 1914, le nombre d'usines françaises double, passant de 20 à 40, et la production augmente de 70000 à 146000 tonnes. La France devient le premier pays exportateur d'extrait de châtaignier avant-guerre[33].

En Corse, la croissance est également marquée. L'installation de nouvelles batteries d'autoclaves à Campo Piano et Barchetta et la construction des usines de Casamozza et Folelli multiplient la production par plus de quatre. En 1900, l'île représente moins de 10 % de la production nationale, en 1914 elle assure plus de 17 %.

L'une des principales raisons de ce développement insulaire, outre la qualité du bois, c'est son prix. La châtaigneraie corse propose un prix au mètre cube modeste, de l'ordre de 1,50 à 3 F en moyenne alors qu'au niveau national la moyenne est de 6 à 7 F, il faut compter 12 F en Bretagne, et le bois de châtaignier atteint les 20 F en Ardèche ou en Savoie.

Plusieurs articles de presse confirment la croissance de la production en Corse. *Le Monde économique* du 26 décembre 1908 précise que l'exportation de tanin durant l'année 1907 s'est élevée à 20800 tonnes, représentant une valeur de 3549000 F[34]. L'auteur ajoute le commerce de 17672 quintaux d'écorces de châtaigniers valant 177000 F, pour mettre en évidence l'importance de l'arbre

32. MANGIN Louis, « Le châtaignier et sa crise », *Revue de viticulture*, 1904, p. 1-19. L'auteur indique p. 13, qu'en 1904, les États-Unis produisaient 136 000 tonnes d'extraits de chêne et de hemlock, la France 100 000 tonnes de châtaignier et de quebracho, et près de 100 000 tonnes produites par la Hongrie, l'Allemagne, l'Italie, Belgique, Russie. Ces derniers pays ainsi que l'Angleterre importent des extraits tanniques.
33. CRÉGUT Louis, *L'Industrie de l'extrait de châtaignier en France. Ses rapports avec l'industrie de la tannerie et l'économie rurale*, thèse pour le doctorat en droit, Lagentière, Ardèche, 1927, p. 45-46.
34. M. PAPILLON, *Le Monde économique*, 26 décembre 1908.

dans l'économie de l'île. Un article d'un autre journal financier relève l'activité des usines corses dont les actions rapportent 40 % en 1910 avec l'exportation de 100 000 barriques valant plus de 5 millions de francs[35].

La production d'extraits connaît une croissance soutenue jusqu'en 1915, atteignant 25 000 tonnes. La principale raison de ce développement est énoncée dans l'article de Louis Mangin[36]. En Corse, et plus particulièrement en Castagniccia, « l'arbre à pain » perd son rôle nourricier pour devenir un moyen de se procurer de l'argent facilement.

La reprise des années 1920 est cependant stoppée avec les difficultés de la grande crise économique des années 1930, particulièrement ressentie dans ce secteur tourné vers l'exportation ; on assiste à des réductions et des arrêts de production, et à un regroupement des usines. En 1935, la nouvelle Société de Champlan et Folelli intègre les usines de Folelli et Barchetta, filiale d'une concentration industrielle exercée par la Société française d'extraits tinctoriaux et tanans du Havre. Parallèlement, entre 1928 et 1932, des Anglais construisent une nouvelle usine à Ponte-Leccia. Ces établissements sont rapidement touchés par la crise des années 1930, Barchetta et Folelli ferment, Ponte-Leccia réduit considérablement son activité.

Au sortir de la Seconde Guerre mondiale, la Société de cellulose et des tanins corses, filiale de la société Rey, reprend les usines de Barchetta, Folelli et Ponte-Leccia. Mais la production baisse progressivement : Folelli ferme ses portes en 1956, Barchetta et Ponte-Leccia en 1963.

L'activité avait durement subi la concurrence internationale et l'évolution du marché des extraits tinctoriaux mettait fin à la production des quatre dernières usines françaises d'extraits de châtaignier.

L'industrie du tanin, bien que vorace en bois, n'en demeure pas moins un facteur d'activité pour les hommes. Le personnel occupé dans les usines durant cette période, dépasse les 400 personnes. Il faut ajouter les nombreuses équipes de bûcherons et de muletiers qui assurent les approvisionnements, mais aussi les manœuvres et les dockers qui réalisent les chargements et déchargement des trains et des bateaux. Si on ajoute les emplois induits, et les propriétaires de châtaigniers, on peut estimer à plusieurs milliers le nombre de personnes concernées par le secteur et la circulation d'importantes sommes d'argent dans l'île.

LE CHÂTAIGNIER CORSE AUJOURD'HUI, ENTRE BILAN ET PERSPECTIVE

En Corse, à partir de la fin du XIXe siècle, l'effondrement démographique témoigne à lui seul du malaise économique, d'environ 300 000 habitants à la fin du XIXe siècle, la population chute de moitié en un demi-siècle pour ne repré-

35. AC (Pumonti), 14J 6, article de presse été découpé dans un journal financier, sans titre ni date (1911 ou 1912).
36. Mangin Louis, *art. cit.* p. 15.

senter plus qu'environ 160 000 habitants au début des années 1960, avec une pyramide des âges très défavorable.

Le recul du châtaignier commence avec l'exploitation du tanin dans les années 1 870. Le déboisement estimé à 850 hectares en 1904, s'accentue par la suite. On peut évaluer, pour le demi-siècle, le total de la surface dévorée par les usines de 3 000 à 5 000 hectares ; mais il faut aussi considérer les maladies, l'encre et l'endothia[37], à l'origine d'importants dégâts dans la châtaigneraie. Le changement de régime alimentaire et la désertification des campagnes accentuent le phénomène. L'abandon de l'arbre et des sous-bois entraîne l'embroussaillement et facilite la destruction par les incendies. En un siècle, le recul de la châtaigneraie s'évalue à plus de 10 000 hectares, soit près d'un tiers de la surface.

Plus que l'étendue, c'est l'exploitation qui témoigne le mieux de la situation. Dans la période de pénurie alimentaire de 1940-1945, 5 000 tonnes de châtaignes étaient encore commercialisées ; en 1971, la quantité tombe à 700 tonnes. Et l'enquête agricole de 1979 ne compte plus que 1 950 hectares de châtaigniers récoltés dans toute l'île, soit moins de 10 % du peuplement.

Depuis les années 1990, des initiatives comme les foires de Bocognano et d'Evisa, un programme de rénovation et la mise en place d'une filière entraînent une reprise encore timide de l'activité castanéicole. En 2000, le recensement agricole indique une châtaigneraie entretenue et exploitée d'environ 1 200 hectares[38]. La Castagniccia, qui représentait environ 15 % de la récolte régionale en 1979, retrouve une situation dominante avec près de 50 %. Il faut ajouter 3 750 hectares pacagés par les porcs, témoins d'une augmentation de la production d'une charcuterie de qualité.

Aujourd'hui encore, sur ces quelques 5 000 hectares de châtaigneraies productives, il faudrait également tenir compte de quelques centaines d'hectares qui font l'objet de cueillette familiale et d'activités annexes comme l'apiculture (miel de châtaignier). Mais l'arrivée d'un nouveau parasite, le cynips, remet en question la filière avec d'importants dégâts. La lutte est engagée, et malgré cette conjoncture, le châtaignier reste au fil du temps un symbole fort de l'identité régionale.

DE L'ÉCONOMIE AU PATRIMOINE, IL N'Y A QU'UN PAS

De nombreuses traces patrimoniales des activités liées à la châtaigneraie sont encore visibles dans le paysage corse, et les usines de tanin représentent l'exemple le plus monumental. Depuis quelques années, un travail de mémoire permet de reconstruire cette histoire, et les friches industrielles interrogent et engagent des réflexions.

37. L'*endothia parasitica*, ancien nom de la *cryphonectria parasitica*, est un chancre du châtaignier causé par un champignon ascomycète pathogène.

38. La production est assez stable puisque pour 2014, la Chambre régionale d'agriculture avançait le chiffre de 2 000 hectares récoltés pour une production d'environ 250 tonnes de farine de châtaigne.

4. Médiathèque Castagniccia Mare è Monti, Folelli, 2021. ©Collectivité de Corse, cl. P.-J. Campocasso

Le terme friche, fût-elle industrielle, renvoie à un lieu en attente, en transition dans la perspective d'une affectation future. Dans le cas de Folelli, le terme convient d'autant plus que la friche a trouvé son avenir. En effet, le site devient un lieu de culture et de transmission, tout un symbole en ces temps de profonds bouleversements (fig. 4).

L'usine de Barchetta (fig. 5) a fait l'objet d'un sujet de fin d'étude en architecture de Sophie Fakis qui présente un réel intérêt. À l'heure où les villes et les bâtiments construits répondent plus à des exigences court-termistes qu'à la singularité et aux rythmes de leurs environnements, les questionnements qui nourrissent cette réflexion trouvent leur origine dans une volonté d'aborder le rapport qu'entretient l'architecture avec le temps. Et d'inscrire l'ensemble de Barchetta dans un programme de développement économique basé sur l'exploitation de la châtaigneraie avec une coopérative de production de farine accompagnée d'un volet touristique (bains et refuge).

5. Friche industrielle de Barchetta, 1998 ©Collectivité de Corse, cl. P.-J. Campocasso.

INDEX DES NOMS DE LIEUX

LES AUTEURS

Sarah Bounoua
Archéologue contractuelle à l'Inrap, rattachée au centre de recherches de Vescovato. Après un mémoire de master traitant de l'utilisation spécialisée du métal sur des objets de prestige de l'Âge du fer soutenu à l'Université de Lille, elle prépare un doctorat à Cergy Paris-Université, UMR 9022 Héritages. Le sujet porte sur l'étude des techniques et des productions métalliques en Corse entre la fin du Néolithique et le début du Bronze final, de 3500 à 1100 avant notre ère.

Paolo Calcagno
Professore associato di storia moderna presso l'Università degli studi di Genova, membro del Laboratorio di storia marittima e navale (NavLab), Si occupa prevalentemente di tematiche sociali ed economiche legate allo spazio mediterraneo nei secoli dell'antico regime. Tra le sue pubblicazioni più recenti : *Fraudum. Contrabbandi e illeciti doganali nel Mediterraneo (sec. xviii)* (Roma, Carocci, 2019) ; *I generi coloniali americani nel Mediterraneo : i grandi porti come centri di destinazione, di consumo e di redistribuzione (xvii-xix secolo)*, « RiMe. Rivista dell'Istituto di Storia dell'Europa Mediterranea », 8/I, n.s., (2021). paolo.calcagno@unige.it

Pierre-Jean Campocasso
Docteur en histoire (*Une histoire de la Corse : Les productions industrielles d'une île méditerranéenne xviiie-xxe siècles*, 2002), conservateur du patrimoine, responsable scientifique du Musée de la Corse de 2004 à 2012, ethnologue régional de 2012 à 2016, il est depuis 2016 directeur du Patrimoine à la Collectivité de Corse. Ses travaux portent sur l'histoire des techniques et plus largement l'histoire économique. Il a participé à plusieurs ouvrages collectifs dont *Une île, des hommes, la lumière* (Albiana, 2000) et assuré plusieurs commissariats d'exposition au musée de la Corse, en dernier *Trà mare è monti. Architettura è Patrimoniu* (2022). Parmi de nombreux articles, on retiendra « Deux notables bastiais de la fin du xixe siècle. Entre pouvoir économique et influence politique : Étienne-Louis Orenga (1818-1892) et Louis-Napoléon Mattei (1849-1907) », *Cahiers de la Méditerranée*, 92, 2016, p. 21-36.

Marco Cini
Professore associato di Storia economica presso il dipartimento di Scienze politiche dell'Università di Pisa. Fra i suoi interessi di ricerca figura la storia delle culture politiche ed economiche dei ceti dirigenti italiani e francesi nei secoli XIX-XX. Fra i suoi lavori più recenti figurano : *Modernisation de la Corse au XIXe siècle. Économie, politique, identité* (Albiana, 2016) ; *Un'integrazione nazionale imperfetta. Élite e culture politiche in Corsica nella prima metà dell'Ottocento* (Roma, Viella, 2022).

Pierre Comiti
Chercheur au service de l'inventaire de la direction du Patrimoine de la Collectivité de Corse, docteur en histoire et archéologie de l'Université de Provence (2002). Sa thèse, *Mines et métallurgie du fer en Corse du XVe au XVIIIe siècle* est publiée en 2011 (éd. Alain Piazzola). Ses travaux portent sur les mines et la métallurgie du fer en Corse, essentiellement durant la période moderne. Il a récemment co-dirigé, avec Jean-François Belhoste et Pierre-Jean Campocasso, un ouvrage collectif, *La métallurgie du fer en Corse, des bas foyers aux hauts fourneaux, XVe-XIXe siècles* (Alain Piazzola, 2020).

Alain Gauthier
Docteur en géologie, professeur de sciences et vie de la Terre honoraire, ancien président du comité scientifique du Parc naturel régional de Corse, il est l'auteur de *Mines et mineurs de Corse* (Albiana, 2011), de *Jean-Henri Fabre, la conversion du mathématicien en naturaliste* (Albiana, 2015) et de nombreux articles scientifiques. Il a également publié plusieurs ouvrages d'histoire naturelle de la Corse destinés au grand public et de nombreux guides de randonnées à travers l'île. Il a récemment contribué à *L'Aventure de la découverte géologique de la Corse* (Albiana, 2022).

André Flori
Ancien officier de l'Armée de l'air, président de l'association Corsica Genealugia qui a pour but d'aider et de développer tous les travaux de recherches à caractère généalogique consacrés à la Corse, il a, au travers du dépouillement des différentes sources généalogiques, reconstitué l'histoire des familles de plusieurs villages des *pievi* de Cauro et d'Ornano. Il a aussi collaboré à l'ouvrage de Michel Vergé-Franceschi, *Retrouver ses ancêtres corses* (Archives et Culture, 2015) et assuré, avec Hélène Paolini-Saez, la direction scientifique de *Tolla-Todda, Histoire, langue et patrimoine* (Alain Piazzola, 2022).

Antoine Franzini
Chercheur associé au Laboratoire ACP (Analyse comparée des pouvoirs) de l'Université Gustave Eiffel (Marne la Vallée), il a publié sa thèse d'histoire médiévale sous le titre de *La Corse du XVe siècle. 1433-1483. Politique et société* (Alain Piazzola, 2005) et, depuis, une trentaine d'articles sur le Moyen Âge dans l'île. Il a plus récemment publié des études sur le XVIIIe siècle et la Révolution française dans l'île, en particulier *Un siècle de révolutions corses. Naissance d'un sujet politique. 1729-1802* (Vendémiaire, 2017) et, dernièrement, *L'Accademia dei Vagabondi. Une académie des Belles Lettres en Corse* (Albiana, 2019). Il a récemment dirigé, avec

Louis Belgodere de Bagnaja, l'édition des *Visites apostoliques en Balagne entre XVI*[e] *et XVIII*[e] *siècle* (Alain Piazzola, 2020) et coordonné le dossier « La Corse médiévale, île d'Italie » dans les *Mélanges de l'École française de Rome-Moyen Âge* (133-2, 2021).

Pierre Claude GIANSILY
Historien de l'art et conservateur des antiquités et objets d'art du département de la Corse-du-Sud, Pierre Claude Giansily a publié depuis 1992 divers articles dans les domaines de la peinture, de la sculpture et de l'architecture en Corse aux XIXe et XXe siècles. Commissaire d'une quinzaine d'expositions et auteur d'une dizaine de catalogues d'expositions, il a publié une *Histoire de la peinture en Corse aux XIX*[e] *et XX*[e] *siècles et dictionnaire des peintres* (Colonna, 2010) qui a obtenu le « Prix du livre corse » (catégorie essais) en 2011.

Vaidehi GLIBERT
Conservateur du Patrimoine, diplômée de l'Institut national du Patrimoine (2014), titulaire d'un master en architecture antique et en céramologie. Directrice de l'ensemble Musée-Centre de conservation et d'étude de Sartène, elle coordonne les aspects scientifiques des musées et de l'archéologie pour la Collectivité de Corse (« Les musées de la Collectivité de Corse et l'élaboration conjointe de cinq Projets scientifiques et culturels, *Musées et Collections publiques de France*, n° 292, 2022). Responsable des collections du Musée Pascal Paoli (avec I. Latour, *Pasquale Paoli, un mythe fondateur*, catalogue de l'exposition, Musée Pasquale Paoli, Collectivité de Corse, 2022), elle s'intéresse aussi à la constitution des collections patrimoniales de Corse (avec S. Le Berre-Albertini, A. Le Marrec, M.-É. Nigaglioni, « Le legs du cardinal Fesch aux mairies de Corse », *Musées et Collections publiques de France*, n° 284, 2020).

Jean-Jacques GRIZEAUD
Archéologue, chargé d'études et de recherches à l'INRAP Midi-Méditerranée (Corse), chercheur au laboratoire TRACES de la Maison de la Recherche de Toulouse-Le Mirail, UMR 5508, spécialisé en premier lieu dans l'architecture protohistorique (terre et bois) pour les âges du Fer, son intérêt pour la terre cuite architecturale le conduit aujourd'hui à travailler sur ces matériaux présents sur les habitats antiques, avec leur réutilisation en contexte funéraire. Il a notamment publié « Monuments funéraires et portiques sur la voie Narbonnaise au 105 rue Saint-Roch à Toulouse », *Toulouse, naissance d'une ville*, J.-M. Pailler (dir.), éd. Midi-Pyrénéennes, 2015, p. 140-142.

Denis JOUFFROY
Maître de conférences à l'Università di Corsica Pasquale Paoli, directeur des études Master MEEF Premier degré, INSPE di Corsica, il est responsable scientifique de l'axe « Paysages » de l'équipe ICPP de l'UMR CNRS 6240 LISA. Il a récemment publié : « Les gardes champêtres aux avant-postes du contrôle du territoire au XIXe siècle en Corse : clé de compréhension de l'évolution du droit rural insulaire ? », *in* PRIDAES, *Production de la norme environnementale et codification du droit rural dans l'Europe méridionale entre France et Italie XVII*[e]*-XX*[e] *siècles*, Nice, Serre, 2019, et, en collaboration, « The challenge of assessing the proper functioning

conditions of coastal lagoons to improve their future management Science of the Total Environment ». 2021, https://doi.org/10.1016/J.SCITOTENV.2021.150052.

Sarah Le Berre-Albertini
Diplômée d'un master en arts plastiques et sciences de l'art à l'Université de Provence en 2010, diplômée d'un master en conservation et restauration des peintures à l'ENSAV La Cambre (Bruxelles) en 2016 (Étude comparative des mastics adaptés aux mouvements des panneaux peints), elle est habilitée par le ministère de la Culture à travailler sur les collections de peintures des Musées de France. Elle est directrice du Centre de conservation et de restauration du patrimoine mobilier, à Calvi, depuis 2017.

Guy Meria
D'abord professeur d'histoire-géographie, il a exercé comme cadre hospitalier, titulaire de l'École nationale de santé publique de Rennes, cadre territorial à la Direction régionale des Affaires sanitaires et sociales (DRASS) de Corse, puis à la DDASS de Haute-Corse, l'Agence régionale hospitalière PACA-Corse, de 1976 à 2010. Il est l'auteur de *L'Aventure industrielle de l'amiante en Corse* (Alain Piazzola, 2003), et de plusieurs ouvrages historiques sur le Cap Corse et Saint-Florent. Il a récemment publié *Saint-Florent et sa région : une aventure humaine de la Préhistoire à nos jours* (2021) et *Nonza, Cap Corse : une marine oubliée* (2022).

Michel-Édouard Nigaglioni
Historien de l'art, diplômé de l'Université de Provence et de l'Université de Corse, spécialisé dans la peinture corse de 1500 à 1914. Directeur du Patrimoine de la Ville de Bastia pendant une dizaine d'années et conservateur délégué des Antiquités et objets d'art du département de la Haute-Corse pendant quinze ans, il est, depuis 2017, chercheur au service de l'Inventaire (Collectivité de Corse). Il est l'auteur de nombreux articles publiés dans des revues historiques, des monographies, des ouvrages collectifs ou des catalogues d'expositions temporaires, publiés en France et en Italie (une soixantaine de références bibliographiques). En 2012, il a publié aux éditions Alain Piazzola une *Encyclopédie chronologique illustrée des peintres, dessinateurs et graveurs actifs en Corse, des origines à la fin du XIXe siècle* (Prix du Livre Corse 2013 ; Prix Don-Joseph Morellini 2013 ; Prix Antoine Francioni 2014).

Caroline Paoli
Diplômée en histoire de l'art et études corses des universités d'Aix-Marseille et de Corse sur des études portant sur les stucateurs et maîtres-maçons en Corse à l'époque moderne, membre du conseil d'administration de l'Association pour la conservation du patrimoine de Morsiglia, elle a effectué de nombreuses études préalables à la restauration des églises de Corse pendant une vingtaine d'années sous la direction d'architectes des Monuments historiques ou du Patrimoine. Elle a notamment participé à l'ouvrage collectif *Les Servites de Marie en Corse* (Alain Piazzola, 2000). En 2011, elle a repris le domaine viticole familial. Elle réalise encore des études préalables à la restauration d'édifices religieux et poursuit ses recherches personnelles.

Hélène Paolini-Saez
Hélène Paolini-Saez, archéologue préhistorienne, directrice du Laboratoire régional d'archéologie, déléguée régionale pour la Corse de la Société préhistorique française. Ses travaux concernent aussi bien l'étude technologique des céramiques que l'occupation anthropique des vallées proches du golfe d'Ajaccio. Elle a notamment dirigé des monographies de communes comme celles d'Alata (Colonna éditions, 2013), Appietto en collaboration avec Charles Grisoni (Alain Piazzola, 2018) et Tolla en collaboration avec André Flori (Alain Piazzola, 2022).

Monique Traeber-Fontana
Historienne de l'art et théologienne, membre de l'entreprise Fontana & Fontana en Suisse, présidente de la FAGEC (Fédération d'associations et groupements pour les études corses), elle a réalisé de nombreux travaux de recherche depuis 1994 concernant les décors et colorations d'édifices médiévaux, baroques et du XIXe siècle en Corse, en collaboration avec Madeleine Allegrini, restauratrice du patrimoine. Ses recherches concernent particulièrement les *maestri ticinesi* originaires du Sud de la Suisse et leurs échanges avec les *maestri* corses entre le XVe et le XIXe siècle.

Philippe Rossi
Géologue, il a été directeur du programme de la Carte géologique de la France au Service géologique national (BRGM, 1993-2013) ainsi que président de la Commission de la carte géologique du monde (CCGM, 2008-2018). Une grande partie de ses travaux a eu pour objet la Corse. Il a récemment coordonné une synthèse sur *L'Aventure de la découverte géologique de la Corse* (Albiana, 2022). Contact: PCCGM, 77 rue Claude-Bernard, 75005 Paris

Pascal Tramoni
Après un cursus d'Histoire à l'université de Nice et un diplôme de 3e cycle en Préhistoire à l'université d'Aix-en-Provence, il a intégré l'Association pour les fouilles archéologiques nationales en 1999 comme chargé d'étude de la Carte archéologique nationale. Il est depuis 2001 chargé d'opérations archéologiques à l'Inrap, intervenant également comme spécialiste des céramiques du Néolithique de la Corse. Il a dirigé ou co-dirigé une soixante d'opérations archéologiques et participé à des programmes internationaux en Sardaigne, en Catalogne et dans le Sud du Portugal portant sur l'évolution des sociétés néolithiques.

Alain Venturini
Archiviste-paléographe, conservateur général du Patrimoine honoraire, directeur honoraire des Archives départementales de l'Aveyron. Si ses travaux personnels portent normalement sur l'histoire médiévale de la Provence angevine et de la Corse, il lui arrive de traiter d'autres périodes chronologiques. Il a notamment publié « Giudice de Cinarca revisité » (*Cahiers Corsica*, 218-219, 2005) et, avec Antoine-Marie Graziani, *Vistighe corse. Guide des sources de l'histoire de la Corse dans les archives génoises*, vol. 1, t. 1, *Moyen Âge, 1121-1483* (Alain Piazzola, 2009).

TABLE DES MATIÈRES

En couverture

De la baie d'Albo au nord (haut) à Bocca Negra, vers 1975. Photographie aérienne commandée par M. Lecoq, membre du comité de défense des intérêts du canton de Nonza.

Figuration du gîte de plomb argentifère de l'Argentella et des gîtes d'antimoine et d'indices de fer et de cuivre du Cap Corse

La Trinité et les âmes du purgatoire (détail)
© Patrick Battini, Collectivité de Corse

Achevé d'imprimer
en juin 2023
sur les presses de l'Industrie grafiche delle Pacini Editore. Pise
Imprimé en Italie

Dépôt légal
3e trimestre 2023

ISBN
978-2-8241-1274-9

Albiana – 6, boulevard Fred Scamaroni – 20000 Ajaccio
Tél. : 04 95 50 03 00
www.albiana.fr

E-mail : contact@albiana.fr